Y0-DBX-184

DATE DUE

			PRINTED IN U.S.A.

STRUKTURALE BEOBACHTUNGEN
ZUM NEUEN TESTAMENT

NEW TESTAMENT TOOLS
AND STUDIES

EDITED BY

BRUCE M. METZGER, Ph.D., D.D., L.H.D., D.Theol., D.Litt.

Professor of New Testament Language and Literature, Emeritus
Princeton Theological Seminary
and
Corresponding Fellow of the British Academy

VOLUME XII

STRUKTURALE BEOBACHTUNGEN ZUM NEUEN TESTAMENT

VON

WERNER STENGER

E.J. BRILL

LEIDEN · NEW YORK · KØBENHAVN · KÖLN

1990

BS
2395
.S74
1990

2079 6709

TRASK LIBRARY

MAY 0 4 1990

ANDOVER NEWTON
THEOLOGICAL SCHOOL

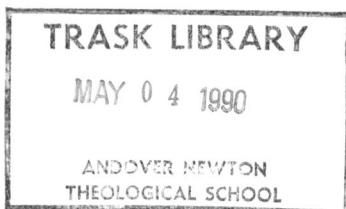

Library of Congress Cataloging-in-Publication Data

Stenger, Werner, 1938-
    Strukturale Beobachtungen zum Neuen Testament / von Werner
Stenger.
        p.   cm.—(New Testemant tools and studies, ISSN 0077-8842;
v. 12)
    Essays originally published 1972-1988.
    ISBN 90-04-09113-0
    1. Bible. N.T.—Criticism, interpretation, etc. 2. Structuralism
(Literary analysis) I. Title. II. Series.
BS2395.S74   1990
225.6-dc20   89-49295
                                                        CIP

ISSN   0077-8842
ISBN   90 04 09113 0

© *Copyright 1990 by E. J. Brill, Leiden, The Netherlands*

*All rights reserved. No part of this book may be reproduced or
translated in any form, by print, photoprint, microfilm, microfiche
or any other means without written permission from the publisher*

PRINTED IN THE NETHERLANDS BY E. J. BRILL

INHALT

VORWORT

Die in diesem Band versammelten, ausgewählten Aufsätze zum Neuen Testament sind im Lauf der letzten zwanzig Jahre entstanden, also in einer Zeit, in der viele Exegeten auf verschiedene Weise versuchten methodisches Neuland zu betreten. Das Bemühen, die Methoden der historisch – kritischen Exegese mit Fragestellungen zu verbinden, die sich der Rhetorik und Literaturwissenschaft, der Linguistik und Semiotik verdanken, begleitete auch die Abfassung der hier vorliegenden Aufsätze und erklärt ihren hier mehr dort weniger zutagetretenden Experimentcharakter. Mehrere von ihnen sind in Zusammenarbeit mit Franz Schnider, Universität Regensburg entstanden. Für seine Zustimmung zum Wiederabdruck in diesem Rahmen danke ich ihm. Dem Herausgeber der »New Testament Tools and Studies« Prof. Bruce M. Metzger, Princeton weiß ich Dank für die Aufnahme des Bandes in *seine* Reihe und für seine herausgeberischen Mühen. Das Bistum Trier hat das Erscheinen des Buches durch einen namhaften Druckkostenzuschuß gefördert. Herzlichen Dank!

Der Verfasser   Köln, 14.11.1988

I

»DIE GRUNDLEGUNG DES EVANGELIUMS VON JESUS CHRISTUS«

Zur kompositionellen Struktur des Markusevangeliums

1. Vorüberlegungen zur Methode

1.1. Beim Blick auf die Versuche einer *Gliederung des Mk-Evangeliums* muß man unwillkürlich an Gen 15,5 denken: »Schau doch auf zum Himmel und zähle die Sterne, wenn du sie zählen kannst!« Fast genauso zahllos sind die Versuche, die Ordnung einer ntl. Schrift zu entdecken, die schon *Lk* mindestens im Auge hat, wenn er im Prolog seines sog. Evangeliums den vor ihm gemachten Versuchen, eine »zusammenhängende Erzählung zu komponieren über die Dinge, die sich unter uns zugetragen haben« (Lk 1,1), *Mangel an Kompositionswillen* vorzuwerfen scheint, um andererseits für seine eigene Schrift zu beanspruchen, »daß die syntaktische Komposition der erzählten Handlung bei ihm besser und glaubwürdiger sei als die seiner Vorgänger«[1].

1.2. Freilich sieht es so aus, als habe Lukas damit die Absicht des Markus gründlich *mißverstanden*. Wollte dieser doch nicht wie jener die Ereignisse »Schritt für Schritt« und »von Anfang an« erzählen, wie es dem Selbstverständnis antiker Geschichtswissenschaft entspricht, sondern mit seiner Erzählung einen ganzheitlichen Eindruck auf seine Leser machen, wie es nach *Aristoteles* Ziel antiker Dichtkunst ist[2]. Lk hat aber Mk nach dem Maßstab beurteilt, dem er sich selbst unterworfen wußte, und die andere »Gabe« des Mk dabei übersehen.

1.3. Es ist also womöglich nicht der Mangel an kompositorischem Willen des Mk, der auch die modernen Versuche, eine Ordnung seiner Schrift zu finden, scheitern läßt, sondern Mangel von an ihren Stoff angepaßten *Untersuchungskriterien*, der die vielen widersprüchlichen Vorschläge entläßt[3]. Wo man mit der älteren *Formgeschichte* die Evangelisten »in der Hauptsache« für »Sammler, Tradenten, Redaktoren« hält[4], kommt es

---

[1] *E. Güttgemanns*, In welchem Sinne ist Lukas Historiker? Die Beziehungen von Luk 1, 1–4 und Papias zur antiken Rhetorik. LingBibl 54. 1983, 22.

[2] Vgl. ebda.

[3] Man unterrichte sich darüber etwa bei: *I. de la Potterie*, De compositione evangelii Marci. Verbum Domini 44. 1966, 135–141; *R. Pesch*, Naherwartungen. Düsseldorf 1968, 48–73.

[4] Vgl. *M. Dibelius*, Die Formgeschichte des Evangeliums. Tübingen 4. Aufl. 1961, 2.

konsequenterweise zur Leugnung ihres eigenständigen Dispositions-
willens als Schriftsteller und führt bezüglich Mk zu dem Urteil: »Mk ist
eben noch nicht in dem Maße Herr über den Stoff geworden, daß er eine
Gliederung wagen könnte.«[5]

1.4. Auch da, wo die ältere *Redaktionsgeschichte* die Evangelisten als
eigenständige Schriftstellerpersönlichkeiten wieder entdeckt hat, verstellt
die Vermischung von diachronischen und synchronischen *Kriterien*, die
bei der Frage nach dem Aufbau des Mk-Evangeliums in bunter Reihe in
Anschlag gebracht werden[6], der konsistenteren Erfassung seiner Strukturen den Weg. Was die Kriteriologie anlangt, ist es darum ein Fortschritt, wenn die *Kompositionsanalyse* sich zunächst auf die *synchronische
Ebene* beschränkt und alle Fragen diachronischer Art bei diesem ersten
Schritt ausgeklammert werden[7].

1.5. Weil aber das Mk-Evangelium ein *erzählender* Text ist, gelten für
seine Gliederung auf der synchronischen Ebene die *Gliederungsmerkmale von
Zeit, Raum und Figurenkonstellation*: »Entscheidend für die Zäsurenfindung
ist deshalb die Beachtung der szenischen Elemente der Darstellung, der
Wechsel von Ort, Zeit und Personen.«[8] Nur wenn man sich in einem
ersten Schritt auf diese Ebenen beschränkt, kann die Gefahr vermieden
werden, daß sich diachronische Gesichtspunkte in die Analyse ein-
schleichen oder inhaltliche Gesichtspunkte zu früh geltend machen, so
daß sich die Gefahr ergibt, daß dem Text ein ihm in Grunde fremdes
Schema übergestülpt wird.

1.6. Doch ist auch unter Anwendung dieser Kriterien eine *Vermischung
der Gesichtspunkte*, die die Analyse in Verwirrung geraten läßt, noch nicht
ganz ausgeschlossen. Zeit, Raum und Personen dürfen nämlich als Kriterien für die Strukturierung nicht im willkürlichen Wechsel eingesetzt
werden. Die Zeitstruktur eines Textes stimmt nicht notwendigerweise mit
seiner Ortsstruktur und diese nicht notwendigerweise mit der Struktur
seiner Figurenkonstellation überein. Die verschiedenen Strukturen sind
nicht so deckungsgleich, daß sich eine Zäsur auf der einen Ebene in jedem
Falle mit einer Zäsur auf der anderen decken müßte. Dies kann zwar
zutreffen, ist aber nicht der Regelfall, so daß in der Analyse nicht nur der
synchronische und der diachronische Schritt auseinandergehalten werden

---

[5] *R. Bultmann*, Die Geschichte der synoptischen Tradition. Göttingen 5. Aufl. 1961,
375.
[6] Vgl. etwa *R. Pesch*, Das Markusevangelium I. (HThKNT II/1).
Freiburg/Basel/Wien 1976, 32.
[7] Vgl. *M. Theobald*, Der Primat der Synchronie vor der Diachronie als Grundaxiom
der Literarkritik. Methodische Erwägungen an Hand von Mk 2,13–17/Mt 9–13. BZ 22.
1978, 161–186.
[8] *F.G. Lang*, Kompositionsanalyse des Markusevangeliums. ZThK 74. 1977, 2.

müssen, sondern auch in der *Synchronie* selbst die Untersuchung einer dieser verschiedenen Ebenen von der der anderen unterschieden werden sollte.

1.7. Außerdem ist damit zu rechnen, daß je nach *Textsorte* eine dieser Ebenen den Vorrang hat. Wenn das klassische Drama z.B. mit der Einheit des Ortes und der Zeit auskommt, sind für die Gliederung Orts- und Zeitkriterien von weniger ausschlaggebender Bedeutung als der Wechsel in der Personenkonstellation und der Fortschritt in der Handlung. Wenn Lk sich auf der anderen Seite bemüht, wie es seinem Selbstverständnis als antiker »erzählender 'Historiker'«, der »die Kunst des Redners« braucht, um eine »credibilis rerum imago« (ein glaubwürdiges Bild der Dinge) zu entwerfen, entspricht[9], die »Dinge, die sich unter uns ereignet haben« »von Anfang an« und »der Reihe nach« aufzuschreiben (Lk 1,1.3), dürfte von Beginn an erkennbar sein, daß für die Gliederung seines Werks das *Nacheinander in der Zeit* von ausschlaggebender Bedeutung ist. Fraglich bleibt, ob man auch von Mk ein Gleiches verlangen darf. Lk, so sahen wir, tut es und kommt so zu seiner Kritik an seinem Vorgänger, die auf den Vorwurf mangelnder Fähigkeit zur Disposition seiner Stoffe hinausläuft. Ob diese Kritik freilich ins Schwarze trifft, ist eine andere Frage. Es könnte sein, daß Mk nicht das selbe wollte wie Lk und für sein Buch auch andere Gliederungskriterien anzuwenden sind als für diesen.

1.8. Früh schon hat die exegetische Forschung die *Bedeutsamkeit des geographischen Rahmens* für den Aufbau des Mk-Evangeliums erkannt und einen Aufriß sehen wollen, der die Stoffe auf einen Galiläabschnitt (Kap. 1–9) und einen Jerusalemabschnitt (Kap. 11–16) verteilt und beide Teile durch einen Reisebericht (Kap. 10) miteinander verbindet[10]. Die redaktionsgeschichtliche Forschung ist darauf zurückgekommen[11]. Hat man damit – mehr intuitiv als auf texttheoretischer Besinnung fußend – nicht etwas Grundlegendes erkannt? Was wird das Ergebnis sein, wenn man das Mk-Evangelium unter Beschränkung auf die Synchronie und unter nochmaliger Beschränkung auf die Ebene des Ortes[12] zu gliedern versucht, indem man sich an den *Ortsangaben als Gliederungssignalen* orientiert?

1.9. Ähnlich wie man verschiedene Zeitangaben mit gliedernder Funktion voneinander unterscheiden kann, lassen sich auch die *Ortsangaben* differenzieren. Bei den Zeitangaben lassen sich »Episodenmerkmale«,

---

[9] *E. Güttgemanns*, aaO. 14.
[10] Vgl. *E. Lohmeyer*, Galiläa und Jerusalem. (FRLANT 52; NF 34). Göttingen 1936; *R.H. Lightfoot*, Locality and Doctrine in the Gospels. London 1938.
[11] Vgl. *W. Marxsen*, Der Evangelist Markus. Studien zur Redaktionsgeschichte des Evangeliums. (FRLANT 67). Göttingen 2. Aufl. 1959.
[12] Vgl. *B. van Iersel*, Locality, Structure, and Meaning in Mark. LingBibl 53. 1983, 45–54.

die durch »die Handlungsabläufe als einmalig . . . dargestellt werden«, von »Iterationsmerkmalen, die die Wiederholung von Handlungsabläufen kennzeichnen«[13], unterscheiden. Die »Episodenmerkmale« lassen sich weiter differenzieren in »Ausgangs- und Nachfolgemerkmale, je nach dem, ob das Episodenmerkmal den Ausgangspunkt für einen Handlungsablauf setzt oder sich auf den durch das Ausgangsmaterial bezeichneten Zeitraum bezieht«[14]. Entsprechend verhält es sich mit den *Ortsangaben*: »So gibt es umfassende Ortsangaben, in die detaillierte Lokalitäten eingetragen werden, und Orte, die Ausgangspunkt oder Ziel einer Bewegung sein können.«[15]

1.10. Gelegentlich implizieren auch *Personenangaben* Ortsangaben, ohne daß diese im Text ausdrücklich genannt würden. Der Abschnitt Mk 6, 14 – 29 ist dafür ein Beispiel. Ohne daß eine Ortsveränderung eigens markiert würde, unterbricht dieser Abschnitt Jüngeraussendung und Rückkehr der Jünger zu Jesus und spielt am Hof des Herodes Antipas. Ähnlich wird auch bei der Fastenanfrage (12,18 – 22) die Ortsangabe durch einen Wechsel der Handlungsträger ersetzt. Ein Ortswechsel ist also im Wechsel der Handlungsträger impliziert.

1.11. Gelegentlich macht es auch der *Wechsel in der Textsorte* begreiflich, daß nicht ein Ortswechsel zum Gliederungskriterium genommen werden kann, sondern ein anderes, das sich aus der Textsorte ergibt. Die auf dem Ölberg situierte *eschatologische Rede* Jesu gliedert sich makrosyntaktisch nicht durch eine Ortsangabe, sondern durch das Aufmerksamkeitssignal »Ihr aber seht euch vor! Seht, ich habe euch alles vorhergesagt!« (Mk 13, 23) und durch den Themenwechsel von der Ansage des Endes des Tempels (13,1 – 23) zu der Ansage des Kommens des Menschensohns (13,24 – 37). Auch der Abschnitt Mk 1,6 – 8 ist ohne Ortsangabe. Dennoch bleibt er am Wechsel der Textsorte als eigener Abschnitt erkennbar. Es wird nicht mehr erzählt, sondern Johannes der Täufer wird in seinem Habitus beschrieben und durch das Zitat seiner Botschaft vorgestellt.

1.12. Bezieht man dies mit ein, ergibt die Auswertung der Ortsangaben eine *erste Segmentierung des Mk-Evangeliums in 56 Abschnitte*; dabei ist die Überschrift Mk 1,1 nicht mitgerechnet. Aufgrund von ebenfalls auf der lokalen Textebene vorfindlichen Kriterien ergibt sich eine erste grobe Gliederung dieser 56 Abschnitte in *5 große Blöcke*:

---

[13] *E. Gülich*, Ansätze zu einer kommunikationsorientierten Erzähltextanalyse (am Beispiel mündlicher und schriftlicher Erzähltexte). Zeitschr. f. Literaturw. u. Linguistik, Beihefte 4, Erzählforschung 1, hg. v. W. Haubrichs. Göttingen 1976, 243.

[14] Ebda.

[15] *W. Stenger*, Strukturale Lektüre der Ostergeschichte des Johannesevangeliums (Joh 19,31 – 21,25); in: *A. Stock, M. Wichelhaus (Hg.)*, Ostern in Bildern, Reden, Riten, Geschichten und Gesängen. Zürich/ Einsiedeln/ Köln 1979, 141.

I. Der Prolog, der in der Wüste und am Jordan spielt (1,2 – 13).

II. Ein Abschnitt, der in Kapharnaum und Galiläa situiert ist (1,14 – 3,6).

III. Ein Abschnitt, der vom See Genesareth bis nach Jericho führt (3,7 – 10,52) und deshalb als Einheit anzusehen ist, weil zu seinem Beginn im wesentlichen die Orte und Landschaften genannt werden, die im ganzen Abschnitt eine Rolle spielen.

IV. Schließlich ein Jerusalemabschnitt, der sich aufteilt in einen Textblock, der den Tempel zum lokalen Zentrum hat (11,1 – 13,37) und

V. die Passionsgeschichte (14,1 – 16,8).

1.13. Aufgrund immer noch lokaler Kriterien ist eine noch *feinere Gliederung* möglich:

– Der *Abschnitt 1,2 – 13* = *I* gliedert sich auf in Segmente, deren erstes in der *Wüste* spielt (1,2 – 4). 1,5 bringt dann eine Bewegung von *Judäa* und *Jerusalem* zum *Jordan* hin. 1,6 – 8 schert, wie erwähnt, aus der lokalen Gliederung als ein Beschreibungsabschnitt aus. 1,9 – 11 bringt Jesus aus *Nazareth* in Galiläa zum *Jordan*; 1,12 – 13 führt ihn in die *Wüste*.

– Einen relativ in sich abgeschlossenen Eindruck macht dann der *Abschnitt 1,14 – 3,6* = *II*. In sich gliedert er sich in zwei Unterabschnitte, denn in 1,14 – 45 geht die Bewegung *von Galiläa nach Kapharnaum hinein* und von dort wieder *hinaus nach Galiläa*, während 2,1 – 3,6 wieder ganz in *Kapharnaum und Umgebung* spielt.

– Auch für den großen *Block 3,7 – 10,52* = *III* deuten sich Abschnitte an. Ein erster Abschnitt hat seinen geographischen Schwerpunkt am *See*, ein zweiter führt in *heidnisches Gebiet* hinein; ein dritter setzt Jesus und die Jünger auf den *Weg nach Jerusalem*. Die Ortsangaben reichen hier allerdings nicht aus, um die genauen Grenzen der Unterabschnitte abzustecken.

– Gegen Ende des Mk-Evangeliums treten zu den lokalen Angaben im verstärkten Maße *temporale*, doch genügen die lokalen, um eine Gliederung dieses Stoffs in zwei große Blöcke zu erkennen. Der erste dieser beiden führt Jesus dreimal *von Bethanien nach Jerusalem* und kreist um den *Tempel (11,1 – 13,37)* = *IV*.

– Der zweite *(14,1 – 16,8)* = *V* setzt ebenfalls in Bethanien ein, führt nach Jerusalem und läßt sich von den Lokalitäten her in 7 Segmente gliedern.

1.14. Damit ist die Gliederungsmöglichkeit, die sich aufgrund lokaler Kriterien ergibt, was die Makrostruktur angeht, im wesentlichen erschöpft. Doch geben die Segmentierung in 56 Segmente und die makrostrukturelle Aufgliederung in 5 große Blöcke mit zum Teil schon erkennbarer *Binnenstruktur* durch die Gliederungssignale auf der lokalen Textebene die Möglichkeit, unter *Anwendung weiterer semantischer und formaler Kriterien* Beziehungen zwischen den Teilen zu erkennen, die uns immer mehr *das kompositionelle Geflecht des Mk-Evangeliums* als ganzen, d.h. seine »*Struktur*«, erfassen lassen.

1.15. Übertragen in eine *Strukturskizze* bildet diese Struktur, deren Umrisse sich durch die lokalen Gliederungssignale schon abzuzeichnen begonnen haben, einen *Plan für das Mk-Evangelium*, der der Lektüre hilft, immer neue Beziehungen zwischen den Teilen zu entdecken, die das Bild vollständiger machen, so ähnlich wie bei einer Fotographie im Entwickler zuerst die groben Umrisse erscheinen und sich das Bild im Entwicklungsprozeß immer vollständiger ins Detail vertieft.

2. *Die Passionsgeschichte (V) (Mk 14,1–16,8)*

2.1. *Makrostruktur*

Wegen der leichteren Erkennbarkeit beginnen wir mit dem letzten Block und arbeiten uns von hier nach vorne durch. Für Gliederung und Struktur des letzten Abschnitts können wir dabei *F.G. Lang und seinen Beobachtungen weitgehend folgen, wenn er schreibt*:

> »Die Sektion 14,1–16,8 ist vom Vorhergehenden deutlich abgesetzt durch eine durchgängige Beziehung aller Stücke auf Passa und Passion, wie schon die Einleitung 14,1f. andeutet. Nach dem jeweiligen Schauplatz lassen sich sieben Szenen unterscheiden:
> 1) Die Salbung in Bethanien (14,3–9)« – sie ist gerahmt von den zueinandergehörigen Szenen des Todesbeschlusses durch den Hohen Rat (14,1–2) und des Entschlusses des Judas, Jesus zu verraten (14,10–11) [Zufügung des Verf.] – »2) Das Passamahl in der Herberge (14,12–25); 3) Die letzte Nacht am Ölberg (14,26–52); 4) Der Prozeß vor dem Synedrium (14,53–72);« – auch hier liegt eine Rahmung durch die Verleugnung des Petrus (14,54.66–72) vor [Zufügung des Verf.] – »5) Die Verhandlungen im Prätorium (15,1–20a); 6) Kreuzigung und Tod auf Golgotha (15,20b–39); 7) Begräbnis und leeres Grab (15,42–16,8)«[16].

Was 7) betrifft, ist die Segmentierung F.G. Lang geringfügig zu korrigieren. Läßt man den Abschnitt nämlich wegen der im Text notierten lokalen Entfernung von der Kreuzigungsstätte – »Auch Frauen schauten von weitem zu ...« – schon in 15,40 beginnen, zeigt sich auch der

---

[16] *F.G. Lang*, aaO. 3f.

Beerdigungsabschnitt *gerahmt*, und zwar von den Frauen, die Zeugen des Todes Jesu (15,40f.) und seiner Beerdigung, aber auch Entdeckerinnen des leeren Grabes werden (15,47 – 16,8).

Interessant ist nun, daß zwischen den einzelnen Segmenten *Beziehungen* bestehen, die ihre Sukzessivität im Text überspringen, d.h. über das textliche Nacheinander hinweg die in der Analyse nach lokalen Kriterien abgetrennten Teile *semantisch miteinander verbinden*.

2.2. »*Salbung in Bethanien*« und »*Begräbnis und leeres Grab*« (A, A')

So »besteht eine . . . achsensymmetrische Entsprechung zwischen der 'Salbung zum Begräbnis' (14,8) und dem 'Begräbnis ohne Salbung' (15,46 mit 16,1)«[17], auf die die Textoberfäche selbst hinweist. Unter der Voraussetzung, daß auch Mk noch mit dem Wort »Evangelium« nicht sein eigenes Buch, sondern die (aller Welt verkündete) Botschaft von Tod und Auferweckung Jesu meint, entsprechen sich in dieser *Achsensymmetrie* die *Aussage Jesu* in der Salbungsgeschichte, das »Evangelium« werde »auf der ganzen Welt verkündet« werden (14,9) und das *Evangelium* selbst, das bei der Grabesgeschichte im Mund des Jünglings zum erstenmal laut wird: »Ihr sucht Jesus, den Nazarener, den Gekreuzigten; er ist auferweckt worden, er ist nicht hier!« (16,6)

2.3. »*Passamahl, Ölberggebet*« und »*Prätorium, Golgotha*« (B, B')

Eine weitere die Textsukzession überspringende, *achsensymmetrische Beziehung* von Textteilen ergibt sich, verfolgt man eine Beobachtung von F.G. Lang präzisierend weiter:

> »Szenisch wie inhaltlich gehören die 2. und 3. Szene enger zusammen, weil Jesus durchgängig mit den Jüngern zusammen ist, denen er jeweils die Preisgabe des *Menschensohns* ankündigt (14,21.41). Ebenso werden die 5. und 6. Szene durch die *Soldaten* und den Spott-Titel 'König der Juden' (15,2.9.12. 18.26.32) zusammengehalten.«[18]

Durch die Opposition »Jünger« vs »Soldaten«, mehr noch allerdings durch die Entsprechung der voneinander zu unterscheidenden christologischen Titel »*Menschensohn*« und »*König der Juden*« = Messias (vgl. 15,32), werden der 2. und 3. Textteil einerseits und der 5. und 6. Textteil andererseits *paarig aufeinander bezogen*.

Das wird noch deutlicher, wenn man bemerkt, daß in beiden aus zwei Textteilen gebildeten Textabschnitten ein dritter christologischer Titel begegnet. Der heidnische Hauptmann unter dem Kreuz bekennt Jesus

---

[17] *Ders.*, aaO. 4.
[18] Ebda.

nämlich als den »*Sohn Gottes*« (15,39). Das geschieht indirekt auch im Ölberggebet Jesu. Dort redet er als der Sohn Gott mit »Abba« an. Der Erzähler macht metanarrativ auf diese Anrede aufmerksam, indem er sie mit »Vater« ins Griechische übersetzt (14,36). Dabei definiert der Wortlaut des Gebetes, insofern er die *Willenseinheit* von Vater und Sohn herausstellt, Jesus geradezu als »Sohn« des Angeredeten im biblischen Sinn: »Doch nicht, was ich will, sondern was du willst.« »*Sohn*« ist er, insofern er sich mit dem »Vater« in *Willenseinheit* befindet.

2.4. »*Prozeß vor dem Synedrium*« (C)

F.G. Lang hat darum mehr als er selber ahnt recht, wenn er meint, daß »kompositorischer Mittelpunkt und christologischer Höhepunkt der Darstellung«[19] im *mittleren Abschnitt*, dem »Prozeß vor dem Synedrium«, zu suchen sei. Freilich ist es nicht einfach »das Selbstbekenntnis Jesu zu seiner Messianität und Gottessohnschaft«[20], sondern genauer die feierlich eingeleitete *Frage* des Hohenpriesters und die *Antwort* Jesu:

> »Da trat der Hohepriester in die Mitte und fragte Jesus: 'Antwortest du nicht auf das, was diese gegen dich aussagen?' Er aber schwieg und antwortete nichts. Nochmals fragte ihn der Hohepriester: 'Bist du der Messias, der Sohn des Hochgelobten?' Jesus sprach zu ihm: 'Ich bin es: und ihr werdet den Menschensohn sitzen sehen zur Rechten der Kraft und kommend auf den Wolken des Himmels.« (14,60–62)

In dieser Frage und Antwort nämlich treten die *drei* christologischen Titel, die bei Mk wichtig sind, zusammen und werden miteinander identifiziert: »Messias«, »Sohn Gottes« und »Menschensohn«.

2.5. *Strukturskizze*

Graphisch ergibt sich folgendes Bild:

	1.	Salbung in Bethanien	14,1 –11	Bethanien		A
	2.	Passamahl in der Herberge	14,12–25	Herberge		B
	3.	Letzte Nacht am Ölberg	14,26–52	Ölberg		
V	4.	Prozeß vor dem Synedrium	14,53–72	Palast des Hohenpriesters	C	
	5.	Verhandlungen im Prätorium	15,1 –19	Prätorium		B
	6.	Kreuzigung und Tod auf Golgatha	15,20–39	Golgatha		
	7.	Begräbnis und leeres Grab	15,40–16,8	Grab		A

---

[19] Ebda.
[20] Ebda.

3. Der Tempelabschnitt (IV) (Mk 11,1–13,37)

3.1. Makrostruktur und Strukturskizze

»Die Sektion 11,1–13,37 erweist sich in szenischer Hinsicht ebenfalls als eine Einheit, weil alle Stücke um den Tempel als Schauplatz zentriert sind.«[21] Doch gliedert sich diese Einheit wiederum in *7 Textteile*, wenn man die Trenner beachtet. Dies sind einmal *lokale Angaben*. So wird »in 11,1–25 der Tempel zweimal *aus der Distanz, von Bethanien her*, angegangen, er ist das Ziel des Einzugs (11,1–11) und erst recht der Tempelreinigung (11,15–17)«[22], die in der Art, die wir schon kennengelernt haben, von der Feigenbaumperikope gerahmt ist. Mit 11,27 wird Jerusalem und der Tempel zum dritten Mal betreten und erst in 13,1 verlassen. Doch gliedert sich dieser Tempelaufenthalt durch *kleinere lokale Signale*. In 12,12, nach dem Winzergleichnis, heißt es: »Und sie ließen von ihm ab und gingen davon.« In 12,13 wird dagegen die Nähe Jesu durch »Pharisäer und Herodianer« aufgesucht (»und sie schickten zu ihm«) wie durch »Sadduzäer« in 12,8 (»und es kamen zu ihm«) oder durch einen der »Schriftgelehrten« in 12,28 (»da kam einer . . . hinzu«). Das *Herantreten an Jesus* bindet die drei Szenen zusammen. Danach wird der Tempel als Ort des lehrenden Jesus in 12,35 genannt. Schließlich wird in 12,41 erwähnt, daß er »dem Opferkasten gegenüber saß«, in einer Körperhaltung also, die erkennen läßt, daß er die Lehre fortführt.

Die sich andeutende Gliederung dieses Tempelaufenthalts in drei Gruppen von Textteilen bestätigt sich auch auf der *inhaltlichen Ebene*. Dabei lassen sich unterscheiden:

> »Zuerst (11,27–12,12) in Vollmachtsfrage und Winzergleichnis die christologische Auseinandersetzung mit den Gegnern insgesamt; dann (12,13–34) ethische und dogmatische Einzelfragen mit einzelnen Gegnergruppen, die alle verstummen müssen; und schließlich (12,35–44) Jesu Gegenangriffe gegen die Schriftgelehrten.«[23]

Ort der eschatologischen Rede (Kap. 13) ist der *Ölberg*. Doch bleibt, aus Distanz, der Tempel sowohl thematisch wie optisch weiterhin gegenwärtig. Weil es sich um eine zusammenhängende Rede handelt, wird sie nicht durch eine Ortsangabe gegliedert. Doch ist der *Themenwechsel* von der Ansage der Zerstörung des Tempels zur Ankündigung des Kommens des Menschensohns ein deutliches Zeichen der Textgliederung.

Wir können also wie folgt gliedern.

---

[21] Ebda.
[22] *Ders.*, aaO. 5.
[23] *Ders.*, aaO. 4.

	1.	Einzug in Jerusalem und Tempel	11,1 –11	von Bethanien in den Tempel		A
	2.	»Tempelreinigung«	11,12–26	von Bethanien in den Tempel		B
	3.	Vollmachtsfrage und Winzergleichnis	11,27–12,12	Tempel	C	
IV	4.	Auseinandersetzung mit Gegnergruppen　Pharisäer u. Herodianer　1　Sadduzäer　2　Schriftgelehrte　3	12,13–34	Tempel	C	
	5.	Lehre Jesu im Tempel	12,35–44	Tempel	C	
	6.	Ansage der Tempelzerstörung	13,1 –23	Ölberg gegenüber Tempel		B
	7.	Ansage des Kommens des Menschensohns	13,24–37	Ölberg gegenüber Tempel		A

Auch hier gibt es die Sukzessivität übergreifende *semantische Beziehungen* zwischen den Textteilen. F.G. Lang bemerkt dazu: »Einzug und Tempelreinigung korrespondieren anscheinend der Tempelzerstörung (13,1f.) bzw. der Wiederkunft (13,24–27).«[24]

3.2. »*Tempelreinigung*« und »*Ansage der Tempelzerstörung*« (B, B')

Wenn Lang zur Begründung auf das *Motiv der* »*Völkermission*« verweist, legt er den Finger auf den Punkt. Denn tatsächlich kulminiert bei Mk die sogenannte Tempelreinigungsperikope in der Betonung der eigentlichen *Bestimmung des Tempels*, ein »Bethaus für alle Völker« zu sein. Eigentlich, so will der Text sagen, ist der Tempel in universalistischer Weitung des Heils ein Bethaus für *alle* Völker, auch wenn er partikularistisch pervertiert worden ist, weil man in ihm das Heil für Israel reserviert hat, so wie man in einer Räuberhöhle die Beute für sich selbst aufbewahrt. Der Gedanke der universalistischen *Entschränkung des Heils* wird aber auch in dem achsensymmetrisch entsprechenden Textteil 6 laut: »Doch an alle Völker muß zuvor verkündet werden das Evangelium« (13,10).

3.3. »*Einzug in den Tempel*« und »*Kommen des Menschensohns*« sowie »*Vollmachtsfrage/Winzergleichnis*« und »*Lehre Jesu im Tempel*« (A, A'/C, C')

3.3.1. Der Einzug Jesu in den Tempel und in Jerusalem korrespondiert

---

[24] *Ders.*, aaO. 5.

dem in der eschatologischen Rede angesagten »Kommen des Menschensohns« vor allem wegen der *christologischen Aussagen*, die in den beiden Abschnitten gemacht werden. Denn den beim Einzug Jesu in Jerusalem laut werdenden Rufen des Volkes, die »das kommende Reich unseres Vaters David« ebenso preisen wie den, »der da kommt im Namen des Herrn« (11,10). Die also Jesus als dem »Sohn Davids«, als dem Messias mithin, akklamieren, entspricht das in Textteil 7 angesagte Kommen des »Menschensohns«. Geht es dabei einerseits wieder um das *partikularistisch* verstandene Heil für Israel im erneuert geglaubten und erwarteten Davidsreich, so bringt andererseits das Kommen des Menschensohns *universalistisch* die Sammlung der Erwählten mit sich »von den vier Windrichtungen ... vom Ende der Erde bis zum Ende des Himmels« (13,27).

3.3.2. Die christologische Thematik wird darüber hinaus in den Textteilen 3 und 5, also wieder »*achsensymmetrisch*« angesprochen. Dabei begegnet wie im zuvor besprochenen Abschnitt V neben den christologischen Themen »Menschensohn« und »Davids Sohn« (= »König der Juden«) die *Gottessohnschaft Jesu* in einer dem Mk eigentümlichen Weise. Denn weder handelt es sich bei dem Titel »Sohn Gottes« um ein zu dem Titel »Davidssohn« hinzukommendes Messiasprädikat noch um einen der Präexistenzchristologie zugehörigen Titel, sondern um eine Verwendung des Ausdrucks »Sohn Gottes«, wie sie sich am ehesten von der ihm korrespondierenden Anrede Gottes als »Abba« her semantisch erschließen läßt, als Sohnschaft, die ihre Begründung in der *Willenseinheit* von Vater und Sohn erfährt, in der der »Sohn« den Willen des »Vaters« tut, und darum der »Vater« den »Sohn« liebt. So korrespondiert der »geliebte Sohn« des Gleichnisses von den bösen Winzern (12,6; vgl. 1,11; 9,7) im Textteil 3 dem Ausdruck »Herr Davids« in Textteil 5. Dieser ist als »Herr Davids« mit dem Titel »Sohn Davids« nicht zu fassen. Ihm hat der »Herr«, d.h. Gott, nämlich gesagt: »Setze dich zu meiner Rechten, bis ich deine Feinde als Schemel unter deine Füße lege« (12,36) und hat ihn so zu seinem eigenen Sohn angenommen.

3.4. »*Vollmachtsfrage/Winzergleichnis*« und »*Auseinandersetzung mit Gegnergruppen*« und »*Lehre Jesu im Tempel*« (C, C', C'')

Die Textteile 3, 4 und 5 entsprechen einander dadurch, daß es in ihnen jeweils um *Auseinandersetzung mit Gegnern* geht. Dabei kommt Textteil 4 wieder wie in V in die *Mitte des Textblocks* zu stehen. Auch für sich genommen ist er konzentrisch gebaut, geht es doch in der Auseinandersetzung mit den Pharisäern und Herodianern einerseits und mit den Schriftgelehrten andererseits um *Fragen der Ethik*, d.h. um die Erörterung des Verhältnisses zu Gott und Mitmensch. In der Mitte aber der Komposi-

tion steht die Auseinandersetzung mit den Sadduzäern um die auch sachlich zentrale theologische Frage der Auferstehung der Toten.

3.5. *Konzentrische Strukturen*

3.5.1. Auch wenn wir in unserem Fragen nach Entsprechungen und
Wiederholungen in der Komposition uns davor warnen lassen, »das Sym-
metrieprinzip maßlos zu gebrauchen«[25], berechtigen unsere bisherigen
Beobachtungen, die für zwei Großabschnitte eine konzentrische Struktur
erbrachten, durch die der Prozeß vor dem Synedrium und die drei Streitgespräche mit verschiedenen Gegnergruppen in die Mitte des jeweiligen
Abschnitts zu stehen kommen, darin ein *Baugesetz der markinischen Komposi-
tionstechnik* zu vermuten.

Im Kleinen bestätigt sich dies dadurch, das in Textblock V beobachtet
werden konnte, daß die Salbung in Bethanien durch den Todesbeschluß
des Synedriums sowie den Verrat des Judas, der Prozeß vor dem Synedriums durch die Verleugnung des Petrus und schließlich das Begräbnis
durch die Erwähnung der Frauen als Zeuginnen des Kreuzestodes sowie
als Entdeckerinnen des leeren Grabes gerahmt wurden.

In der angelsächsischen Exegese hat diese kompositorische Technik der
Einrahmung von Perikopen den etwas unehrerbietigen, dafür aber ein-
prägsamen Namen »*Sandwich*«-*Technik* erhalten.

3.5.2. Auch in Block IV finden wir diese Technik der konzentrischen
Komposition nicht nur in der Makrostruktur, sondern ebenfalls in der
Komposition der Unterabschnitte selbst. So ist die Tempelreinigungsperikope
gerahmt durch die Perikope von der Verfluchung des Feigenbaums und
das Sadduzäerstreitgespräch mit der theologischen Frage nach der Auferstehung von den Toten durch die eher 'ethischen' Fragen gewidmeten
Streitgespräche mit den Pharisäern und Herodianern und mit den
Schriftgelehrten. Schließlich ist die Ansage der Tempelzerstörung, d.h.
die erste Hälfte der eschatologischen Rede, gerahmt durch die Warnung
vor der Verführung (13,5.23).

3.5.3. Vollends deutlich wird die Art und Weise markinischer Ringkomposition dadurch, daß in Block V und IV diese in sich gerahmten
Textteile ihrerseits *makrostrukturell* konzentrisch angeordnet sind. Denn in
Block V stehen die in sich konzentrisch gebauten Textteile am Anfang
und am Ende des Blocks und in der Mitte. In Block IV entsprechen sie
sich als zweiter und als fünfter Textteil wieder in Achsensymmetrie und

---

[25] *K. Berger*, Exegese des Neuen Testaments. Heidelberg 1977, 74 in Kritik des Auf-
satzes von *F. Schnider*, *W. Stenger*, Beobachtungen zur Struktur der Emmausperikope
(Lk 24, 13–35). BZ 16. 1972, 94–114 [= 72–92 unten].

betonen so ebenfalls die Mittelstellung des vierten. Auch in den noch zu analysierenden Partien des Mk-Evangeliums werden wir dieser Technik im Kleinen wie im Großen wieder begegnen und dadurch zugleich in die Lage versetzt, dem Evangelisten besonders am Herzen liegende *Themen* zu erkennen.

4. *Vom See über heidnisches Gebiet nach Jericho (III) (Mk 3,7–10,52)*

4.1. *Makrostruktur*

Die Berechtigung, diesen Block so weit vorne schon einsetzen zu lassen, leitet sich aus der Beobachtung ab, daß in dem *Summarium 3,7–12* alle Gebiete genannt werden, die bis zum Betreten Jerusalems 11,1ff. eine Rolle spielen: Galiläa und Judäa mit Jerusalem, 'jenseits' des Jordans und das heidnische Gebiet.

Andererseits gliedert sich dieser große Textblock doch wieder in *drei Unterabschnitte* auf. Am klarsten erkennbar ist der letzte dieser drei Abschnitte = *IIIc*. Spielt nämlich von 3,7 an das »Boot« bis 8,21 immer wieder eine Rolle[26], so führt der Textabschnitt 8,22–10,52 im wesentlichen von Norden nach Süden, vom Gebiet des Vierfürsten Philippus (Bethsaida, Cäsarea Philippi) über Galiläa und »jenseits des Jordans« bis nach Jericho. Vorher ist dagegen der »See« und seine Umgebung der geographische Raum des Geschehens.

> »Vor allem . . . schließt das *Boot* von 3,9 alles folgende zu einer Einheit zusammen. Eingeführt ist es als Rückzugsmöglichkeit, zugleich erlaubt es der geschickten Regie des Autors einen schnellen Szenenwechsel, so daß Jesu Aktion immer wieder vom See ausgeht und zum See zurückkehrt bis hin zur letzten Bootszene 8,10–21«[27].

Doch gibt es Anzeichen dafür, den dadurch abgegrenzten Textabschnitt in zwei weitere Abschnitte aufzugliedern. Auf der lokalen Ebene deutet sich dies dadurch an, daß der Zug Jesu nach Tyrus und Sidon (7,24) die Handlung doch sehr stark vom See entfernt, obwohl der Weg über die Dekapolis, das jenseitige Ufer des Sees und über den See nach Bethsaida letztendlich wieder zum See als dem geographischen Zentrum des Abschnitts 3,7–8,21 zurückkehrt. Zur genaueren Abgrenzung reichen die Ortsangaben als Kriterien freilich nicht aus. Es müssen darum weitere *formale und thematische Ebenen* in die Untersuchung einbezogen werden. Doch genügt es an dieser Stelle, darauf aufmerksam zu machen, daß dem *Anfangssummarium 3,7–12* ein weiteres *Summarium (6,53–56)* so ent-

---

[26] Vgl. *F.G. Lang*, aaO. 7.
[27] Ebda.

spricht, daß durch beide ein erster *Unterabschnitt IIIa* ähnlich eingerahmt wird wie durch die beiden Blindenheilungen der letzte. Was zwischen diesen beiden Unterabschnitten (3,7–6,56 und 8,22–10,52) liegt, *7,1–8,21*, wird sich durch die weitere Analyse als eigener Unterabschnitt herausstellen.

4.2. Auf dem Weg von Galiläa nach Jerusalem (IIIc) (8,22–10,52)

4.2.1. Die Einweisung in das Leidensgeheimnis (B, B', B") und die Öffnung der Augen (A, A')

4.2.1.1. Der Weg, den Jesus von nun ab beschreitet, wird an der *Lokalisierung der drei Leidensweissagungen* erkennbar, deren textgliedernde Funktion schon lange gesehen wurde.

Die erste Leidensweissagung ergeht auf dem Weg »in die Dörfer von Cäsarea Philippi« (8,27) und reicht wegen des Ortswechsels »auf einen hohen Berg« (9,2) bis 9,1. Die zweite wird laut bei der Wanderung »durch Galiläa (9,30) und wird im »Haus« in »Kapharnaum« bis 9,50 fortgesetzt. Der Ortswechsel »in das Gebiet von Judäa und jenseits des Jordans« (10,1) bildet die Zäsur zum folgenden Abschnitt. Die dritte endlich weist sogar selbst auf den »Weg hinauf nach Jerusalem« (10,32.33) hin und erklärt ihn zum Weg in den Tod. Erst das Menschensohnwort 10,45 schließt die dritte Leidensweissagung ab; die Ortsangabe »Jericho« leitet die Heilung des blinden Bartimäus ein (10,46).

Die Leidensweissagungen prägen eindeutig den Abschnitt IIIc, der thematisch der *Jüngerbelehrung*, d.h. vor allem ihrer Einweisung in das Leidensgeheimnis, gewidmet ist. Auf diese Einweisung, bzw. auf den vorerst gescheiterten Versuch dazu, muß man auch die beiden *Blindenheilungen* in thematischer Hinsicht beziehen, die Anfang und Ende des Abschnitts markieren: Die Jünger haben es nötig, daß ihnen wie den Blinden auf wunderbare Weise die Augen geöffnet werden. Dies wird freilich erst durch Kreuz und Ostern erreicht. Erst in »Galiläa« werden sie ihn »sehen« (14,28; 16,7).

4.2.1.2. Nimmt man, wieder unter Beachtung der textgliedernden Funktion der Lokalangaben wegen der letztmaligen Erwähnung des Bootes in 8,13–21 und des Ortswechsels nach Bethsaida (8,22) die dortige Blindenheilung zum Folgenden, und sieht man die Heilung des blinden Bartimäus auf dem Weg von Jericho nach Jerusalem als Abschluß des Abschnitts an, weil mit dem *Einzug in Jerusalem*, mit dem der folgende Großabschnitt beginnt, eine eindeutige Zäsur gegeben ist, wird der der Jüngerbelehrung dienende Abschnitt nämlich von zwei Blindenheilungen *gerahmt*. Dabei ist es kaum ohne Absicht, daß der Blinde von Bethsaida

erst stufenweise nach nochmaliger Handauflegung durch Jesus zum
klaren Sehen kommt und der blinde Bartimäus Jesus zunächst für den
»Sohn Davids«, den königlichen Messias, hält und nach der Heilung »ihm
folgte auf seinem Weg« (10,52), der nach Jerusalem und ins Leiden führt.
Die Absicht, die hinter dieser Rahmung steht, ist nicht zu verkennen. Die
beiden Blindenheilungen sollen zeigen, daß nur ein Wunder die Heilung
von Blindheit bewirken kann, von der sich die Jünger in den drei Leidensweissagungen befangen erweisen, wenn sie, Jesus in falscher Weise für
den Messias haltend (8,29), darüber streiten, wer unter ihnen der größte
sei (9,34), und sich um die Plätze zu seiner Rechten und Linken in seiner
Herrlichkeit bewerben (10,37), d.h. jeweils deutlich erkennen lassen, daß
sie für das Geheimnis des gottgewollten Leidens des Menschensohns
unempfänglich und blind sind.

4.2.1.3. Die *Konstellation der Handlungsträger* entspricht dieser Ausage-
richtung: Im Abschnitt um die erste Leidensweissagung ist Petrus der
Protagonist, im Abschnitt um die letzte wird diese Rolle von den Zebe-
däussöhnen Jakobus und Johannes eingenommen. Im Abschnitt um die
zweite werden ausdrücklich die »Zwölf« als Empfänger der auf das Jüngerunverständnis folgenden Belehrung durch Jesus herausgestellt (9,35).
Der »innere Kreis« der drei Jünger umgibt also textstrukturell den größeren der »Zwölf«. Wenn schon die Kernmannschaft Jesu, d.h. die »Drei«
und die »Zwölf«, sich blind zeigt gegenüber der Notwendigkeit seines
Leidens und Sterbens, wie sollte, zu schweigen von seinen Gegnern von
Anfang an, das Volk, das in diesem Abschnitt schon zurückgetreten ist,
Verständnis für das Unverstehbare haben?!

4.2.1.4. Auch die *Handlungsstruktur* der drei Abschnitte ist vergleichbar; der Leidensweissagung Jesus folgt jeweils das Jüngerunverständnis
und diesem eine ekklesiologische Belehrung der Jünger durch Jesus mit
eschatologischer Klimax.

4.2.1.5. Auch *thematisch* gibt es über die direkte Leidensweissagung
hinaus Verbindendes zwischen den drei Abschnitten. So begegnet in
jedem der *Universalismusgedanke*. Im ersten Abschnitt ist die universale
Mission in dem Wort Jesu vom Verlust des Lebens »um des Evangeliums
willen« angesprochen; denn bei Mk heißt Evangelium die *weltweite* Verkündigung der Botschaft von Tod und Auferstehung Jesu »an alle Völker«
(s.o. zu 11,17; 13,10; 14,9; 16,6). Die *universalistisch* geweitete Verkündigung darf man auch in dem zweiten Leidensweissagungsabschnitt
durch die Perikope vom fremden Exorzisten angesprochen sehen. *Universalistisch* schließlich ist das Wort vom Menschensohn, der gekommen ist;
»sein Leben hinzugeben als Lösegeld für die vielen« (10,45), mit dem der
dritte Leidensweissagungsabschnitt abschließt.

4.2.1.6. Endlich ist allen dreien in *christologischer* Hinsicht die Betonung gemeinsam, daß der Menschensohn leiden und sterben müsse und danach auferstehe. Dabei bezieht sich das Jüngerunverständnis gerade auf die *Notwendigkeit* seines Leidens und Sterbens. So wie Petrus ihn für den *Messias* hält, so wähnen auch Jakobus und Johannes ihn auf dem Weg zur Errichtung seines *messianischen* Reiches. Zwei christologische Verständnisse stoßen also aufeinander, eines, das Jesus in dem Titel »Menschensohn« artikuliert, und ein anderes, in dem ihn seine Jünger ohne die Brechung durch das für den Menschensohn notwendige Leidensgeschick als messianisch-eschatologische Gestalt verstehen und das sich dementsprechend an irdisch-politischen Maßstäben der Größe orientiert, nicht hingegen am Geheimnis Gottes.

4.2.2. Größer als Mose – der Sohn (C, C')

4.2.2.1. Von den beiden nächsten Abschnitten, die miteinander in Relation stehen, ist der erste auf dem »hohen Berg« (9,2) mit seiner Umgebung sowie im »Haus« als dem Ort der esoterischen Jüngerbelehrung (9,28) lokalisiert. Der zweite Abschnitt spielt im »Gebiet von Judäa und jenseits des Jordans« (10,1) und wieder in der Situation der Jüngerbelehrung im »Haus« (10,10), bzw. auf dem »Weg« (10,17). Ebenso wie durch die Situation der *Jüngerbelehrung* entsprechen sich die beiden Abschnitte auch darin, »daß die Gegner auftauchen: die Schriftgelehrten (9,14), wo es um Jesu Wundervollmacht, und die Pharisäer (10,2), wo es um seine Gesetzesauslegung geht«[28].

Eine *christologische Entsprechung* ergibt sich auch von daher, daß in der Verklärungsgeschichte die Autorität Jesu als des geliebten, d.h. einzigen Sohnes Gottes, auf den allein zu hören die Himmelsstimme auffordert, *über* Mose und Elia gestellt wird (9,2–13) und andererseits Jesus diese seine Lehrautorität, die der des Mose übergeordnet ist, ausübt und das Konzessionen an die Herzenshärte der Menschen machende Gebot des Mose unter Berufung auf den ursprünglich geltenden, schon in der Schöpfung implizierten Willen Gottes korrigiert. In beiden Fällen geht es also um das *Sohn-Gottes-sein* Jesu im markinischen Sinn und seine mit der Gottessohnschaft verbundene eschatologische, und darum die eines Mose und Elia übertreffende, Stellung und Autorität.

D.h. aber: Die beiden Textteile sind durch eine *christologische Achse* aufeinander bezogen, die zu den drei Leidensweissagungen in Kontrast

---

[28] *Ders.*, aaO. 6.

steht und ihnen zugleich korrespondiert: Dem »Menschensohn«, der auf sein Leiden und Kreuz zugeht und von seinen Jüngern als »Messias« verkannt wird, stellen diese beiden einander christologisch entsprechenden Textteile Jesus als den »Sohn Gottes« zur Seite, der mit eschatologisch-verbindlicher Autorität ausgestattet ist, den *Willen Gottes* als Sohn authentisch auszulegen.

4.2.2.2. Dies erklärt auch eine letzte, bis in den Wortlaut reichende *Entsprechung* der beiden Textteile, die sich in einem Wort, das Jesus an den Vater des mondsüchtigen Knaben richtet, und in einem Wort an die Jünger, nach dem Weggang des reichen Jünglings, findet. Den Glaubenden wird darin die gleiche Allmacht wie Gott zugesprochen: »*Alles ist möglich* dem, der glaubt« (9,23) und »Bei Menschen ist es unmöglich, aber nicht bei Gott, denn bei Gott ist *alles möglich*« (10,27). Die erste Aussage hat zugegebenermaßen ihre Schwierigkeiten für die Interpretation, die hier nicht diskutiert werden können. Ist aber damit der »Glaube« des Wundertäters Jesus gemeint, und wird dieser Glaube als die Macht, das dem Menschen, dem ungläubigen Geschlecht (9,19), Unmögliche zu tun, in 9,29 mit »Gebet« identifiziert, dann teilt Jesus durch diesen »Glauben« und dieses »Gebet« die *Allmacht Gottes*, von der die zweite Aussage spricht. Im »Glauben« und im »Gebet« befindet sich Jesus in Willenseinheit mit Gott, seinem »Abba«, dem Vater, dem »*alles* möglich« ist und in dessen Willen Jesus seinen eigenen Willen als der »geliebte Sohn« (9,7) übergibt, wie aus dem Ölberggebet Jesu, in dem der Gedanke der göttlichen Allmacht in wörtlicher Übereinstimmung nochmals begegnet, hervorgeht (vgl. 14,36)[29]. Diese *Übergabe* des eigenen in den Willen des Vaters, hier »Glaube« und »Gebet« genannt, ist Ausdruck der Sohneswürde, die Jesus eignet und die ihn über Mose stellt. Sie verbindet als *semantische Achse* die beiden Teile miteinander.

4.2.3. *Strukturskizze*

Wir können jetzt auch eine *Strukturskizze* des Textteiles 8,22 – 10,52 wagen, die uns wieder die schon festgestellte Neigung des Evangelisten für Symmetrie und Konzentrik in der Komposition erkennen läßt.

---

[29] So trotz *F. G. Lang*, Sola Gratia im Markusevangelium. Die Soteriologie des Markus nach 9,14 – 25 und 10,17 – 31; in: *J. Friedrich, W. Pöhlmann, P. Stuhlmacher (Hg.)*, Rechtfertigung. FS. E. Käsemann. Tübingen 1976, 321 – 337.

	1.	Blindenheilung	8,22‒26	Bethsaida		A
	2.	1. Leidensweissagung	8,27‒ 9,1	Caesarea Philippi	B	
	3.	Verklärung und Heilung des epileptischen Knaben	9,2 ‒29	Hoher Berg, Umgebung, Haus	C	
IIIc	4.	2. Leidensweissagung	9,30‒50	Galiläa, Kapharnaum		B′
	5.	Streitgespräch um die Ehescheidung und Nachfolge Jesu und Reich Gottes	10,1 ‒31	Judäa, Jenseits des Jordans	C′	
	6.	3. Leidensweissagung	10,32‒45	Nach Jerusalem		B″
	7.	Blindenheilung	10,46‒52	Jericho		A′

4.3. Der Unglaube Israels und das Unverständnis der Jünger (AB/A′B′) im Gegensatz zum Glauben der Heidenwelt (C, D, C′) (IIIb) (7,1‒8,21)

4.3.1. Zu Abschnitt IIIb haben wir in der makrostrukturellen Übersicht schon bemerkt, daß er, obwohl lokal weit über den bisherigen Rahmen in heidnisches Gebiet führend, sich weniger aufgrund lokaler Kriterien als vielmehr aufgrund von Beobachtungen zur *Figurenebene* und zur *inhaltlich-thematischen Ebene* in seinen Abgrenzungen erfassen läßt.

4.3.2. Auf der *Ebene der Figuren*, aber auch *thematisch*, entsprechen sich nämlich Anfang und Ende. Denn sowohl am Anfang wie auch am Ende sind *Pharisäer* die Gesprächspartner Jesu (7,1‒16 und 8,10‒12). In beiden Fällen wendet sich Jesus danach den Jüngern zu, und zwar unter betonter örtlicher Absetzung von dem, was vorhergeht: »vom Volk weg nach Hause« (7,17) bzw. »er ließ sie stehen, stieg wieder ein und fuhr hinüber ans andere Ufer« (8,13). *Sachlich* übereinstimmend sind die beiden Szenen am Anfang mit den beiden Szenen am Schluß durch die ablehnende Haltung, die Jesus den Pharisäern gegenüber einnimmt, aber auch durch den Vorwurf des Unverständnisses, das er den Jüngern macht.

4.3.3. In der gleichen Reihenfolge aufeinanderfolgend rahmen diese vier Abschnitte (AB/A′B′) drei weitere, die an ihren Ortsmerkmalen »Tyrus« (7,24‒30), »Dekapolis« (7,31‒37), »Wüste« (8,1‒9) als Abschnitte erkennbar sind und durch diese Ortsmerkmale als *heidnisches* Gebiet kenntlich gemacht werden. Bei »Tyrus« und der »Dekapolis« versteht sich das von selbst. Bei der »Wüste«, dem Ort der zweiten Brotvermehrung, ist das daraus zu erschließen, daß Jesus danach das Boot besteigt »und in die Gegend von Dalmanutha« (8,10) kommt, was vielleicht markinischer Phantasiename (oder der Fehler eines frühen Abschreibers) ist, mit Sicherheit jedoch vom Verfasser als jüdischer Name gedacht ist, wie die dort Jesus entgegenkommenden Pharisäer (8,11) beweisen. Damit ist die nach Abweisung der pharisäischen Zeichenforderung folgende Bemerkung: »und er ließ sie stehen, stieg wieder ein und fuhr hinüber ans andere Ufer« (8,13) als *Abkehr Jesu vom ungläubigen Judentum* zu verstehen. Dem entspricht, daß Jesus in der Reinheitsfrage zu Anfang des Abschnitts sich »ganz auf den heidenchristlichen Standpunkt stellt, daß alle Speisen rein sind« (7,15 – 19)[30], so daß man zu Recht sagen kann: Die in den drei mittleren Perikopen geschilderte Reise Jesu »wird zum Vorschein der Heidenmission, von deren Legitimität und Notwendigkeit Mk überzeugt ist«[31].

4.3.4. Die drei mittleren Perikopen sind nicht nur dadurch verbunden, daß sie alle auf der lokalen Ebene im *Heidenland* spielen, sondern durch Merkmale auf anderen Ebenen als der lokalen, die sich zugleich als religiöse Ebene gezeigt hat, wieder zu einer *konzentrischen Struktur* gefügt sind. In der Perikope von der »Griechin aus Syrophönizien« (7,26) ebenso wie in der von der Brotvermehrung in der *heidnischen* Wüste wird *Brot* als Gabe Jesu erwähnt. In beiden Fällen wird dieses »Brot« *Heiden* zuteil, wie man nicht nur aus der Lokalisierung schließen darf. Im Fall der Syrophönizierin geschieht dies unter Aufhebung des heilsgeschichtlichen Vorrangs der Juden und im Fall der Speisung der heidnischen Menge in Angleichung an die schon erfolgte Speisung der Juden.

4.3.5. Der Text verdeutlicht letzteres dadurch, daß er in der Frage Jesu an die Jünger in 10,19f. eigens auf die bei beiden Speisungen übriggebliebenen 12 bzw. 7 Körbe hinweist und damit die *symbolische Bedeutung der Zahl 12* für Israel meint, während er mit der Zahl 7 als der Zahl der Vollständigkeit *alle* Völker hervorhebt. Dadurch gerät die Heilung des, wie ebenfalls die Lokalität zu erkennen gibt, *heidnischen* Taubstummen in eine Mittelstellung und wird betont und so exponiert. *Der Heide hört und sein Mund tut sich auf.* Das Heidentum kommt zum Glauben und wird zum *Träger der Mission.* Mitten im Ablauf des irdischen Auftretens Jesu kommt es zum *Vorschein der universalen Völkermission.*

4.3.6. *Strukturskizze*

Wir sind nun so weit vorgedrungen, daß wir die *Strukturskizze* nachzeichnen können.

---

[30] *G. Theißen,* Lokal- und Sozialkolorit in der Geschichte von der syrophönizischen Frau (Mk 7,14 – 30). ZNW 75. 1984, 208ff.
[31] *Ders.,* aaO. 209.

	1.	Streitgespräch mit Pharisäern über Rein und Unrein	7,1 – 16	Von Jerusalem her	A	
	2.	Jüngerbelehrung über Rein und Unrein	7,17 – 23	Haus	B	
	3.	Syrophönizierin	7,24 – 30	Gebiet von Tyrus, Sidon	C	
IIIb	4.	Taubstummenheilung	7,31 – 37	Dekapolis	D	
	5.	Speisung der 4000	8,1 – 9	Wüste	C'	
	6.	Zurückweisung der Zeichenforderung der Pharisäer	8,10 – 12	Dalmanutha (Boot)	A'	
	7.	Jüngerbelehrung über Sauerteig des Herodes und der Pharisäer	8,13 – 21	Anderes Ufer (Boot)	B'	

4.4. *Makrostrukturelle Verbindungslinien*

4.4.1. Wenn der Abschnitt die *Taubstummenheilung* an die zentrale Stelle der Komposition stellt, um zu zeigen, wie durch ein Wunder dem Heidentum zum Glauben die Ohren und der Mund zur missionarischen Verkündigung geöffnet werden, dann korrespondiert diesem Sachverhalt der Rahmen des folgenden Abschnitts IIIc durch zwei *Blindenheilungen*, die ihrerseits als Aussage darüber zu verstehen sind, daß den für das eigentliche Wesen Jesu *blinden Jüngern* die Augen durch göttliches Eingreifen geöffnet werden müssen. In der den Abschnitt IIIb abschließenden Jüngerbelehrung (8,13 – 21) werden denn auch ausdrücklich die *blinden Augen und tauben Ohren* der Jünger als Vorwurf erwähnt, der sie nahezu einbezieht in die Schar der Unverständigen, die »draußen« sind und denen nach 4,11f. »alles in Gleichnissen zuteil wird, damit sie sehen und doch nicht gewahren, hören und doch nicht vernehmen, damit sie nicht umkehren und ihnen vergeben werde«. Es dürfte deutlich sein, wie durch die Taubstummenheilung in der Mitte von IIIb und durch die beiden Blindenheilungen als Klammer um IIIc die *thematische Verwandtschaft* der beiden Textabschnitte herausgestellt werden soll.

4.4.2. Eine ähnliche *Gelenkfunktion* übernimmt die selbe Jüngerbelehrung (8,13 – 21) für die zueinandergehörigen Abschnitte IIIb und IIIa. Nicht nur, daß hier das Boot, das von 3,7 – 12 an eine wichtige kompositionelle Funktion hat, zum letzten Mal begegnet, sondern auch durch die Warnung der Jünger vor dem Sauerteig der »Pharisäer und des Herodes« (8,15).

Diese Kombination begegnet nämlich in 3,6, also unmittelbar vor dem Summarium 3,7–12, das den Abschnitt IIIa eröffnet. Die »Pharisäer« halten in 3,6 »mit den Herodianern Rat wider ihn, wie sie ihn vernichten könnten«. Dadurch wird in 3,6 die Reihe der polemischen Szenen abgeschlossen und auf der Handlungsebene die Zäsur zwischen Abschnitt II und III unübersehbar markiert. Der Rückverweis in 8,15 faßt darum alles, was sich zwischen dem ersten Summarium (3,7–12) und der Jüngerbelehrung in 8,13–21 textlich erstreckt, zu einem Abschnitt zusammen.

Verstärkt wird dies dadurch, daß sich der Hinweis auf den »Sauerteig der Pharisäer und Herodianer« zusätzlich noch verstehen läßt als Rückweiser einerseits auf 6,14–29 und auf 3,20–35 andererseits. In 6,14–29 äußert Herodes seine irrige Meinung über Jesus und »ergreift«[32] Johannes den Täufer, um ihm das Schicksal zu bereiten, das ihn zum Vorläufer Jesu auch im Hinblick auf Leiden und Tod macht. In 3,20–35 erklären die Schriftgelehrten, die für Mk mit den Pharisäern »letztlich gleich« sind[33], Jesus für besessen, äußern also wie Herodes ihre irrige Meinung über Jesus. Auch der Gedanke an Leiden und Sterben Jesu ist verhalten angedeutet. Ihre Herkunft »von Jerusalem« läßt in die galiläische Szene den Schatten der Passion fallen und der Vorwurf, den »Geist zu lästern«, den Jesus ihnen indirekt macht, kehrt gewissermaßen den Vorwurf um, den man Jesus im jüdischen Prozeß macht, um ihn zu verurteilen.

Der Sache nach läßt sich dann das Bildwort vom Sauerteig der Pharisäer und des Herodes in 8,15 »als eine Jesus von Markus in den Mund gelegte Warnung an die Jünger verstehen, nicht auch noch zusätzlich zu ihrer Verstockung aus der Gemeinschaft mit ihm auszubrechen und zur Gruppe seiner Feinde überzuwechseln, die ihm ans Leben wollen. Dann wäre Jesu Urteil über die Gegner auch das Urteil über sie.«[34]

4.5. *Jesu Wirken am See von Galiläa (IIIa) (3,7–6,56)*

4.5.1. *Strukturskizze*

Der Besprechung des durch die beiden Summarien (3,7–12 und 6,53–56) eingeklammerten Abschnitts IIIa schicken wir der Übersichtlichkeit halber die *Strukturskizze* voraus.

---

[32] Mk 6, 17 vgl. 12, 16; 14, 1, wo das selbe Wort im Hinblick auf Jesus verwendet wird.

[33] *G. Baumbach*, Jesus und die Pharisäer. Ein Beitrag zur Frage nach dem historischen Jesus. Bibel u. Liturgie 41. 1968, 114; vgl. *J. Kiilunen*, Die Vollmacht im Widerstreit. Untersuchungen zum Werdegang von Mk 2,1–3,6. Annales Academiae Scientiarum Fennicae. Diss. Humanarum Litterarum 40. Helsinki 1985, 47.

[34] *F. Schnider, W. Stenger*, Johannes und die Synoptiker. Vergleich ihrer Parallelen. (Biblische Handbibliothek IX). München 1971, 121.

1.	Summarium	3,7 −12	See/Boot		A
2.	Auswahl der Zwölf	3,13−19	Berg		B
3.	Urteil der Verwandten und Schriftgelehrten über Jesus	3,20−35	Haus		C
4.	Gleichnisrede	4,1 −34	Seeufer (jüdisch)		D
5.	Seesturm	4,35−41	See, Boot		B′
6.	Der Besessene von Gerasa	5,1 −20	Land der Gerasener, Seeufer, Dekapolis	A′	
7.	Die blutflüssige Frau und die Tochter des Jairus	5,21−43	Seeufer (jüdisch), Haus des Jairus	A″	
8.	Das ungläubige Nazareth	6,1 −6	Vaterstadt, Synagoge	A′	
9.	Aussendung der Zwölf	6,7 −13	Umliegende Dörfer		B″
10.	Urteil des Herodes über Jesus und Johannes den Täufer	6,14−29	Herodes impliziert Ortsangabe		C′
11.	Speisung der 5000	6,30−44	Einsamer Ort (jüdisch)		D′
12.	Seewandel	6,45−52	Berg, See, Boot	B‴	
13.	Summarium	6,53−56	Seeufer, Genesareth		A

(Block: IIIa)

4.5.2. *Heilungen und Dämonenaustreibungen (A,A′,A″)*

4.5.2.1. Nach Auswertung der Ortsangaben gliedert sich der Stoff von Block IIIa = 3,7−6,56 in *13 Textabschnitte.* Dabei bringt das eröffnende Summarium den geographischen Horizont, der für den ganzen Block III bis 10,52 gültig ist (s.o.). Mk 3,7−8 führt Jesus wieder an den *See* und stellt dort das Boot bereit, das bis inklusive IIIb kompositionelle Funktion hat. Die Erwähnung der unreinen Geister in 3,11 bereitet, wie deren Ruf »Du bist der Sohn Gottes!« beweist, den Exorzismus des Besessenen von Gerasa (A′) vor und hat wie die geographischen Angaben und das Boot keine Entsprechung im abschließenden Summarium.

Beide Summarien sind jedoch schon durch den summarischen Stil *aufeinander bezogen* (A, A), der in beiden Fällen die Heilung von vielen Kranken und Leidenden erwähnt. Das Urteil über die kompositionelle Zuordnung der beiden Summarien zueinander wird jedoch unumstößlich durch die Beobachtung, daß das *Motiv vom Andrang der Menge* (3,10; 6,55) *und das der Berührung* Jesu (3,10) bzw. seines Gewandzipfels (6,56) durch die Heilungssuchenden nicht nur in den beiden Summarien selbst vorkommt, sondern auch in der durch die Geschichte von der Erweckung der Tochter des Jairus konzentrisch gefaßten Mitte des ganzen Blocks, nämlich in der Geschichte von der Heilung der blutflüssigen Frau eine konstitutive Rolle spielt (A").

4.5.2.2. Die Geschichte setzt schon mit dem Motiv des Andrangs der Menge ein: »Und es folgte ihm eine zahlreiche Menge und sie umdrängte ihn« (5,24b). Die Menge findet noch dreimal Erwähnung und zwar jedesmal in Verbindung mit dem Motiv der Berührung Jesu durch die Heilungssuchende (5,27.30.31). Letzteres kommt noch einmal allein im inneren Monolog der Frau vor (5,28). Darüberhinaus begegnen in der Perikope zweimal die Wörter »retten« (5,28.34) und »Plage« (5,29.34). Letzteres bezeichnet im ersten Summarium die Krankheit derer, die Jesus heilungssuchend berühren (3,10), während das erste im abschliessenden Summarium das Resultat dieser Berührung bezeichnet: »Und welche auch immer ihn berührten, die wurden gerettet« (6,56). Die beiden Summarien klammern also nicht nur den Abschnitt ein, sondern haben wichtige *semantische Beziehungen* zu seinem Zentrum.

4.5.2.3. Dieses ist in sich schon *konzentrisch gebaut*. In typisch markinischer »Sandwich«-Technik ist die Heilung der blutflüssigen Frau nämlich von der Auferweckung der Tochter des Jairus umgeben. Doch sind beide Wunder zusätzlich durch *Stichworttechnik* miteinander verzahnt: So nennt der Synagogenvorsteher in der Heilungsbitte sein Kind »Töchterchen« (5,23), Jesus redet die blutflüssige Frau im Heilungswort mit »Tochter« an (5,34). Gleich darauf kommen Leute aus dem Haus des Synagogenvorstehers, um ihm zu berichten, daß seine »Tochter« gestorben sei (5,35).

Wichtiger aber noch ist, daß die *die 12 Stämme Israels symbolisierende Zahl 12* in beiden Geschichten begegnet: Trägt die blutflüssige Frau ihr Leiden schon 12 Jahre lang (5,25), so ist die Tochter des Jairus 12 Jahre alt (5,42). Die blutflüssige, also nach jüdischem Verständnis unreine Frau, die Jesus heilungssuchend berührt und damit eigentlich ebenfalls unrein macht, und das 12-jährige, also heiratsfähige junge Mädchen stehen für *Israel* in zwei Aspekten.

Die Braut Gottes, Israel, muß, weil sie *tot* ist, lebendig gemacht und, weil sie *unrein* ist, durch die Berührung Jesu geheilt werden. Sie verkör-

pern den Teil Israels, der durch Jesus Rettung findet. Die Rahmung der
Perikope macht das eindeutig, weil sie in bewußter Opposition den *heidnischen* Gerasener im Gegensatz zu den Bewohnern der *jüdischen* Heimatstadt Jesu stellt. Der von Dämonen besessene Heide erkennt schon im
Zustand der Besessenheit Jesus als den »Sohn des Höchsten Gottes«, –
eine heidnische Bezeichnung! – und verkündet als Geheilter Jesus, und
zwar als den »Herrn«, d.h. aber im Sinne von »Gott«.

Denn der *Verkündigungsauftrag* im Munde Jesu, nach Hause zu gehen
und zu verkünden, »was der Herr dir getan hat und daß er sich deiner
erbarmt hat«, wird mittels des Schemas von Auftrag und Ausführung vom
Erzähler parallelistisch aufgenommen, wodurch für den Leser/Hörer der
»Herr« (Gott) und »Jesus« im *Parallelismus* einander entsprechen: »Und
der ging weg und begann zu verkündigen in der Dekapolis, was Jesus ihm
getan hatte« (5,19–20).

Während also der *Heide* Jesus als »Sohn Gottes« erkennt und ihn als sein
erster Heidenmissionar verkündet, sind die *Bewohner seiner Heimatstadt* rat-
los. Weil sie in Jesus nur den Zimmermann sehen, den »Sohn der Maria
und Bruder des Jakobus und Joses und Judas und Simons« und seine
Schwestern in ihrer Mitte wohnen wissen, nehmen sie Ärgernis an ihm.
Der gläubige Heide und die ungläubige Vaterstadt rahmen als *oppositionelles Paar* die Perikope über den Teil Israels, der Rettung findet.

4.5.3. *Jünger (B, B'/B", B"'), Gegner (C, C') und Volk (D, D') – Das verstockte Israel*

4.5.3.1. Wir haben bisher die Behandlung der *Textblöcke 3,13–4,41 und
6,7–52* ausgespart. Sie haben thematisch auf den ersten Blick auch kaum
eine Beziehung zu den klammernden Summarien, die den thematischen
Ton angeben, und der Mitte des gesamten Blocks, deren drei Teile dieses
Thema modulieren.

Leichter zu sehen indessen ist, wie sie formal in den Gesamtblock inte-
griert sind. Denn jeder dieser zwei Teilblöcke, der, wie die Auswertung
der Ortsangaben ergibt, aus vier Abschnitten besteht, ist strukturell und
thematisch parallel auf den anderen hin komponiert, sodaß beide gewissermaßen als einander korrespondierende Flügel einerseits zwischen dem
ersten Summarium (3,7–12) und der Textmitte (5,1–6,6) und andererseits zwischen dieser und dem zweiten Summarium (6,53–56) sich er-
strecken.

4.5.3.2. Strukturell und thematisch sind diese Teilblöcke einander insofern *parallel*, als sie jeweils eröffnet und abgeschlossen werden durch
einen Abschnitt, der sich thematisch mit den *Jüngern* befaßt. Dabei klammern die *Jünger*abschnitte (B, B'/B", B"') jeweils einen Abschnitt, der

Gegner Jesu (CC') behandelt, und einen ihm jeweils folgenden, in dem sie *jüdische* Volksmenge mit Jesus konfrontiert wird (D/D'), in dem aber auch die Jünger als unverständige eine Rolle spielen.

So beginnt der erste dieser Teilblöcke mit einem Abschnitt, der die Einrichtung des *Zwölfer*kollegiums zum Gegenstand hat (3,13–19). Er endet mit der Seesturmgeschichte, die (heute) eine *Jüngergeschichte* ist und den »Unglauben« der Jünger thematisiert (4,35–41).

Der zweite Teilblock wird durch die Aussendung der »*Zwölf*« (6,7) eröffnet (6,7–13) und wird abgeschlossen mit der Seewandelgeschichte, die ebenfalls eine *Jüngergeschichte* ist, klare Assonanzen an die Seesturmgeschichte aufweist (vgl. nur 4,39 mit 6,51: »und der Wind legte sich«) und eine ähnliche theologische Thematik behandelt, nämlich statt des »*Unglaubens*« der Jünger dort (6,40) hier die »*Verstockung der Herzen*« (6,52).

Aber auch die den ersten Teilblock eröffnende *Berufung der Zwölf* und die *Aussendung der Zwölf*, mit der der zweite Teilblock beginnt, muß man als deutlich aufeinander hin komponiert verstehen. Schon allein, daß an beiden Stellen ausdrücklich die *Zwölfzahl* der Jünger erwähnt wird (3,14.16 und 6,7), sollte man mindestens registrieren. Dazu würde des weiteren passen, daß in 6,7 das Verb »er sandte sie aus« dem Nomen »Ausgesandte« (Apostel) in 3,14 entspräche, wenn dieses textkritisch als ursprünglich zu sichern wäre. Doch auch wenn letzteres nicht zutreffen sollte: Das *Verb* »aussenden« wird in 3,14 allemal gebraucht.

4.5.3.3. Damit haben wir das *Thema* erreicht, das nun doch die beiden Flügelblöcke (3,13–4,41 und 6,7–52) mit den klammernden Summarien (3,7–12 und 6,53–56) verbindet. Nach den Summarien ist die *Austreibung von Dämonen* und die *Heilung von Kranken* das, was Jesu Wirken ausmacht. Die *Zwölf* aber, die er geschaffen hatte, damit sie »mit ihm seien und damit er sie aussende« (3,14), sollen offensichtlich an seiner Aufgabe partizipieren und das, obwohl sie »ungläubig« sind (4,40) und in »ihren Herzen verstockt« (6,52), wie es Seesturm- (4,35–41) und Seewandelgeschichte (6,45–52) behaupten und wie man es den den beiden Geschichten jeweils vorausgehenden Abschnitten, nämlich der »Gleichnisrede« (4,1–34) und der »Speisung der 5000« (6,30–44), entnehmen kann.

4.5.3.4. Zwar geht es in den beiden einander korrespondierenden Abschnitten vor allem um die »sehr große Menge« (4,1) bzw. »große Menge« (6,34) Volkes, die Jesus »vieles« »lehrt« (4,2; 6,34), und zwar jedesmal am Ufer des Sees, so daß auch das »Boot« seine Funktion erfüllen kann, als 'Kanzel' Jesu (4,1) bzw. als Beförderungsmittel zum »einsamen Ort« (6,32), doch spielen darin auch die *Jünger* eine wichtige Rolle.

4.5.3.5. In der Speisungsgeschichte raten sie Jesus, das Volk zu entlassen, damit es sich angesichts der vorgerückten Stunde in der Umgebung verproviantiere. Jesu Aufforderung, sie selbst sollten den Leuten zu essen geben, mißverstehen sie offensichtlich, da sie sie als Auftrag, ihrerseits Proviant zu kaufen, mit dem Hinweis auf die leere Kasse beantworten. Und obwohl sie selbst an der Verteilung der Brote beteiligt werden und im Anschluß an die Speisung *zwölf* Körbe mit Resten einsammeln, kommen sie nicht zum Verständnis des Geschehens, so daß im folgenden ihr Schrecken über den Seewandel vom Erzähler mit der »*Verstocktheit*« ihrer Herzen begründet wird, »denn sie waren über die Brote nicht zum Verständnis gekommen« (6,52).

Dem entspricht, daß die Jünger im Gleichniskapitel *die Gleichnisse nicht verstehen*, obwohl ihnen »das Geheimnis des Gottesreiches gegeben ist« (4,11). Das macht sie denen »draussen«, d.h. der unverständigen Volksmenge, gleich, denen »alles in Gleichnissen zuteil wird, damit sie sehen und doch nicht einsehen und hören und doch nicht vernehmen«. D.h. aber, die Gleichnisse des Gleichniskapitels ebenso wie das Speisungswunder dienen demselben Zweck, nämlich der *Verstockung der Herzen* der Zuhörer bzw. Zuschauer. Davon sind auch die Jünger nicht ausgenommen. Im Gegenteil! Obwohl sie geheimer Unterweisung über die Gleichnisse gewürdigt werden und beim Speisungswunder durch Austeilen der Brote und Einsammeln der Reste sogar mitwirken dürfen, haben sie wie das Volk die Gleichnisse gehört, aber nicht vernommen, und das Wunder der Speisung gesehen und doch nicht eingesehen, so daß man ihnen vorwerfen kann, sie hätten »noch keinen Glauben« (4,40) bzw. »ihr Herz sei verstockt« (6,52).

4.5.3.6. Auch die Jünger also gehören wie die Gegner und das Volk zum *verstockten Israel*. Alle zusammen stehen in *Opposition zu den Gestalten der blutflüssigen Frau und der Tochter des Jairus, die für Israel als der wunderhaften Heilung bzw. Erweckung bedürftiges, d.h. zu rettendes, stehen. Doch ist zu dieser Rettung ein Wunder* nötig, ein erneutes göttliches Handeln, das die von Gott bewirkte Verstockung aufhebt und wahre Reinheit und das Leben wirkt. (Was die Jünger betrifft, wird das mit den beiden Blindenheilungen, die den Jüngerbelehrungsabschnitt rahmen, angedeutet.)

Dazu scheint zu passen, daß Gleichniskapitel und Speisungswunder auch dadurch als aufeinander bezogen erscheinen, daß in beiden Abschnitten, wie in dem von der Berufung der *Zwölf* und dem von der Aussendung der *Zwölf*, aber auch in dem von der Heilung der blutflüssigen Frau und der Jairustochter die *Zahl Zwölf* begegnet und in der Erwähnung »der Jünger um ihn mit den Zwölfen« (4,10) und in der Zählung der *zwölf* Körbe mit den Resten von dem Speisungswunder (6,43) die Zahl *Zwölf* erwähnt wird.

4.5.3.7. Auch der Abschnitt vor dem Gleichniskapitel (3,20–35) und der Abschnitt, der der Speisung der 5.000 vorangeht (6,14–29), sind in *formaler* Hinsicht miteinander vergleichbar, sind aber auch von den Handlungsträgern her und *thematisch* aufeinander beziehbar.

Formal ist beiden Abschnitten eigen, daß es sich wieder um Beispiele markinischer Verschachtelungstechnik handelt. Die Beelzebubperikope (3,22 – 30) ist nämlich eingeklammert von zwei Textabschnitten, die Jesu Verwandtschaft kritisch gegenüberstehen. Der Abschnitt 3,20 – 21, der ins »Haus« lokalisiert ist, handelt von einem Versuch der Verwandten Jesu, ihn zu »ergreifen, denn sie sagten: 'Er ist von Sinnen'«. Im Abschnitt 3,31 – 35 machen »seine Mutter und seine Brüder« den Versuch, ihn aus dem Haus heraus zu sich rufen zu lassen. Die *rahmende Absicht* ist offensichtlich.

4.5.3.8. Auch bei dem strukturell entsprechenden Abschnitt 6,14 – 29 ist eine *Rahmung* mindestens angedeutet. In 6,14 – 16 werden nämlich Meinungen der Leute über Jesus, er sei die endzeitliche Gestalt des wiederkehrenden Elia bzw. »ein Prophet wie einer der Propheten« (6,15), textlich eingefaßt von der Meinung des »König Herodes« über ihn, die in zweifacher Form geäußert wird: »Johannes der Täufer ist von den Toten auferweckt worden, darum wirken die Wunderkräfte in ihm« (6,14), bzw. »Johannes, den ich enthauptet habe, der wurde auferweckt« (6,16). Es folgt dann in einer textlichen Rückblende die Erzählung vom Ende des Täufers. Das Ende dieser Erzählung (6,29) bildet eine Notiz über die Beisetzung seines Leichnams durch seine Jünger und läßt sich als Pendantaussage zu der in der Meinung über Jesus implizierten Auferweckungsaussage über Johannes in 6,14 – 16 auffassen.

4.5.3.9. Die *Vergleichbarkeit* der Textabschnitte 3,20 – 35 und 6,14 – 29 auf der *Figurenebene* ist dadurch gegeben, daß es sich in jedem Fall um *Gegner Jesu* handelt. Thematisch parallel sind die Abschnitte einmal dadurch, daß die *Gegner ihre Meinung über Jesus* vortragen. Dabei präzisieren in einem Fall die theologischen Experten die Meinung der Verwandtschaft, er sei wahnsinnig, indem sie ihn für besessen erklären. Im anderen Fall weiß Herodes besser als andere, wer Jesus ist: Es ist Johannes, der von ihm Ermordete, der auferweckt worden ist.

4.5.3.10. Zum anderen sind die Abschnitte *thematisch* miteinander dadurch verwandt, daß mit der Erwähnung der Herkunft der Schriftgelehrten »aus Jerusalem« die *Passion* ihren Schatten in die galiläische Szene vorauswirft. Die Passionsgeschichte des Johannes des Täufers unter Herodes ist ebenfalls *Vorausverweis* auf das Leiden und Sterben Jesu. Sein Vorläufer ist dies auch im Hinblick auf den gewaltsamen Tod.

4.6. *Die makrostrukturelle Einheit von Textblock III (3,7 – 10,52)*

4.6.1. Die *Gemeinsamkeit* der beiden Abschnitte wäre vollends zu sichern, sollten bei Mk »Pharisäer« und »Schriftgelehrte« »letztlich gleich« sein (vgl. Anm. 33). Dann würden durch die Parallelisierung eines Abschnitts, der von den »Schriftgelehrten« (3,22) handelt, und eines Abschnitts über »Herodes« (6,14) diejenigen wieder als *Gegner Jesu* vereint, die schon in 3,6 als Koalition von »Pharisäern und Herodianern« den Todesbeschluß gegen Jesus gefaßt haben, die in 12,13 Jesus »mit einem Wort fangen« wollen und denen sich anzugleichen Jesus in 8,15 die Jünger warnt, wenn er sie auffordert, sich »vor dem Sauerteig der Pharisäer und des Herodes« zu hüten.

4.6.2. Diese Perikope am Ende des Abschnitts IIIb ist überhaupt ein wichtiger *Knotenpunkt*. Sie weist noch einmal auf die beiden Speisungswunder zurück, erinnert an die Wichtigkeit der Zahl 12 und stellt ihr die Zahl 7 zur Seite.

4.6.3. Die *Zahlen* sollen ein Geheimnis beinhalten, das die Jünger nicht begreifen. Die Lösung scheint in dem *Gegensatz* der Zahl 12 zur Zahl 7 zu suchen zu sein. 7 Körbe bleiben bei dem zweiten Speisungswunder übrig, das die *Speisung von Heiden* zum Gegenstand hat. Die Zahl »Sieben« paßt dazu sehr gut, weil sie die *Totalität* bezeichnet. Gottes Heil in Jesus ist *universalistisch geweitet*. So will es das Evangelium von Christi Tod und Auferweckung für alle Völker. Dann aber steht die Zahl »Zwölf« für Gottes eschatologisches Handeln an *Israel*, das er endzeitlich durch Jesus heilen, d.h. rein und lebendig machen will (vgl. die blutflüssige Frau und die Tochter des Jairus), und dem er durch Jesus als dem eschatologischen Hirten der Schafe (6,34) Lehre und Brot geben will.

4.6.4. Dabei sollen die *zwölf Jünger* dieses eschatologische Israel verkörpern, dem das »Geheimnis des Gottesreiches« (4,11) gegeben ist, doch zeigen sie sich wie das Volk unverständig, sind blind und taub (8,18). Darum steht inmitten des Abschnitts, der die Heidenmission im irdischen Leben Jesu schon vorabbildet (IIIb), das Wunder der Taubstummenheilung und wird der Jüngerbekehrungsabschnitt von den beiden Blindenheilungen eingeklammert. Nur ein Wunder kann die tauben Ohren und die blinden Augen öffnen. Die *Einheit* des großen Textabschnitts III (3,7 – 10,52) zeigt sich erneut, auch wenn er sich in drei kleinere Textblöcke mit jeweils modifizierter konzentrischer Struktur gliedert.

5. *Die neue Lehre in Vollmacht (II) (1,14 – 3,6)*

5.1. *Makrostruktur und Strukturskizze'*

Die Abgrenzung von Abschnitt II ergibt sich zunächst aufgrund der *Topographie*, wird sich aber im Lauf unserer Analyse auch *thematisch* bestätigen. Topographisch spielt er in Galiläa (1,14 – 15), dann in der Umgebung von Kapharnaum (1,16 – 20), dann dort selbst (1,21 – 34) und wieder in

Galiläa (1,35–45), um wieder nach Kapharnaum und Umgebung zurückzukehren (2,1–3,6).

Damit deuten sich *zwei Unterabschnitte* an: IIa = 1,14–45 und IIb = 2,1–3,6, deren jeder sich aufgrund der Auswertungen der topographischen Angaben in *5 Segmente* gliedert.

Wir kommen zu folgendem Bild:

	1.	Summarium der Predigt Jesu	1,14–15	Galiläa		A
	2.	Berufung der ersten Jünger	1,16–20	See	B	
IIa	3.	Besessenenheilung	1,21–28	Synagoge, Kapharnaum	C	
	4.	Heilung der Schwiegermutter des Petrus	1,29–31	Haus, Kapharnaum		B'
	5.	Summarium mit Aussätzigenheilung	1,32–45	Einsamer Ort, Galiläa, Einsame Orte		A'
	1.	Heilung des Gelähmten	2,1 –12	Kapharnaum, Haus		A
	2.	Berufung des Levi und Zöllnermahl	2,13–17	See, Haus	B	
IIb	3.	Fastenfrage	2,18–22	Ohne Ortsangabe	C	
	4.	Ährenausraufen am Sabbat	2,23–28	Saatfelder		B'
	5.	Heilung des Mannes mit der ausgetrockneten Hand	3,1 –6	Synagoge		A'

5.2. *Die neue Lehre in der Bestreitung (IIb) (2,1–3,6)*

5.2.1. Wir gehen bei der Einzelanalyse wieder von hinten nach vorn, beginnen also mit dem Unterabschnitt IIb = 2,1–3,6. Die *Konzentrik* in der Struktur wird hier sehr deutlich. Der Abschnitt besteht aus *5 gattungsähnlichen Segmenten*, die sich mit Ausnahme des mittleren, das ohne Ortsangabe einsetzt, aufgrund der topographischen Signale voneinander abgrenzen lassen. Man sollte sie nicht »Streitgespräche« nennen, sondern weil sie im linearen Ablauf des Mk-Evangeliums den ersten Abschnitt bilden, in dem die Auseinandersetzung Jesu mit seiner Gegnern zur Sprache kommt, und weil sie in 3,6 mit einem galiläischen Todebeschluß enden, also auch »biographisch« gemeint sind, von ihnen als von »*pole-mischen Szenen*« sprechen.

5.2.2. *(A/C/A')*. Damit ist zugleich schon eine, die konzentrische Struktur des Abschnitts betreffende, *thematische Verbindungslinie* zwischen drei der fünf Sequenzen (A/C/A') angesprochen (die damit zusammen-hängt, daß auf der Figurenebene in jeder der fünf Sequenzen von *Gegern* Jesu die Rede ist). Denn es

> »besteht zwischen dem Mittelstück und den Flügelperikopen ein gedank-licher Zusammenhang: In allen drei wird der Tod Jesu transparent: in den Flügelperikopen aus dem Blickwinkel der Gegner, im Mittelstück aus Jesu Sicht«[35].

In dem unausgesprochen bleibenden *Vorwurf* der Schriftgelehrten in der Perikope von der Heilung des Gelähmten: »Er lästert!« (2,7) klingt näm-lich wörtlich die *Anklage des Hohenpriesters* im Mittelstück der Passion an (14,64), die zum Todesurteil führt. Ähnlich wird der den Abschnitt IIb abschließende Rat der Pharisäer und Herodianer wider Jesus, »wie sie ihn vernichten könnten« (3,6), im Mittelteil des der Passion vorangehenden Abschnitts IV, d.h. in der Endauseinandersetzung Jesu mit seinen Geg-nern im Tempelbereich, durch *dieselbe Koalition* wieder aufgegriffen: »Und sie schickten zu ihm einige von den *Pharisäern und Herodianern*, um ihn bei einem Wort zu fangen« (12,13).

Schließlich spielt auch das Wort Jesu von der »Hinwegnahme des Bräu-tigams« (2,20) in der Fastenfrage, dem Mittelteil (C) des Abschnitts IIb, auf *Passion und Tod* an. Dabei ist es kein Zufall, daß die beiden »Flügel-perikopen« (A/A') jeweils *Heilungsgeschichten* sind. Die Gegner stellen sich dem mit Jesus kommenden Angebot eines heilen Lebens mit religiösen Gründen entgegen.

5.2.3. Aber auch die *Jünger* Jesu sind in den Konflikt einbezogen; in den drei mittleren Perikopen (B/C/B') wird zuerst der Anstoß an Jesu Verhalten den *Jüngern* vorgehalten: »Was ißt und trinkt er mit den Zöllnern und Sündern?« In der Fastenanfrage und beim Ährenausraufen am Sab-bat hingegen ist es das Verhalten der *Jünger*, das den Anstoß und den Vor-wurf der Gegner hervorruft (2,18.24).

Des weiteren vereint die drei mittleren Perikopen, daß das Thema »Essen« in ihnen begegnet. In der ersten erregt *Jesu Essen mit Zöllnern und Sündern* den Anstoß der Gegner, in der dritten das *Ährenausraufen der Jünger*, das nach dem Davidsbeispiel dazu dient, den Hunger zu stillen. In der mittleren Perikope ist es das *Nichtfasten der Jünger Jesu*. Auch sind die drei Perikopen dadurch einander ähnlich, daß sie nicht wie die Flügel-perikopen Heilungsgeschichten sind, sondern *Streitgespräche*.

---

[35] *J. Kiilunen*, aaO. 80.

5.2.4. Andererseits sind die Sequenzen 1. und 2. und 4. und 5. *thematisch* jeweils aufeinanderbezogen *(ABB'A')*. In der 1. und 2. ist das verbindende Thema die *Vergebung der Sünden*, in der 4. und 5. dagegen der *Sabbat* und seine Geltung.

In der 1. und in der 4. Sequenz wird der christologische Titel »*Menschensohn*« verwendet. Auf den ersten Blick könnte man annehmen, dies verletze die symmetrische Anordnung. Sobald man jedoch bemerkt, daß der Titel »Menschensohn« jeweils nicht isoliert zu betrachten ist, sondern im Zusammenhang mit einem Thema zu sehen ist, das die 3. und 4. Sequenz zusammenhält, verschwindet die Asymmetrie: In der 1. und 2. ist nämlich das verbindende Thema die *Vergebung der Sünden*. Damit aber ist die Vollmacht des »Menschensohns«, die »Sünden auf Erden zu vergeben« (2,10) ebenso verbunden wie das »Herrsein« Jesu über den Sabbat mit dem Thema, das die Sequenzen 4. und 5. verbindet, nämlich die *Durchbrechung der Sabbatobservanz*[36].

5.2.5. Wieder wird dadurch die Stellung der 3. Sequenz im *Zentrum der Ringkomposition* unterstrichen. Kommen die »religiösen« Themen von Sündenvergebung und Sabbatobservanz jeweils in den *zwei* äußeren Sequenzen zur Sprache, so wird das ebenfalls »religiöse« Thema vom »Fasten« in der Mitte des Textblocks nur einmal berührt. Dabei zielt diese Symmetrie nicht nur auf die Passionsaussage vom Hinweggenommenwerden des Bräutigams, sondern vor allem auf die Aussage »über den Kontrast von alt und neu (V.19 – 20)«[37]. Denn »der grundlegende Unterschied von alt und neu gilt für das Ganze von 2,1 – 3,6«[38]. Der »alten« Religion von »Schriftgelehrten« (2,6), »Schriftgelehrten der Pharisäer« (2,16), »Jüngern des Johannes und Pharisäern« (2,18), »Pharisäern« (2,24) und »Pharisäern und Herodianern« (3,6) wird mit Jesus und seinen Jüngern das »*Neue*« entgegengesetzt, das als neuer Wein die alten Schläuche zerreißt (2,22). Das Zusammentreffen mit der *Passionsthematik* in der Mittelsequenz freilich zeigt, daß dieser Sieg des Neuen mit dem *Tod des Bräutigams* erkauft werden muß.

5.3. *Das unaufhaltsame Vordringen des »Neuen« in ganz Galiläa (IIa) (1,14 – 45)*

5.3.1. Schließlich ist das *Thema* »neu«, das den ganzen Abschnitt IIb bestimmte, auch das *Verbindende* von Abschnitt IIb zu Abschnitt IIa, in dessen Mitte wir wieder auf das Stichwort »neu« stoßen werden.

Schon von der Auswertung der topographischen Angaben her, die eine

---

[36] Vgl. dazu etwas anders: *J. Dewey*, Markan public debate, Literary technique, Concentric structure, and Theology in Mark 1 – 3:6. Society of Biblical Literature, Dissertation Series 48. Chico 1980, 122f.

[37] *J. Kiilunen*, aaO. 81.

[38] Ebda.

Folge von 5 Sequenzen erkennen läßt, legt sich die *Annahme einer symmetrischen Struktur* nahe. Der Abschnitt als ganzer beginnt in Galiläa (Sequenz 1. = 1,14 – 15). Die drei mittleren Sequenzen (2. = 1,16 – 20; 3. = 1,21 – 28.; 4. = 1,25 – 34) sind in oder um Kapharnaum lokalisiert: Zwischen »See« (1,16) und »Haus« (1,29) steht dabei die »Synagoge« (1,21) in der Mitte. Die letzte Sequenz (5. = 1,35 – 49) führt nach »ganz Galiläa«, ist aber durch die Erwähnung »einsamer Orte« gerahmt (1,35.45).

5.3.2. Die erste Sequenz (1,14 – 15), die manche Ausleger noch zum Prolog rechnen[39], die aber nicht nur durch die *Ortsangabe* »Galiläa«, sondern auch durch die rückblickende, die Vergangenheit zusammenfassende *Zeitangabe*, die zugleich auf der *Figurenebene* Johannes den Täufer aus der Erzählung entläßt, sowie durch die erneute Nennung des anderen Protagonisten, Jesus, mit Namen (Nominalisierung) zweifelsfrei einen neuen Abschnitt eröffnet, gibt eine *Zusammenfassung der Botschaft Jesu von der kommenden Gottesherrschaft* und ist, weil sie nicht ein konkretes Einzelereignis berichtet, sondern von dem typischen Geschehen des Anfangs der öffentlichen Wirksamkeit Jesu spricht, als ein *Summarium* anzusprechen, das die wesentlichen *Inhalte* des von Jesus verkündeten Evangeliums nennt.

In der Struktur des Textblocks *entspricht ihr* der abschließende Abschnitt 1,35 – 45 nicht nur, weil er ebenfalls in »Galiläa« angesiedelt ist, sondern weil auch er das *Typische des Geschehens* ins Auge faßt, also ebenfalls »summarisch« klingt.

Die Geschichte von der Heilung eines Aussätzigen nämlich ist so *gerahmt*, daß sie typisch zu verstehen ist für das, was sich im Auftreten Jesu vollzieht. Sie stellt eine *Paradigmengeschichte* dar, die mit der Schilderung eines Einzelfalles Grundsätzliches zur Anschauung bringen will. Sie ist nämlich eingefaßt in eine Szene, die aufzeigt, wie der Andrang der Menge Jesus bis in die Abgeschiedenheit des »einsamen Ortes« (1,35) verfolgt und ihn dazu bringt, nach »Galiläa« zu kommen, um zu »verkündigen«, und eine Szene, in der der geheilte Aussätzige seinerseits beginnt, »vieles« zu verkündigen, so daß wiederum der Andrang der Menge Jesus bis zu den »einsamen Orten« hin (1,45) nachdringt.

Weil die Rahmung damit *typisches Geschehen* summarisch herausstellt, wird auch die gerahmte Aussätzigenheilung typisch: Durch die Sendung Jesu vollzieht sich die *Reintegration der Ausgestoßenen in das Israel Gottes*, »ihnen zum Zeugnis«. Die Anstößigkeit des Jesusgeschehens, das der folgende Abschnitt mit seinen polemischen Szenen variiert und vorführt, ist vorbereitet.

Andererseits ist der ganze Abschnitt durch seinen summarischen Stil

---

[39] Vgl. z.B. *R. Pesch*, Das Markusevangelium I. (HThKNT II/1). Freiburg/Basel/Wien 1976, 104: »Gipfel des mk Evangelienprologs«.

auf das Eröffnungssummarium *rückbezogen*. Dies zeigt sich deutlich an der Aufnahme der Wendung »er kam verkündigend nach Galiläa« (1,14) in dem Kurzsummarium 1,39. Doch ist in 1,39 die Wendung erweitert: »und er kam verkündigend *in ihre Synagogen* nach *ganz* Galiläa *und die Dämonen austreibend*«. Die Erweiterung aber ist ein deutlicher Hinweis auf die Austreibung des unreinen Geistes in der Synagoge von Kapharnaum (1,21–28), die im *Zentrum der Ringstruktur* von Textabschnitt Ia steht. Sie ist in sich ebenfalls durch eine »inclusio« gefaßt, in der das *Thema »Lehre«* Jesu als semantischer Violinschlüssel vor und nach der Erzählung die »Tonart« der Besessenenheilung bestimmt:

»Und sie erstaunten über seine *Lehre*; er lehrte sie nämlich wie einer, der *Vollmacht* hat, und nicht wie die Schriftgelehrten« (1,22) heißt es *davor*. *Nach* dem Exorzismus sagt der Text: »Und es erschraken alle, so daß sie erregt zueinander sagten: 'Was ist das? Eine *neue Lehre aus Vollmacht*. Und den unreinen Geistern gebietet er, und sie gehorchen ihm!'« (1,27).

Beide Teile der »inclusio« stimmen darin überein, der *Lehre* Jesu *Vollmacht* zuzusprechen. Diese »Vollmacht« zeigt sich in der so eingeklammerten Besessenenheilung als die Vollmacht »des Heiligen Gottes«, die Herrschaft der unreinen Geister zu vernichten (1,24). Die *Beziehung* zu dem eröffnenden Summarium und zu dem Abschluß des ganzen Abschnitts mit seinen Kurzsummarien ist geknüpft. Denn die »Lehre« hier entspricht der »Verkündigung« dort (1,14.39). Und der Inhalt dieser »Verkündigung« oder »Lehre«, das Kommen der Königsherrschaft Gottes (1,15), schließt das »Hinauswerfen der Dämonen« (1,39) bzw. die »Vernichtung« der unreinen Geister (1,23) mit ein, weil die »Vollmacht« dessen, der die »Lehre« bringt, es umfaßt, »den unreinen Geistern zu gebieten« (1,27).

5.4. *Makrosyntaktische Verbindungslinien*

5.4.1. Damit zeigen sich Sequenz 1., 3. und 5. deutlich aufeinander bezogen, doch reicht die *semantische »Vernetzung«* noch weiter. Denn diese Vollmacht wird in den zitierten Rahmenstücken von Sequenz 3. sowohl negativ wie positiv noch näher bestimmt.

5.4.2. Es handelt sich, *negativ gesagt*, um die »Lehre« eines, der die Vollmacht besitzt und »*nicht* wie die Schriftgelehrten« (1,22). *Positiv ausgedrückt*, ist es »eine *neue* Lehre aus Vollmacht« (1,27). Der Gegensatz von »alt« (den Schriftgelehrten) und »neu« und der Besitz der Vollmacht aber ist, wie wir sahen, bestimmende Thematik auch von Abschnitt IIb. Dort sprechen die beiden ersten Sequenzen von der Vollmacht des »Menschensohns«, »Sünden zu vergeben«, und die beiden letzten vom Herrsein des »Menschensohns« über den Sabbat.

Der zentrale Abschnitt deckt auf, daß die Präsenz des »Bräutigams«

den Bräutigamsfreunden das Fasten verbietet und zeigt darüberhinaus, man erinnere sich an die Bedeutsamkeit des Stichwortes »neu« in der zentralen Sequenz (2,21.22), daß dieses »Neue« sich mit dem »Alten« nicht vermischen läßt. Zeigt der Abschnitt IIa das »Neue« beim unaufhaltsamen Vordringen nach ganz Galiläa (1,14.28.39), so zeigt es Abschnitt IIb in Auseinandersetzung mit den Mächten des »Alten«. Sie werden, wie sich an der Beziehung von IIb zur Passion zeigt (s.o.), dem »Neuen« den Tod bereiten, aber nicht über es siegen. So verbindet sich auch hier der Anfangsteil des Evangeliums mit seinem Ende.

5.4.3. *(B/B')*. Die Sequenzen 2. und 4., d.h. die Berufung der ersten Jünger (1,16–20) und die Heilung der Schwiegermutter des Petrus (1,29–34), scheinen auf den ersten Blick wenig in dieses strukturelle Themengeflecht einbezogen zu sein. Am ehesten noch läßt sich sehen, daß sie untereinander in Beziehung stehen, wie sich vor allem auf der *Figurenebene* zeigt, weil in jedem dieser Abschnitte die Gebrüderpaare Simon und Andreas, Jakobus und Johannes als Handlungsträger neben Jesus genannt werden, so daß wenigstens auf dieser Ebene eine symmetrische Struktur erkennbar wird.

Wie hingegen die Sequenzen in die *thematische Struktur* einbezogen sind, wird erst deutlich, wenn man den weiteren *Kontext* mit einbezieht. Dazu muß man allerdings bis zum Abschnitt IIIa ausgreifen, denn auch in den drei mittleren Sequenzen von IIa spielen die Jünger eher eine Statistenrolle. Erst mit der »Berufung der Zwölf« (3,13–19) und mit der »Aussendung der Zwölf« (6,7–13) in Abschnitt IIIa begegnen die Jünger im Zusammenhang des Themas, das auch die Struktur des ganzen Abschnitts IIa mitbestimmt.

Denn in 3,14f. »schafft« Jesus die Zwölf, »damit sie mit ihm seien und damit er sie sende zu verkündigen und Vollmacht zu haben, die Dämonen auszutreiben«. Diese »Sendung« der Zwölf erfolgt in 6,7 verbunden mit der Übertragung von »Vollmacht über die unreinen Geister«. Der *Sendung durch Jesus erfolgt die Ausführung* durch die Zwölf; »Und sie gingen hinaus und verkündigten, sie sollten umkehren, und viele Dämonen trieben sie aus und salbten mit Öl viele Kranke und heilten sie« (6,12f.).

In Verkündigung, in Exorzismus und Heilungen *partizipieren* die Zwölf aber an der *Vollmacht Jesu*, die in IIa das beherrschende Thema ist. Demnach sind die Berufung der ersten Jünger in 1,16–20 und die Heilung der Schwiegermutter des Simon in 1,29–34 keine Fremdkörper in der thematischen Struktur des Abschnitts IIa, sondern durchaus in diese integrierbar. Diejenigen nämlich, die einmal an der »Vollmacht« Jesu partizipieren sollen, indem sie »Menschenfischer« werden (1,17), sind durch die erste Tat Jesu in seine *Nachfolge* berufen und finden, bevor sie selbst andere

heilen, Heilung für sich selber. Sie gehören von Anfang an zu dem Werk
Jesu in und an der Öffentlichkeit Israels.

6. *Prolog in der Wüste (I) (1,2 – 13)*

6.1. Damit bleibt uns als zu gliedernder Rest der Abschnitt I = 1,1 – 13
bzw. 1,2 – 13; denn 1,1 hat als Überschrift *metanarrative Funktion*. Abschnitt
I gliedert sich in *fünf Sequenzen*. Vier davon ergeben sich wieder durch die
Ortsangaben. Nur 1,6 – 8 bildet ohne explizite Ortsangabe eine eigene
Sequenz. Doch impliziert der Handlungsträgerwechsel von V.5 zu V.6
einen *Perspektivenwechsel*, was einer Ortsangabe gleichkommt. Die Sicht
des Lesers ruht nicht mehr auf den Menschen, die aus Judäa und Jerusalem zu Johannes an den *Jordan*-Fluß gekommen sind (1,5), sondern auf
Johannes selbst, der allerdings nur auftritt, um einen noch entscheiden-
deren Perspektivenwechsel vorzubereiten. Der von Johannes angekün-
digte »Kommende« tritt in V.9 auf, wo eine neue Ortsangabe die Sequenz
von der Taufe Jesu im *Jordan* einleitet. Der durch den »Geist« verursachte
Ortswechsel bringt als letzte Sequenz die Versuchung Jesu in der Wüste.
Als *Strukturskizze* können wir notieren:

	1.	Stimme eines Rufenden in der Wüste	1,2 – 4	Wüste		A
	2.	Taufe des Volkes	1,5	Von Judäa und Jerusalem zum Jordan	B	
I	3.	Johannes Weissagung der Kommenden	1,6 – 8	Ohne Ortsangabe	A′	
	4.	Taufe Jesu	1,9 – 11	Von Nazareth in Galiläa zum Jordan	B′	
	5.	Versuchung Jesu	1,12 – 13	Wüste		A′

6.2. Auch dieser Abschnitt ist *symmetrisch komponiert*. Als Prolog der
Schrift des Markus ist das wichtigste Ziel, das er verfolgt, ein christolo-
gisches, nämlich die »Präsentation der das Evangelium bestimmenden
Hauptperson«[40], wie sich aus der Struktur ergeben wird.
    6.2.1. Um hier nicht einer sich nahelegenden Parallelisierung von
Johannes dem Täufer und Jesus als thematischem Strukturgesetz zu erlie-
gen, empfiehlt es sich, von der *Beziehung der 2. zu der Sequenz 4.* auszu-

---

[40] *J. Gnilka*, Das Evangelium nach Markus (Mk 1,1 – 8,26). (EKK II/1). 1978, 58.

gehen. Sie zeigt sich schon in Gleichheit und Verschiedenheit auf der lokalen Ebene. In Sequenz 2. ist es die Bevölkerung des »ganzen Judenland(s) und die Jerusalemer«, die sich zu Johannes begeben und »alle sich *taufen* lassen im *Jordanfluß*« (1,5). Jesus dagegen in Sequenz 4. kommt aus »Nazareth in Galiläa« und »und ließ sich *taufen* im *Jordan* von Johannes« (1,9).

6.2.2. Die *Parallelisierungsabsicht*, die hier schon greifbar wird, geht aus der folgenden Opposition aber noch deutlicher hervor. Die Leute aus dem Judenland und die Jerusalemer begleiten ihre Taufe nämlich mit dem *Bekenntnis ihrer Sünden*. Auf Jesus dagegen steigt in der mit den geöffneten Himmeln eingeleiteten Deutevision der Taufe der »Geist« herab »wie eine Taube«, d.h. als Zeichen der göttlichen Liebe[41]. Die Himmelsstimme, die an Jesus ergeht, ist aber eine *Kombination* der messianischen Adoptionsformel aus Ps 2,7: »Du bist mein Sohn!« und aus Jes 42,1: »Siehe da mein Knecht, an dem ich festhalte, mein Erwählter, an dem mein Herz Wohlgefallen hat: ich habe meinen Geist auf ihn gelegt, damit er das Recht zu den Völkern hinaustrage . . . die Meeresländer harren schon auf seine Weisung.«

6.2.3. Wenn Jesus durch die Himmelsstimme als »Sohn Gottes« angeredet wird, ist er also zunächst als »*Messias*«, als endzeitlicher König über Israel, charakterisiert. Wenn damit allerdings hier die Vorstellung vom deuterojesajanischen Gottesknecht verbunden wird, meint das »Sohn Gottes« auch den »*Knecht Gottes*«, an dem Gott sein Wohlgefallen hat, weil er als der »Sohn« den *Willen* des Vaters erfüllt, und der gesandt ist, um in universalistischer Weitung das Heil *allen Völkern* zu bringen. Letzteres verbindet den Jesus des Prologs mit der heilsuniversalistischen Linie des Mk, der wir schon öfter begegneten. Im Blick auf den Prolog selbst wird dadurch die *Opposition* zwischen Sequenz 2. und Sequenz 4. verstärkt. Sieht man in Sequenz 2. eine Aussage über Israel, dann steht dem Israel, das es nötig hat, bei der Taufe seine *Sünden* zu bekennen, in Sequenz 4. Jesus als der »Sohn Gottes« gegenüber, der *Gott wohlgefällig* ist und den Gott erwählt hat (anstelle des »Sohnes Gottes« Israel?), den Völkern das Heil zu bringen.

6.2.4. Wirkt sich in der Opposition »Israel« vs »Jesus« die *markinische* »*Sohn Gottes*«-*Christologie* aus, die den Titel »Sohn Gotes« *universalistisch geweitet* versteht, so erscheinen die verbleibenden Sequenzen eine andere

---

[41] In der kanaanäischen Ikonographie ist die Taube der Vogel der Liebesgöttin Astarte. Siehe dazu z.B.: *S. Schroer*, Der Geist, die Weisheit und die Taube. Feministisch-kritische Exegese eines neutestamentlichen Symbols auf dem Hintergrund seiner altorientalischen und hellenistisch-frühjüdischen Traditionsgeschichte. Freiburger Zeitschr. für Philos. u. Theol. 33 (1986), 197–225.

christologische Komponente ins Spiel zu bringen, wenn sie, wie schon die Lokalangaben nahelegen, Johannes den Täufer in Sequenz 1. und Jesus in Sequenz 5. einander *gegenüberstellen*.

6.2.5. Denn einmal definiert sie durch seine Beschreibung des Johannes (1,6) als den »Rufenden in der Wüste« und als den von dem Propheten Jesaja vorhergesagten Vorläufer des »Herrn« (Sequenz 1.) sowie als den wiedergekommenen *Elia*. Und zum anderen läßt sie Johannes das Kommen des »Stärkeren« verkünden, dem niedrige Sklavendienste zu leisten er sich selbst nicht würdig weiß (1,7), und der in Überbietung der Wassertaufe des Johannes im heiligen Geist getauft wird (1,8).

6.2.6. Man darf in diesem »Kommenden«, den Johannes verkündet, den *kommenden* »*Menschensohn*« *Jesus* vermuten, obwohl der Titel hier ebensowenig ausdrücklich schon angesprochen wird, wie auf der anderen Seite der Name des Elia für Johannes gebraucht wird (vgl. 9,9–13). So legt sich nahe, auch die Versuchungsgeschichte von diesem »Menschensohn« sprechen zu hören, der, vom Geist in die Wüste, den Ort eschatologischer Erprobung und Bewährung, geführt, durch den Satan versucht wird. Gerade, daß ihm dort gewissermaßen statt des sich dazu für unwürdig erklärt habenden Johannes die *Engel* dienstbar sind, stattet Jesus als den »Menschensohn« schon jetzt mit den *Begleitern* aus, die als »die heiligen Engel« das Kommen des »Menschensohns« »in der Herrlichkeit seines Vaters« (8,38) begleiten werden und die ihm dann zu Gebote stehen werden: »Und dann wird er die Engel aussenden und seine Auserwählten zusammenführen von den vier Winden, vom Ende der Erde bis zum Ende des Himmels« (10,27).

Damit tritt aber zu der aus der typologischen Entsprechung bzw. Opposition von »Israel« und »Jesus« (Sequenz 2. und Sequenz 4.) gewonnenen Sohn Gottes- und Gottesknechtchristologie die *Menschensohnchristologie*, die deutlicher noch als jene im Dienst des markinischen Heilsuniversalismus steht.

7. Die Überschrift (1,1)

7.1. Die Überschrift als metanarrativer Satz steht außerhalb von Block I, dem Prolog. Sie ist zwar Anlaß dafür geworden, daß man heute vom Buch des »Markus« als dem »*Evangelium nach Markus*« spricht, doch ist das vermutlich ein Mißverständnis. Die Überschrift will nämlich nicht sagen: »Hier fängt das Evangelium über Jesus Christus an«, sondern das Wort »Anfang« darf man im Sinne von »Fundament«, »Basis«, »*Grundlegung*« verstehen[42].

---

[42] Natürlich bedürfte diese nicht unbestrittene These (vgl. nur die dezidierte Bestrei-

Das »Evangelium von Jesus Christus« ist also nicht mit der Schrift des Markus identisch. Diese will nur die *Grundlage für das Evangelium* erzählen. Mk weiß sehr wohl zwischen dieser grundlegenden *Erzählung* und dem eigentlichen *Evangelium* zu unterscheiden, wie etwa aus der Bemerkung über die Frau hervorgeht, die Jesus in Bethanien gesalbt hat: »Wo immer das Evangelium verkündet werden wird auf der ganzen Welt, da wird auch gesagt werden, was sie getan hat, ihr zum Gedächtnis« (14,9).

7.2. In den markinischen Gemeinden gibt es offenbar beides: *Erzählungen* über den irdischen Weg Jesu und *Verkündigung des Evangeliums*, dessen Inhalt Tod und Auferweckung Jesu sind, das als frohe Botschaft heilbringend ist für jeden, der glaubt, und das sein Fundament im öffentlichen Auftreten Jesu vor Israel hat.

7.3. In der Schrift des Mk wird dieses Evangelium zum erstenmal verkündet durch den Jüngling im Grab, der den Frauen sagt: »Ihr sucht Jesus, den Nazarener, er ist auferweckt worden, er ist nicht hier« (16,6). Sofern der Jüngling eine *himmlische Gestalt* ist, ist das, was er verkündet, das Evangelium über Jesus Christus also, als *göttliche Offenbarung* qualifiziert.

7.4. Ihr will Mk dienen, wenn er in seinem Buch die »Darstellung der Grundlage des Evangeliums in seinem geschichtlichen Anfang«[43] beim irdischen Jesus unternimmt. Dabei akzentuiert er die *universale Geltung* dieses Evangeliums dadurch, daß er auch dessen Weg über Israel hinaus in die Heidenwelt schon bei dem irdischen Jesus *begründet* sieht. Wenn nach Mk der Tempel eigentlich »Bethaus für alle Völker« sein sollte, aber zu einer »Räuberhöhle« gemacht worden ist (11,17), in der das Heil Gottes *partikularistisch auf Israel eingeschränkt* wurde, so wird dieses universalistisch geweitet durch das *Evangelium*, das »unter allen Völkern« (13,10) verkündet werden muß.

---

tung dieses Verständnisses von Mk 1,1 bei *W. Schenk*, Evangelium – Evangelien – Evangeliologie. Ein »hermeneutisches« Manifest. (ThExh 216). München 1983, 47–58) einer eingehenderen Diskussion und Begründung als dies im gegebenen Rahmen möglich ist.

[43] *R. Pesch*, aaO. 75.

II

DIE FRAUEN IM STAMMBAUM JESU NACH MATTHÄUS

Strukturale Beobachtungen zu Mt 1,1 – 17

1. Fragestellung

In der mt »Urkunde der Abstammung Jesu Christi«[1] werden fünf Frauen
erwähnt: Tamar (V.3), Rahab (V.5), Rut (V.5), die des Urija (V.6) und
Maria (V.16). Namen von Frauen begegnen nur selten in jüdischen
Geschlechtsregistern. Als Ausnahmen treten sie im AT dort auf, »wo eine
Unregelmäßigkeit in der Deszendenz oder sonst etwas Bemerkenswertes
sich an den Namen einer Frau knüpft«[2]. Gerade deshalb scheint es sich
zu lohnen, der Frage nach der Bedeutung der Frauen im Stammbaum
Jesu erneut nachzugehen, auch wenn hierzu in der Forschung bereits eine
Vielzahl von Hypothesen aufgestellt wurde[3]. Denn die Verschiedenheit
dieser Meinungen verweist auf das Unbehagen an der moralisch vorein-
genommenen, aber weitverbreiteten Ansicht, die Ahninnen Jesu seien als
Sünderinnen in seinem Stammbaum genannt, um aufzuzeigen, daß »auch
menschliche Eigenmächtigkeit und Sünde« der göttlichen Gnade dienen
muß, »um der Welt den Erlöser zu schenken«[4]. A. Vögtle hat als
»Grundgedanken der ganzen Genealogie die providentielle Hinordnung
der Geschlechterfolge auf die Geburt des Messias Jesus«[5] herausgestellt
und die Meinung vertreten, die Frauen, an deren Namen sich »Makel der
Herkunft (z.B. Rut, Rahab) oder (und) des moralischen Verhaltens
(Tamar, Rahab, Bathseba)« knüpften, sollten diesen Grundgedanken
unterstreichen: »Auch das Abseitige, das menschlich Eigenmächtige und
Sündhafte, auch das von Menschen nicht Bedachte und Verachtete ver-
mochte Gottes gnädiges und souveränes, auch Umwege nicht scheuendes
Walten an der Erreichung seines Ziels, der Erneuerung und Weiter-

---

[1] *A. Vögtle*, Die Genealogie Mt 1,2 – 16 und die matthäische Kindheitsgeschichte
(II. Teil): BZ 8 (1964) 239 – 262, hier 246.
[2] *Billerbeck* I, 15.
[3] Die verschiedenen Meinungen werden vorgestellt bei *A. Vögtle*, Die Genealogie
Mt 1,2 – 16 und die matthäische Kindheitsgeschichte (Schlußteil): BZ 9 (1965) 32 – 49,
hier 38 – 41.
[4] *Billerbeck* I, 15.
[5] *A. Vögtle*, aaO. 40.

führung des Geschlechtes seiner Heilsverheißung bis zur Geburt des Messias Jesus nicht zu hindern«[6].

Mit der Herausstellung der »providentiellen Hinordnung der Geschlechterfolge auf die Geburt des Messias Jesus« als »Grundgedanken« der Genealogie hat Vögtle auf Entscheidendes hingewiesen. Doch läßt sich vielleicht innerhalb dieses hermeneutischen Rahmens Präziseres über die Rolle der Frauen im Stammbaum Jesu sagen, wenn man zunächst einmal darauf verzichtet, ihre semantische Funktion im Text von Mt 1,1–17 erheben zu wollen und nur auf ihre Stellung und formale Funktion im Rahmen des Textgefüges achtet.

2.

2.1. Zum Verhältnis der metanarrativen Sätze (Überschrift V.1 Kommentar V.17) zur Genealogie

Mit A. Vögtle lassen sich in Kap. 1 als strukturelle Elemente unterscheiden: »1. die Überschrift (1); 2. die Genealogie (2–16); 3. der kommentierende Hinweis auf die Genealogie als Ganzes (17); 4. der exkursartige Anhang zu 1,16b (18–25)«[7], auf den in unserem Zusammenhang nicht näher eingegangen werden muß. Die Elemente stehen, wie schon aus Vögtle's Bezeichnungen ersichtlich wird, in Beziehung zu einander. Da die Genealogie als narrativer Text zu werten ist, müssen die »Überschrift (1)« und der »kommentierende Hinweis auf die Genealogie als Ganzes« (17) als »metanarrative« Sätze aufgefaßt werden. In metanarrativen Sätzen findet »eine Thematisierung der Komponenten Erzähler, Hörer/Leser, Erzählsituation, Bereich der Gegenstände und Sachverhalte statt«; sie kommen somit »zu dem Erzähltext selbst auf einer Meta Ebene« zu stehen[8]. D.h. der Verf. will mit der Überschrift und dem Kommentar sagen, wie der Text der Genealogie zu lesen sei. Dabei zeigt der Kommentar (17) mit seiner »Periodisierung der Generationenfolge in 3 Epochen der israelitischen Geschichte mit je 14 Generationen«[9], daß es dem Verf. um mehr geht »als um den registermäßigen Nachweis der Abstammung Jesu von Abraham und David«[10]. Mit der dreifachen Wiederholung der »Maßzahl 14«[11] will er vielmehr die »provi-

---

[6] Ebd.

[7] A. Vögtle II, 240.

[8] E. Gülich, Ansätze zu einer kommunikationsorientierten Erzähltextanalyse (am Beispiel mündlicher und schriftlicher Erzähltexte), in: Zeitschrift für Literaturwissenschaft und Linguistik, Beiheft 4, Erzählforschung 1, hrsg. v. W. Haubrichs, Göttingen 1976, 242.

[9] A. Vögtle II, 241.

[10] Ebd.

[11] A. Vögtle, Schlußteil 36.

dentielle Hinordnung der mit Abraham begründeten Heilsverheißung auf den Messias Jesus«[12] herausstellen. Doch kommt es hier zu einer wichtigen Gegenläufigkeit des Kommentars (17) zum Text der Genealogie, für die man zunächst eine strukturale Erklärung suchen sollte, bevor man sich anschickt, die »Zahlenverhältnisse« historisch zu »verifizieren«[13]. Der Kommentar unterteilt die Reihe der Ahnen Jesu in drei Gruppen zu 14 Generationen. Zählt man in der Genealogie nach, lassen sich zwar die drei Zeitabschnitte entdecken, doch werden im ersten und letzten Zeitabschnitt nur je 13 als Erzeuger genannt. Dagegen nennt der mittlere Abschnitt, wie der Kommentar (17) es sagt, 14 Namen von Erzeugern. Die Leseanweisung des Kommentars, der jedem Abschnitt 14 Generationen zuweist, läßt sich bei der Lektüre der Genealogie mithin nur ausführen, wenn man beim ersten und letzten Zeitabschnitt nicht nur die Erzeuger zählt, sondern jeweils am Schluß den Erzeugten mit hinzunimmt, d.h. David und, modifiziert, Jesus. Daß durch diese Gegenläufigkeit von Kommentar und Genealogie beide Namensträger besonders hervorgehoben und aufeinander bezogen werden, liegt auf der Hand. Es kommt hinzu, daß beide an dieser Stelle auch dadurch unter den Namen der Liste besonderes Gewicht erhalten, daß nur ihnen ein besonderer Titel beigegeben wird: »Isai zeugte David den *König*« (V.6) und »aus der gezeugt wurde Jesus, der *Messias* (Christus) heißt« (V.16). Daß dadurch Jesus und David im Textgefüge besonders aufeinander bezogen werden, ist leicht zu sehen.

Durch die Mittel der Sprachstruktur wird wiederholt, was die erste Leseanweisung für die Genealogie, die Überschrift (V.1), expressis verbis von Jesus behauptet: nämlich, daß er der »Sohn Davids« sei. Jesu »Abrahamssohnschaft« veranschaulicht die Überschrift durch die Rückläufigkeit von »Jesus Christus« → »Sohn Davids« → »Sohn Abrahams«, die der sukzessiven Linie von Genealogie und Kommentar (V.17), die von Abraham zu Jesus führt, entgegenläuft. Der Kommentar (V.17) tut das gleiche, durch die in drei gleichmäßigen Wellen von 14 Generationen Jesus mit Abraham verbindende Periodisierung (V.17).

2.2. *Die strukturale Form der Genealogie*

Die Beobachtung, daß nur David und Jesus unter den Namen, die der Stammbaum nennt, mit einem Titel versehen werden, hat uns bereits über die Beachtung der gegenseitigen Beziehungen der metanarrativen Sätze (Überschrift [V.1], Kommentar [V.17]) und der Genealogie hinaus

---

[12] *Ders.* II, 242.
[13] *Ders.*, Schlußteil 41ff.

zu der Beschreibung der strukturalen Form der Genealogie geführt. Die
Titel »König« und »Messias« fallen deshalb auf, weil sie in beiden Fällen
zu der Normalform des genealogischen Schemas: *x zeugte den y*, hinzutreten.
Die strukturale Beschreibung hat auf weitere Auffüllungen, Ergänzungen
und Unterbrechungen dieses genealogischen Schemas zu achten. Diese
gliedern nämlich als Texttrenner den Gesamttext in kleinere Einheiten.
Treten Äquivalenzen in der Art dieser Auffüllungen bzw. Unterbrechungen auf – der Titel »König« ist z.B. dem Titel »Messias« äquivalent –
darf man vermuten, daß zwischen den äquivalenten (oder oppositionellen) Elementen den Textzwischenraum umgreifende Beziehungen bestehen. A. Vögtle macht auf »die Unterbrechung des genealogischen Schemas in 1,16«[14] aufmerksam. Joseph wird nicht als Erzeuger genannt,
sondern als »Mann Marias« vorgestellt, und die Zeugung Jesu »aus ihr«
wird im Passiv mit einem Relativsatz erzählt. Hält man Ausschau nach
einem äquivalenten oder oppositionellen Term für das Textelement »der
Mann Marias« läßt sich sehen, daß es eine Entsprechung in »die (Frau)
des Urija« (V.7) hat. Auch hier wird jemand als Partner eines anderen
genannt. Beide Textelemente (»die [Frau] des Urija«, »der Mann Marias«)
stehen aber an Stellen, die sich auch durch den vorangehenden bzw.
nachfolgenden Titel »König« und »Messias« als aufeinanderbezogen zu
erkennen gaben. D.h.: auch die Relation zwischen »die (Frau) des Urija«
und »der Mann Marias« verweist auf die »Davidssohnschaft« Jesu, die
von der Überschrift ausdrücklich genannt wird. Über diese Relation
hinaus hat das Element »die (Frau) des Urija« aber noch weitere Beziehungen. Es ergänzt das genealogische Schema »x zeugte den y« ja auch
dadurch, daß hier der weibliche Partner des Erzeugers genannt wird. Dies
geschieht aber auch in den Versen 3 und 5, wo im Unterschied zu »die
(Frau) des Urija« die weiblichen Partner der Erzeuger mit Namen
genannt werden: Tamar (V.3), und Rahab (V.5), unmittelbar gefolgt
von Rut (V.5). Fragt man sich, was diese Elemente für die Zäsurierung
des Textes leisten sollen, hat man von der Beobachtung auszugehen, daß
die unmittelbare Aufeinanderfolge von Rahab und Rut den Boas als Erzeugten und Erzeuger einschließt und somit eine Textzäsur markiert.
Damit gerät ein erstes die 13er-Reihe der ersten genealogischen Periode
gliederndes Element in den Blick: vor David als Erzeugtem werden drei
Erzeuger hervorgehoben. Auch die Tamar von V.3 grenzt als Texttrenner die drei vorhergehenden Erzeuger ab. Dies wird durch ein weiteres
die Normalform des genealogischen Schemas durchbrechendes Element
abgesichert: Nur Juda hat in dieser Genealogie *zwei* Söhne. Damit

---

14 *Ders.*, aaO. 32.

gliedert sich die Dreizehnerreihe der ersten genealogischen Periode in einen ersten Abschnitt mit drei Erzeugern, einen zweiten mit sieben und einen dritten mit drei.

Dies ist sicherlich kein Zufall, denkt man an die Bedeutsamkeit der Zahlen 7 und 3 in apokalyptischen Periodisierungen, auf die auch A. Vögtle verweist[15]. Gerade weil der Kommentar (V.17) den Zahlencode nachdrücklich betont, werden die durch die gliedernden Elemente hervortretenden Zahlenverhältnisse in der Genealogie bedeutsam. Die drei David vorangehenden Erzeuger verweisen in ihrer abgegrenzten Dreizahl darauf, daß in David Gott am Handeln war: – »wo Gott am Werk ist, findet sich gern eine dreifache Anrufung oder Wiederholung«[16], stellen also wiederum David an bevorzugte Stelle. Er ist der »Vater« Jesu, insofern dieser der *verheißene* Davidssohn ist. Die mit Juda und Tamar beginnende und mit Salma und Rahab abschließende Siebenerreihe – mit der Zahl sieben ist »semitisch die Vorstellung der Fülle, der Gesamtheit, der vollen Periode verbunden«[17] und sie trägt »den Charakter der Totalität, und zwar den der von Gott gewollten und geordneten Totalität«[18] – umfaßt die Ereignisse der Geschichte Israels von Ägyptenaufenthalt über Exodus bis zur Landnahme, also die heilsgeschichtliche Vergangenheit Israels. Die drei Erzeuger vor der mit Juda und Tamar einsetzenden Siebenerreihe sind die Erzväter Israels: Abraham, Isaak und Jakob die Träger der *Verheißung* Gottes an Abraham ... Sie werden im übrigen durch ein weiteres die Normalform des genealogischen Schemas auffüllendes Textelement als Dreiergruppe hervorgehoben: Jakob als der dritte Erzeuger zeugt nicht nur den Juda, sondern auch »und seine Brüder« (V.2). Auch dieses Textelement hat im Gesamttext der Genealogie eine Entsprechung: Am Ende der zweiten genealogischen Periode (14er-Reihe, David-Exil) heißt es von Joschija, daß er den Jojachin »und seine Brüder« zeugte (V.11).

Diese Textstelle ist aber ebenfalls noch einmal durch ein dem genealogischen Schema überschüssiges Textelement ausgezeichnet. Die sich durch das Signal »und seine Brüder« (V.11) andeutende Zäsur tritt nämlich dadurch noch stärker hervor, daß die zweite genealogische Periode mit der Zeit- und Ortsangabe »in der Zeit der Verbannung nach Babylon« abgeschlossen wird (V.11) und die dritte mit der Zeit- und Ortsangabe »in der Zeit der Verbannung nach Babylon« anhebt (V.12). Dadurch, daß am Ende der zweiten genealogischen Periode das Textsignal »und seine

---

[15] *Ders.*, aaO. 36f.
[16] *Ders.*, aaO. 38.
[17] *Ders.*, aaO. 36.
[18] *K.H. Rengstorf*, Art. ἑπτά, in: ThWNT II, 625.

Brüder«, das in V.2 die Gruppe der Erzväter als Dreiherreihe begrenzte, noch einmal begegnet, wird die Zeit zwischen Juda und Exil zu einer relativen Einheit zusammengeschlossen. In ihr wächst Israel zu einer politischen Größe heran und endet als solche in der Katastrophe des Exils. So besehen sondert sich die Zeit der Erzväter von der Volksgeschichte im eigentlichen Sinn; ebenfalls von dieser Volksgeschichte abgesondert ist die dritte genealogische Periode zu verstehen, die in ihrem Verlauf keinerlei Gliederungssignale aufweist, sondern über 13 Erzeuger auf Jesus als Ziel hinläuft.

In dieser Gliederung (Absonderung der drei Erzväter, Zusammenfassung der Zeit zwischen Juda und Exil, in sich ungegliederter Block der dritten genealogischen Periode) tritt das Neben- und Ineinander zweier »Geschichten« zutage. Auch wenn die Volksgeschichte, in der Gott besonders in dem herausgestellten David (*Qualifikation durch den Titel »König«; Hervorhebung durch die Nennung des Partners »die [Frau] des Urija«; Notwendigkeit, ihn bei Erfüllung der Leseanweisung des Kommentars [V.17] bei der Lektüre der Genealogie als Erzeugten mitzuzählen, um auf die Zahl 14 für die erste Periode zu kommen; Vorbereitung durch die vom Textsignal »Rut« abgetrennten drei vorhergehenden Erzeuger, Nennung als Vater Jesu in der Überschrift [V.11]*) und in dem durch Tamar und Rahab als Siebenergruppe abgegrenzten Zeitraum (von Ägypten bis Landnahme) handelt, im Exil endet, so bleibt dennoch die in den Erzvätern durch Gott (Dreizahl) inaugurierte Verheißungsgeschichte auch nach dem Exil in Kraft. Sie findet ihr Ziel in dem Messias Jesus, der als der verheißene Davidssohn auch der verheißene Abrahamssohn ist.

2.3. *Textpartitur*

Im folgenden sind die Gliederungsmerkmale der metanarrativen Sätze (Überschrift [V.1], Kommentar [V.17]) und die Auffüllungen des die Genealogie Mt 1,2–16 bestimmenden genealogischen Schemas »x zeugt den y« in der Form einer »Textpartitur« erfaßt. Die Zäsuren, die durch die Auffüllungen, versteht man sie als Textgliederungssignale, hervorgerufen werden, sind festgehalten. Die Gliederungssignale sind auf verschiedenen Ebenen angesiedelt und ergeben, liest man sie jeweils auf ihrer Ebene und dann übereinander gelegt, die strukturale Form von Mt 1,1–17. Dabei zeigt sich, daß insbesondere die Ebene der Zählung ein für die spezielle narrative Textsorte von Mt 1,2–16 bestimmender Faktor ist.

2.4. *Zur semantischen Konfiguration von Tamar, Rahab, Rut, die (Frau) des Urija, der Mann Marias*

Wir waren von der Intention ausgegangen, in einem ersten Zugang zum

	Überschrift (V.1)	Kommentar	Zahl der Erzeuger	Titel	Frauen	Erzeugte			Zeitangaben
GENEALOGIE	2. Sohn Abrahams	Abraham ——→ David	13	»David den König«	3 / Tamar 7 / Rahab / Rut 3	»und seine Brüder«	Juda: 2 Söhne		
		14	14						
	1. Sohn Davids	David ——→ Exil	14	(Sohn Davids)	»die (Frau) des Uria«	...»und seine Brüder«			»in der Zeit der Verbannung nach Babylon«
		Exil ——→ Messias	13	(Sohn Davids) → »der Mann Marias«				»aus der erzeugt wurde Jesus«	»nach der Verbannung nach Babylon«
METANARRATIVE SÄTZE		14		»Jesus der Christus heißt«					

Text die Frage nach der semantischen Funktion der Frauen im Stammbaum Jesu nach Mattäus zunächst zu suspendieren und nur auf ihre Stellung und formale Funktion im Rahmen des Textgefüges zu achten. Doch
führte ihre Beobachtung als bloße Textgliederungssignale über die
Erhebung von Teiltexten hinaus zur Erfassung der Bedeutungsleistung,
die sie für das Textganze erbringen, wenn auf die Bezogenheit der
Teiltexte untereinander geachtet wurde.

Erst jetzt läßt sich sinnvoll die Frage stellen, ob die »Frauen« darüber
hinaus in einer Bedeutungsstruktur konfiguriert sind, wie man es vorschnell zu sehen versucht, wenn man sie ohne die Beachtung ihres strukturellen Stellenwerts im Gefüge des Textes von Mt 1,2–16 auf den Nenner »Sünderinnen« zu bringen sucht. Daß hierzu außertextliche oder
besser kontextuelle Informationen nötig sind, heißt nicht etwa, daß das
Prinzip der Textimmanenz, das sich die strukturale Analyse zur Vorgabe
macht, durchbrochen wird. Daß der Leser weiß, wer Tamar, Rahab, Rut
und »die (Frau) des Urija« nicht historisch-real, aber literarisch sind, gehört zu den Verständnisvoraussetzungen des dem Verf. und seinem Leser
gemeinsamen Codes. Es ist die »Sprache«, die beide Kommunikations-
partner beherrschen müssen, soll es zur Entschlüsselung eines Texts wie
Mt 1,2–16 kommen, der in Abbreviatur spricht. Das, was man nun in
Kenntnis dieser »Sprache«, d.h. näherhin des AT, über die Frauen weiß,
läßt es kaum zu, ohne mehr oder weniger elegante Umdeutungen alle
erwähnten Frauen in einer Bedeutungsstruktur zu vereinen, wenn man
es nur von dorther und nicht im Blick auf das Textgefüge von Mt 1,2–16
tut. Dieses schreibt es vor, auch den Term »der Mann Marias« in die
Bedeutungsstruktur einzubeziehen. Rut ist z.B. nur sehr schwierig zur
»Sünderin« zu machen. Auch von Tamar erzählt das AT völlig unmora-
lisierend. Daß Tamar »Heidin« ist, muß man der nachbiblischen Tradition entnehmen. Bei »der (Frau) des Urija« muß man zu diesen Zweck
erschließen, daß die Frau die Herkunft ihres hethitischen Gatten teilte.
Am ehesten wird man noch sagen dürfen, daß Rahab und Rut das gemeinsame Bedeutungsmerkmal »heidnische Herkunft« teilen. Doch daß
hiermit das Thema der Abrahamssohnschaft Jesu, d.h. seiner Heilsbe-
deutung auch für die Heidenwelt, das im Zug der Magier (Mt 2,1–12)
offen zutage tritt, schon im Stammbaum Jesu anklinge, läßt sich zwar vermuten, aber nicht stringent beweisen. Es genügt zunächst, Rahab und
Rut als Gliederungsmerkmale zu nehmen, die eine Siebenerreihe ab-
schließen und eine auf David hinführende Dreiergruppe eröffnen. Anders
jedoch scheint es sich mit der Beziehung zwischen den chiastisch ange-
ordneten Termen »die (Frau) des Urija« (V.6) und »der Mann Marias«
(V.16) zu verhalten, die Jesus und David in besonderer Weise aufeinander beziehen. Im ersten Fall ist eine Frau als Partnerin eines nament-

lich genannten Mannes genannt, im zweiten ein Mann als Partner einer namentlich genannten Frau. Was sie verbindet, ist der Umstand – und das weiß man aus Kenntnis der »Sprache«, d.h. des AT – *daß die Zeugung jeweils eine Zeugung durch einen dritten Handlungsträger im Bereich eines anderen ist.* Dadurch aber gerät auch Tamar in den Zusammenhang dieser Konfiguration, insofern Juda der Schwiegervater der Tamar ist. Der Mann der Tamar ist zum Zeitpunkt der Zeugung verstorben, und sie hat das Anrecht auf den Vollzug der Leviratsehe durch den dritten Sohn des Juda und zweiten Bruder ihres verstorbenen Mannes (Gen 38). Auch Juda zeugt also in fremdem Bereich. Jetzt erst läßt sich sehen, was auch Rahab und Rut in die Bedeutungsstruktur der Frauen konfiguriert. Weil sie Heidinnen sind, lassen auch sie sich durch das *bedeutungskonstitutive Merkmal »Zeugung im Fremden«* erfassen. Daß dann in der Zeugung Jesu »aus Heiligem Geist« (Mt 1,18.20) in Maria die Pole der Fremdheit die extremste Entfernung aufweisen, deutet sich in der Unterbrechung des genealogischen Schemas in Mt 1,16 an und wird in dem exkursartigen Anhang zur Genealogie Mt 1,18 – 25 ausgeführt: »Mit der Abstammung Jesu Christi verhielt es sich so: ...«

3. *Ergebnis*

Die Frauen erfüllen demnach eine zweifache Funktion im Hinblick auf das Textganze. Zunächst gliedern sie die erste genealogische Periode in eine Dreier-, Siebener- und Dreiergruppe. Sie tragen so zusammen mit den Gliederungsmerkmalen der anderen Ebenen zu dem Ineinander der verschiedenen »Geschichten« bei. Von diesen mündet die eine, obwohl von Gottes Handeln qualifiziert, in der Katastrophe des Exils. Die andere, von Gott in der Vätergeschichte inauguriert, führt über David den König durch das Exil hindurch auf den »Erben der Verheißung«, den Messias Jesus, als auf ihre Vollendung hin. Ihre zweite Aufgabe finden die Frauen im Rahmen einer Bedeutungsstruktur, die mit dem semantischen Merkmal »Zeugung im Fremden« zu erfassen ist. *Innerhalb dieser Bedeutungsstruktur vereinigt die Zeugung Jesu »aus heiligem Geist« und »aus Maria« die am weitesten voneinander entfernten Pole der Fremdheit.* Dabei hätte der Text die Außergewöhnlichkeit dieser Zeugung durchaus allein durch das Mittel der Unterbrechung des genealogischen Schemas in Mt 1,16 herausstellen können. So wäre die Opposition des genealogischen Schemas »x zeugte den y« zu dem Textsignal »aus der erzeugt wurde Jesus« (natürlich zusammengelesen mit dem exkursartigen Anhang Mt 1,18 – 25) vielleicht noch stärker ins Auge gefallen. Aber gerade dies vermeidet der Text durch die Erwähnung der Frauen; und das geschieht nicht ohne Grund. Die Frauen sollen die Außergewöhnlichkeit dieser Zeugung bei all ihrer bleibenden Außergewöhnlichkeit mit dem Gewöhnlichen »vermitteln«. Die überwundene Entfernung zwischen himmlischem Erzeuger und irdischem Bereich spiegelt sich in überwundenen Entfernungen zwischen irdischen Fremdheiten, und sei es selbst, daß sie in List oder sogar durch Verbrechen überbrückt werden.

Zwar ist dadurch die Außergewöhnlichkeit der Zeugung Jesu »aus heiligem Geist« und »aus Maria« nicht wirklich vermittelt, aber dennoch nicht ohne »analoges« Bild aus der irdischen Wirklichkeit erzählt. Die Frauen mitsamt den sehr menschlichen Geschichten, auf die sie verweisen, sind metaphorisches Material, um das Göttliche in der Welt zu erzählen.

III

»MIT DER ABSTAMMUNG JESU CHRISTI VERHIELT ES SICH SO: ...«

Strukturale Beobachtungen zu Mt 1,18–25

1. Zur Makrostruktur

1.1. Der *erste Textteil* »Mit der Abstammung Jesu Christi verhielt es sich so« hat neben seiner Funktion als Überschrift für Mt 1,18–25 die Aufgabe, den »exkursartige(n) Anhang zu 1,16b«[1], den Mt 1,18–25 als ganzes bildet, an den voraufgehenden Stammbaum anzuschließen.

1.2. Mit V.18b beginnt als *zweiter Textteil* die Erzählung, die zunächst expositionell in die Situation einführt. Sie führt das sich in der Unregelmäßigkeit des genealogischen Schema in V.16b, insbesondere in dem dort verwendeten Passiv »aus der gezeugt wurde« (ἐξ ἧς ἐγεννήθη) andeutende Problem erzählerisch aus und löst es für den Leser mit der Angabe »von heiligem Geist« (V.18b ἐκ πνεύματος ἁγίου) mindestens schon zum Teil.

1.3. Der *dritte Textteil* ist als Peripetie der erzählerischen Bewegung durch ein besonderes Textsignal hervorgehoben: Das Auftreten des »Engels des Herrn« wird durch ein an die Aufmerksamkeit des Lesers appellierendes »Siehe« eingeleitet.

1.3.1. Dieses Signal soll nicht nur gliedern, sondern zugleich auf den Auftritt eines himmlischen Handlungsträgers auf der Handlungsebene der irdischen Handlungsträger verweisen. Dadurch wird Josef in eine Art »Gleichwertigkeit« zu Maria versetzt. Von ihr weiß der Leser bereits, daß sie schwanger »vom heiligem Geiste« ist, einem Handlungsträger aus der himmlischen Welt. Das Nicht-wissen Josefs ist nur so zu beheben, daß auch er in Kontakt zu der himmlischen Welt gerät und aus ihr Kunde von der geistgewirkten Schwangerschaft Mariens erhält.

1.3.1.1. Daß die Erzählung das narrative Problem nur auf diese Weise lösen kann, läßt eine denkbare Transformation des Erzählablaufs sichtbar werden: In ihr würde Maria selbst – eventuell nach einer an sie in lukanischem Stil ergangenen Verkündigung – ihrem Mann Josef Mitteilung über das Geheimnis ihrer Schwangerschaft machen ...

1.3.1.2. Zur Verdeutlichung sei darauf hingewiesen: Auch Lukas läßt

---

[1] *A. Vögtle*, Die Genealogie Mt 1,2–16 und die matthäische Kindheitsgeschichte (II. Teil): BZ 8 (1964) 20.

nicht Maria selbst dem ersten irdischen Handlungsträger, den sie nach der Verkündigungsszene kontaktiert, die Botschaft des Engels referieren, sondern Elisabet muß, »vom Heiligen Geist erfüllt« (Lk 1,41), die besondere Segnung Marias als Mutter des Herrn erkennen und aussprechen (Lk 1,42f.), wie umgekehrt vorher Maria in chiastischer Textanordnung von der wunderbaren Empfängnis der unfruchtbaren Elisabet durch den Verkündigungsengel in Kenntnis gesetzt wird.

1.4. Daß diesem durch das Textsignal »Siehe« deutlich markierten 3. Textteil ein in V.24 einsetzender 5. Textteil als Abschluß entspricht, läßt schon die Beziehung von »im Traum« (V.20) (κατ' ὄναρ) zu »auf vom Schlafe« (V.24) (ἀπὸ τοῦ ὕπνου) erkennen. Die Textteile 3 und 5 stehen so im Verhältnis von Befehl und Ausführung. Sie folgen dem Schema einer »alttestamentlichen Ausführungsformel«[2].

1.5. Doch tritt als Textteil 4 zwischen Befehls- und Ausführungsteil ein durch die Zitateinführungsformel in V.22 markiertes Schriftzitat, das Befehl und Ausführung nicht nur nicht auseinanderreißt, sondern sogar noch enger aufeinander bezieht.

Die Formulierung des Zitats »sie wird gebären einen Sohn« (καὶ τέξεται υἱόν V.23) begegnet im Befehlsteil in der Aussage des Engels: »sie wird aber gebären einen Sohn« (τέξεται δὲ υἱόν V.21) und ist auch im Ausführungsteil in der Formulierung »bis sie gebar einen Sohn« (ἕως οὗ ἔτεκεν υἱόν V.25) aufgenommen.

1.6. Die Ankündigung des Schriftzitats »siehe die Jungfrau wird schwanger werden« (ἰδοὺ ἡ παρθένος ἐν γαστρὶ ἕξει V.23) erfaßt über Befehls- und Ausführungsteil hinaus auch die Exposition sowohl in der wörtlichen Aufnahme der Formulierung »schwanger« (εὑρέθη ἐν γαστρὶ ἔχουσα V.18b) wie auch in der Angabe über das Zustandekommen dieser Schwangerschaft: Sie wird noch in der Verlobungszeit Mariens »vom heiligen Geist« bewirkt. Der Autor vereindeutigt dadurch die Formulierung des Schriftzitats »die Jungfrau« (ἡ παρθένος V.23).

1.7. Im Befehlsteil ist dieses Moment in die Rede des Engels aufgenommen: »Denn das in ihr Gezeugte ist vom heiligen Geiste« (V.20).

1.8. Im Ausführungsteil schließlich ist das Textelement »und er erkannte sie nicht, bis sie gebar einen Sohn« von dem bestimmt, was das Schriftzitat verheißt: Die Jungfrau hat als Jungfrau empfangen und wird als Jungfrau einen Sohn gebären.

2. *Eine diachronische Beobachtung*

2.1. Stehen die erwähnten Textelemente im Dienst einer engen Ver-

---

[2] *R. Pesch*, Eine alttestamentliche Ausführungsformel im Matthäus-Evangelium I: BZ 10 (1966) 220–245; II: BZ 11 (1967) 79–95.

schränkung und gegenseitigen Interpretation von Erzählung und Schriftzitat, so muß auffallen, daß gerade des für die Erzählung konstitutive
Handlungsträger Josef zunächst nicht durch das Schriftzitat abdeckbar
ist. Von der prophetischen Verheißung ist er nicht vorgesehen. Das Zitat
spricht nur von der Jungfrau und ihrem Sohn. Allerdings ist unübersehbar, daß Befehls- und Ausführungsteil und das Schriftzitat dem Namen
des Sohnes eine bedeutsame Rolle zuweisen, wie es sich vor allem daran
erkennen läßt, daß im Befehlsteil der Name 'Jesus' *vom Engel erklärt* wird:
»Er nämlich wird erretten sein Volk von seinen Sünden« (V.21) und der
Autor dem Leser den hebräischen Namen 'Emmanuel' im Schriftzitat
zusätzlich in *übersetzter Form mitteilt*: »Mit uns ist Gott« (V.23). Dabei fällt
auf, daß das mit dem Namen eng verbundene Moment der Namensgebung in Befehls- und Ausführungsteil zur Aufgabe und zum Hand-
lungsbereich Josefs gehören (»und du wirst nennen seinen Namen Jesus«
V.21; »und er nannte seinen Namen Jesus« V.25), das Schriftzitat hingegen unter Verwendung des gleichen Wortes die Benennung des Sohnes
von einer nicht näher bestimmten Anzahl von mehreren vornehmen läßt:
»und *sie* werden nennen seinen Namen Emmanuel« (V.23).

Dieser Plural »sie werden nennen« (καλέσουσιν V.23) ist die einzige
Veränderung, die der Redaktor an der LXX-Fassung des Zitats vorge-
nommen hat[3]. Dort ist es die »Jungfrau«, die dem von ihr geborenen Sohn
den Namen Emmanuel zu geben hat. (Lukas folgt darin übrigens enger
seiner LXX-Vorlage, daß er den Verkündigungsengel unter veränderter
Aufnahme von Jes 7,14 Maria damit beauftragen läßt, ihrem Sohn den
Namen Jesus zu geben [Lk 1,31].) Matthäus hat sicher nicht ohne Absicht
das Zitat aus der LXX abgeändert, wird es doch so erst möglich, Josef als
Handlungsträger in den unbestimmten Plural des Schriftzitats »*sie* werden
nennen seinen Namen« aufzunehmen. Im Befehlsteil wird Josef der Auftrag erteilt, dem Sohn der Jungfrau den Namen zu geben. Im Ausführungsteil tut er es. Dadurch werden der Auftrag des Engels zur Namensgebung, die Ausführung durch Josef und auch die Geburt des Sohnes aus
der Jungfrau (Maria) als Erfüllung einer prophetischen Verheißung gekennzeichnet. Dem steht keinesfalls entgegen, daß hier der Name Jesus
verliehen, dort der Name Emmanuel angekündigt wird. Die hier wie dort
folgende Erklärung bzw. Übersetzung des jeweiligen Namens verweist
vielmehr auf ein bewußt gewolltes, sich in den Rahmen der matthäischen
Christologie vorzüglich einfügendes gegenseitiges Interpretationsverhält-
nis der Größen »Jesus« und »Emmanuel« bzw. »Gott ist mit uns« und »Er
nämlich wird erretten sein Volk von seinen Sünden«[4].

---

[3] Vgl. *R. Pesch*, aaO. II, 85.
[4] Vgl. *R. Pesch*, Der Gottessohn im matthäischen Evangelienprolog (Mt 1–2). Beobachtungen zu den Zitationsformeln der Reflexionszitate: Biblica 48 (1967) 409f.

2.2. Daß der unbestimmte Plural des Schriftzitats geeignet ist, auch das »von seinen Sünden errettete Volk« (V.21) mit zu umfassen, so daß in der Formulierung »sie werden nennen seinen Namen Emmanuel« »bereits die Antwort 'seines Volkes', nämlich des wahren von seinen Sünden erlösten Gottesvolkes ankling(t)«[5], ist möglich. Andererseits zeigt die Aufnahme des gleichen Wortlauts »du wirst *nennen seinen Namen*« (V.21) bzw. »und er *nannte seinen Namen*« (V.25) in Befehls- und Ausführungsteil, daß das in den Plural veränderte Schriftzitat: »und *sie* werden (bzw. man wird) nennen seinen Namen Emmanuel« in erster Linie Josef als Handlungsträger der Erzählung einbegreifen soll.

2.3. In dieser Veränderung des LXX-Wortlauts wird *diachronisch* gesehen die Absicht des Erzählers greifbar. Es geht ihm darum, die Namensgebung Jesu durch Josef, den Sohn Davids (V.20), und die dadurch erfolgende Einbeziehung Jesu in die davidische Erbfolge ebenso als Erfüllung der Schrift zu kennzeichnen wie seine jungfräuliche Empfängnis und Geburt aus »seiner Mutter Maria« (V.18).

3. *Die synchronische Beschreibung der Mikrostruktur*

3.1. *Die Isotopieebenen I und II*

3.1.1. In synchronischer Hinsicht bestätigt sich dies durch die auffallende Bezeichnung Josefs als »Sohn Davids« in V.20. Für sie findet sich nämlich im Textgefüge von Mt 1,18 – 25 ein oppositioneller Term: »Sohn Davids« bestimmt Josef im *Hinblick auf seine Herkunft*; die Bezeichnung Marias als »seiner (d.h. Jesu) Mutter« (V.18) definiert Maria *im Hinblick auf den, der aus ihr als Sohn hervorgeht*.

3.1.2. Diese Oppositionalität teilt sich weiteren Termen des Textgefüges mit, die sich in Befehlsteil, Schriftzitat und Ausführungsteil finden und unter Beachtung ihrer Äquivalenzen zwei Termenreihen sichtbar werden lassen, die als einander oppositionelle Isotopieebenen des Textgefüges von Mt 1,18 – 25 verstanden werden müssen.

3.1.3.

Isotopieebene I »Geburt«			*Isotopieebene II* »Namensgebung«	
1. seine Mutter	(V.18)	vs	Josef, Sohn Davids	(V.20)
2. *sie wird aber gebären* *einen Sohn*	(V.21)	vs	und *du wirst nennen* *seinen Namen Jesus*	(V.21)
3. und *sie wird gebären* *einen Sohn*	(V.23)	vs	und *sie werden nennen* *seinen Namen* Emmanuel	(V.23)
4. bis sie *gebar einen* *Sohn*	(V.25)	vs	und *er nannte* *seinen Namen* Jesus	(V.25)

---

[5] *A. Vögtle*, ebd.

3.1.4. Die oppositionellen Isotopieebenen sind an den Äquivalenzen auf der Ebene der Wortwahl erkennbar[6]. Daneben weist jede Isotopieebene für sich ein Paar oppositioneller Terme auf, so die Isotopieebene I das semantische Paar »Mutter« vs »Sohn«, die Isotopieebene II – auf der Ebene der Nominalisierung – das Paar »Sohn Davids« vs »Jesus« (bzw. Emmanuel). Diese oppositionellen Paare lassen bei bleibender Oppositionalität der beiden Isotopieebenen das ihnen dennoch Gemeinsame erkennen, wird doch jeweils auf das verwiesen, was Maria ihrem Sohn, was Josef Jesus *geben* kann. Er kann ihm den *Namen* Jesus geben und ihn dadurch in die davidische Geschlechterfolge einbeziehen; Maria kann ihn als *Sohn* gebären. Die Oppositonalität der beiden Isotopieebenen als ganzer wird hierdurch jedoch nicht beseitigt. Die Opposition von »Josef, Sohn Davids« vs »seine Mutter Maria«, d.h. »Definition Josefs im Hinblick auf seine *Herkunft*« vs »Definition Marias im Hinblick auf den aus ihr *Hervorgehenden*« verhindert dies. D.h. die beiden Isotopieebenen sind einander sowohl oppositionell als auch äquivalent.

3.2. *Die Isotopieebenen III und IV*

3.2.1. In dieser ihrer Oppositionalität und Äquivalenz wirken sich zwei weitere Isotopieebenen aus, die das Textgefüge von Mt 1,18–25 bestimmen und sich wiederum durch Äquivalenzen auf der Ebene der Wortwahl zu erkennen geben.

3.2.2.

Isotopieebene III »Zeugung«		Isotopieebene IV »Ehe«	
1. bevor sie *zusammenge-kommen* waren	(V.18) vs	Nach der Verlobung ... Marias mit Josef	(V.18)
2. stellte es sich heraus, daß sie *schwanger* war von heiligem *Geist*	(V.18) vs	Josef aber, *ihr* *Mann*, gerecht seiend, nicht wollend sie bloßstellen, entschloß sich, sie heimlich zu entlassen	(V.19)
3. denn das in ihr Gezeugte ist von heiligem *Geist*	(V.20) vs	Fürchte dich nicht, Maria, *deine Frau*, zu dir zu nehmen!	(V.20)
4. Siehe die Jungfrau wird *schwanger* werden (V.23)		——————	
5. und er *erkannte* *sie nicht*	(V.25) vs	und er nahm zu sich *seine Frau*	(V.24)

---

[6] In der tabellarischen Übersicht sind die Äquivalenzen kursiv gesetzt.

3.2.3. Auch auf den Isotopieebenen III und IV lassen sich äquivalente und oppositionelle Terme erkennen, durch die beide Isotopieebenen sich in der Textsukzession verschränken.

3.2.3.1. Auf Isotopieebene III sind die Terme »bevor sie zusammengekommen waren« und »er erkannte sie nicht« einander äquivalent: es geht in jedem Fall um eine »Nichtzeugung durch Josef«. Sie stehen in Opposition zu den Termen 2 und 3, die untereinander dadurch äquivalent sind, daß es in beiden um »Zeugung durch heiligen Geist« geht. Auf der Ebene der Wortwahl weist der Term 4 zwar eine Äquivalenz zum Term 2 auf (»schwanger«), bleibt aber unbestimmter als Term 2 und 3.

3.2.3.2. Ebenfalls auf der Ebene der Wortwahl weist die Isotopieebene IV eine Äquivalenz der Terme 3 und 5 auf (»*deine* Frau«, »*seine* Frau«). Darin wird von Pesch die Wiederaufnahme des atl. Ausführungsschemas mit seiner Entsprechung von Befehl und Ausführung erkannt. Beide Terme 3 und 5 verweisen auf den ihnen oppositionellen Term 2 »ihr Mann«: Wo das noch nicht zur Ehe gewordene Verlobungsverhältnis des Josef (Term 1) in der Gefahr ist, aufgelöst zu werden, bringt es sich in der Beziehung Josefs als »ihr Mann« zur Geltung (Term 2). Der Absicht des Josef, das Verlobungsverhältnis aufzulösen (Term 2), wirkt die Aufforderung des Engels entgegen, es in eine Ehe umzuwandeln, was sich in der Bezeichnung Marias als »deine Frau« ebenso ausdrückt (Term 3), wie sich andererseits in dem Term 5 »seine Frau« der Gehorsam des Josef im Zu-sich-nehmen Marias (Term 5) zeigt.

3.2.3.3. Das heißt, die Terme der beiden Isotopieebenen lassen sich auf jeweils eine Grundopposition zurückführen. Diese läßt sich für die Isotopieebene III als »Nichtzeugung durch Josef« vs »Zeugung durch den Heiligen Geist« formulieren, und für Isotopieebene IV als: »Nicht-Ehe« vs »Ehe«. Die Zurückführung auf Grundoppositionen läßt erkennbar werden, daß beide Isotopieebenen aufeinander bezogen sind. Letzteres läßt sich auch im Verhältnis der einzelnen Terme der einen Isotopieebene zu denen der anderen aufzeigen.

Term 1 von Isotopieebene III »Nichtzeugung durch Josef« entspricht in Äquivalenz dem Term 1 »Noch-nicht-Ehe« von Isotopieebene IV. In den Termen 2 entspricht der »nicht erkannten Geistzeugung« die Entlassungsabsicht, also »Nicht-Ehe«. Im Gegensatz hierzu steht das dritte Termenpaar, in dem sich »offenbarte Geistzeugung« und der Befehl, Maria zu sich zu nehmen, also »Ehe« entsprechen. Schließlich sind in Termenpaar 5 »Nichtzeugung durch Josef« und »Ehe« einander oppositionell. Allein Term 4 von Isotopieebene III hat keine Entsprechung auf Isotopieebene IV, erklärbar dadurch, daß das unbestimmt gehaltene Jesajazitat nicht nur hier der näheren Spezifizierung durch die Erzählung bedarf. So wird der unbestimmte Plural »sie werden nennen seinen

Namen« erzählerisch dadurch verwirklicht, daß Josef die Namensgebung vornimmt. Ähnlich wird die im Zitat angesagte Empfängnis der Jungfrau in der Geistzeugung erzählt. Daß die Jungfrau verheiratet ist, läßt sich unvoreingenommen dem Zitat nicht entnehmen; d.h. Isotopieebene IV als ganze füllt eine Leerstelle des Zitats aus, indem sie Maria mit Josef verlobt bzw. verheiratet sein läßt. Erst so ist es möglich, daß die Geistzeugung eine »Zeugung im fremden Bereich« sein kann[7]. Oben wurde gesagt, daß sich in der *Oppositionalität* (»Definition Josefs im Hinblick auf seine *Herkunft*« vs »Definition Marias im Hinblick auf den *aus ihr Hervorgehenden*«) und *Äquivalenz* (Maria und Josef haben Jesus etwas zu *geben*) der Isotopieebene II »Namensgebung« die Isotopieebenen III und IV zur Geltung bringen. Dabei bewirkt die Isotopieebene III »Zeugung«, daß Maria den nicht von Josef, sondern von heiligem Geist gezeugten Jesus gebiert. Isotopieebene IV »Ehe« dagegen ermöglicht, daß Josef seine Herkunft, d.h. die Davidssohnschaft, in der Namensgebung an Jesus weiterreichen kann. M.a.W. Die Isotopieebene III »Zeugung« ist der Isotopieebene I »Geburt«, die Isotopieebene IV »Ehe« der Isotopieebene II »Namensgebung« zugeordnet.

4. *Makrosyntaktische Signale und metanarrative Sätze*

4.1. Als er aber dieses erwog,

X $\left\{ \begin{array}{l} \text{Siehe:} \\ \text{Ein Engel des Herrn erschien ihm im } \textit{Traum} \text{ sagend:} \\ (\text{V.20}) \end{array} \right.$

Y $\left\{ \boxed{\begin{array}{l} \text{Er nämlich wird erretten sein Volk} \\ \text{von seinen Sünden (V.21)} \end{array}} \right.$

X' $\left\{ \begin{array}{l} \text{Dies aber alles ist geschehen,} \\ \text{Damit erfüllt würde } \textit{das Wort des Herrn} \text{ durch den} \\ \text{Propheten, der sagt: (V.22)} \end{array} \right.$

Y' $\left\{ \begin{array}{l} \text{Das heißt übersetzt} \\ \text{Mit uns ist Gott (V.23)} \end{array} \right.$

X'' $\left\{ \begin{array}{l} \text{aufstehend aber Josef vom } \textit{Schlaf} \\ \text{tat, wie geboten hatte ihm der Engel des Herrn (V.24).} \end{array} \right.$

4.2.

4.2.1. Die isolierte Schreibweise der makrostrukturellen und metanarrativen Textelemente läßt Äquivalenzen deutlich werden, die wegen der

---

[7] S. dazu *F. Schnider, W. Stenger*, Die Frauen im Stammbaum Jesu nach Matthäus. Strukturale Beobachtungen zu Mt 1,1–17: BZ 23 (1979) 199ff. [= 39–48 oben].

Funktion dieser Elemente als Textgliederungssignale auf Beziehungsverhältnisse von einzelnen Textteilen zu dem Ganzen des Textgefüges verweisen.

4.2.2. Die Wiederholung des »Engel des Herrn« von 1 in 5, sowie die Beziehbarkeit von »Schlaf« (5) auf »Traum« (1) ordnen den Befehlsteil des Texts dem Ausführungsteil gemäß dem Schema der »alttestamentlichen Ausführungsformel«[8] zu.

4.2.3. Die Terme »Engel *des Herrn*« in 1 und 5 haben ihr Äquivalent in dem Term »Wort *des Herrn*« in 3. Dieses verdeutlicht noch einmal die Mittelstellung des Reflexionszitats zwischen Befehlsteil und Ausführungsteil, worin nach R. Pesch die strukturelle »Eigentümlichkeit« von Mt 1, 18–25 im Vergleich zu den von ihm untersuchten alttestamentlichen Ausführungsformeln zu sehen ist[9]. Zugleich werden dadurch das prophetische Wort und die Engelserscheinung als gleichrangig qualifiziert: Josef wird dem Auftrag des Engels *des Herrn* und dem Wort *des Herrn* gehorsam[10].

4.2.4. Auf die Beziehung zwischen den Worten des Engels und dem prophetischen Wort des Schriftzitats verweist auch die Entsprechung der Terme 2 und 4: Beide *kommentieren* nämlich einen vorangehenden Namen und sind dadurch äquivalent. Daß sie von keiner der das Textgefüge von Mt 1,18–25 konstituierenden Isotopien erfaßt werden (allenfalls läßt sich das »Mit uns ist Gott« in Zusammenhang mit der Geistzeugung von Isotopieebene II »Zeugung« her lesen), läßt erkennen, daß sie über den Abschnitt von Mt 1,18–25 hinaus verweisen und ihrerseits wichtige, nicht narrative, sondern konfessorische, christologische und soteriologische Isotopieebenen errichten, die bekanntlich im Großtext der Erzählung des Mt-Evangeliums wirksam werden.

5. *Die Sukzessivität des Textes*

5.1. Die Beobachtung der makrosyntaktischen Signale und ihrer Anordnung führte in die Sukzessivität des Textes zurück. Im folgenden sollen alle Textelemente in ihrer sukzessiven Struktur erfaßt werden, wobei die einzelnen Textelemente ihren jeweiligen Isotopieebenen zugewiesen werden.

---

[8] *R. Pesch*, ebd.
[9] *R. Pesch*, Eine alttestamentliche Ausführungsformel II, 80.
[10] Es läßt sich fragen, ob sich hier eine weitere untergeordnete Isotopieebene andeutet, die vor allem das Textelement »Josef aber . . . gerecht seiend und nicht wollend sie bloßstellen, entschloß sich, sie heimlich zu entlassen« erfaßt. Den gut matthäischen Charakter der »Gerechtigkeit« des Josef diskutiert *R. Pesch* (aaO. II, 91): Josef übe nicht nur die »größere Gerechtigkeit (Mt 5,20)«, insofern die Erfüllung des Gesetzes (und der Auftrag des Engels) gefordert ist, sondern gerade auch die größere Gerechtigkeit, welche die Barmherzigkeit »verlangt«. In unserem Zusammenhang wäre diese Isotopieebene nur als untergeordnete anzusprechen, weil sie nicht erzählungskonstitutiv ist.

5.2. Der Text
Mit der Abstammung Jesu Christi verhielt es sich so:

    IV Nach der *Verlobung*
     I seiner Mutter Maria
    IV mit Joseph,
   III bevor sie zusammengekommen waren,
       stellte es sich heraus, daß sie schwanger
       war von hl. Geist.
    IV Josef aber *ihr Mann*
       gerecht seiend,
       und nicht wollend sie bloßstellen,
       entschloß sich, sie heimlich zu entlassen.

X   Als er aber dieses erwog,
(Engel) siehe:
         Ein Engel des Herrn erschien ihm im Traum sagend:

  II Josef, Sohn Davids,
  IV fürchte dich nicht, Maria deine Frau zu dir
      zu nehmen;
 III denn das in ihr Gezeugte ist von heiligem Geist!
   I Sie wird aber gebären einen Sohn,
  II und du wirst nennen seinen Namen Jesus.

Y   Er nämlich wird erretten sein Volk von seinen
        Sünden.

X′   Dies aber alles ist geschehen,
(Schrift) damit erfüllt würde das Wort des Herrn durch den
        Propheten, der sagt:

  III Siehe die Jungfrau wird schwanger werden,
(Kommentar)
   I und sie wird gebären einen Sohn,
  II und sie werden *nennen* seinen Namen *Emmanuel*.

Y′   Das heißt übersetzt:
        Mit uns ist Gott.

X″   Aufstehend aber Joseph vom Schlaf,
        tat wie geboten hatte ihm der Engel des Herrn,

  IV und er nahm zu sich seine Frau,
 III und er erkannte sie nicht,
   I bis sie gebar einen Sohn,
  II und er *nannte* seinen Namen *Jesus*.

5.3.

5.3.1. Die Textanordnung soll erkennen lassen, daß die Textelemente in ihrer Zugehörigkeit zu den verschiedenen Isotopieebenen nicht willkürlich über den Raum des Textes verstreut sind. Es zeigt sich vielmehr eine bestimmte Textstruktur. Die Textelemente des Ausführungsteils folgen in ihrer Anordnung genau der Reihenfolge, in der sie im Befehlsteil zu stehen kommen, sicherlich um durch Aufnahme von »Formulierungen des zuvor berichteten Auftrags . . . dessen wörtliche und pünktliche Erfüllung darzutun«[11] und um im Sinne der atl. Ausführungsformel aufzuzeigen, daß »Gottes Befehl . . . von gehorsamen Menschen, von seinen Dienern, pünktlich und wort-wörtlich ausgeführt« wird[12]. Dabei ist hier durch »die Voranstellung des Erfüllungszitats vor das Ausführungsschema die Ausführungsformel in den Dienst der matthäischen 'Erfüllungstheologie' gestellt«[13], wobei die Reihenfolge der Textelemente des Schriftzitats schon ihre Reihenfolge im Engelsauftrag bestimmt.

5.3.2. Zusätzlich weist der Engelsauftrag ein Textelement auf, das wir der Isotopieebene IV »Ehe« zugehörig erkannt haben. Es wird auch vom Ausführungsteil aufgenommen: »Fürchte dich nicht, Maria, deine Frau, zu dir zu nehmen« – »und er nahm zu sich seine Frau«. Im Erzählgefüge ist dies eine subsidiäre Isotopieebene. Sie ermöglicht erst die Namensgebung durch Josef: um dem Sohn Marias den Namen Jesus geben zu können, muß Josef mit Maria verheiratet sein. Deshalb umgeben Elemente dieser Isotopieebene *rahmend* den Anfangsteil des Textes, d.h. die in Situation und Problem einführende Exposition.

5.3.3. Die in der Hierarchie der Textisotopien der Isotopieebene IV »Ehe« übergeordnete Isotopieebene II »Namensgebung« zeigt sich ebenfalls in ihrer Bedeutsamkeit dadurch, wie ihre Elemente in der Struktur des Textes angeordnet sind. *Rahmend* umgeben sie den Engelsauftrag: »Josef, Sohn Davids« »und du wirst nennen seinen Namen Jesus«, und betont stehen sie jeweils *am Schluß* des Schriftzitats »sie werden nennen seinen Namen Emmanuel« und *des Ausführungsteils*, d.h. aber am *Schluß des Texts* überhaupt: »und er nannte seinen Namen Jesus«. Da die Namensgebung aber der Einbeziehung Jesu in die davidische Geschlechterfolge dient, muß man mindestens für die Erzählung mit Vögtle und gegen Pesch »die eigentliche Pointe von 1,18 – 25 in der gottgewollten Eingliederung des wunderbar aus Heiligem Geist gezeugten Jesus in die Abraham-David-Erbfolge erblicken«[14]. Somit rangiert in der Hierarchie der Isoto-

---

[11] *R. Pesch*, aaO. I, 224.
[12] *Ders.*, aaO. I, 231.
[13] *Ders.*, aaO. II, 86.
[14] *A. Vögtle*, Messias und Gottessohn, Herkunft und Sinn der matthäischen Geburts-

pieebenen des Textes die Isotopieebene II »Namensgebung« ganz oben. Sie vor allem ermöglicht den Zusammenhang des Textes mit dem Stammbaum Jesu (Mt 1,1–17). Sie bewirkt nämlich, daß der Text von Mt 1, 18–25 die Unregelmäßigkeit von Mt 1,16, wo Josef dem genealogischen Schema entgegengesetzt nicht als Erzeuger Jesu, wohl aber als »Mann Marias« (Isotopieebene IV »Ehe«) eingeführt wird, in Form eines »exkursartigen Anhangs« erläutern kann. Zugleich aber geht Mt 1,18–25 auf das Problem der ebenfalls nicht schemagemäßen passivischen Formulierung in Mt 1,16 »aus der gezeugt wurde Jesus« ein und löst es, indem es das theologische Passiv in Form der Geistzeugung und Jungfrauengeburt ausführt und die andere Seite der »Abstammung« (Mt 1,18) des Christus erzählt. Doch die Überordnung der Isotopieebene IV »Namensgebung« zeigt an, *daß es der Erzählung in erster Linie nicht darum geht, zu erzählen, wie der Davidssohn Jesus zum Gottessohn, sondern wie der geistgezeugte Jesus zum Davids- und Abrahamssohn geworden ist.*

5.3.4. Die Vorrangstellung der Isotopieebene II: »Namensgebung« zeigt sich textstrukturell schließlich auch darin, daß an zwei wichtigen Stellen des Textes – nämlich am Schluß des Engelsauftrages und nach dem Schriftzitat – zwei Textelemente begegnen, die zwar Bezug auf die Isotopieebene II »Namensgebung« nehmen – Engel und Autor *kommentieren* bzw. *übersetzen* den Namen Jesus bzw. Emmanuel – aber als kommentierende, d.h. metanarrative Sätze über die Isotopieebenen der Erzählung von Mt 1,18–25 hinaus auf das christologische Ziel verweisen, zu dessen Erreichung Matthäus sein ganzes Evangelium schreibt. Erst das Mt-Evangelium als ganzes löst diesen christologischen Kommentar des Erzählers ein. Folgt man ihm, wird Jesus als der »Mit uns ist Gott« sein Volk von seinen Sünden erretten.

Der offene Schluß des Evangeliums nach Matthäus bietet dies seinen Lesern und Hörern zur Realisation an[15].

---

und Kindheitsgeschichte, Düsseldorf 1971, 17. Ausführlicher siehe *A. Vögtle*, Die Genealogie Mt 1,2–16 und die matthäische Kindheitsgeschichte, in: Das Evangelium und die Evangelien, Düsseldorf 1971, 70–73, 85.

[15] *R. Pesch* übersieht den Unterschied zwischen »erzählter« und »besprochener« Welt und spielt daher Namensgebung und »Christologie« der Perikope in ihrer Wertigkeit für den Text gegeneinander aus. Vgl. *R. Pesch*, aaO. II, 89, »so zutreffend diese Feststellung auch ist, so wichtig die Namengebung auch ist, dieser Aussagestrang unserer Perikope ist jedoch nicht der 'wesentliche'. Im Zentrum stehen die bedeutenden christologischen Aussagen: das in ihr Gezeugte ist aus heiligem Geist (V.20c). Er selbst wird sein Volk retten von ihren Sünden (V.21b). Jesus ist der Sohn Gottes . . ., der Emmanuel, Gott mit uns (V.23). Darin, nicht in der Abrahams- und Davidssohnschaft, kulminiert die Perikope. Der Gottessohn hält die christologische Mitte inne«. Dies mag für das Evangelium nach Matthäus als ganzes zutreffen, nicht aber für die »Fußnote« zum Stammbaum Jesu.

IV

DIE OFFENE TÜR UND DIE UNÜBERSCHREITBARE KLUFT

Strukturanalytische Überlegungen zum Gleichnis vom reichen Mann und armen Lazarus (Lk 16,19 – 31)

1. Einleitung

1.1. Unsere Überlegungen gehen von der Voraussetzung aus, daß vor der Untersuchung der Diachronie eines Textes, vor dem Versuch also einen Text aus seinem geschichtlichen Werden zu verstehen, eine Beschreibung des Textes in seiner Synchronie zu erfolgen hat. Diese Voraussetzung wurde eigentlich bei der Textbehandlung immer schon gemacht, wenigstens da, wo man einen eher philologischen, der konkreten sprachlichen Gestalt des Textes zugewandten Schritt von einer den Bezug des Textes zur Geschichte im weitesten Sinn untersuchenden Perspektive unterschied. Dennoch hat es Sinn, diese Voraussetzung ausdrücklich zu formulieren, weil die Sprach- und Literaturwissenschaft heute mittels eines Stratifikationsmodells die verschiedenen Ebenen eines sprachlichen Gebildes deutlicher unterscheidet, und so einer synchronen Beschreibung eines Textes einen genaueren und vor allem geordneteren und nachprüfbareren Weg weist, als ihn die ältere Forschung ging. Weil sie läufig, von heute aus gesehen vorschnell von der Inhaltsebene eines Textes ausging, kam sie zu Textgliederungen, innerhalb derer die einzelnen Elemente in Spannung zueinander standen, und wertete diese Spannungen, in die Diachronie übergehend, als Anzeichen literarkritischer Einschnitte bzw. traditionsgeschichtlicher Verwerfungen, und zwar auch in Fällen, wo eine eingehendere, die verschiedenen sprachlichen Ebenen berücksichtigende Beschreibung eines Textes in seiner Synchronie diese Spannungen als nichtexistent nachweisen kann.

1.2. Im Fall des Textes Lk 16,19 – 31 hat die ältere literarkritische Forschung zwischen einem eigentlichen und ursprünglichen Gleichnis (Lk 16,19 – 25) und einer späteren Hinzufügung (Lk 16,27 – 31) unterschieden[1] und V.26 als Übergangsbildung zum zweiten Teil, der eine »mildere Begründung« für das Nein Abrahams gebe, verstanden[2]. Die

---

[1] A. *Jülicher*, Die Gleichnisreden Jesu, II (Tübingen, 1910, Neudruck Darmstadt 1963), 617 – 641.
[2] E. *Hirsch*, Frühgeschichte des Evangeliums, II, Die Vorlage des Lukas und das Sondergut des Matthäus (Tübingen, 1941), 224 – 227.

Zweiteilung findet sich im Grund auch bei H. Greßmann[3], der der Meinung ist, der erste Teil benutze ein ägyptisches Märchen als Vorlage, das Jesus im zweiten Teil eigenständig weitergebildet habe. Ähnlicher Auffassung ist E. Norden, der für die ursprünglich ägyptische Vorlage einen längeren traditionsgeschichtlichen Umwandlungsprozeß über eine hellenische Rezeption bis hin zu einem »entgiftenden Judaisierungsprozeß«, in dem »der Wanderprediger des Evangeliums durch das ihm eigene schlichte Ethos zu Herzen gehender Mahnrede dem alten Stoffe eine neue Seite abgewinnt«, annimmt[4]. Als Grund für die ursprüngliche Zugehörigkeit des Gleichnisschlusses im Munde Jesu wertet er die Beobachtung, daß das aus der ägyptischen Vorlage »überlieferte Motiv der Entsendung eines Toten als Zeugen für die Jenseitsschicksale ... zugleich beibehalten und mit geschickter Begründung abgelehnt« werde[5].

R. Bultmann unterstreicht sehr stark die Zweiteiligkeit des Gleichnisses, das zwei miteinander konkurrierende Pointen aufweise[6], »denn die Absicht des ersten Teils (... die Wertlosigkeit des Reichtums) kann doch ursprünglich nicht die gewesen sein, auf den zweiten Teil (... die Gültigkeit des Gesetzes) vorzubereiten«[7]. Er weist den VV.27–31 »sekundären Charakter« zu[8]. Doch sei für das ganze nicht das ägyptische Märchen die Vorlage gewesen[9], sondern eine andere jüdische Legende, deren Schluß »der ursprünglich von einer Botschaft aus der Unterwelt berichtete ... polemisch umgebogen (worden sei und so) erst ... eine, die ursprüngliche Einheit der Geschichte sprengende Pointe erhalten« habe[10].

Dagegen hält J. Jeremias weiterhin an der ägyptischen Vorlage fest, der Jesus den zweiten Teil als »Epilog« hinzugefügt habe. Auf diesem Neuen liege nun der eigentliche Akzent: »Das heißt: Jesus will nicht zu dem Problem reich und arm Stellung nehmen, er will auch nicht Belehrung über das Leben nach dem Tode geben, sondern er erzählt das Gleichnis, um Menschen, die den Brüdern des reichen Mannes gleichen, vor dem drohenden Verhängnis zu warnen«[11]. Er bestimmt somit das Gleichnis als »doppelgipfliges« Gleichnis mit »Achtergewicht«[12].

---

[3] *H. Greßmann*, Vom reichen Mann und armen Lazarus, Abh. d. Kgl. Pr. Akad. d. W., Phil. hist. 7 (Berlin, 1918).

[4] *E. Norden*, Die Geburt des Kindes, Geschichte einer religiösen Idee (1924, Neudruck Darmstadt 1958), 84f.

[5] *Ders.*, aaO. 85.

[6] *R. Bultmann*, Die Geschichte der synoptischen Tradition (Göttingen, [6]1964), 193.

[7] Ebd.

[8] *Ders.*, aaO. 213.

[9] *Ders.*, aaO. 213, 221.

[10] *Ders.*, aaO. 213.

[11] *J. Jeremias*, Die Gleichnisse Jesu (Göttingen, 1962), 185.

[12] Ebd.

1.3. Die Forschung behauptet mithin durchgängig eine Spannung zwischen einem ersten Teil des Gleichnisses und einem zweiten und nimmt diese Spannung zum Ausgangspunkt ihrer Überlegungen, sei es, daß sie versucht, diese Spannung literarkritisch oder traditionsgeschichtlich zu erklären oder sei es, daß sie unter Wahrung der ursprünglichen Einheit des Gleichnisses seine Aussage von dem »zweiten Gipfel« her zu erfassen sucht.

Es läßt sich fragen, ob diese Behauptung einer Spannung zurecht besteht, oder aber ob das Gleichnis doch von größerer Konsistenz und Lesbarkeit ist, als allgemein vermutet. Zur Beantwortung ist der Versuch zu machen, die Gliederung des Textes zu erarbeiten und die Elemente des Textes auf ihr relationales Verhältnis untereinander und zu dem Ganzen des Textes zu befragen.

2. Zur Gliederung der Perikope

2.1. Der Eingang des Textes wird durch das erzählerische Texteingangssignal ἄνθρωπος δέ τις ἦν markiert. Der erste Einschnitt ergibt sich durch den Subjektswechsel in V.20, wobei durch die Opposition πλούσιος – πτωχὸς sowie die Parallelität (δέ τις) die Bezogenheit von V.20 zu V.19 gewahrt bleibt. Auch der Circumstant πρὸς τὸν πυλῶνα αὐτοῦ wahrt die Verbindung zu V.19, wie auch der Circumstant ἀπὸ τῆς τραπέζης τοῦ πλουσίου V.21 auf V.19 zurückbezieht. Die Beziehung von V.21a zu V.20 ergibt sich aus dem gleichen Subjekt, die von V.21b zu V.20 trotz des Subjektwechsels durch die Wiederaufnahme des Lexems εἰλκωμένος in dem Lexem τὰ ἕλκη und durch das kataphorische, personale Possessivpronomen αὐτοῦ. Das betont vorangestellte Erzählsignal ἐγένετο δέ markiert den Beginn eines neuen Handlungsabschnitts, so daß die Verse 19 – 21 sich als erste Sequenz erkennen lassen, die sich in zwei Segmente (V.19; VV.20 – 21) gliedert.

2.2. Der erste Einschnitt der zweiten Sequenz ergibt sich aus dem Subjektswechsel V.22b und der Veränderung der syntaktischen Struktur (V.22a: A.c.I.; V.22b: Verbum finitum in der 3. Person Singl.) wobei die Verbindung von V.22a und V.22b durch die Opposition τὸν πτωχὸν – ὁ πλούσιος und die Parallelität von ἀποθανεῖν und ἀπέθανεν gewahrt bleibt. V.22b und V.23 werden durch das gleiche Subjekt zusammengehaltcn. Der Circumstant ἐν τῷ ᾅδη verweist auf die Zusammengehörigkeit von V.22a, V.22b und V.23. Noch deutlicher läßt der rahmend wiederholte Circumstant ἐν τοῖς κόλποις αὐτοῦ V.23 (vgl. εἰς τὸν κόλπον Ἀβραάμ V.22a) die VV.22 – 23 als zweite Sequenz des Textes erkennen.

2.3. Daß mit V.24 eine neue Sequenz beginnt, läßt schon das unbestimmte καὶ αὐτός, das sich zunächst auch auf Abraham und Lazarus beziehen ließe und erst durch den folgenden Kontext vereindeutigt wird, also als anaphorisch zu bezeichnen ist[13], erkennen. Insbesondere aber wird der Einschnitt dadurch markiert, daß mit V.24 ein Dialog in direkter Rede beginnt, der bis zu V.31 reicht, und der, weil die Sprecher bis zum Schluß die gleichen bleiben, als eine zusammengehörige Sequenz zu nehmen ist. Gliederndes Element des Dialogs ist einmal der Sprecherwechsel, so daß sich Einschnitte zwischen den VV.24 und 25; 26 und 27; 28 und 29; 29 und 30; 30 und 31 ergeben. Zum anderen ist eine Zweiteilung der Sequenz durch die Parallelität der Wendungen πάτερ Ἀβραάμ, ἐλέησόν με καὶ πέμψον Λάζαρον ἵνα ... (V.24) und Ἐρωτῶ σε οὖν, πάτερ, ἵνα πέμψῃς αὐτὸν ... ὅπως ... deutlich erkennbar, wobei die Wiederholung von πέμψον (V.24) in V.27: πέμψῃς darauf verweist, daß die VV.24–6 und 27–31 als zwei Segmente einundderselben Sequenz verstanden werden müssen.

In Segment 1 der dritten Sequenz ergibt sich innerhalb der Abrahamsrede der VV.25–26 eine Untergliederung, insofern das Textsignal καὶ ἐν πᾶσι τούτοις als Trenner zwischen den VV.25–26 aufzufassen ist.

2.4. Wir kommen damit zu folgender *Gliederung*

Sequenz 1:	19–21	19		
		20 –21		
Sequenz 2:	22–23	22a		
		22b–23		
Sequenz 3:	24–31	24 –26	24	
			25–26	25
				26
		27 –31	27–28	
			29	
			30	
			31	

3. *Strukturanalyse*

3.1. *Die erzählte Welt des Gleichnisses*

3.1.1. Sequenz 1

Die VV.19–21 beschreiben die Ausgangskonfiguration der Erzählung.

---

[13] Der Gebrauch des unbestimmten καὶ αὐτός gehört zu den Spracheigentümlichkeiten des Lukasevangeliums (nicht der Apg.!) vgl. *M. Zerwick*, Graecitas Biblica (Rom, 1966), 199; *W. Michaelis*, Das unbetonte καὶ αὐτός bei Lukas, St. Th. IV (1951), 86–93.

Ein reicher Mann und ein Armer werden einander gegenübergestellt. Daß der eine sich in prächtige Gewänder hüllt und täglich freudige Festmahle feiert (V.19), der andere danach »begehrt, sich mit dem zu sättigen, was vom Tisch des Reichen fällt« (V.21), verschärft die Opposition reich/arm und spezifiziert sie zugleich zu der Opposition satt/hungrig.

Daß der Arme danach verlangt, sich mit dem zu sättigen, »was vom Tisch des Reichen fällt« (V.21), stellt die beiden in die Beziehung einer Konfiguration, d.h.: Sie stehen sich nicht einfach beziehungslos bzw. nur oppositionell gegenüber, sondern der Arme liegt »vor der Tür« des Reichen (V.20), der eine ist drinnen, der andere draußen und die Leser-erwartung richtet sich so nicht auf zwei einander lediglich oppositionelle oder parallele Geschehensabläufe, die jeden der beiden für sich beträfen sondern erwartet, daß einer der beiden durch »die Türe« zum anderen ge-langt. So wäre als Fortsetzung denkbar, daß der Reiche durch die Tür seines Hauses nach draußen tritt, den Armen erblickt und seine Diener ruft, entweder, um den Armen zu vertreiben, oder aber, um ihn in sein Haus zu bitten und dort zu speisen. Auch von dem Armen ließe sich vielleicht eine, über das bloße Verlangen vom Abfall des Reichen seinen Hunger zu stillen, hinausgehende Initiative erwarten, auch wenn sein Begehren zeigt, daß er des Reichen durch die Tür hindurch gewahr wird. Keine dieser Möglichkeiten wird von der Erzählung ergriffen. Besonders der Reiche verharrt in Beziehungslosigkeit zu dem Armen.

Doch haben wir noch nicht alle Elemente der Anfangssequenz der Er-zählung ins Auge gefaßt. Im Unterschied zu dem Reichen wird der Arme beim Namen genannt (V.20). Auch der negative Zug, daß der Arme als mit Geschwüren bedeckt geschildert wird (V.20), findet in der Schilderung des Reichen hier noch keine Entsprechung, ist also nicht ein Moment, das die Armut des Armen im Gegensatz zu dem Reichen die Opposition unterstützend ausmalen soll[14], sondern wird erst später (s.u.) sein Ent-sprechungsmoment finden. Dagegen verweist die Wortwahl[15] auf eine Beziehung zu V.21b: »und sogar die Hunde kamen und leckten seine Geschwüre«. Man könnte das als Verschärfung seiner armseligen Situa-tion verstehen[16], doch ließe sich auch annehmen, daß die Hunde, unreine Tiere also, »mehr Erbarmen mit dem armen Kerl zu haben (scheinen) als die Menschen, die sich um seine eiternden Wunden nicht kümmern«[17]. Auch wenn sich letzte Eindeutigkeit in dieser Frage nicht gewinnen läßt,

---

[14] Der Einwand, die prächtigen Kleider des Reichen seien ein solches Pendant, über-sieht, daß sie nur Requisiten des festlichen Mahles (vgl. Mt 22,1–14) nicht selbständiges Element sind.

[15] εἰλκωμένος (V.20); τὰ ἕλκη (V.21).

[16] Vgl. *J. Jeremias*, aaO. 183.

[17] Vgl. *F. Mußner*, Die Botschaft der Gleichnisse Jesu (München, 1961), 73.

ist es doch auffällig, daß auch der *Name* des Armen! »Lazarus« auf eine
Hilfe verweist, die Menschen nicht geben, so daß der Arme der ist, dem
»Gott hilft«[18]. Das fügt sich gut zu den Beobachtungen, daß in der ersten
Szene buchstäblich *nichts* geschieht, »während gleichzeitig alles darauf
angelegt ist, daß etwas geschehen müßte«[19].

3.1.2. *Sequenz 2*

Das Geschehen setzt erst mit der zweiten Sequenz ein, allerdings nicht,
wie es die Lesererwartung vermutete, durch das Initiativwerden eines der
beiden, sondern dadurch, daß mit ihnen etwas geschieht: *Sie sterben*, und
mit diesem Tod ist die Wende der Geschichte, aristotelisch gesprochen
ihre Peripetie von ihrem Anfang hin zu ihrem Ende eingetreten, wie es
sich auch aus der Veränderung der Reihenfolge – der Arme wird jetzt vor
dem Reichen genannt – erkennen läßt. Die Oppositionsstellung der
beiden zueinander, wie auch ihre Bezogenheit aufeinander, bleiben
erhalten. Ihre Oppositionalität deutet sich schon in der Syntax an: das
Sterben und Hinweggetragenwerden des Armen wird mittels einer Infi-
nitivkonstruktion geschildert. Die Aussage über den Tod und das Begräbnis des Reichen erfolgt in der dritten Person Singular der finiten Verbform. Ihre Oppositionalität wird allerdings im Vergleich zu der ersten
Sequenz umgekehrt: Der Arme wird von den Engeln zur Brust Abrahams
getragen, der Reiche nur begraben. Beide umfaßt zwar derselbe Raum,
der Hades, ihre Beziehung zueinander bleibt also bestehen, doch befindet
sich jetzt der Reiche *unten* (ἐπάρας τοὺς ὀφθαλμοὺς), Lazarus *oben*, in der
Gemeinschaft des Festmahls[20] mit Abraham, eine Umkehrung des »drinnen« und »draußen« der ersten Sequenz.

War in der ersten Sequenz der negative Status des Armen zusätzlich zu
seinem »Draußensein«, d.h. seiner Nichtpartizipation am Festmahl des
Reichen, durch das Behaftetsein mit Geschwüren (εἱλκωμένος V.20)
beschrieben, so wird hier das »Untensein« des Reichen, d.h. seine Nichtpartizipation am Festmahl mit Abraham als negativer Status mit dem ὑπ-
άρχων ἐν βασάνοις zusätzlich gekennzeichnet. So hat sich nicht einfach

---

[18] *J. Jeremias*, ebd., verweist darauf, daß Lazarus »die einzige Gestalt eines Gleichnisses (ist), die einen Namen erhält« sodaß der Name »also besondere Bedeutung« hat.
[19] *G. Eichholz*, Gleichnisse der Evangelien, Form, Überlieferung, Auslegung
(Neukirchen-Vluyn, 1971), 224.
[20] Nach *J. Jeremias*, aaO. 183 ist »an der Brust Abrahams« die »Bezeichnung des
Ehrenplatzes beim himmlischen Gastmahl zur Rechten des Hausvaters Abraham«. Vgl.
ebd.: »Auf Erden sah (Lazarus) den Reichen an der Tafel sitzend, jetzt darf er selbst am
Festtisch sitzen.« Besser wäre die Formulierung: jetzt sieht der Reiche ihn am Festtisch
sitzen.

nur eine Umkehrung der Verhältnisse vollzogen durch die der Reiche aus seinem ursprünglich positiven Status in einen negativen, Lazarus aus seinem ursprünglich negativen in einen positiven Status übergewechselt sind, sondern der Reiche ist aus seinem positiven Status anstelle des Lazarus in dessen *qualifiziert* negativen Status, Lazarus aus seinem *qualifiziert* negativen Status in den positiven Status des Reichen versetzt worden. Die Verschränkung der beiden in der Umkehrung ihres Geschicks wird vollends dadurch deutlich, daß jetzt der Reiche Lazarus sieht, den er in Sequenz 1 nicht gewahrte, während Lazarus in Sequenz 1 – so darf man erschließen[21] – um das vom Tisch des Reichen fallende begehren zu können, durch die Tür den Reichen sehen mußte und jetzt in Sequenz 2 seltsam unbeteiligt bleibt, so daß im folgenden Abraham statt seiner, zum Partner des Dialogs mit dem Reichen wird. Ebenso wie der beide umschließende Raum, der Hades, zeigt die Verschränkung ihres Geschicks, daß die beiden wie von Anfang an schon nicht in Beziehungslosigkeit nebeneinander oder in purer Oppositionalität einander gegenüberstehen, sondern daß ihr konfiguratives Verhältnis zueinander durchgehalten wird[22]. Das zeigt sich auch darin, daß dem πρὸς τὸν πυλῶνα αὐτοῦ der ersten Sequenz in der zweiten Sequenz ein weiterer lokaler Circumstant entspricht. Daß aus der relativen Nähe zwischen den beiden, die aus dem πρὸς τὸν πυλῶνα αὐτοῦ erschlossen werden kann, nun Entfernung geworden ist (ἀπὸ μακρόθεν V.23), spricht nicht gegen die bleibende Bezogenheit beider zueinander, deutet allerdings eine wichtige Modifikation des πρὸν τὸν πυλῶνα der ersten Sequenz an, die in der dialogischen dritten Sequenz ausdrücklich »besprochen« werden wird und als Angelpunkt des Verständnisses des Gleichnisses angesehen werden muß.

3.2. *Die besprochene Welt des Gleichnisses (Sequenz 3)*

3.2.1. *Erste Bitte um die Sendung des Lazarus*

Nach der in Sequenz 1 und 2 »erzählten Welt« des Gleichnisses läßt die dialogische Sequenz 3 die »besprochene Welt« folgen[23]. In ihr werden alle Elemente und Themen der erzählten Welt wiederbegegnen. Schon, daß der Reiche sich an Abraham mit seiner Bitte wendet, ist ja schon nichts

---

[21] Vgl. *W. Grundmann*, Das Evangelium nach Lukas, Th.K.N.T. 3 (Berlin, [5]1969), 329.

[22] An sich ist das schon für das Gegensatzpaar arm/reich zu sagen. Arm/Reich ist ja keine Naturgegebenheit, sondern ein kulturell/geschichtlich vermitteltes Verhältnis: Der Arme ist arm, weil der Reiche reich ist und umgekehrt. Die Geschichte des Gleichnisses »enthüllt« durch die Konfiguration des Reichen und des armen Lazarus diesen Tatbestand und läßt ihn nicht in die Verdunkelung einer Naturgegebenheit entgleiten.

[23] Zu den Termini »erzählte Welt«, »besprochene Welt« vgl. *H. Weinrich*, Tempus, Besprochene und erzählte Welt (Stuttgart, 1964).

anderes als eine Ausfaltung des ὁρᾷ von V.23, nämlich eine Fortsetzung
der im ὁρᾷ beginnenden »Kontakt«-aufnahme des in-Not-befindlichen
hin zur anderen Seite. Ihr entspricht, wie schon gesagt, in Sequenz 1
das ἐπιθυμῶν des Armen, das ja ein Sehen voraussetzt; zugleich überschreitet die geäußerte Bitte des Reichen das stummbleibende Begehren
des Armen[24]. Erweisen läßt sich diese Behauptung durch die Beobachtung, daß das erbetene Objekt: Lazarus soll, von Abraham gesandt, die
Spitze seines Fingers ins Wasser tauchen und die Zunge des gequälten
Reichen kühlen, dem Objekt des Begehrens des Armen: das was vom
Tisch des Reichen fällt, entspricht: In beiden Fällen erbittet oder begehrt
der in Not befindliche nur ein *geringes*. Zugleich bleibt so die Opposition
satt/hungrig der Sequenz 1, wenn auch modifiziert (satt/durstig) in Umkehrung erhalten.

Sowohl die zwischen dem Reichen und Lazarus jetzt (d.h. in Sequenz 2
erzählte) bestehende Entfernung (was nicht gegen ihre fortbestehende
Beziehung zueinander spricht, sondern nur Modifikation des πρὸς τὸν
πυλῶνα αὐτοῦ von Sequenz 1 ist (s.o.)) als auch die erfolgte Umkehrung
der irdischen Verhältnisse wird von der Antwort des Abraham noch einmal besprochen. Dabei verweist die der Anrede »Vater Abraham« (V.24)
korrespondierende Bezeichnung des Reichen als »Kind«, auf die Verbindung, die immer noch zwischen dem Armen und Reichen waltet, erfüllt
also in der besprochenen Welt eine ähnliche Funktion wie in der erzählten
Welt, der die beiden, wenn auch in unterschiedlichen Positionen, umfassende Raum des Hades.

Die Antwort des Abraham (VV.25. 26) ist deutlich zweigegliedert. Der
erste Teil faßt spruchartig das Geschehen noch einmal zusammen. Ein-
stiges Leben und jetzige Existenz im Hades (νῦν δὲ ὧδε V.25) werden in
ihrer Aufeinanderfolge und Umkehrung aufeinander bezogen und streng
geschieden. Im einstigen Leben hat der Reiche Gutes empfangen, Lazarus Schlechtes, jetzt und hier wird Lazarus getröstet, der Reiche leidet.
Der Charakter des Wortes als Zusammenfassung der Geschichte zeigt
sich auch darin, daß die Abfolge der Personen: der Reiche, Lazarus dann
Lazarus und der Reiche, ihre Abfolge in den Sequenzen 1 und 2 wieder
aufnimmt. Ein Grund für die Umkehrung der irdischen Verhältnisse im
Hades wird nicht genannt: »Es klingt, als geschähe nichts als der Ausgleich des irdischen Schicksals, es müßte aber doch zumindest bei dem,

---

[24] Der Reiche versucht in seiner Not sich der Hilfe des Lazarus zu versichern, der
Arme reicht über sein Begehren hinaus nicht aus nach fremder Hilfe. Es ist Überinterpre-
tation, darin einen Hinweis auf die gottvertrauende Bescheidung des Armen zu vermuten
(gegen *W. Grundmann*, aaO. 327). Doch ist es sicherlich ein erzählerisches Mittel, mit dem
zur Anschauung gebracht werden soll, daß Gott es ist, der dem Lazarus in der Umkehrung der Verhältnisse zu Hilfe kommt.

der nun verworfen ist eine Schuld erkennbar sein, und zwar nicht auf Vermutung, sondern durch die Darstellung selbst«[25].

Daraus folgern zu wollen, daß etwas fehle und »die Erzählung nicht die Höhenlage des Evangeliums« erreiche[26], wäre verfrüht, denn im zweiten Teil der Antwort des Abraham tritt gerade »durch die Darstellung selbst« zutage, was in der irdischen Existenz von den Menschen verfehlt wurde, oder besser, was nur in ihr ihnen möglich war und im Hades nicht nachzuholen ist, weil Gott dann schon gehandelt hat als der, der dem Armen hilft.

Der Hebraismus καὶ ἐν πᾶσι τούτοις (vgl. Jes 9,11) setzt den zweiten Teil der Antwort Abrahams deutlich vom ersten ab, und gibt ihn sogar als den eigentlich wichtigen Teil zu erkennen. Der Bitte des Reichen kann nicht nur deshalb nicht entsprochen werden, weil die Verhältnisse sich verkehrt haben, sondern auch deshalb nicht, weil sich zwischen dem Ort des Reichen und dem des Lazarus im Hades eine, von beiden Seiten unüberschreitbare Kluft auftut. Ihre Unüberschreitbarkeit wird in einem umständlichen Finalsatz vorgeführt, der betont, daß man weder von der Seite des Lazarus zu der des Reichen, noch von dort zur Seite des Lazarus hinübergelangen könne. Gerade daß diese Unüberschreitbarkeit von beiden Seiten her betont herausgestellt wird, erinnert den Leser an seine, in Sequenz 1 durch die Erwähnung des »vor der Tür« des Reichen liegenden Lazarus erweckte Lesererwartung, die der Text dort nicht erfüllte und läßt das eigentliche Thema des Gleichnisses deutlich werden. Zugleich läßt sich jetzt sehen, inwiefern das μακρόθεν der Sequenz 2 das πρὸς τὸν πυλῶνα von Sequenz 1 modifiziert hat. Die *Tür* von Sequenz 1 war durchschreitbar, die *Kluft*, die die Entfernten trennt, kann nicht überbrückt werden. Eine »Tür« gewährt ja gerade die Möglichkeit, daß sie sowohl von der einen Seite her, d.h. der des Reichen, wie auch von der anderen Seite her, d.h. der des Lazarus durchschritten werden kann. In Relation zu der nunmehr von keiner Seite mehr überschreitbaren Kluft gesehen, offenbart sich die die Möglichkeit des Zueinandergelangens gewährende, in der Geschichte aber nicht durchschrittene Tür als das Zeichen einer verpaßten, unwiderruflich dahingegangenen Gelegenheit. Es ist die Möglichkeit, die es ἐν τῇ ζωῇ (V.25) des Reichen gegeben, und die er nicht ergriffen hatte, und die es im νῦν δὲ ὧδε des Hades hinzu ihm in seiner Not nicht mehr gibt. Mithin geht es dem Gleichnis nicht nur um die Warnung davor, daß es einmal zu einer Umkehrung der Verhältnisse kommen wird, oder positiv gesagt um eine Aussage darüber, daß Gott sich zum Anwalt und Helfer des Armen machen wird. Vielmehr

[25] *H. Kahlefeld*, Gleichnisse und Lehrstücke im Evangelium, II (Frankfurt, 1963), 97.
[26] Ebd.

tritt dieses Thema in den Dienst der *Aufforderung, solange es Zeit ist, die Tür zu dem nahe davorliegenden zu durchschreiten, weil einmal die Kluft von dem weitentferntesten nicht mehr überschritten werden kann.* Die Geschichte »zieht die Linien vom Jetzt ins Dann und erweist vom Ende her die Bedeutsamkeit des Gegenwärtigen«[27]. Die Zeit des Lebens ist die Zeit der zum anderen hin durchschreitbaren Tür, danach gibt es keine Zeit mehr und die Kluft *bleibt* unübersteigbar. Wenn wir oben nach der »Schuld« fragten, die über den puren »Ausgleich des irdischen Schicksals« hinaus erkennbar sein müßte, zeigt sich jetzt, daß die Schuld des Reichen nicht in der Verweigerung von Hilfe gegenüber einer ihm offenbaren Not bestand, sondern darin, daß er zu Lebzeiten die Tür überhaupt nicht durchschritten hat, weder dazu, um Lazarus zu verjagen, noch dazu, um ihm zu helfen. Warum dem so ist, zeigt die Beobachtung, daß in der Geschichte jeweils nur der in Not befindliche des anderen gewahr wird: Der Reiche *sieht* in den Qualen des Feuers den Lazarus als Tischgenossen Abrahams, der Arme *sieht* in seiner Not den Tisch des Reichen und begehrt sich von seinem Abfall zu sättigen. Lazarus bleibt in seiner Seligkeit an der Brust Abrahams und der Reiche hatte in seiner irdischen Freudenzeit keinen Blick für den vor seiner Tür liegenden Armen. Weil er ihn nicht *sieht*, geht er nicht durch die Tür und weil er zu Lebzeiten nicht durch die Tür geht, kann er im Hades nicht gesehen werden und der Weg zu ihm bleibt endgültig verschlossen.

3.2.2. *Zweite Bitte um die Sendung des Lazarus*

Gegenüber den Interpretationen, die die VV.27–31 literarkritisch als sekundären Zusatz betrachten, oder die unter Annahme der literarischen Einheit die Eigenständigkeit der Verse unter dem Stichwort »zweiter Gipfel« überakzentuieren, ist zunächst darauf hinzuweisen, daß schon die Parallelität in der Formulierung von V.24 und V.27: Anrede, Imprekationsformel, πέμψον (ἵνα πέμψῃς) auf die Zugehörigkeit der VV.27–31 zum Ganzen verweist. Der Bitte nach einer ersten Sendung des Lazarus innerhalb des Hades zu dem Reichen folgt die Bitte um eine zweite Sendung des Lazarus aus der Totenwelt hinaus in die Welt der Lebenden. Darüber hinaus ist der zweite Teil der dritten Sequenz auch thematisch mit dem vorhergehenden enger verflochten als vielfach angenommen wird, insofern er sich weiterhin mit der »Schuld« des Reichen befaßt und sogar als Versuch einer Selbstapologie des Reichen aufgefaßt werden kann. Auch in ihm geht es um die Zeit des Lebens als um die Zeit der durchschreitbaren Tür und um das Gewahrwerden dieser Möglichkeit, die einmal zu Ende sein wird.

---

[27] *H. Kahlefeld*, aaO. 94.

Gerade von diesem Teil des Gleichnisses her kommt J. Jeremias dazu in dem Gleichnis »die Forderung der Stunde«[28] ausgedrückt zu finden. Auch H. Kahlefeld[29] meint, »der zweite Abschnitt der Geschichte (hole) nach, was im ersten gefehlt hat«. Im Gegensatz dazu versteht unsere Interpretation den narrativen Teil als nicht nur von der »Umkehrung des Geschickes im Jenseits«[30] sprechend. Die Beziehung von »vor seiner Tür« zu der unüberschreitbaren Kluft sowie der Umstand, daß jeweils nur der in Not befindliche des anderen gewahr wird, zeigen, daß schon in der erzählten Welt des Gleichnisses die dem Leben vorbehaltene Möglichkeit des Handelns und das Sehen dieser Möglichkeit eine Rolle spielen, die in der besprochenen Welt der dialogischen Sequenz thematisch wird.

Hatte V.26 unter dem Gegenbild der unüberschreitbaren Kluft die »Tür« von V.20 als durchschreitbare besprochen, so besprechen jetzt die VV.27–31 das, was es ermöglicht (bzw. für den Reichen ermöglicht hätte) die Tür als durchschreitbare und davor den Lazarus in seiner Not zu *sehen*.

Mit den fünf Brüdern des Reichen, zu denen Abraham nach der Bitte des im Hades weilenden Reichen Lazarus senden soll, beginnt die Geschichte gewissermaßen noch einmal. Sie sind noch im Hause seines Vaters, sind im Leben, also in der Zeit der durchschreitbaren Tür, die ihnen als Möglichkeit jedoch erst durch den wiederkehrenden Lazarus aufgezeigt werden soll. Das διαμαρτύρηται V.28 ist darum im Sinn von »beschwören, dringend zureden«[31] zu nehmen und nicht in der lexikalisch ebenfalls möglichen Bedeutung: »bezeugen, Zeugnis ablegen«; denn dem Zusammenhang nach kann es kaum darum gehen, die Brüder des Reichen, die als »Diesseitsmenschen, wie ihr verstorbener Bruder . . . in herzloser Selbstsucht (leben), weil sie meinen, daß mit dem Tode alles aus ist«[32], von der Existenz eines Jenseits zu überzeugen. Vielmehr soll der wiederkehrende Lazarus sie dazu bewegen, das zu tun, was der Reiche in seinem Leben versäumt hat, nämlich die Tür als durchschreitbare und den davorliegenden Lazarus zu sehen[33].

Die Antwort des Abraham in V.29 enthüllt die eigentliche Schuld des Reichen. Seine Blindheit für die durchschreitbare Tür und den davorliegenden Lazarus war nicht unabwendbares Verhängnis, sondern hatte ihre Ursache im mangelnden Hören auf die Schrift. Wie seine Brüder

---

[28] *J. Jeremias*, aaO. 181.
[29] *H. Kahlefeld*, aaO. 98.
[30] *J. Jeremias*, aaO. 185; *H. Kahlefeld*, aaO. 98, »nur die Wende des Geschicks«.
[31] So auch *W. Bauer*, Wb, 370.
[32] So *J. Jeremias*, aaO . 185.
[33] Vgl. auch *H. Kahlefeld*, aaO. 98f.

jetzt, hatte auch er in der Zeit seines Lebens Moses und die Propheten und auch er hätte, wie es jetzt von seinen Brüdern gefordert ist, auf sie hören können, um zu sehen und zu handeln.

Die Antwort des Reichen (V.30) bestreitet, daß das Hören auf die Schrift die Augen öffnen kann und verlangt als Ermöglichungsgrund der Umkehr das außergewöhnliche Ereignis einer Totenauferstehung. Wenn wir oben davon sprechen, daß die VV.27–31 gewissermaßen Züge einer Selbstapologie tragen, so tritt das besonders hier hervor. Würde die Bitte nämlich gewährt, könnte der Reiche darauf verweisen, daß ihm zu seinen Lebzeiten eine solche außergewöhnliche Warnung nicht zuteil geworden sei. Die Antwort des Abraham in V.31 nimmt die Möglichkeit dieser Ausflucht und behauptet noch einmal, daß die Schrift genügt, um die Augen der Lebenden zu öffnen, für das, was im Leben getan werden muß. »Wenn sie Moses und die Propheten nicht hören, so werden sie auch nicht überzeugt werden, wenn jemand von den Toten aufersteht«.

V

BEOBACHTUNGEN ZUR STRUKTUR DER
EMMAUSPERIKOPE (Lk 24,13–35)

1. *Begegnung von Exegese und Literaturwissenschaft*

Die exegetischen Methoden sind weithin genetisch. Sie bemühen sich, der Entstehungsgeschichte eines Textes nachzugehen. Sie haben uns dadurch auch einen besseren Einblick in die Verhältnisse der Urkirche gewährt und geholfen, ihre theologischen Fragestellungen deutlich zu erkennen. Es wurde möglich, die Endgestalt des jeweiligen Textes von der seiner Vorstufen abzuheben und die ihm eigenen theologischen Akzente herauszuarbeiten. Die Methoden gingen also gewissermaßen aus dem Text heraus in seine Vorgeschichte und in sein Milieu, um ihn von daher zu verstehen, kehrten aber mit in diesem Verstehen neu gewonnenen Einsichten zum Text zurück. Diese Rückkehr in den Text ist augenblicklich in vollem Gang. Die redaktionsgeschichtlichen Arbeiten sind ein Signal dafür. Sie bemühen sich vordringlich um das Verständnis der Endgestalt eines Textes. Sie tun das, indem sie auf die redaktionellen Veränderungen der Vorlagen durch den Redaktor achten, befinden sich somit noch außerhalb des Textes, aber auch, indem sie den kompositionellen Stellenwert berücksichtigen, den Einzelperikopen, Motive usw. im Rahmen des jeweiligen Gesamtwerks einnehmen. Damit aber sind sie in den Innenraum des Textes getreten und versuchen, ihn aus sich selber zu begreifen[1].

Indem die exegetischen Methoden den Weg zurück in den Text eingeschlagen haben, nähern sie sich Bestrebungen der modernen Literaturwissenschaft, die ein literarisches Werk nicht aus seinen Beziehungen zu seiner Geschichte, seinem Autor, seiner Umwelt zu verstehen versucht, sondern es in einer werkimmanenten Analyse aus sich selbst erklären will. Besonders in der literaturwissenschaftlichen Ausprägung des französischen Strukturalismus zeigen sich diese Tendenzen. So verlangt etwa R. Barthes eine »immanente Analyse«[2]. Die Analyse soll »in einem Bereich ... arbeiten, der ganz und gar innerhalb des Werkes liegt«[3], sie

---

[1] Vgl. z.B. *G. Eichholz*, Die Aufgabe einer Auslegung der Bergpredigt, in: Tradition und Interpretation, Studien zum Neuen Testament und zur Hermeneutik, München 1965, 35–56.

[2] *R. Barthes*, Die beiden Kritiken (1963), in: Literatur oder Geschichte, Frankfurt 1969, (54–61) 60.

[3] Ebd.

ist »eine Arbeit, die sich im Werk selbst installiert und die Beziehung zur
Welt erst herstellt, nachdem sie es von innen her in seinen Funktionen
oder, wie man heute sagt, in seiner Struktur beschrieben hat«[4]. Als »phä-
nomenologische Kritik« will sie »das Werk explizit machen, statt es zu
erklären«, als »strukturale Kritik« hält sie »das Werk für ein System von
Funktionen«[5]. Diese »immanente Analyse« durchzuführen heißt, »sich in
die Sinnküche«[6] zu begeben. Als Ziel einer solchen Analyse (wie jeder
strukturalistischen Tätigkeit) versteht R. Barthes, »ein Objekt (im Falle
der Literatur ein literarisches Werk) derart zu rekonstituieren, daß in
dieser Rekonstitution zu Tage tritt, nach welchen Regeln es funktioniert
(welches seine 'Funktionen' sind). Der strukturale Mensch nimmt das
Gegebene, zerlegt es, setzt es wieder zusammen«[7]. Zugegebenermaßen
hat diese Methode ihre philosophischen und ideologischen Implikationen,
insofern die Beschränkung auf das Werk oft nicht nur als methodische
Einschränkung verstanden wird, sondern sich mit einem geschichtsfeind-
lichen Agnostizismus verbündet, der an Stelle von Wahrheiten nur noch
Schlüssigkeiten gelten lassen will. Auch findet sich häufig auf metho-
dischem Gebiet ein Ausschließlichkeitsanspruch, der auf einen Metho-
denmonismus hinausläuft. In diese Richtung verweisen Äußerungen von
R. Barthes »über die Aufgabe literarischer Kritik«, daß sie »nicht darin
besteht, 'Wahrheiten' aufzudecken, sondern nur 'Schlüssigkeiten' «[8],
oder daß ihr Ziel »nicht die Entschlüsselung des Sinnes des untersuchten
Werkes . . ., sondern Rekonstruktion der Regeln und Zwänge der Ausarbeitung dieses Sinnes«[9] sei. »Gerade deshalb ist es nicht die Aufgabe des
Kritikers, die Botschaft des Werkes zu rekonstruieren, sondern nur ihr
System, so wie der Linguist nicht die Bedeutung eines Satzes zu ent-
schlüsseln hat, sondern die formale Struktur herausarbeiten muß, die die
Übermittlung dieser Bedeutung möglich macht«[10].

Angesichts der philosophischen Implikationen und der Tendenz zu metho-
dischem Monismus wird man sich den Fragen P. Ricoeurs anschließen
dürfen: »Je penserais plutôt que cette philosophie implicite entre dans le
champ de votre travail, où je vois une forme extrême de l'agnosticisme

---

[4] Ebd.
[5] Ebd.
[6] *Ders.*, Literatur heute (1961), in: Literatur oder Geschichte, Frankfurt 1969,
(70–84) 73.
[7] *Ders.*, Die strukturalistische Tätigkeit, in: Kursbuch 5, Frankfurt 1966, (190–196)
191.
[8] *Ders.*, Was ist Kritik? (1963), in: Literatur oder Geschichte, Frankfurt 1969,
(62–68) 66.
[9] Ebd. 67.
[10] Ebd. 68.

moderne; pour vous il n'y a pas de 'message': non au sens de la cyberné-
tique, mais au sens kérygmatique; vous êtes dans le désespoir du sens;
mais vous vous sauvez par la pensée que, si les gens n'ont rien à dire,
dumoins ils le disent si bien qu'on peut soumettre leur discours au struc-
turalisme. Vous sauvez le sens, mais c'est le sens du non-sens, l'admirable
arrangement syntactique d'un discours qui ne dit rien«[11]. Allerdings
wird man auch berücksichtigen müssen, daß selbstgewählte Beschränkung
auf eine Methode noch nicht gleich Monismus zu sein braucht, und daß
manche Äußerungen durch ihre polemische Ausrichtung notwendigerweise vereinseitigen[12]. Daß die Vertreter einer strukturalen Kritik ihre
Einseitigkeit erkennen und keinen Ausschließlichkeitsanspruch erheben,
zeigt eine Stellungnahme von C. Lévy-Strauss, dem wohl prominentesten
Vertreter des französischen Strukturalismus: »Die Analyse literarischer
Werke mit Hilfe der strukturalen Methode erhellt sehr viel, aber diese
Methode erneuert und vervollständigt nur die traditionellen Mittel, sie
macht sie nicht überflüssig«[13].

Insofern die Exegese der Bibel eine theologische Wissenschaft ist, bleibt
ihr Interesse natürlich der »Botschaft« (message) des Textes verpflichtet.
Sie wird darum eine Beschränkung auf das innere »Funktionieren« des
Textes nicht mitvollziehen können. Gleichzeitig aber muß sie feststellen,
daß ihre eigenen Methoden sich auf den Weg in den Text hineinbegeben
haben. Sie wird darum literaturwissenschaftliche Bemühungen, einen
Text aus sich selbst zu erklären, nicht als lästige Konkurrenz empfinden,
sondern eher als Hilfe für ihre eigenen Bemühungen verstehen. Sie wird
deshalb versuchen, sich einen Überblick über das dort gebrauchte Instru-
mentar zu verschaffen und möglicherweise erkennen, daß die Struktur
eines Textes, sein Funktionieren, auch für die Erkenntnis seiner Botschaft
von Bedeutung ist[14]. Im folgenden ist der Versuch gemacht, einige methodische Gesichtspunkte, die sich vor allem der Lektüre von R. Barthes

---

[11] Zitiert bei *C. Lévy-Strauss*, Réponses à quelques questions, in: Esprit 31 (1963) 652f.
[12] Zur Polemik vgl. man vor allem die Beiträge von *R. Barthes*, in: Literatur oder
Geschichte, Frankfurt 1969, die nur vor dem Hintergrund der Auseinandersetzung
zwischen »alter« und »neuer« Kritik richtig zu verstehen sind.
[13] *C. Lévy-Strauss*, Wie funktioniert der menschliche Geist? Interview von Raimond
Bellour, Januar 1967, abgedruckt in: *G. Schiwy*, Der französische Strukturalismus,
Hamburg 1969, (143–148) 147.
[14] Es scheint, daß darum eine erneute Begegnung von Exegese und Literaturwissenschaften in Gang gekommen ist. Für den angelsächsischen Raum darf man auf *J. Barr* verweisen (Bibelexegese und moderne Semantik, Theologische und linguistische Methode in
der Bibelwissenschaft, München 1965). In Deutschland erschien erst vor kurzem das Buch
von *E. Güttgemanns*, Offene Fragen zur Formgeschichte des Evangeliums, Beiträge zur
evangelischen Theologie 54, München 1970; ein weiteres über Formgeschichte und Linguistik ist bereits angekündigt. Die Relevanz des französischen Strukturalismus für die

und C. Lévy-Strauss verdanken, auf den Text der Emmausperikope anzuwenden und sie mit Fragestellungen traditioneller exegetischer Methoden zu kombinieren. Es handelt sich also nur um die Anwendung von Anregungen, nicht um ausgearbeitete strukturale Analysen. Dieses Vorgehen sieht sich durch die Bemerkung von R. Barthes über die strukturale Analyse der Erzählung ermutigt: ... »ce n'est pas encore une science, ni même à proprement parler une discipline«[15]. Aus der Einschätzung der strukturalen als einer ergänzungsbedürftigen Methode durch C. Lévy-Strauss selbst leitet sich die Berechtigung ab, auch die traditionellen exegetischen Methoden zu Wort kommen zu lassen: »Wenn ich bei der Analyse der Mythen meinen Gegenstand durch historische, psychologische, biographische Auskünfte (selbst über die Person des Erzählers) zusätzlich erhellen konnte, hat mich das nie behindert, sondern mir im Gegenteil geholfen. Wenn diese verschiedenen Techniken zweideutig und manchmal widersprüchlich scheinen, dann deshalb, weil wir auf dem Gebiet der Wissenschaft vom Menschen noch in den Kinderschuhen stecken. Aber eine Untersuchung, die positiv sein will, erhebt keine Ausschließlichkeitsansprüche; vielmehr wendet sie alle nur erdenklichen Mittel an«[16].

2. Immanente Analyse von Lk 24,13 – 35

Die immanente Betrachtungsweise eines Textes verzichtet aus methodischen Gründen auf alle Informationen, die nicht aus dem Text selber gewonnen werden. Sie untersucht den funktionellen Zusammenhang der einzelnen Erzählelemente untereinander und versucht den Text so zu »zerlegen und neu zu arrangieren, daß nach dieser Rekonstitution zu Tage tritt, nach welchen Regeln (er) funktioniert«[17]. Auch die gramma-

---

gesamte Theologie versucht G. Schiwy aufzuzeigen: Strukturalismus und Christentum. Eine Herausforderung, Freiburg 1969. Mit dem Strukturalisten A.J. Greimas und einigen seiner Schüler trafen sich 1968 in Versailles zwanzig Exegeten des französischen Sprachraumes (siehe X. Léon-Dufour in: RechScRel 58 [1970] 5). Eine Begegnung größeren Stils von 150 französischen Exegeten mit R. Barthes und L. Marin fand vom 4. bis 9. September 1969 in Chantilly statt. Die dort gehaltenen Referate und die Diskussion sind mittlerweile veröffentlicht, siehe den Bericht über die Tagung von X. Léon-Dufour, Exégètes et Structuralistes: RechScRel 58 (1970) 5 – 15; vgl. auch F. Bovon, Strukturalismus und biblische Exegese, in: Wissenschaft und Praxis in Kirche und Gesellschaft 60 (1971) 16 – 26; R. Barthes, L'Analyse structurale du Récit. A propos d'Actes X-XI: RechScRel 58 (1970) 39 – 61; E. Haulotte, Fondation d'une communauté de type universel: Actes 10,1 – 11,18: ebd, 58 (1970) 63 – 100.

[15] R. Barthes, aaO. (vor. Anm.) 17.

[16] C. Lévy-Strauss, Wie funktioniert der menschliche Geist? Interview von Raimond Bellour, Januar 1967, in: G. Schiwy, Der französische Strukturalismus, Hamburg 1969, (143 – 148) 147.

[17] R. Barthes, Die strukturalistische Tätigkeit, in: Kursbuch 5, Frankfurt 1966, (190 – 196) 191.

tikalische Analyse achtet auf Beziehungsverhältnisse innerhalb eines
Textes. Im Unterschied zu ihr erhebt die strukturale Betrachtungsweise
nicht die Beziehungen von Wörtern und Sätzen, sondern die Beziehungen
der Erzählelemente. Sie achtet gewissermaßen auf die »Grammatik der
Erzählung« (R. Barthes). Die strukturale Betrachtung der Emmausgeschichte verzichtet auf das Wissen, das man durch die Kenntnis ihres
Kontextes hat und überläßt sich einfach ihrem Ablauf.

Die erste Information, die man erhält, ist, daß sich zwei auf einer Reise
befinden. Als Ziel der Reise wird der Ort Emmaus genannt, dessen geographische Lage mit sechzig Stadien von Jerusalem entfernt angegeben
wird. Der Ausgangspunkt der Reise wird hier noch nicht genannt. Die
beiden werden von der Geschichte als auf der Reise befindlich vorgestellt.
Erst später wird klar, daß Jerusalem der Ausgangspunkt ihrer Reise war
(V.33). Eine Motivation für die Reise wird ebenfalls hier noch nicht
gegeben. Ebenso läßt sich nocht nicht erkennen, welches die Gruppe
ist, als deren Mitglieder die beiden durch das »zwei von ihnen« (V.13)
charakterisiert werden. Sie sind Mitglieder des Kreises der »Elf und der
mit ihnen« (V.33). Auch die Zeitangabe »am selben Tag« (V.13) kann
erst aus Späterem (V.21) verstanden werden. Auf dem Wege unterhalten
sich beide über »all diese Ereignisse« (V.14). Ihre Unterhaltung bewegt
sich demnach um Ereignisse, die in der Vergangenheit hinter ihnen
liegen. Welche es sind, wird erst im späteren Ablauf der Geschichte klar
(VV.19 – 24). Eine neue Person wird in die Geschichte eingeführt und mit
Namen genannt: Jesus nähert sich den beiden miteinander sprechenden
Wanderern und geht mit ihnen (V.15). Die Geschichte stellt ihn als
jemanden vor, der den beiden eigentlich bekannt sein müßte: ihre Augen
müssen gehalten werden, damit sie ihn nicht erkennen (V.16). Er schaltet
sich fragend in ihr Gespräch ein (V.17). Das Gespräch der beiden drehte
sich um das Todesgeschick dessen, der mit ihnen wandert (VV.18 – 20).
Es wird klar, daß die beiden Wandernden vor Jesu Tod in einem besonderen Verhältnis zu ihm standen: sie erhofften von ihm die Erlösung Israels
(V.21). Diese Hoffnung ist durch seinen Tod zusammengesunken; daran
können auch die seltsamen Begebenheiten um sein Grab nichts ändern
(VV.22 – 24). Zum ersten Mal fällt Licht auf die Motivation ihrer Reise:
sie ist der Ausdruck aufgegebener Hoffnung. Das wird in dem, was Jesus
erwidert, weiter interpretiert: Ihre Reise und ihr Gespräch sind Unglauben gegenüber der Schrift, die, wie Jesus weiter erklärt, von seinem
Geschick als von Gott verfügt schon gesprochen hat (VV.25 – 27).

Damit sind die Ausgangspositionen der Geschichte abgesteckt:
    Zwei Wanderer wollen nach Emmaus.
    Ein unerkannt bleibender Bekannter wandert mit ihnen.

In einem Gespräch will er sie in ein sein Schicksal betreffendes Geheimnis einführen.

Diese Ausgangspositionen lassen erwarten:
Die zwei Wandernden erreichen ihr Ziel Emmaus (oder nicht).
Der unerkannte Bekannte wird erkannt (oder nicht).
Das sein Schicksal betreffende Geheimnis erschließt sich dem Verständnis (oder nicht).

Die Geschichte erfüllt diese Erwartungen im positiven Sinn (VV.28–32). Die Wandernden erreichen das Ziel der Reise: Emmaus. Anläßlich eines Mahles mit Jesus werden ihre Augen geöffnet. Sie erkennen ihn und er entfernt sich von ihnen, wie er sich vorher ihnen zugesellte (V.15). Das durch das Gespräch auf dem Wege eröffnete Geheimnis des Todes- und Auferweckungsschicksals Jesu erschließt sich ihnen: »Brannte nicht unser Herz, als er auf dem Wege zu uns sprach, als er uns die Schriften erschloß?« (V.32). Die dreifache Erwartung ist erfüllt. Ist damit nicht das Ziel der Geschichte eigentlich erreicht? Aber sie geht weiter. Die beiden kehren nach Jerusalem zu den »Elfen und denen mit ihnen« zurück (VV.33–35). Woran liegt das? Es wurde oben schon darauf aufmerksam gemacht, daß zu Anfang der Geschichte sich kein Motiv für die Reise der beiden nach Emmaus finden ließ. Erst im Licht des Gesprächs mit Jesus erwies sich ihre Reise nach Emmaus als enttäuschte Abreise von Jerusalem. Sie wurde zum Ausdruck zerschlagener Hoffnungen und mangelnden Glaubens. Wenn die Geschichte *nach* der Emmausszene davon spricht, daß der Sinn des Gespräches mit Jesus sich den beiden erschließt, ist der Grund ihrer Abreise nicht mehr gegeben. Darum kann sich die Rückkehr nach Jerusalem folgerichtig daran anschließen und zum Ausdruck ihrer wiedererweckten Hoffnung und ihres wiedergefundenen Glaubens werden. Das Gespräch auf dem Weg und seine Erschließung nach der Emmausszene ermöglichen darum der Geschichte, an ihren Ausgangspunkt zurückzukehren. Die Rückkehr aber ist nicht einfach Rückkehr an den Ausgangspunkt, sondern durch die Widerfahrnisse auf der Reise bereicherte Rückkehr: die beiden können den übrigen von dem auf dem Weg Erlebten erzählen (V.35). Es ist also sehr wohl auf die Funktion des Gespräches und seine Erschließung zu achten. Es führt die Geschichte über Emmaus hinaus zurück nach Jerusalem. Die Erwartungen, die durch die beiden ersten Ausgangspositionen: »zwei Wanderer wollen nach Emmaus« und »ein unerkannt bleibender Bekannter wandert mit ihnen« geweckt wurden, werden durch die Emmausszene erfüllt. Das äußere Ziel wird erreicht. Der Unbekannte gibt sich zu erkennen. Erst das Gespräch und seine Erschließung ermöglichen es der Geschichte, über Emmaus hinauszuführen. Das Gespräch ist also zum Verstehen der Geschichte, wie sie uns vorliegt, von höchster Bedeutung, und zwar nicht nur für den Ablauf der Geschichte. Es erschließt nämlich *auch dem Leser das*, was sich hinter dem Namen Jesus verbirgt.

3. Die Überlieferungsgeschichte der Perikope

Wir begegnen in der Geschichte drei Linien. Zwei dieser Linien enden in Emmaus. Die dritte führt zurück nach Jerusalem. Was der kurze Einblick in das Gefüge der Geschichte erkennen ließ, hat die traditionsgeschichtlich arbeitende Exegese durch eine Theorie über den Werdegang der Emmausgeschichte zu erklären versucht. Insbesondere ist die eigentümliche Funktion des Gesprächs zum Ansatzpunkt überlieferungs- und redaktionsgeschichtlicher Überlegungen geworden. Das Gespräch unterscheidet sich nämlich auch durch eine Häufung sprachlicher und theologisch-begrifflicher Eigentümlichkeiten von dem Handlungsgerüst der Geschichte. Das legt die Vermutung nahe, daß es als Ganzes redaktioneller Einschub in eine ursprünglich kürzere Emmausgeschichte ist. »I incline to think that an older and simpler Emmaustradition circulated somewhere where Luke came to know it as an independent unit of tradition«[18].

Das Hauptargument für sein Verständnis des Gesprächs als eines redaktionellen Einschubs ist für P. Schubert das in dem Gespräch vorkommende typisch lukanische Motiv der Jesus schon im vorhinein bezeugenden Heiligen Schriften. »We conclude that Luke's proof – from – prophecy theology is the heart of his concern in chapter 24. It is the structural and material element which produces the literary and the theological unity and climax of the gospel«[19]. Im einzelnen sprechen für die Sicht Schuberts auch folgende Beobachtungen:

V.18   Die Frage des Kleophas in V.18 nimmt Bezug auf die Ereignisse der Passion. Es wird vorausgesetzt, daß die Ereignisse derart waren, daß jedermann in Jerusalem davon hatte Kenntnis nehmen müssen. Sie waren also öffentlich, und es ist gut lukanisch, den Öffentlichkeitscharakter der Ereignisse um Jesus zu betonen. So läßt er Paulus in Apg 26,26 vor König Agrippa sagen: »Es hat sich ja dieses nicht in einem Winkel zugetragen«. Lukanische Spracheigentümlichkeiten sind des weiteren: τὰ γενόμενα ἐν αὐτῇ (vgl. Lk 2,15; 13,17; Apg 10,37) und das angehängte ταύταις (vgl. V.14).

V.19   bezeichnet Jesus als einen in Wort und Werk mächtigen Pro-

---

[18] *P. Schubert*, The Structure and Significance of Luk 24, in: Neutestamentliche Studien für R. Bultmann (BZNW 21), Berlin 1954, 170. Ähnlich *W. Marxsen*, Die Auferstehung Jesu von Nazareth, Gütersloh 1968, 163f.

[19] *P. Schubert*, aaO. 177.

pheten; in Apg 3,22 und 7,37 wird Jesus als der von Moses in
Dt 18,15.18 vorherverkündete Prophet gedeutet; von Moses
selbst sagt Apg 7,22, daß er »mächtig in Worten und Werken«
war. In Apg 1,1 bezeichnet Lukas sein Evangelium als einen
Bericht über all das, was Jesus von Anfang an *tat* und *lehrte*.
Auch hier finden wir Werk und Wort Jesu einander zugeordnet.
Der Zweiteilung von Wort und Werk Jesu entspricht die Zwei-
teilung von Sehen und Hören (vgl. Lk 7,22; 10,24; Apg 4,20;
22,15). Die δύναμις ist pneumatische Ausstattung des Propheten; sie äußert sich in Wort und Tat Jesu (Lk 4,36; Apg 10,38).
Sie ist die Kraft des Herrn zum Heilen (Lk 5,17; 6,19; 8,46).
Sie kann den Jüngern übertragen werden (Lk 9,1; Apg 4,7; 6,8;
vgl. auch Stephanus: Apg 10,38, als Verheißung an die Jünger:
Apg 1,8; 4,33). Als pneumatische Ausstattung des Propheten
hat auch Johannes der Täufer die δύναμις (Lk 1,17). Zu der
Formulierung »vor Gott und allem Volke« vgl. Lk 2,52. Im
παντός klingt das typisch lukanische πᾶς, das in der Geschichte
häufiger vorkommt, an (vgl. VV.14.19.21.25.27; vgl. auch
Lk 1,3; Apg 1,1).

V.20   Die Betonung der Schuld der Hohenpriester und der führenden
Kreise des Volkes an der Verurteilung und Kreuzigung Jesu
erinnert an die Missionsreden der Apostelgeschichte (vgl. besonders Apg 7,51–53).

V.21   Die Formulierung λυτροῦσθαι τὸν Ἰσραήλ findet sich in ähnlicher Form in Lk 1,68; 2,38.

VV.22 u. 23 nehmen Bezug auf die Geschichte vom Gang der Frauen
zum Grabe. Gerade hier gebraucht Lukas zur Bezeichnung der
Morgenfrühe dasselbe Wort ὀρθριναί, das er auch, die Markus-
vorlage verändernd, in 24,1 verwendet. Nur die lukanische
Grabesgeschichte betont, daß die Frauen den Leichnam nicht
fanden (Lk 24,3). Auf dieser Tatsache liegt aber auch der Ton
in V.23. Zudem werden hier wie dort die gleichen Worte gebraucht: εὑρίσκειν, τὸ σῶμα. Das mag daran liegen, daß nur bei
Lukas der Akzent so sehr auf das *leere* Grab verlegt wird; bei
Markus und Matthäus geht es eher um die Frage, wer das Grab
geöffnet hat[20]. Auch der Plural ἀγγέλων kann sich nur auf die
von Lukas in 24,4 erwähnten zwei himmlischen Gestalten beziehen (vgl. Apg 1,10). Die beiden anderen Synoptiker kennen in
der Grabesgeschichte nur *eine* himmlische Gestalt. Vielleicht
führt Lukas die *zwei* Männer in die Grabesgeschichte ein, um
hier schon auf die beiden himmlischen Gestalten der Himmelfahrtsgeschichte zu verweisen (Apg 1,10). ὀπτασία ist ein unter
den Evangelisten nur von Lukas verwendetes Wort (Apg 26,19).
Die gleiche Formulierung ὀπτασίαν ἑώρακεν findet sich in Lk
1,22. Die von den Frauen ausgerichtete Engelsbotschaft nimmt
in dem οἱ λέγουσιν αὐτὸν ζῆν das Wort »leben« auf, das auch

---

20 Vgl. *F. Schnider/W. Stenger*, Die Ostergeschichten der Evangelien, München 1970,
55–57; *F. Mußner*, Die Auferstehung Jesu, München 1969, 128–133.

die zwei Männer in der lukanischen Grabesgeschichte verwenden: »Was sucht ihr den Lebenden bei den Toten? (Lk 24,5; vgl. auch Apg 1,3).

V.24   bezieht sich inhaltlich wohl auf Lk 24,12. Falls Lk 24,12 eine harmonisierende Glosse eines Abschreibers sein sollte (vgl. Jo 20,3 – 10), wäre Lk 24,24 nicht lukanische Redaktion, sondern ebenfalls eine Hinzufügung des späteren Abschreibers.

VV.25 – 27   Eine gewisse Ähnlichkeit der tadelnden Anrede Jesu an die Jünger mit dem Tadel des Engels an die Frauen (Lk 24,5 – 8) ist unverkennbar. In beiden Fällen wird das unverständige Verhalten mit einem Hinweis auf die Vergangenheit als unnötig erklärt: Bei den Frauen durch einen Hinweis auf ein vorösterliches Wort Jesu, bei den Jüngern durch einen Hinweis auf das prophetische Wort der Schrift. Daß die Propheten von all den Ereignissen um Jesus sprachen, findet sich auch in den Missionsreden der Apostelgeschichte (vgl. in Apg 3,24 die Formulierung πάντες δὲ οἱ προφῆται ἀπὸ Σαμουήλ mit der Formulierung ἀρξάμενος ἀπὸ Μωϋσέως in Lk 24,27). Zum Motiv der Schrifterschließung vgl. auch die Bekehrung des äthiopischen Kämmerers in Apg 8,26 – 39.

Aus der Beobachtung der Struktur wurde die Wichtigkeit des Gesprächs auf dem Wege insbesondere für die Rückführung der Geschichte nach Jerusalem erkannt. Ist nun durch die sprachlichen und theologisch begrifflichen Beobachtungen das Gespräch als redaktioneller Einschub erwiesen, muß man folgerichtig auch die Rückkehr der beiden nach Jerusalem als Redaktion verstehen, zumal für Lukas das »Bleiben in Jerusalem« von Bedeutung ist (Lk 24,29; Apg 1,4). Zu unterscheiden sind darum eine kürzere Vorlage, die am Ziel der Reise Emmaus den vorher unerkannten Jesus der Erkenntnis freigibt[21], und eine durch das Gespräch und die Rückkehr nach Jerusalem erweiterte lukanische Fassung. Läßt sich durch die Beobachtung der Struktur etwas über die Verschiedenheit von Vorlage und lukanisch verarbeiteter Fassung der Geschichte ausmachen? Zur Beantwortung dieser Frage soll auf die Struktur der *Vorlage* geachtet werden[22].

---

[21] Auch *P. Schubert* (aaO. 172) läßt die ursprüngliche Geschichte mit dem V.31 enden, da sie in ihm »a very effective and truly dramatic climax« finde.

[22] Daß in der folgenden strukturalen Analyse statt von zwei Jüngern nur von einem, Kleophas, gesprochen wird, ist die Folge einer Vermutung. Fehlte der Geschichte nämlich das Gespräch, wird vom Gesichtspunkt einer immanenten Analyse her die Zweizahl der Personen überflüssig. Zu einer Reise sind zwei Personen nicht erforderlich; die Geschichte könnte dasselbe mit nur einer Person berichten. Dazu kommt der Umstand, daß die Geschichte auch nur den Namen *eines* Reisenden mitteilt, was die Frage des Lesers nach dem Namen des zweiten weckt. In der Endgestalt des Textes verlangt die erzählerische Vernunft sehr wohl zwei Reisende: Sie müssen sich schon unterhalten haben, damit der hinzutretende Jesus sich mit seiner Frage in ihr Gespräch einschalten kann. Fehlt jedoch

4. Strukturale Analyse der Vorlage

Es fällt auf, daß dem V.15 der V.31 entspricht. Die Entsprechung geht bis in den Wortlaut und in die Grammatik: V.31 nimmt nämlich V.16 wieder auf. (αὐτῶν, δέ, οἱ ὀφθαλμοί, ἐπιγνῶναι, αὐτόν, ἐκρατοῦντο ≥ διηνοίχθησαν). In beiden Sätzen ist das grammatische Subjekt οἱ ὀφθαλμοὶ αὐτῶν, das eigentliche Subjekt – Gott – in den Passiv-formen der beiden Verben (»theologisches Passiv«). Das gleiche Kompositum wird zur Bezeichnung des Erkennens – ἐπιγνῶναι und das gleiche Objekt αὐτόν (= Jesus) verwandt. Schließlich setzen sich beide Verse von dem jeweils vorhergehenden durch die Partikel δέ ab. Die Partikel ist beidemale notwendig, weil das Subjekt des jeweils vorhergehenden Verses Jesus ist, in den VV.16 und 31 aber von einem Geschehen die Rede ist, das sich an den Jüngern vollzieht.

Die Beobachtung der Wortwahl wie der grammatikalischen Struktur lassen ein Entsprechungsverhältnis zwischen VV.16 und 31 einerseits und den ihnen jeweils vorhergehenden Versen feststellen. Die VV.16 und 31 waren neben ihrer wörtlichen Parallelität dadurch miteinander verbunden, daß in ihnen jeweils von einem Widerfahrnis die Rede ist, das dem Kleophas geschieht. Die ihnen vorhergehenden Verse hatten das gleiche Subjekt. Damit gelangen wir einem Problem auf die Spur, das C. Lévy-Strauss sich bei der strukturalen Analyse von Mythen stellte, das aber auf die Analyse jeder Erzählungsart übertragbar ist. Er stellt fest: ». . . wenn die Mythen einen Sinn haben, kann dieser nicht an den isolierten Elementen hängen, die hier in ihrer Zusammensetzung erscheinen, sondern nur an der Art und Weise, in der diese Elemente zusammengesetzt sind«[23]. Der Sinn einer Erzählung kommt nach Lévy-Strauss nicht durch Addition von Sinneinheiten zustande, sondern entsteht durch das Beziehungsverhältnis der Erzählelemente in ihrem Zusammenhang. Um diesen Zusammenhang allerdings zu erkennen, ist es notwendig, zuerst die einzelnen Erzählelemente zu bestimmen und auf ihre Bezie-

---

das Gespräch, wäre vom immanenten Standpunkt erzählerischer Ökonomie her eigentlich einer der beiden Reisenden überflüssig. Völlig undenkbar wäre es darum nicht, daß auch die Zweizahl auf Lukas zurückgeht, der ja wegen des Gespräches auf dem Wege mindestens zwei Personen braucht. Daß das grundsätzlich möglich ist, zeig z.B. die Tatsache, daß Lukas bei der Grabesgeschichte den Namen einer der drei bei Markus erwähnten Frauen, nämlich den der Salome, durch Johanna ersetzt, um so Kontinuität von Galiläa an herzustellen; denn in Lk 8,3 wird diese Johanna als Frau des Chuza schon erwähnt. Auch aus dem einen Jüngling bei Mk 16,5 macht Lukas in der Grabesgeschichte zwei Männer, um an die Himmelfahrtsgeschichte anknüpfen zu können (Lk 24,4; Apg 1,10). Im übrigen spielt die Frage, ob in der Vorlage schon von zwei Wanderern gesprochen wurde oder nur Kleophas genannt wurde, für den Gang und das Ergebnis der strukturalen Analyse keine Rolle.

[23] *C. Lévy-Strauss*, Strukturale Anthropologie, Frankfurt 1969 (Paris 1958), 231.

hungsverhältnisse untereinander zu befragen. »Der Mythos besteht wie jedes Sprachgebilde aus konstitutiven Einheiten . . .«[24]. ». . . Diese Teileinheiten setzen das Vorhandensein solcher Einheiten voraus, die normalerweise in der Struktur der Sprache vorhanden sind, wie Phoneme, Morpheme und Semanteme. Aber sie verhalten sich zu diesen wie die Letzteren zu den Morphemen und diese zu den Phonemen. Jede Form unterscheidet sich von der vorhergehenden durch einen größeren Schwierigkeitsgrad. Aus diesem Grunde nennen wir die Elemente, aus denen der Mythos letztlich besteht (und die die komplexesten von allen sind), große konstitutive Einheiten. Wie wird man vorgehen, um diese Einheiten oder Mytheme zu erkennen und herauszulösen?«[25] Als eine Möglichkeit der Annäherung an diese Frage empfiehlt Lévy-Strauss »die Reihenfolge der Ereignisse in möglichst kurzen Sätzen« wiederzugeben und hintereinanderzustellen, so wie sie in der Abfolge der Erzählung einander folgen[26]. Wir versuchen das bei unserer rekonstruierten Vorlage der Emmausgeschichte durchzuführen:

1. Kleophas geht nach Emmaus.
2. Jesus tritt hinzu.
3. Jesus wandert mit ihm.
4. Kleophas' Augen sind gehalten.
5. Kleophas erkennt Jesus nicht.
6. Sie kommen nach Emmaus.
7. Jesus will weitergehen.
8. Kleophas bittet ihn zu bleiben.
9. Jesus tritt ins Haus ein.
10. Sie legen sich zum Mahl nieder.
11. Jesus nimmt das Brot.
12. Jesus spricht die Preisung.
13. Jesus bricht das Brot.
14. Jesus gibt das Brot Kleophas.
15. Kleophas' Augen werden aufgetan.
16. Kleophas erkennt Jesus.
17. Jesus wird unsichtbar.

Jetzt wird erkennbar, daß jede der obigen Einheiten wie in den von Lévy-Strauss untersuchten Mythen auch »in der Zuweisung eines Prädikats zu einem Subjekt besteht. Mit anderen Worten, jede konstitutive Einheit ist

---

[24] Ebd. 231.
[25] Ebd. 231.
[26] Ebd. 232.

ihrer Natur nach eine *Beziehung*«[27]. Doch genügt das noch nicht, um die »konstitutive Einheit« zu definieren, da »alle Einheiten, auf welchem Niveau man sie auch herauslöst, aus Beziehungen bestehen«[28]. So stellt Lévy-Strauss die Hypothese auf, »daß die wirklichen konstitutiven Einheiten des Mythos keine isolierten Beziehungen sind, sondern *Beziehungsbündel*, und daß jene nur in Form von Kombinationen solcher Bündel eine Bedeutungsfunktion erlangen«. »Beziehungen, die zum selben Bündel gehören, können in weiten Zwischenräumen erscheinen, wenn man sich auf einen diachronischen Standpunkt stellt; wenn wir sie aber in ihre 'natürliche' Gruppierung eingliedern können, gelingt es uns, den Mythos aufgrund eines zeitlichen Bezugssystems anderer Art zu organisieren ... Dieses System hat somit zwei Dimensionen: Eine diachronische und eine synchronische, und es vereinigt so die charakteristischen Eigenschaften der 'Sprache' und des 'Gesprochenen' «[29].

Wir haben bereits oben die Beobachtung gemacht, daß die VV.16 und 31 nicht nur ihrer Natur nach jeweils *eine* Beziehung darstellen (zwischen Subjekt und Prädikat), sondern daß sie beide offenbar etwas Gemeinsames haben, weil beide zu einem »Beziehungsbündel« gehören. In beiden ist nämlich von einem Geschehen die Rede, das an Kleophas geschieht, mit seinem Sehen zu tun hat und dadurch einen bestimmten Effekt bei ihm hervorruft. Wir kamen ferner zu der Beobachtung, daß uns die beachtenswerte Parallelität in der Wortwahl auffiel; doch würden auch dann die beiden Verse zum gleichen Beziehungsbündel gehören, wenn diese Parallelität der Wortwahl nicht gegeben wäre, sondern beide Verse mit ganz verschiedenen Worten von einem »Geschehen, das an Kleophas geschieht, mit seinem Sehen zu tun hat und dadurch einen bestimmten Effekt bei ihm hervorruft« (s.o.), reden würden. Die Parallelität in der Wortwahl läßt aber erkennen, daß der Erzähler bewußt um dieses Beziehungsverhältnis weiß, und daß er es inmitten der anderen Beziehungsverhältnisse betont herausstellen will, indem er es schon äußerlich durch die Verwendung der gleichen Termini sichtbar macht. Der strukturalen Analyse gelingt es, Beziehungsverhältnisse zu entdecken, die nicht bloß durch die gleiche Wortwahl konstituiert sind, sondern darin bestehen, daß verschiedene Einheiten in einer homologen Serie zusammengefaßt ein Beziehungsbündel bilden. Diachronisch gesehen steht V.16 natürlich viel früher in der Geschichte als V.31. Andererseits aber vermag eine synchronische Betrachtungsweise zu entdecken, daß sie ein- und demselben Beziehungsbündel einzugruppieren sind.

---

[27] Ebd. 232.
[28] Ebd. 232.
[29] Ebd. 232.

Lévy-Strauss macht das an einem Beispiel deutlich, das wegen seiner An-
schaulichkeit hier wiedergegeben sein soll: »Stellen wir uns Archäologen
späterer Zeiten vor, die von einem anderen Planeten auf die Erde her-
untergekommen sind, wo alles menschliche Leben erstorben ist, und die
eine unserer Bibliotheken durchwühlen. Diese Archäologen wissen überhaupt nichts von unserer Schrift, aber sie versuchen dennoch, sie zu entziffern, was die Entdeckung voraussetzt, daß das Alphabet, wie wir es
drucken, von links nach rechts und von oben nach unten gelesen wird.
Doch eine Kategorie von Bänden ist auf diese Weise nicht zu entziffern.
Das sind die Orchesterpartituren, die in der Musikabteilung aufbewahrt
werden. Unsere Gelehrten werden zweifellos alles daran setzen, die
Notenreihen zu lesen, indem sie oben auf der Seite anfangen und der
Reihenfolge nach weiterlesen; dann werden sie merken, daß bestimmte
Notengruppen in gewissen Abständen immer wiederkehren, entweder
ganz oder teilweise, und daß bestimmte melodische Gebilde, die sichtlich
weit voneinander entfernt sind, einander ähneln. Vielleicht werden sie
sich dann fragen, ob diese Gebilde, anstatt der Reihe nach gelesen zu werden, nicht besser wie Elemente eines Ganzen, die im Zusammenhang zu
begreifen sind, behandelt werden müssen. Dann hätten sie das Prinzip
dessen entdeckt, was wir Harmonie nennen: Eine Orchesterpartitur hat
nur Sinn, wenn sie diachronisch gemäß der einen Achse (Seite nach Seite
von links nach rechts), zugleich aber auch synchronisch und gemäß der
anderen Achse, von oben nach unten gelesen wird. Anders ausgedrückt,
alle Noten auf derselben Vertikalen bilden eine große Teileinheit, ein
Beziehungsbündel«[30].

Diese Operation der Eingruppierung der einzelnen Erzählelemente in die
betreffenden Beziehungsbündel beschreibt Lévy-Strauss so: »Der Mythos
(in unserem Fall die Geschichte) wird ... manipuliert werden wie eine
Orchesterpartitur, die ein verrückter Amateur Seite für Seite in Form
einer kontinuierlichen melodischen Reihe übertragen hat und die man
nun in ihrer ursprünglichen Anordnung wieder herzustellen versucht.
Ein wenig so, als ob man uns eine Folge ganzer Zahlen anböte, etwa 1,
2, 4, 7, 8, 2, 3, 4, 6, 8, 1, 4, 5, 7, 8, 12, 5, 7, 3, 4, 5, 6, 8, mit der Weisung,
alle 1, 2, 3 usw. in Form einer Tabelle zu ordnen.

$$
\begin{array}{llllll}
1 & 2 &   & 4 &   & 7\ 8 \\
  & 2 & 3 & 4 &   & 6 & 8 \\
1 &   &   & 4 & 5 &   & 7\ 8 \\
1 & 2 &   &   & 5 &   & 7 \\
  &   & 3 & 4 & 5 & 6 & 8«^{31}.
\end{array}
$$

---

30 Ebd. 232f.
31 Ebd. 234.

Es kommt also darauf an, verschiedene Anordnungen der Erzähleinheiten der Emmausgeschichte auszuprobieren. Gefunden werden soll die Anordnung, »die sich an die Prinzipien hält, die der Strukturanalyse aller Formen als Grundlage dienen: Sparsamkeit in der Erklärung; Einheitlichkeit der Lösung, Möglichkeit das Ganze vom Fragment her aufzubauen und die späteren Entwicklungen aus den augenblicklichen Gegebenheiten abzuleiten«[32]. Mit anderen Worten: Die einfachste Lösung, die mit den wenigsten Beziehungsbündeln auskommt, denen sie die einzelnen Erzählelemente zuweisen kann, ist die beste. »Im vorbereitenden Stadium der Untersuchung wird man mit Annäherungswerten und Irrtümern arbeiten«[33]. Man muß also verschiedene Möglichkeiten durchprobieren, bis man auf die günstigste stößt, die einfach ist, ohne wiederum zu einfach zu sein. Im vorliegenden Fall könnte man z.B. die einzelnen Einheiten auf die Beziehungsbündel bringen, die durch die Personen gegeben sind, Jesus und Kleophas. Doch wäre dann nicht mehr die Möglichkeit gegeben, das Ganze vom Fragment her aufzubauen, da z.B. der wichtige Zug der Geschichte, daß Jesus einerseits da ist, andererseits aber nicht erkannt wird, eingeebnet wird.

Folgende Aufstellung scheint nun die der Geschichte angemessenste zu sein: Wir gehen davon aus, daß schon bei einem flüchtigen Überblick über die Geschichte der Gegensatz von Erkennen und Nichterkennen ins Auge fällt. Dem Nicht-Erkennen lassen sich zwei Einheiten zuordnen, nämlich: »4. Kleophas' Augen sind gehalten« – und – »5. Kleophas erkennt Jesus nicht«. Dagegen bildet die Einheit «15. Kleophas' Augen werden aufgetan« zusammen mit »16. Kleophas erkennt Jesus« ein eigenes Beziehungsbündel. In 4. und 5. ist das Gemeinsame, daß es um ein Nicht-Erkennen geht; 15. und 16. sind dadurch miteinander verbunden, daß in beiden ein Erkennen eine Rolle spielt. Zugleich fällt auf, daß die nunmehr erkannten Beziehungsbündel Erkennen – Nichterkennen dadurch miteinander in einem Beziehungsverhältnis stehen, daß das eine das Gegenteil vom anderen, das eine positiv, das andere negativ ist.

Diese Beziehungsbündel waren verhältnismäßig leicht zu erkennen. Schwieriger ist es mit den übrigen Einheiten. Wo ist der gemeinsame Nenner zu finden, der geeignet ist, andere Einheiten zu einem Bündel zusammenzufassen? Bei den Einheiten 10., 11., 12. und 13. läßt sich erkennen, daß alle etwas mit Essen zu tun haben. »Essen« eignet sich also, 10., 11., 12. und 13. zu einem Beziehungsbündel zu vereinen. Bei der Einheit »17. Jesus wird unsichtbar« fällt auf, daß sie gewissermaßen das Gegenteil der Einheit »2. Jesus tritt hinzu« darstellt. Nun aber wird durch

---

[32] Ebd. 232.
[33] Ebd. 231.

»2. Jesus tritt hinzu« Gemeinschaft mit Kleophas aufgenommen, während durch »17. Jesus wird unsichtbar« Gemeinschaft gemindert wird. Auch Einheit »3. Jesus wandert mit ihm«, 6. und 9. sprechen von gemeinschaftlichem Tun. Einheit »1. Kleophas geht nach Emmaus« spricht nicht von Gemeinschaft. »7. Jesus will weitergehen«, bringt die Gefahr der Auflösung von Gemeinschaft. Einheit »8. Kleophas bittet ihn zu bleiben« will diese Gefahr abwenden. Einheit »17. Jesus wird unsichtbar« ist eine Form von Gemeinschaftsentzug. So wird erkennbar, wie die Einheiten 1., 7., 8., 17., in der Weise zusammenhängen, daß in jeder irgendwie Gemeinschaft zu ihrem Gegenteil drängt, in Richtung Auflösung und Entzug von Gemeinschaft[34]. Damit aber stoßen wir auf zwei andere Beziehungsbündel, die wie die Beziehungsbündel Erkennen – Nichterkennen zueinander im Verhältnis von Positivität und Negativität stehen, nämlich: Gemeinschaft – Nichtgemeinschaft.

Allein dem Beziehungsbündel »Essen« steht kein solches Pendant gegenüber. Das aber macht darauf aufmerksam, daß eine weitere Vereinfachung möglich ist, indem man das Beziehungsbündel »Essen« dem Beziehungsbündel »Gemeinschaft« einordnet; denn bei »Essen« handelt es sich ja um Gemeinschaft par excellence, insofern das Essen ein gemeinsames Mahl ist. Die Geschichte ist so, bei Absehung von der Diachronie, neu organisiert und stellt sich in der Synchronie als Gegenüber zweier in sich gegensätzlicher Beziehungsverhältnisse dar. Gemeinschaft – Nichtgemeinschaft und Erkennen – Nichterkennen weisen insofern eine Beziehung zueinander auf, als in beiden Paaren ein Verhältnis des Gegensatzes vorfindlich ist. So wie Gemeinschaft sich gegenüber Nichtgemeinschaft verhält, so verhält sich Erkennen gegenüber Nichterkennen. Zwischen Gemeinschaft – Nichtgemeinschaft und Erkennen – Nichterkennen herrscht somit eine proportio proportionalitatis. Diese vier Beziehungsbündel, von denen jeweils zwei sich im Verhältnis positiv-negativ gegenüber stehen und so untereinander nochmals durch ein Verhältnis vermittelt sind, scheinen die einfachste Organisationsform zu sein, auf die die Geschichte in der Synchronie reduziert werden kann[35]. Gemeinschaft

---

[34] Man könnte einwenden, es sei ja gar nicht sicher, daß Kleophas allein gewesen sei. Wenn die Vorlage jedoch schon von zwei Personen erzählte, könne Einheit 1 nicht dem Beziehungsbündel Nicht-Gemeinschaft zugeordnet werden. Es läßt sich antworten: Selbst wenn die Erzählung von zwei nach Emmaus Wandernden gehandelt haben sollte, ändert sich gar nichts, denn »Gemeinschaft« bzw. »Nicht-Gemeinschaft« meint in der Geschichte immer eine solche mit Jesus.

[35] Es ist z.B. nicht mehr möglich, noch weiter zu vereinfachen, etwa mit dem Argument, auch Erkennen sei ja eine Form der Gemeinschaft, Nicht-Erkennen dagegen eine der Nicht-Gemeinschaft und so könne man sich auf zwei Beziehungsbündel beschränken: Gemeinschaft – Nicht-Gemeinschaft. Das aber wäre eine Organisationsform, aus der heraus die Geschichte nicht mehr rekonstituierbar wäre; denn so ließe sich nicht mehr der

und Erkennen sind in ihr aufeinander bezogen; jedoch nicht so, daß das eine sich aus dem anderen ergäbe, oder daß das andere mit dem einen deckungsgleich wäre; vielmehr besteht deshalb zwischen Gemeinschaft und Erkennen eine Beziehung, *weil beide in Beziehung zu ihrem Gegenteil stehen*. Das dem Erkennen und der Gemeinschaft Gemeinsame ist also eine *Beziehung*. Der zwischen Erkennen und Gemeinschaft in der Geschichte bestehende Gegensatz wird durch eine *Verhältnis* vermittelt. Diese Feststellung ermöglicht es uns, die »Partitur« der Emmausgeschichte zu lesen.

Der sich auf die Synchronie beschränkende Blick vermag zum Verständnis des Textes in seiner Diachronie beizutragen. Ja es läßt sich überhaupt fragen, ob nicht der zumindest unreflektierte Blick in die Synchronie, der naiv getane, nicht immer schon gegeben sein muß, wenn es überhaupt zu einem Verständnis der Diachronie kommen soll. In der Diachronie der Geschichte geht es um Gemeinschaft mit Jesus und um seine Erkenntnis. Dabei führt das eine nicht in das andere hinein, sondern wird vermittelt durch das zwischen beiden bestehende Verhältnis. Eine Übersicht, die das in der Synchronie Erkannte in die Diachronie der Geschichte einbringt, mag den Sachverhalt veranschaulichen. Dabei werden die den Beziehungsbündeln Gemeinschaft – Nichtgemeinschaft angehörenden Einheiten mit A, die der Beziehungsbündel Erkennen – Nichterkennen mit B bezeichnet«.

> Kleophas geht nach Emmaus.
> A Jesus tritt hinzu.
> Jesus wandert mit ihm.
>
> B Kleophas' Augen sind gehalten,
> Kleophas erkennt Jesus nicht.
>
> Sie kommen nach Emmaus
> Jesus will weitergehen.
> A Kleophas bittet ihn zu bleiben.
> Jesus tritt ins Haus ein.
> Sie halten Mahl miteinander.
>
> B Kleophas' Augen werden aufgetan.
> Kleophas erkennt Jesus.
>
> A Jesus wird unsichtbar.

Diese Übersicht macht deutlich: Der Sinn der Geschichte wird nicht dadurch konstituiert, daß jeweils B die Schlußfolgerung aus A ist, sondern

---

für die Geschichte spezifische Zug aufbauen, daß es ja Gemeinschaft und Nicht-Erkennen nebeneinander gibt. Das aber zu sehen, ist gerade wichtig, denn dadurch läßt sich erkennen, wie die Geschichte »funktioniert«.

dadurch, daß die beiden Elemente in der Aufeinanderfolge von A B A B A den Sinn zo konstituieren, daß zwischen dem bloßen Nebeneinander ihre Beziehungsverhältnisse *die Vermittlung* bilden, und dadurch den Sinn so konstituieren, daß die Geschichte erst »lesbar« wird. Unsere Übersicht zeigt, wie dabei die Elemente in eines bestimmten Konzentrik zueinander stehen:

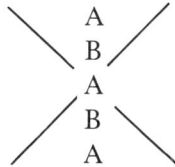

$$
\begin{matrix}
\diagdown & A & \diagup \\
 & B & \\
 & A & \\
\diagup & B & \diagdown \\
 & A &
\end{matrix}
$$

Würde eines der Elemente fehlen, wäre die Geschichte ohne Sinn, sie wäre nicht mehr lesbar. Man versuche nur einmal die Geschichte in der Form A B B A zu lesen! Der »Sinn« der Geschichte, ihre Lesbarkeit, konstituiert sich also jeweils als »Schnittpunkt« zwischen dem Nebeneinander von A und B, so wie die »Lesbarkeit« eines Filmes dadurch zustande kommt, daß einzelne Einstellungen, die zu verschiedener Zeit gefilmt sein können, am Schneidetisch hintereinander geschnitten werden.

5. *Die 'Gattung' der Vorlage*

Die Anordnung der konstitutiven Einheiten bringt den Sinn der Geschichte zustande. Erkennen – Nichterkennen, Gemeinschaft – Nichtgemeinschaft sind Konstitutiva der Emmausgeschichte. Es geht der Geschichte um die Überbrückung von Gegensätzlichkeiten. *Nichtgemeinschaft wird in Gemeinschaft verwandelt, Nichterkennen in Erkennen.* Dabei dominiert das Erkennen. Wenn das Nichterkennen in Erkennen übergeführt ist, wird die Gemeinschaft wieder aufgehoben. Dadurch, daß Jesus die Gemeinschaft mit den Jüngern aufnimmt, wird aber nicht unmittelbar ihr Erkennen herbeigeführt. Damit Erkennen sich ereignet, müssen die gehaltenen Augen geöffnet werden. Das Erkennen geschieht plötzlich, am Ende des Weges in Emmaus, und zwar als Gabe Gottes. Der gemeinsame Weg nach Emmaus führt nicht von selbst in das Erkennen hinein; es bedarf vielmehr der Öffnung der Augen durch Gott. Diese Beobachtung hilft den Hauptakzent der Vorlage zu erkennen. Der Weg selbst spielt keine dominierende Rolle. Das wird im übrigen deutlicher sichtbar, wenn man ähnliche Texte vergleicht.

Das Motiv, daß eine himmlische Gestalt unerkannt bei den Menschen weilt und mit ihnen zieht, ist in der antiken und der biblischen Literatur weit verbreitet. Es ist gut geeignet, die wesensmäßige Fremdheit der himmlischen Gestalt gegenüber dem Menschen, zugleich aber ihre zugewandte

Nähe zur Anschauung zu bringen. Erwägenswerte Ähnlichkeiten zur Emmausgeschichte finden sich vor allem in den Tobiaserzählungen: Die himmlische Gestalt des Engels Raphael begleitet den jungen Tobias auf seiner Reise, ohne daß Tobias ihn erkennt (καὶ εὗρεν τὸν Ραφαήλ, ὅς ἦν ἄγγελος, καὶ οὐκ ἤδει[ς: οὐκ ἔγνων] Tob 5,4).

Doch sind die Akzente verschieden gesetzt. Der Hauptakzent der Tobiasgeschichte liegt auf dem Weg, auf der Reise, die der junge Tobias unternimmt; der Engel ist sein Reisebegleiter, um ihn auf den Wegen zu behüten (Tob 5,3) und ihm den Weg zu weisen (Tob 5,6). Das Motiv, daß sich der Unerkannte am Ende zu erkennen gibt (Tob 12,6.15), dient der Einsicht, daß die ganze Reise unter göttlicher Obhut und Führung stand. Das Erkenntnismotiv ist der Reise untergeordnet. Anders verhält es sich in der Emmausgeschichte, dort hat der Weg keine eigenständige Bedeutung, sondern dient dem Erkenntnismotiv, insofern er die »Entfernung« zwischen Nichterkennen (V.16) und Erkennen (V.31) veranschaulicht. Der Ton liegt auf dem Erkenntnismotiv, der Unerkannte wird zur Erkenntnis gebracht. So ist die Emmausgeschichte, auf ihr genus hin befragt, nicht eigentlich eine Weggeschichte, sondern eher eine *Erkenntnisgeschichte*.

In dieselbe Richtung weist eine andere Beobachtung: Es gehört zum Stil von Geschichten, in denen von himmlischen Gestalten, die unter den Menschen weilen, die Rede ist, daß die zuerst unerkannte himmlische Gestalt sich vor ihrem Entschwinden den Menschen zu erkennen gibt. Das kann durch ein wunderbares Zeichen geschehen, durch eine Handlung[36] oder aber auch durch ausdrückliche Selbstvorstellung. So gibt sich etwa der unerkannte Engel dem jungen Tobias am Ende der Reise zu erkennen: ἐγώ εἰμι Ραφαήλ κτλ. (Tob 12,15)[37]. Eine Selbstvorstellung in Worten[38] findet sich in der Emmausgeschichte nicht. Es erhebt sich die Frage: Gibt der unerkannte Auferstandene sich[39] durch ein Zeichen zu erkennen? So meint etwa J. Roloff in Hinsicht auf das Fehlen des sonst die Klimax bildenden Anredewortes: »Seine Funktion übernimmt die von keinem Deutewort begleitete Mahlhandlung: Indem Jesus das Brot bricht und es den Jüngern gibt, werden ihre Augen geöffnet«[40]. Ist das Mahl in der Emmausgeschichte das Medium des Erkennens? Eignet dem Mahl in der Emmausgeschichte Offenbarungscharakter, der den Auferstandenen erkennen läßt? Denn daß die Jünger Jesus an einer bestimmten ihnen von

---

36 Vgl. Ri 6,21f.; 13,20; Homer, Odyssee I, 320.
37 Vgl. auch Mk 6,50; Mt 14,27; Jo 6,20.
38 Wie in Lk 24,39.
39 Wie in Jo 20,20.
40 *J. Roloff*, Das Kerygma und der irdische Jesus, Göttingen 1970, 256.

früher vertrauten Geste erkennen, kann »nur eine modern-psychologisierende Betrachtungsweise« annehmen[41]. »Es ist nicht so, als ob der Gestus des Brotbrechens durch den bei den Emmausjüngern weilenden Auferweckten diese an den Abendmahlsgestus des vorösterlichen Jesus erinnert hätte, und sie ihn aufgrund dieser Erinnerung erkannt hätten«[42]. Wenn die Frage bejaht werden müßte, käme dem Mahl in der Emmausgeschichte eine für die Perikope konstitutive und theologisch sehr wichtige Bedeutung zu. Wer das Mahl so in den Mittelpunkt der Geschichte rückt, neigt dazu, es eucharistisch-gottesdienstlich zu deuten und als »Sitz im Leben« der Perikope Kultätiologie anzunehmen. »Im Sinne der Legende heißt dies, daß der auferstandene Jesus das 'Herrenmahl' als christliches Kultmahl 'einsetzt' und die Jünger in den Ritus 'einweiht'«. »Obwohl wir nur vom 'Brotbrechen' lesen, ist das eucharistische Mahl gemeint«[43]. Die strukturale Analyse jedoch scheint eine solche Deutung des Mahles nicht zuzulassen. Der Stellenwert der Mahlszene ist verhältnismäßig gering. In der »Partitur« der Geschichte gehört das Mahl zu dem Beziehungsbündel, das von der Gemeinschaft des Jüngers mit Jesus spricht. Die Gemeinschaft mit Jesus aber führt nicht unmittelbar zum Erkennen; die Öffnung der Augen muß eigens erwähnt werden. Das zeigt sich im übrigen auch auf der grammatischen Ebene darin, daß die VV.30 und 31 weder in einem konsekutiven noch finalen Zusammenhang stehen. Deshalb kann man die Emmausgeschichte eigentlich nicht als »Mahlgeschichte« bezeichnen. Am ehesten wird man der Struktur der Geschichte in ihrer Vorlage gerecht werden, wenn man sie als eine »Wiedererkennungsgeschichte« versteht. Sie »ist ein 'Αναγνωρισμός, eine Erzählung, die auf Wiedererkennen und Wiedervereinigung abzielt«[44].

6. Die Redaktion des Lukas

Dem Text der Vorlage allein konnte die Information, daß es sich um eine Ostergeschichte handelte, nicht entnommen werden. Zwar zeigte sich die Geschichte an der Überbrückung von Gegensätzen interessiert, doch konnte daraus nicht geschlossen werden, daß der eigentliche Gegensatz, dessen sprachliche Überbrückung die Geschichte sein wollte, der zwischen Tod und Leben ist. Erst durch die Einführung des Gesprächs

---

[41] Ebd. 256f.

[42] F. Schnider/W. Stenger, Die Ostergeschichten der Evangelien, München 1970, 79.

[43] H.D. Betz, Christlicher Glaube nach der Emmauslegende, Lk 24,13–32: ZTK 66 (1969) 12. Ähnlich W. Marxsen, Die Auferstehung Jesu von Nazareth, Gütersloh 1968, 163f.; J. Kremer, Die Osterbotschaft der vier Evangelien, Stuttgart 1968, 66.

[44] W. Grundmann, Das Evangelium nach Lukas, Berlin ⁵1969, 442. Vgl. P. Schubert, aaO. 172 (»recognition scene«).

auf dem Wege wird für den Leser ersichtlich, daß der Gemeinschaft auf-
nehmende und wiedererkannte Jesus der ist, der durch das Todesschick-
sal hindurch gegangen und zur Auferstehung gelangt ist. Zwar darf man
vermuten, daß auch die Vorlage schon eine Ostergeschichte sein wollte.
Doch aus ihr selbst allein war das nicht zu erfahren. Das mußte vielmehr
auch im Stadium ihrer Überlieferung in der Zeit des Evangeliums vor
den Evangelien ihrem »Kontext« entnommen werden. Dieser muß nicht
unbedingt literarisch gewesen sein[45], er konnte auch durch die Person
dessen, der die Geschichte als Ostergeschichte verkündete, hergestellt
worden sein. Im Zustand einer Einzelperikope jedoch fehlt ihr dieser
erläuternde Kontext. Durch die Einfügung des Gesprächs in die Vorlage
und die Verbindung mit seinen übrigen Ostergeschichten behebt Lukas
diesen Mangel und macht die Geschichte eindeutig. Zugleich greift er
aber auch in die Struktur der Geschichte ein. Ziel und Ende aller Linien
der Vorlage war Emmaus. Durch das Gespräch wird die Reise jedoch als
traurige Abreise in aufgegebener Hoffnung nuanciert. Darum kann das
Wiedererkennen Jesu in Emmaus nicht mehr das Ende der Geschichte
sein, sondern wird zum Anlaß der freudigen Rückkehr in den Kreis der
nunmehr auch gläubigen Jünger[46]. Aus dem Endpunkt Emmaus der
Vorlage wird der Wendepunkt der Geschichte in ihrer lukanischen Redaktion.

Die Beobachtungen zeigen, daß es sich für die genetisch-historisch
arbeitende Exegese lohnen kann, der strukturalistischen Literaturwissenschaft über die Schultern zu schauen. Auch wenn das hier nur ansatzweise
geschehen konnte, ließ sich erkennen, daß die Beachtung der Gestalt eines
Textes zur Erkenntnis seiner Botschaft beizutragen vermag. Die strukturalistischen Methoden sind ein Instrumentarium, mit dessen Hilfe es
gelingen kann, gerade diese Gestalt eines Textes deutlicher zu erfassen,
auch da, wo diese nicht auf die bewußte Gestaltungsabsicht des Autors
zurückgeht, sondern der »Schreibweise« entspringt, derer sich der Autor
unreflex bedient. Gerade das aber macht sie als Hilfsmittel für die Exegese
von Einzelperikopen geeignet, die ja meist nicht bewußt geformte literarische Texte sind, sondern in der Schreib- und Redeweise der frühen christlichen Gemeinden vollzogene Verkündigung. Darüber hinaus werden sie
dazu beitragen können gerade auch für die redaktionsgeschichtliche Betrachtungsweise Kriterien zu entwickeln, mit deren Hilfe die durch den
Kontext gebildeten Aussagen auch da zu erkennen sind, wo die bewußte

---

[45] Das vermutet *P. Schubert* (aaO. 177f.).

[46] Zu dem Problem, daß die Osterbotschaft der versammelten Jünger (V.34) dem
Bericht der beiden über die Erlebnisse auf dem Weg zuvorkommt (V.35), vgl. *F.
Schnider/W. Stenger*, Die Ostergeschichten der Evangelien, 80–82.

Redaktionsarbeit der Evangelisten aufhört oder nur noch schwer zu erfassen ist. Sie würden dann gewissermaßen eine wichtige *Kontrollfunktion* übernehmen. Der strukturalistische Charakter der Evangelien selber, als Collage, als aus vorher selbständigen Einheiten neu zusammengefügtes Ensemble, bietet die Evangelien der strukturalistischen Betrachtungsweise geradezu an. Allein das schon sollte Befürchtungen der Exegese zerstreuen, sich nun auch noch als Nachzügler einer vorübergehenden strukturalistischen »Mode« anzuhängen[47].

---

[47] *Literaturnachtrag*: Nach Abschluß des Artikels ist wichtige Literatur zur angesprochenen Thematik erschienen. Der Bericht über die Begegnung von französischen Exegeten mit führenden Vertretern des französischen Strukturalismus vom September 1969 (siehe Anm. 14) liegt nunmehr mit sämtlichen Referaten in Buchform vor: X. *Léon-Dufour* (Hrsg.), Exégèse et herméneutique, Paris 1971. In dem neuen Buch von G. *Schiwy*, Neue Aspekte des Strukturalismus, München 1971, werden die neueren Arbeiten der Strukturalisten vorgestellt. Verwiesen sei auch auf W.A. *de Pater*, Theologische Sprachlogik, München 1971. Strukturalistische Analysen biblischer Texte finden sich auch in der Juninummer der von R. Barthes u.a. herausgegebenen Zeitschrift Langages 6 (1971) 22, die sich unter der Überschrift »sémiotique narrative: récits bibliques« ausschließlich mit biblischen Texten befaßt. Auch für den Neutestamentler wichtig sind: L. *Alonso-Schökel*, Das Alte Testament als literarisches Kunstwerk, Köln 1971; W. *Richter*, Exegese als Literaturwissenschaft. Entwurf einer alttestamentlichen Literaturtheorie und Methodologie, Göttingen 1971. Zur Auseinandersetzung mit E. *Güttgemanns*, Offene Fragen zur Formgeschichte des Evangeliums, München 1970 (siehe Anm. 14) vergleiche inzwischen die Rezension von F. *Mußner*, Grenzen der Formgeschichte: BZ 15 (1971) 267–271, sowie den kritischen Artikel von H. *Thyen*, Positivismus in der Theologie und ein Weg zu seiner Überwindung: EvT 31 (1971) 472–495. Schließlich sei besonders auf die Zeitschrift *Linguistica Biblica*, Interdisziplinäre Zeitschrift für Theologie und Linguistik, hrsg. v. E. Güttgemanns u.a. hingewiesen, deren Heft 9/10 im Oktober 1971 erschienen ist.

VI

BEOBACHTUNGEN ZUR SOGENANNTEN VÖLKERLISTE DES PFINGSTWUNDERS (Apg 2,7–11)

1. Methodische Vorbemerkungen

1.1. Tradition – Komposition

Zur 'Völkerliste' des Pfingstwunders in Apg 2,7–11 bemerkt E. Haenchen in methodischer Hinsicht: »Man darf . . ., um die lukanische Liste zu verstehen, sich nicht bloß auf eine Tradition berufen, sondern muß auch den Anteil des theologischen Schriftstellers, seine 'Komposition' mitberücksichtigen«[1]. Dem ist zuzustimmen. Doch ist der Umfang dessen, was Haenchen als lukanische 'Komposition' notiert, relativ gering bzw. erweiterbar. Lukas habe, so vermutet Haenchen, eine traditionelle Völkerliste vorgelegen, doch sei »Auswahl und Anordnung« lukanische Komposition[2]. Im einzelnen hält Haenchen die Nennung von »Judäa« sowie der »Kreter und Araber« im heutigen Text für *nach-lukanische Einträge*, »Judäa«, weil, »dort keine für Jerusalem fremde Sprache geredet wird«[3], »Kreter und Araber«, weil die Wendung »Juden und Proselyten« »alle vorangegangenen Gruppen nach ihrer religiösen Zugehörigkeit« charakterisiere: »Es sind keine Heiden, denn die Heidenmission beginnt für Lukas erst mit der Taufe des Cornelius durch Petrus in Kapitel 10!« »Eine solche Gesamtbezeichnung . . . (habe) aber nur am Ende der Aufzählung Sinn«: »das läßt erkennen: 'Kreter und Araber' sind erst nachträglich hinzugefügt worden«[4]. Haenchen erschließt als *lukanische Urform* eine Liste mit 12 Namen. Lukanische Kompositionsarbeit sieht er in der Nennung der 'Römer' am Schluß der Liste: »Daß die Liste ebenso wie die Apg selbst mit Rom endet, ist kein Zufall«[5]. Statt der 'Perser' seiner Vorlage habe er die 'Parther' eingeführt, »von denen damals alle Welt sprach«[6]. Die »einstigen Größen der Meder und Elamiter (habe Lukas) der LXX entnommen, um möglichst ferne Völker 'von den Enden der Erde' zu nen-

---

[1] E. Haenchen, Die Apostelgeschichte, Meyer-K 2, Göttingen [13]1961, 134.

[2] Ebd.

[3] Ebd., siehe dagegen *H. Conzelmann*, Die Apostelgeschichte HNT 7, Tübingen 1963, 26 »Daß in Judäa keine fremde Sprache gesprochen wird, hat Lk nicht beachtet«.

[4] *E. Haenchen*, aaO. 135.

[5] *Ders.*, aaO. 134.

[6] Ebd.

nen«. Denn: »diese Namen vermitteln dem Leser den Eindruck, daß hier und jetzt die christliche Mission die 'Enden der Erde' berührt«[7]. Für das möglicherweise in der Vorlage angeführte Armenien[8] habe Lukas vielleicht wegen der Herkunft von Aquila und Priscilla (Apg 18,2) Pontus eingetragen. Aus Ägypten stammten Appollos (Apg 18,24) und aus Cyrene Loukios (Apr 13,1) »und die unbekannten »kyreneischen Männer« von 11,20[9]. Daß auffallenderweise die Griechen nicht genannt werden, erklärt sich für Haenchen daraus, daß »alle 12 Völker ... *fremde* Sprache reden« sollen, so daß »die Griechen und auch die Juden selbst (und d.h. Hellas, Palästina und Syrien) als brauchbare Namen« ausfallen[10].

1.2. *Synchronie – Konsistenz – Form*

Unsere Überlegungen setzen mit drei methoden–kritischen Bemerkungen ein.

1. Die Entscheidung Haenchens, »Parther, Meder, Elamiter« als lukanische Einträge in eine Vorlage anzunehmen, beruht offensichtlich, auch wenn Haenchen das nicht ausführt, auf der Beobachtung, daß der jetzige Text mit drei *Völkernamen* einsetzt, im folgenden dann aber *Ländernamen* genannt werden. Eine von vornherein diachronisch eingestellte Literar- und Redaktionskritik wertet diese Inkonzinnität des Textes sofort als 'Spannung', die auf die Arbeit verschiedener Autoren bzw. auf eine traditionelle Vorlage oder Quelle und einen Redaktor schließen läßt. Die Methodenreflexion einer die Anregungen strukturaler Sprach- und Literaturwissenschaften aufgreifenden Exegese zeigt jedoch auf, daß in der Abfolge der methodischen Schritte die Beschreibung der Synchronie eines Textes, dem Versuch, Einblick in seine Diachronie zu gewinnen, vorauszugehen hat[11].

2. Sie fordert außerdem den Exegeten dazu auf, in einem ersten Durchgang durch den Text seine Aufmerksamkeit nicht zuerst auf mögliche Inkonsistenzen (Spannungen), sondern auf mögliche Konsistenz zu

---

[7] Ebd.

[8] Von Haenchen wahrscheinlich aus der Annahme erschlossen, die Vorlage des Lukas lehne sich an eine astrologische Liste an, in der die 12 Tierkreiszeichen bestimmten Ländern zugeordnet seien und in der »4) Krebs = Armenia« entspreche. Vgl. *F. Cumont* in: Klio 1909, 263–273, auf den sich *Haenchen* aaO. 133, bezieht. Vgl. dagegen *H. Conzelmann*, aaO. 26, der gegen *S. Weinstock*, JR Sth 38 (1948) 43ff. meint: »Jedenfalls wäre dem Lk der astrologische Charakter der Liste nicht bewußt gewesen. Außerdem sind die Listen der Astrologen aus denen der Historiker und Geographen abgezogen und zurechtgestutzt«.

[9] *E. Haenchen*, aaO. 134.

[10] Ebd.

[11] Vgl. *M. Theobald*, Der Primat der Synchronie vor der Diachronie als Grundaxiom der Literarkritik, BZ 22 (1978) 161–186.

richten[12]. Erst in einem späteren Durchgang sind die Inkonsistenzen des Textes in den Blick zu nehmen. Nur so nimmt man den Verfasser z.B. der Apostelgeschichte als Autor völlig ernst, ohne doch zu vergessen, daß seine Autorentätigkeit der Tradition verpflichtet ist, und zwar auch in der Übernahme von Vorlage und Quellen[13].

3. Es kommt hinzu, daß alle Literar-, Form- und Redaktionskritik streng beim Formalen, wenn man will bei der »äußeren« und »inneren« Form eines Textes einzusetzen und die Betrachtung der »Inhalte« zunächst zu suspendieren hat[14].

Im folgenden soll der Versuch gemacht sein, diese methodenkritischen Postulate auf die Völkerliste des Pfingstwunders anzuwenden und zwar im Interesse der Forderung Haenchens, »den Anteil des theologischen Schriftstellers, seine 'Komposition', mit (zu) berücksichtigen«[15].

2. Synchrone Strukturbeschreibung

2.1. Kontext

Die Völkerliste ist Teil einer »Rede«, die der Text die aufgrund des Pfingstereignisses in Apg 2,1–4 Zusammengekommenen halten läßt, ist also Bestandteil eines Teiltextes, der in Apg 2,5 einsetzt (neue Situationsschilderung und Einführung neuer Akteure) und bis 2,13 reicht (Sprecherwechsel in V.14, Redeeinführung).

Als Rede wirkt sie künstlich-literarisch, weil die Redeeinführung (V.7) keinen einzelnen Redner herausstellt, sondern die Menge als ganze reden läßt, ohne daß dieser Rede eine dialogische Struktur gegeben würde[16]:

---

[12] Vgl. *B. v. Iersel*, Der Exeget und die Linguistik, in: Concilium 14 (1978) 316.

[13] Daß die Konsistenz suchende wissenschaftliche Lektüre auch an den den Text als literarisches, i.e. sinnstiftendes Gebilde rezipierenden Leser denkt, um aus seiner naiven Lektüre eine reflektierte zu machen, und auf der anderen Seite die Inkonsistenz aufspürende historisch-kritische Betrachtung den Leser im Blick hat, der den Text als historisches Dokument, d.h. als Dokument der Veränderungen und der grundsätzlichen Veränderbarkeiten, d.h. aber der in concreto zu wagenden kritisch lesen soll, sei nur nebenbei angemerkt. Letztere darf um der intellektuellen Redlichkeit willen und um die geschichtliche Dimension nicht unter systematisch-dogmatischen Konstruktionen und ahistorischen Sinnfestschreibungen, wie sie heute allenthalben in kirchlichen Repristinationsversuchen begegnen, verloren gehen zu lassen, nicht einer strukturalen Mode zum Opfer fallen.

[14] Vgl. *W. Richter*, Exegese als Literaturwissenschaft. Entwurf einer alttestamentlichen Literaturtheorie und Methodologie, Göttingen 1971, passim.

[15] *E. Haenchen*, aaO. 134; Gerade listenartige Texte sind wegen ihrer Übersichtlichkeit und weil sie semantisch vergleichsweise 'unproblematisch' sind, für einen solchen Beschreibungsversuch besonders geeignet. Vgl. *F. Schnider – W. Stenger*, Die Frauen im Stammbaum Jesu nach Matthäus. Strukturale Beobachtungen zu Mt 1,1–17, BZ 23 (1979) 187–196 [= 39–48 oben].

[16] Es liegt gerade keine »Einkleidung in ein Gespräch der Betroffenen« vor, die *H. Conzelmann*, aaO. 26 erkennen möchte.

das Subjekt ist ein »wir«, das in der Völkerliste entfaltet wird. Dieses »Wir« und die nichtdialogische Struktur faßt die in der Liste genannten sehr stark zu einer Einheit zusammen. Zur Künstlichkeit trägt bei, daß die in V.9 einsetzende 'Völkerliste' durch ihre Länge die Rezeption so belastet, daß das »wir hören« von V.8 in V.11 noch einmal aufgenommen werden muß, wodurch zugleich der »Einheitscharakter der Liste in der Art einer Inclusio nochmals herausgestellt wird. Da die »Rede« in V.7b einsetzt, steht dem »wir hören« von V.8 das »jene reden« ebenso gegenüber wie den in der Völkerliste Genannten (VV.9–11) die »Galiläer« von V.7. Letzteres muß später noch einmal bedacht werden. Vorerst beschränken wir uns auf die Beschreibung der »sicherlich nicht zufällige(n) aber nur wenig beachtete(n) Struktur«[17] der sogenannten Völkerliste selbst.

2.2. *Makrostruktur*

Ihre Makrostruktur läßt sich verhältnismäßig leicht erfassen. Zunächst werden drei Völkernamen genannt; es folgen 9 Ländernamen (8 im Akkusativ, einer in genetivischer Verbindung mit dem Akkusativ »die Gegenden«), die alle dem »die bewohnenden« von V.9b unterstehen[18]. Dieses Partizip zusammen mit den *Ländernamen* im Unterschied zu den drei selbständigen Völkernamen läßt sich als makrostrukturelles Textsignal verstehen, so daß sich als Teiltext I der V.9a mit den drei Völkernamen ergibt. Die Abgrenzung des in V.9b beginnenden Teiltextes II nach unten ist nicht so leicht zu bestimmen. Das Partizip »die hierwohnenden« von V.10b nimmt nämlich in strukturaler Hinsicht als Partizip in syntaktischer Äquivalenz das Partizip »die bewohnenden«, mit dem Teiltext II beginnt, wieder auf; andererseits löst die Nennung des *Völkernamens* »Römer« die Ländernamen von Teiltext II ab und greift so in lexematischer Äquivalenz auf ein Element von Textteil I zurück, wodurch ein gewisser Abschluß erreicht wird. Eindeutig sondert sich das Element »Juden und auch Proselyten« als Teiltext IV ab. Es wird durch »und auch« syntaktisch stark zusammengeschlossen, außerdem ist lexematisch »Proselyten« weder *Völker-* noch *Ländername*, sondern eine *religiöse* Bezeichnung, ein Bedeutungsmerkmal, das sich durch den Zusammenschluß auch dem an sich auch als Völkernamen auffaßbaren Element »Juden« mitteilt. Schließlich folgen als Teiltext V zwei zunächst als *Völkernamen* zu verstehende

---

[17] *J. Kremer*, Pfingstbericht und Pfingstgeschehen. Eine exegetische Untersuchung zu Apg 2,1–13, SBS 63/64, Stuttgart 1973, 145. Kremers Analyse der Struktur ist im allgemeinen zuzustimmen.
[18] Dies bleibt von *J. Kremer* unbeachtet.

Bezeichnungen, in lexematischer Äquivalenz zu den Völkernamen von Teiltext I. Wir notieren als integrale Teiltexte:

Teiltext   I: *3 Völkernamen im Plural*
Teiltext   II: *Partizip* »die bewohnenden« und 9 Ländernamen
Teiltext III: Partizip »die hierwohnenden« 1 *Völkername im Plural*
Teiltext IV: 2 Religiöse Bezeichnungen
Teiltext   V: *2 Völkernamen im Plural*

Die Beachtung der Äquivalenzbeziehungen auf der Ebene der formalen Makrostruktur entläßt folgende Fragen für die semantische Auswertung:
1. Sind die Äquivalenzen in Teiltext I. III. V. (Völkernamen im Plural) semantisch bedeutsam?
2. Ist die Äquivalenz von Teiltext II und III (Partizip) semantisch bedeutsam?
Die Antwort soll nach der mikrostrukturalen Analyse versucht werden.

2.3. *Mikrostruktur*

Die *mikrostrukturale Analyse* wendet sich den einzelnen Teiltexten zu und versucht auch sie durch die Beachtung von Trennern und Verbindern in die einzelnen Textelemente zu gliedern.

In mikrostruktureller Hinsicht ist zu den Teiltexten III und IV über das schon Gesagte hinaus nichts Weiteres anzumerken. In den Teiltexten I und V ergibt sich die Mikrostruktur durch das wiederholte »und«. Die Mikrostruktur von Teiltext II ist etwas komplizierter. Dem ganzen Teiltext vorgeordnet ist das Partizip »die bewohnenden«; ihm unterstehen die Länderbezeichnungen im Plural und zwar zunächst der Akkusativ »die Mesopotamia«. Hier ist auf den bestimmten Artikel hinzuweisen. Unverbunden folgt artikellos »Judäa«, das sich durch »und auch« mit »Kappadozien« zu einer Einheit zusammenschließt. »Pontus« folgt wieder unverbunden, unterscheidet sich aber von dem mit »und« verbundenen folgenden »die Asia«, weil es artikellos vorkommt, während bei »die Asia« wiederum der bestimmte Artikel steht. Unverbunden folgt »Phrygien«, das wiederum durch »und auch« zu einer Einheit mit »Pamphylien« zusammengebunden wird und somit eine Äquivalenzbeziehung zu »Judäa und auch Kappadozien« aufweist. Wie vorher »Pontus« folgt unverbunden und artikellos »Ägypten«. Trotz des »und« sondert sich das den Teiltext beschließende »die Gegenden der Lybia usw.« ab. Hier begegnet wieder wie bei »Mesopotamien« und »Asien« der bestimmte Artikel. Die Abänderung des Ländernamens im Akkusativ in die Genitivverbindung durch »die Gegenden der . . .« und die nähere Erläuterung »die nach der Kyrene hin« unterstreichen dieses Textelement als Abschluß des Teiltexts II und markieren die Grenze zu Teiltext III.

Im Bereich der Mikrostruktur ließen sich im Teiltext II Äquivalenz-beziehungen auf der syntaktischen und stilistischen Ebene notieren:

1. Die Textelemente a, a′ und a″ sind äquivalent im Hinblick auf den Gebrauch des bestimmten Artikels vor dem Ländernamen[19].

2. Die Textelemente b und b′ sind äquivalent im Hinblick darauf, daß in beiden Fällen zwei Ländernamen durch »und auch« eng miteinander verbunden sind.

3. Die Textelemente c und c′ sind äquivalent im Hinblick darauf, daß sie unverbunden jeweils auf das Vorangehende folgen, und sich vom Nachfolgenden durch dessen bestimmte Artikel und die eigene Artikel-losigkeit sondern.

Auch hier muß bei der semantischen Analyse nach der Auswertbarkeit dieser Beziehungen gefragt werden, wenigstens dann, wenn man von der Voraussetzung ausgeht, daß »dieser formalen Struktur auch eine inhalt-liche Gliederung entspricht«[20].

3. Der strukturierte Text

Die Anordnung des Textes im Druck läßt Makro- und Mikrostruktur sichtbar werden:

    I Parther und Meder und Elamiter
   II und die Bewohnenden
                a   die Mesopotamia
                b   Judäa und auch Kappadozien
                c   Pontus
                a′ und die Asia
                b′ Phrygien und auch Pamphylien
                c′ Ägypten
                a″ und die Gebiete der Lybia, der nach Kyrene hin
  III und die hierwohnenden Römer
   IV Juden und auch Proselyten
    V Kreter und Araber

---

[19] Die bestimmten Artikel und die Artikellosigkeit von 'Pontus' und 'Ägypten' werden von *J. Kremer* bemerkt aber strukural nicht ausgewertct. Artikellosigkeit bzw. bestimmter Artikel wirken trotz des »und« als Trenner zwischen 'Pontus und *der* Asia' und zwischen 'Ägypten und die Gebiete *der* Libya der nach Kyrene hin'. Übersieht man diese Zäsuren, kann man die Beziehungen nicht wahrnehmen, die zwischen 'Pontus' und 'Ägypten' sowie zwischen '*der* Mesopotamia', '*der* Asia' und '*der* Libya' herrschen.

[20] *J. Kremer*, aaO. 147.

4. Semantische Auswertung

4.1. Geographischer Code

Der Versuch einer semantischen Analyse setzt wiederum bei dem kompliziertesten Teiltext der Liste an, dem Teiltext II. Es liegt nahe nach einer geographischen Ordnung in der ganzen Liste Ausschau zu halten, und dieser Versuch wurde auch häufig schon gemacht. So meint E. Haenchen: »Die Liste geht im wesentlichen von Ost nach West und nennt im Mittelteil zuerst die nördlichen und dann die südlichen Länder«[21]. Dies trifft in dieser Allgemeinheit zwar nicht für die ganze Liste aber für Teiltext II zu, bedarf jedoch der Präzisierung. Die geographische Interpretation legt sich insbesondere für Teiltext II nahe, wo der Wechsel von den *Völkernamen* des Teiltextes I zu den *Ländernamen* signalisiert, daß hier der geographische Code den Text bestimmt. Liest man diesen Teiltext aber geographisch in seiner Sukzessivität, gerät man auf eine sonderbare Zickzackreise, für die man sich bisweilen zudem des noch nicht erfundenen Flugzeugs bedienen müßtc: zunächst springt man über Syrien hinweg von Mesopotamien direkt nach Judäa, um von dort sofort unter Auslassung Syriens, Ziliziens und der Kommagene nach Kappadozien zu gelangen und käme von dort unter Auslassung Galatiens und Paphlagoniens nach Pontus am Schwarzen Meer. Dann wieder ein Sprung nach der Asia, von da aus ein wenig nördlich nach Phrygien, dann über Asien hinweg ein wenig südlich davon nach Pamphylien; von dort aus ginge es übers Meer nach Ägypten, von wo aus sich allerdings zu Fuß nach Libyen und der Kyrene gelangen ließe. Ein ordnendes Prinzip wird so nicht erkennbar. Bedient man sich jedoch der in der mikrostrukturalen Analyse festgestellten Äquivalenzbeziehungen als Orientierungshilfe, d.h. achtet man auf die Äquivalenzen der Textelemente, die diese die Linearität und Sukzessivität des Textes übergreifend aufeinander beziehen, werden Ordnungen erkennbar[22].

Die Textelemente a, a′ und a″ zeigten sich durch den Gebrauch der bestimmten Artikel als äquivalent und sind auch durch ihre bevorzugte Stellung – a steht am Anfang, a″ am Ende und a″ an vierter Stelle, also

---

[21] *E. Haenchen*, aaO. 133f.
[22] Im Unterschied zur natürlichen Sprache, in der »die Konstruktion der Rede zeitliche Ausdehnung« d.h. Linearität besitzt und »während des Sprechprozesses abschnittweise rezipiert« wird, ist nämlich der schriftliche Text d.h. die »literarische Konstruktion ... als eine im Raum ausgedehnte aufgebaut« (*J.M. Lotman*, Vorlesungen zu einer strukturalen Poetik, München 1972, 71): d.h. auch zwischen Textelementen, die in der Linearität des Textes durch andere Textelemente von einander getrennt sind, können Beziehungen bestehen, die durch Äquivalenzen sichtbar gemacht werden. Dies gilt insbesondere für poetische Texte, grundsätzlich aber für alle schriftlichen Texte, bei denen der Rezipient im Unterschied zu der gesprochenen Sprache zu schon gelesenen Textelementen in der relecture zurückkehren kann.

genau in der Mitte der sieben Textelemente – hervorgehoben. Sie sind das Rückgrat des Teiltexts. Bezieht man sie semantisch, d.h. hier geographisch aufeinander, ergeben sie ihrerseits nacheinander gelesen einen großen Bogen, der das geographische Netz des Teiltextes umfaßt. Die Bewegung geht von dem äußeren *Osten* (Mesopotamien) über die in der *Mitte* des halbkreisartigen Bogens gelegene Asia hin zum äußersten *Westen* der Liste nach Libyen. Im nächsten Textelement geht die Bewegung von *Süden* (Judäa) nach *Norden* (Kappadozien). Ihr entspricht in dem äquivalenten Textelement b' eine Bewegung von *Norden* (Phrygien) nach *Süden* (Pamphylien). Es kommt hinzu, daß die Bewegung Süd-Nord von Element b im Hinblick auf die Nord-Süd-Bewegung von Element b' im *Osten* liegt, so daß die Ost-West Bewegung von a, a' und a" sekundär noch einmal aufgenommen wird. Schließlich liegt zwischen der östlichen Süd-Nordlinie (b) und der westlichen Nord-Südlinie (b') noch einmal eine sich durch die Bezogenheit der Textelemente c (Pontus) und c' (Ägypten) ergebende *Nord-Südlinie*, die so in der sekundären Struktur der Mitte der Ost-West Bewegung in der primären Struktur (a') entspricht. Diese geographischen Linien erfassen wie ein Netz den östlichen Mittelmeerraum, bzw. das hellenistische Asien und Afrika, um diesen geographischen Raum als eine Ganzheit vorzustellen, ohne daß jedes einzelne Land in einer vollständigen Aufzählung genannt werden müßte. Dennoch will die Liste umfassend sein. Statt einer sukzessiven und vollständigen Aufzählung aller einzelnen Länder und Landschaften der hellenistischen Welt ist in Auswahl ein System von an den vier Himmelsrichtungen orientierten geographischen Linien gewählt, deren Pole genannt werden, und das sich unter Beachtung der Äquivalenzen der formalen Ebene erkennen läßt.

4.2. *Ethnographischer, politischer und religiöser Code*

Wie verhalten sich nun die anderen Teiltexte zu der geographisch orientierten Länderliste? Hier ist beachtenswert, daß die Teiltexte I, III und V statt der *Ländernamen Völkernamen* anführen. Dies läßt vermuten, daß statt des geographischen Codes ein ethnographischer Code gewählt sein soll. Ein politischer Code kommt hinzu. Wenn man darauf achtet, daß die geographische Liste gefaßt ist von einem Teiltext, der von den Parthern, Medern, Elamitern spricht und von einem anderen, der die Römer nennt, so daß eine Äquivalenzbeziehung durch die Verwendung von *Völkernamen* besteht, wird ersichtlich, daß eine Opposition beabsichtigt ist. Parther, Meder, Elamiter werden genannt als Vertreter der Völker, die außerhalb der römischen Einflußsphäre leben, d.h. außerhalb des von der geographischen Liste abgesteckten Raums und ihrer Länder und Landschaften, als dessen politische Herren die Römer in Teiltext III aufgeführt werden, und mit denen sie durch die Äquivalenz der Partizipien verbunden sind. Parther, Meder, Elamiter sind »möglichst ferne Völker 'von den Enden der Erde' «[23] bzw. genauer: Völker außerhalb des römischen Herrschaftsbereichs.

Wie aber sind 'Kreter und Araber' einzubeziehen? Die Bemerkung Conzelmanns »Kreter und Araber gehören nicht mehr zur eigentlichen Liste, sondern zur Zusammenfassung«[24], trifft nicht ganz zu, zielt aber auf das, was gemeint ist. Natürlich gehören 'Kreter und Araber' zur Liste, wenigstens in ihrer heutigen Form. Sie haben aber eine etwas andere Funktion als 'Parther, Meder, Elamiter' und 'Römer'. Sie unterstehen einem anderen Code als dem ethnographisch-politischen. H. Conzelmann meint mit der Erwähnung der Kreter sei auf die Opposition »Insel und Festlandbewohner«[25] gezielt, doch sind »Araber« kaum Repräsentanten des »Festlands«, sondern sollen doch wohl eher als *Wüsten*bewohner den Kretern als *Insel*- bzw. *Meeresbewohnern* gegenüber gestellt werden[26], so daß sich die bisher von der Liste vertretene Totalität noch erweitert: Nicht nur Menschen aus allen Himmelsrichtungen der bewohnten hellenistischen Welt, die von den Römern beherrscht wird, sondern auch Vertreter von jenseits dieser politischen Grenzen, und Bewohner der wüsten Räume des Meeres und der Erde, haben sich zusammen mit den Römern, d.h. den politischen Herren in Jerusalem eingefunden und zwar als »Juden und Proselyten«. »Juden und auch Proselyten« hat zweifelsohne die Funktion diese von der Liste ethnographisch-politisch und geographisch vorgeführte Gesamtheit religiös zu charakterisieren[27]. Es ist die *gesamte Judenheit* mitsamt den ihr nahestehenden Proselyten, die man ihr religiös zurechnen kann, die aus der Zerstreuung in alle vier Windrichtungen der hellenistischen Welt, nach Rom und über die Grenzen des römischen Reiches hinaus und auf die fernen Inseln des menschenleeren Meeres und in die unbewohnten Wüsten in Jerusalem versammelt ist. Der Verfasser ist mithin interessiert »an einer universalen Repräsentation von Juden aus aller Welt«[28] »aus jedem Volk unter dem Himmel« (V.5). Sie werden im folgenden die Adressaten der Pfingstpredigt des Petrus und sie hören im Sprachwunder die Galiläer, die gleich ihnen Juden und es doch etwas anders schon sind und darum der Liste oppositionell gegenüberstehen, reden »ein jeder in seiner Sprache in der er geboren ist«. (V.8). Dabei »interessiert den Schriftsteller«, wie Kremer zutreffend

---

[23] *Ders.*, aaO. 134.
[24] *H. Conzelmann*, aaO. 26.
[25] Ebd.
[26] *S.O. Eissfeldt*, Kreter und Araber, TLZ 72 (1947) 202; vgl. a. *J. Kremer*, aaO. 153.
[27] Vgl. *E. Haenchen*, aaO. 135, *J. Kremer*, ebd.
[28] *J. Kremer*, aaO. 158.

ANDOVER NEWTON THEOLOGICAL SCHOOL

bemerkt, »die Beherrschung von fremden Sprachen überhaupt nicht . . . Worauf es ihm ankommt, ist die Tatsache, daß die 'Galiläer' (d.h. die Jünger Jesu) von 'Juden und Proselyten' aus aller Welt in Judäa verstanden werden[29] bzw. daß in der pfingstlichen Situation die Jünger Jesu es sind, die der versammelten Judenheit, ihre vielen Sprachen, in die sie sich zerstreut hat, überbrückend, die Großtaten Gottes verkündet. Ebenso ist der Adressat der Pfingspredigt des Petrus die Judenheit der ganzen Welt. Wenn aber die Judenheit der ganzen Welt der Adressat der Petruspredigt ist, so betrifft das Pfingstgeschehen zunächst diese und nicht die »Völker«, auch wenn »die Anwesenheit von Juden (nicht aber von Heiden) aus aller Welt, die das Reden der Apostel verstehen . . . schon eindrucksvoller Hinweis darauf (ist), daß dieses Zeugnis allen Völkern gilt«[30].

Die Völkerliste ließ sich in einem konsistenten Verständnis als Register der jüdischen Diaspora erfassen, ohne daß es nötig wurde die Erwähnung von »Judäa« und von »Kretern und Arabern« mit Haenchen als *nicht-lukanische* Eintragungen zu verstehen: »Kreter und Araber« bezeichnen über die bewohnte Welt hinaus die Weiten des Meeres und der Wüste und tragen zu der umfassenden Totalität bei, die Lukas aufzeigen möchte. »Judäa« has als südlicher Pol einer Süd-Nordlinie seinen festen Platz in der Liste, wobei Lukas vielleicht nicht bemerkte, »daß in Judäa keine fremde Sprache gesprochen wird[31].

4.3. Das Fehlen 'Griechenlands'

Wenn dem so ist, entfällt auch das Argument Haenchens, mit dem er das auffallende Fehlen Griechenlands in der Liste erklären möchte: »Alle 12 Völker aber sollen *fremde* Sprachen reden! Damit fielen die Griechen und die Juden selbst (und d.h. Hellas, Palästina und Syrien) als brauchbare Namen aus«.[32] Gibt es dennoch die Möglichkeit, das Fehlen Griechenlands nicht nur diachronisch, d.h. es auf eine Vorlage zurückführend, sondern synchronisch d.h. von der kompositorischen Absicht des Lukas her zu verstehen? Dies scheint möglich, wenn man bedenkt, welche Bedeutung Lukas dem transitus des Evangeliums nach Griechenland d.h. aber nach Europa beimißt. Die sich in Apg 16,6–10 dokumentierende Sicht versteht diesen Übergang nahezu als die Wiederholung von Pfingsten im Hinblick auf Griechenland d.h. aber im Hinblick auf das Heidentum par excellence: vom *heiligen Geist* wird Paulus daran gehindert, »das

---

[29] *Ders.*, aaO. 217.
[30] *Ders.*, aaO. 217f.
[31] *H. Conzelmann* ebd.
[32] *E. Haenchen*, aaO. 134.

Wort in der Asia zu sagen« (16,6) in der Asia, die in der Völkerliste von Pfingsten eine betonte Mittelstellung hat! Der *Geist Jesu* verhindert, daß Paulus nach Bithynien geht (16,7), in Troas hat er das »Traumgesicht« (vgl. die in der Pfingstpredigt des Petrus als geistbewirkte Phänomene verheißenen »Gesichte«), das er als Ruf *Gottes* (16,10) versteht, das Evangelium in Makedonien zu verkünden. Lassen sich diese Ereignisse gewissermaßen als eine Erneuerung von Pfingsten für Griechenland auffassen, läßt sich verstehen, warum von der Konzeption des Lukas her Griechenland in der Völkerliste des Pfingstwunders nicht erwähnt werden mußte, ja nicht erwähnt werden konnte. Dies hätte zur Folge, daß der Pfingstpredigt des Petrus in Jerusalem die Areopagrede des Paulus in Athen entspräche. Die Rede des Petrus wendet sich an die aus aller Welt in Jerusalem versammelte Judenheit, die Rede des Paulus an die Repräsentanz des Heidentums in dessen hellenischem Vorort Athen[33].

5. *Zur Diachronie*

Mit dieser auf der Ebene der Synchronie bleibenden Analyse der sogenannten Völkerliste des Pfingstwunders verträgt sich in diachronischer Hinsicht auf den Text am besten der Vorschlag H. Conzelmanns. Danach lehne sich Lukas an eine schon vorgefundene Völkerliste an. Sie umschreibe, ursprünglich aus europäischer Perspektive, den Umfang der Eroberungen Alexanders des Großen bzw. »den (außereuropäischen) Bestand der Diadochenreiche«[34]. Diachronisch würde dies das Fehlen Griechenlands sehr gut erklären. Dann darf man in den »Parthern, Medern und Elamitern« lukanische Hinzufügungen sehen, die die Grenzen der römischen Einflußsphäre sprengen. Auch Kreter und Araber dienen dem lukanischen Interesse, eine Gesamtheit, zu erfassen, die durch die ebenfalls lukanische Hinzufügung der »Juden und Proselyten« als die Gesamtheit der Judenheit vorgestellt wird, die sich aus der Zerstreuung in alle Welt in Jerusalem versammelt, und der in der apostolischen Botschaft von Jesus, das Heil erneuert angeboten wird. Wäre dem so, würde ein Dokument der Eroberungszüge Alexanders in den Dienst einer Bewegung gestellt, die sich ebenfalls aber unter anderen Vorzeichen und unter Einsatz anderer Mittel auf den Weg zu der einen Welt macht.

---

[33] Auf einen vergleichbaren Bezug zum Lukasevangelium macht. *J. Kremer*, aaO. 213 aufmerksam: »Dem Pfingstbericht kommt ... in der Apostelgeschichte die gleiche programmatische Bedeutung zu wie der Erzählung über den Anfang des Wirkens Jesu im Lukasevangelium«. Trifft dies zu, so entspricht dem Pfingstgeschehen die Taufe Jesu mit der Herabkunft des Geistes »wie eine Taube« und der Jerusalemer Pfingstpredigt des Petrus vor der versammelten Judenheit die Antrittspredigt Jesu in Nazareth.

[34] *H. Conzelmann*, aaO. 26: »Lukas lehnt sich an eine vorgefundene VÖLKERLISTE an (das sieht man schon am Fehlen von Mazedonien/Achaia) die ältere politische Verhältnisse spiegelt«.

VII

ZUR REKONSTRUKTION EINES JESUSWORTS ANHAND DER SYNOPTISCHEN EHESCHEIDUNGSLOGIEN
(Mt 5,32; 19,9; Lk 16,18; Mk 11,1f.)

1. *Steht Lk 16,18 der Fassung des Logions in Q näher als Mt 5,32?*

Häufig wird im Hinblick auf die Ursprünglichkeit dem Ehescheidungs-logion in seiner lukanischen Form der Vorzug gegeben. Lukas gebe die Q-Fassung des Logions wieder, versucht etwa P. Hoffmann nachzuweisen und erwägt die Möglichkeit, daß die Formulierung καὶ γαμῶν ἑτέραν (»und eine andere heiratet«) dem ersten Teil des Logions auf der Ebene von Q hinzugewachsen sei[1], so daß der Spruch in seiner »ursprüng-lichen, Q vorausgehenden Fassung« lautete: »Wer seine Frau entläßt ... begeht Ehebruch, und wer eine Entlassene heiratet, bricht die Ehe« und in diesem Worlaut »möglicherweise auf Jesus selbst zurückgehen« kann[2]. Dabei gibt P. Hoffmann allerdings für den zweiten Teil des Spruchs, der relativischen Fassung (ὃς ἐάν) wie sie sich bei Mt 5,32 findet, den Vor-rang vor der partizipialen bei Lk.

---

[1] *P. Hoffmann, V. Eid*, Jesus von Nazareth und eine christliche Moral, Sittliche Per-spektiven und Verkündigung Jesu, QD 66, Freiburg, Basel, Wien 1975, 110–113. Vgl. a. *H. Baltensweiler*, Die Ehe im Neuen Testament, AThANT 52, Zürich, Stuttgart 1967, 60ff. Anders z.B. *K. Niederwimmer*, Askese und Mysterium, über Ehe, Ehescheidung und Eheverzicht in den Anfängen des christlichen Glaubens, FRLANT 113, Göttingen 1975, 12–24 dem »unter den verschiedenen Formen der Überlieferung ... die *Mt 5,32* vorlie-gende Form ohne Einleitung und Klausel die vertrauenswürdigste zu sein« scheint (12). Vgl. a. *R. Pesch*, Freie Treue, Die Christen und die Ehescheidung, Freiburg-Basel-Wien 1971, 7–76; *H. Merklein*, Die Gottesherrschaft als Handlungsprinzip, Untersuchung zur Ethik Jesu, FzB 34, Würzburg 1981, 275–282; *Ders.*, Jesu Botschaft von der Gottesherr-schaft, Eine Skizze, SBS 111, Stuttgart 1983, 111–113. Wieder anders *G. Delling*, Das Logion Markus 10,11 und seine Abwandlungen im Neuen Testament, in: *Ders.*, Studien zum Neuen Testament und zum hellenistischen Judentum, Göttingen 1970, 226–235. Delling kommt aufgrund »inhaltliche(r) Überlegungen« zum Urteil, daß *Mk 10,11* die äl-teste uns erreichbare Fassung des Jesuswortes sei. Vgl. *B. Schaller*, Die Sprüche über Ehescheidung und Heirat in der Synoptischen Überlieferung, in: *E. Lohse* u.a. (Hrsg.), Der Ruf Jesu und die Antwort der Gemeinde, FS. *J. Jeremias*, Göttingen 1970, 226–246. Es ist verständlich, daß die Gegensätzlichkeiten der Meinungen zu dem Urteil führen kann: »Der volle Wortlaut wird sich kaum mehr rekonstruieren lassen«. So *Edeltraut Staimer*, Wollte Gott, daß Jesus starb? Jesu erlösender Weg zum Tod, München 1983, 118, die jedoch sachlich als »kleinsten gemeinsamen Nenner« festhält, daß Jesus Tora (Dtn 24, 1–4) und Toraauslegung korrigiert habe und womöglich auch das Eheverständnis seiner Zeit durch seine Parteinahme für die Frau verändern wollte. Die folgenden Überlegungen wollen der »Resignation« meiner Kölner Kollegin exegetisch-penibel widersprechen.

[2] *P. Hoffmann*, 113.

Das gegenüber dem Judentum und dem geltenden jüdischen Recht Neue müsse dann darin gesehen werden, daß dadurch, daß Jesus schon die Entlassung als solche zum Ehebruch erkläre, der »Treue-Anspruch, den nach jüdischer Auffassung der Ehemann auf seine Frau besaß ... umgekehrt (werde) zum Treue-Anspruch der Frau an ihren Mann«[3]. Auch wenn im folgenden diese sachlichen Folgerungen Hoffmanns ihre Bestätigung ja Bestärkung erfahren werden, so darf man gegenüber seinem Rekonstruktionsversuch Zweifel anmelden. Mindestens darf nicht ausgeschlossen werden, daß das in der Mt-Parallele fehlende »und eine andere heiratet« in Lk 16,18 lukanische von Mk 10,11 beeinflußte Redaktion darstellt[4], weil erst bei Lk (und Mk) und nicht schon auf der Ebene von Q das ursprüngliche Scheidungsgebot Jesu mit der Möglichkeit einer Scheidung bei Verbot der Wiederverheiratung kasuistisch umgebogen wird, eine Praxis, die offenbar in den gemischten Gemeinden des hellenistischen Raums, für die Lk aber auch Mk schreiben, in Geltung war und für die Paulus schon ein früher Zeuge ist (1 Kor 7,11). Ebenso darf man begründet annehmen, das das μοιχεύει (»bricht die Ehe«) der ersten Spruchhälfte bei Lk das kompliziertere und darum wohl ursprünglichere ποιεῖ αὐτὴν μοιχευθῆναι (»bewirkt, daß sie die Ehe bricht«) von Mt 5,32 wiederum in Angleichung an Mk 10,11 ersetzt, wobei Lk das bei Mk in seiner jetzigen Stellung unklar bleibende ἐπ᾽ αὐτήν (»an ihr«) wegläßt und das dorische μοιχᾶται des Mk[5] durch das attische μοιχεύει ersetzt und damit den Wortlaut des Spruchs an den LXX Wortlaut des Dekalogs (Ex 20,13; Dt 5,17) angleicht[6] ein für den LXX-Kenner Lukas durchaus erklärliches Verfahren. Daraus ergibt sich über die von P. Hoffmann für die zweite Hälfte des Spruchs konstatierte größere Nähe des Mt zu Q (Relativsatz statt Partizip s.o.) hinaus mindestens negativ eine ebensolche für die erste Hälfte des Spruchs bei Mt. Die Frage ob die Q-Fassung bei Mt oder bei Lk besser erhalten ist, soll aber zunächst mindestens offen bleiben.

2. Zur vormarkinischen Überlieferungsform des Logions

Trotz der grundsätzlichen Priorität von Q vor Markus, auf die P. Hoffmann verweist[7], wird es sich als nützlich erweisen, zunächst von drei

---

[3] *Ders.*, aaO. 119.

[4] *S. Schulz*, Q, Die Spruchquelle der Evangelisten, Zürich 1972, 117, Vgl. a. *K. Niederwimmer*, aaO. 17.

[5] Vgl. *Blass-Debrunner-Rehkopf*, § 101,51.

[6] *K. Berger*, Die Gesetzesauslegung Jesu, ihr historischer Hintergrund im Judentum und im Alten Testament, Teil I: Markus und Parallelen, WMANT 40, Neukirchen Vluyn 1972, 568.

[7] *P. Hoffmann*, aaO. 113.

Beobachtungen an der Mk-Fassung des Spruches auszugehen, die uns über Mt 19,9 und Mt 5,32 zur Erörterung der Gestalt des Spruches bei Q zurückführen werden.

2.1. Zunächst ist darauf zu verweisen, daß Mk mindestens darin älter als Q sein dürfte, daß der Spruch relativisch (ὅς ἄν) einsetzt, wie es der Form solcher Rechtssätze besser entspricht als die partizipiale Formulierung, die sich bei Mt und Lk und also wohl auch in Q findet (πᾶς ὁ ἀπολύων)[8].

2.2. Daß Mk 10,12 sekundär ist, weil er hellenistische Rechtsverhältnisse voraussetzt, nach denen es anders als im Judentum die Möglichkeit gibt, daß auch eine Frau ihren Mann entläßt, ist eine schon häufig gemachte Beobachtung.

Durch diese Hinzufügung aber wird aus Mk 10,11 ein Doppelspruch. Im Unterschied zu Mt 5,32 und Lk 16,18 und also auch zu Q sind in Mk 10,11 sowohl die Entlassung der Frau als auch die Wiederverheiratung mit einer anderen in einen einzigen Konditionalsatz aufgenommen, dem der Hauptsatz »begeht Ehebruch an ihr« folgt. In der Q-Überlieferung hingegen bildet die Entlassung der Frau und die Heirat einer Entlassenen den Gegenstand zweier Konditionalsätze, auf die jeweils ein Hauptsatz folgt, so daß man von einem Doppelspruch reden darf. Mk 10,11 für sich genommen, ist dies nicht. Er wird erst zum Doppelspruch durch die Hinzufügung von Mk 10,12 mit dem Unterschied zur Q-Überlieferung freilich, daß bei Mk der erste Spruch vom *Mann*, der zweite von der *Frau* spricht, während in Q der erste Spruch von der *Entlassung*, der zweite von der *Heirat* mit einer Entlassenen handelt[9]. Eine ähnliche Abfolge der Elemente (»Entlassung« – »Heirat«) strukturiert aber nun im heutigen Mk-Text (10,11 – 12) jede der beiden Spruchhälften für sich:

»ὅς ἄν ἀπολύσῃ . . .
καὶ γαμήσῃ (V11)

ἐάν . . . ἀπολύσασα . . .
γαμήσῃ (V12)«

»(= wer . . . *entläßt* . . .
und *heiratet* (*V11*)
wenn sie . . . *entlassen* hat
. . . *heiratet* (*V12*)).«

---

[8] Bezüglich der Q-Fassung ist, wie schon bemerkt, auch *P. Hoffmann* für die zweite Hälfte des Spruchs dieser Meinung, wenn er der relativischen Formulierung des Mt den Vorzug vor Lk gibt. Zur Gattungsfrage vgl. *G. Lohfink*, Jesus und die Ehescheidung, Zur Gattung und Sprachintention von Mt 5,32, in: *H. Merklein, J. Lange* (Hrsg.), Biblische Randbemerkungen, FS-R. Schnackenburg, Würzburg 1974, 207–217.

[9] Bei Lk ist die Folge der beiden Spruchelemente »Entlassung« und »Heirat einer Entlassenen« durch das γαμῶν ἑτέραν (»und eine andere heiratet«) ein wenig gestört, ein deutlicher Hinweis darauf, daß es sich hierbei um eine von Mk beeinflußte Einfügung des Lk handelt.

Man darf darin den Reflex dessen sehen, daß der Spruch Mk 10,11 in seiner vormarkinischen Form ähnlich in der Form eines *Doppelspruchs* strukturiert war wie bei Mt und Lk und wohl auch in Q. Die redaktionelle Hinzufügung von V12 mit der Mk den Spruch auf die Rechtsgepflogenheiten seiner Umwelt appliziert, hätte dann die ursprüngliche zweite Hälfte des Spruchs (»Heirat«) von ihrer Stelle verdrängt, ohne sie jedoch völlig zu ersetzen; denn Mk nahm sie in die ursprüngliche erste Hälfte auf und konnte so auf eine weitere Gepflogenheit seiner Gemeinden Rücksicht nehmen, in denen es Scheidung zwar gab, die Möglichkeit einer der Scheidung folgenden Heirat aber ausgeschlossen wurde und zwar generell (ἄλλην) und nicht bloß die Heirat einer von einem anderen »Entlassenen« worauf bei Q der Akzent liegt.

M.a. Worten, das γαμήσῃ (»heiratet«) in Mk 10,11 ist ursprünglich Bestandteil der zweiten Hälfte des Spruchs und von Mk an seine heutige Stelle gesetzt. Dafür daß hier markinische Redaktion vorliegt, spricht auch der von K. Berger erbrachte Nachweis, daß der in Mk 10,3 – 8 vorangehende Schriftbeweis für Mk 10,9 der gleichen Schicht angehört wie »die Beurteilung einer Wiederheirat als Ehebruch. Weil beide Eheleute durch Gottes Zusammenfügung ein Fleisch sind, deshalb ist nach dieser Schicht eine neue Heirat Ehebruch«[10]. Die vormarkinische Fassung der ersten Hälfte des Doppelspruchs lautete demnach:

»ὃς ἂν ἀπολύσῃ τὴν γυναῖκα αὐτοῦ
μοιχᾶται ἐπ᾽ αὐτήν·«

(»wer eine Frau entläßt,
begeht Ehebruch an ihr«).

Will Mk also eine erneute Heirat nach erfolgter Scheidung verhindern, so erklärt die vormarkinische Tradition schon die Entlassung der Frau zum Ehebruch. Wie aber kann das geschehen, wo doch nach alttestamentlich-jüdischer Auffassung der Mann zwar eine fremde Ehe, nicht aber die eigene brechen kann?

2.3. Die Frage ist durch eine dritte Beobachtung zu beantworten, die zugleich noch einmal die soeben aufgestellte redaktionskritische Hypothese bestätigt: Tilgt man das ἐπ᾽ αὐτήν in V11 als eine durch die ursprüngliche zweite Hälfte des Spruchs beeinflußte redaktionelle Eintragung des Mk, entfällt eine Schwierigkeit, die der heutige Text der Interpretation in den Weg stellt. Denn im heutigen Text muß es unklar bleiben, »auf wen sich das unbestimmte er begeht Ehebruch an bzw. mit ihr (ἐπ᾽ αὐτήν) bezieht«. Soll die Schuld der ersten Frau gegenüber betont sein? Oder soll herausgestellt sein, »daß der Mann mit einer zweiten Frau buhlte und so

---

[10] *K. Berger*, aaO. 545.

schuldig wurde«[11]? Diese Unklarheit entfällt, tilgt man die redaktionelle Eintragung. Ἐπ᾽ αὐτήν (»an ihr«) bezieht sich dann auf die entlassene Ehefrau. In der Entlassung begeht der Mann an ihr Ehebruch. Die rekonstruierte Fassung macht es eindeutig, daß Entlassung der Ehefrau als Verletzung der Treuepflicht gegenüber der eigenen Frau verstanden wird, so daß dadurch ein Mann auch seine eigene Ehe brechen kann, im Unterschied zu der alttestamentlichen Auffassung, wonach er dies nur durch Einbruch in eine andere konnte. Durch dieses ᾽επ᾽ αὐτήν (»an ihr«) wird stärker noch als durch die Fassung von Q, die P. Hoffmann von Lk 16,8 her erschließen will, die Richtigkeit seiner Sicht der Sache herausgestellt: Wer seine Frau entläßt, bricht darin schon die Treuepflicht, die ihn an sie bindet, so daß »aus einem einseitigen Treue-Anspruch ... also ein gegenseitiges Treue-Verhältnis geworden«[12] ist. Das aber ist eine Ansicht, die von dem abweicht, was nach den zeitgenössischen jüdischen Texten in Geltung ist, auch wenn wie Mal 2,15 beweist, die Achtung der Scheidung als solche noch nicht über die Grenzen der Bandbreite dessen hinausgeht, was innerjüdisch noch möglich ist.

3. Mt 5,32 steht der Fassung des Logions in Q näher als Lk 10,11f.

3.1. Bevor wir nun die Frage einer möglichen Rekonstruierbarkeit der zweiten Hälfte des vormarkinischen Doppelspruchs erörtern, müssen wir uns noch einmal der Ausgangsfrage nach der Fassung des Spruchs in der Logienquelle Q zuwenden. Wir nehmen dazu den Weg über Mt 19,9 weil Mt hier von Mk abhängig ist, und diese Mk-Rezeption durch Mt hermeneutisches Licht auf sein Verständnis der in Mt 5,32 übernommenen Q-Tradition fallen läßt (wie natürlich auch umgekehrt). Mt 19,9 gibt den Pharisäern (diff Mk 10,10, dort sind die Jünger die Adressaten), die Jesus versuchen wollen, die Antwort auf ihre Frage, ob es erlaubt sei, seine Frau aus *jedem Grund* (diff Mk 10,2 dort fragen die Pharisäer grundsätzlich nach der Scheidungserlaubnis) zu entlassen, die gesuchte Antwort. Dabei klingt die in Mt 19,9 erneut aufgenommene von Mt in »Ich sage euch« veränderte Redeeinleitung an die antithetische Einkleidung Mt 5,32 an[13]. Er läßt das in seinem Bezug bei Mk unklare ἐπ᾽ αὐτήν (»an ihr«) weg. Danach

---

[11] *J. Gnilka*, Das Evangelium nach Markus (Mk 8,27–16,20), EKK II/2 Zürich, Einsiedeln, Köln, Neukirchen-Vluyn 1979, 74f., so schon *E. Lohmeyer*, Das Evangelium des Markus, Meyer K 2, Göttingen 1967[17], 198.201, was *G. Delling*, aaO. 232, für eine »unwahrscheinliche Deutung von *epi* mit Akk.« hält.

[12] *P. Hoffmann*, aaO. 119.

[13] *D. Lührmann*, Die Redaktion der Logienquelle, WMANT 33, Neukirchen Vluyn 1969, 108: »Die zweite Änderung ist, da auch hier eine eigene Halacha der Gemeinde der jüdischen Tradition entgegengesetzt wird, den Antithesen der Bergpredigt vergleichbar«.

wird ja auch gar nicht gefragt. Ebenso läßt er Mk 10,12 weg, weil die Entlassung des Mannes durch die Frau in seinem Milieu keine Rolle spielt[14].
Er fügt die Unzuchtsklausel ein. Für die Gemeinde des Mt läßt sich erkennen: Die Umgebung, in der sie lebt, kennt nur die durch den Mann ausgesprochene Scheidung. Die Gemeinde des Mt kennt Scheidung nur in
einem Fall, dem des Ehebruchs durch die Frau. In jedem anderen Fall ist
Scheidung und Wiederverheiratung Ehebruch, d.h. aber doch, daß nach
einer Scheidung wegen Ehebruchs Wiederverheiratung möglich sein
mußte ebenso wie im Judentum, wo bekanntlich die Frage nach dem
Scheidungsgrund zwischen der hillelitischen und schammaitischen Schule
zur Diskussion stand. Mt ist hier in 19,9 eindeutiger noch als in 5,32 Vertreter der schammaitischen Richtung: »Der Standpunkt des Matthäus ist
eine Erweichung gegenüber dem Rigorismus Jesu; der gleiche Standpunkt
der Schammaiten dagegen eine Verschärfung gegenüber der laxeren
Anschauung der Hilleliten«[15].

Wenn Mt hier das generalisierende ἄλλην (»eine andere«) des Mk
übernimmt, zeigt sich, daß die Heirat mit einer Entlassenen anders als in
Mt 5,32; Lk 16,18 und Q nicht zur Debatte steht. Ebenso ist nicht schon
die Entlassung allein Ehebruch, sondern Entlassung *und* Wiederverheiratung. Die Vorstellung von Mt 5,32, daß die Entlassung der Frau
diese zum Ehebruch treibt ist nicht aufgenommen.

3.2. Die Einkleidung in die der Antithese nahekommende Form und
die Einfügung der Unzuchtsklausel in 19,9 zeigt das, was für Mt auch in
5,32 wichtig ist: Die »größere Gerechtigkeit« seiner Gemeinde gegenüber
dem Judentum sieht er in ihrer Praxis der strengen schammaitischen
Richtung, wonach Scheidung nur im Fall des Ehebruchs der Frau möglich ist. Wenn er jedoch nicht die Vorstellung von 5,32 aufnimmt, daß die
Entlassung die Frau in den Ehebruch treibt und auch die Verheiratung
mit einer Entlassenen in 19,9 nicht erwähnt, könnte das bedeuten, daß
beide Vorstellungen auch in 5,32 nicht im Mittelpunkt seiner Aufmerksamkeit liegen, so daß sich vermuten läßt, daß Mt in 5,32 beide Vorstellungen als die Vorstellungen seiner Quelle tradiert. Für das Verbot der
Heirat mit einer Entlassenen ist das eindeutig mit Blick auf die Lukas-
parallele festzumachen. Sollte sich dies aber nicht auch im Hinblick auf
die erste Vorstellung mehr als vermuten lassen? Oder anders gefragt: Was

---

[14] Ebd.: »Die ... Änderung setzt offenbar jüdische Rechtsverhältnisse im Gegensatz
zu den griechischen der Mk-Vorlage voraus«.
[15] *H. Braun*, Spätjüdisch-häretischer und frühchristlicher Radikalismus, Jesus von
Nazareth und die essenische Qumransekte, II, Beiträge zur hist. Theologie 24, Tübingen
1969, 110. Vgl. a. *G. Bornkamm*, Ehescheidung und Wiederverheiratung im Neuen
Testament, in: *Ders.*, Geschichte und Glaube I, Ges. Aufsätze Bd. III, Beiträge zur evangelischen Theologie 48, München 1968, 56f. (56–59).

anders hätte Mt zu der Einführung der schwierig zu verstehenden Vorstellung, daß Entlassung die Frau in den Ehebruch treibe, einer Vorstellung, die er in 19,9 nicht berührt, veranlassen sollen als die Tatsache, daß diese schon in seiner Quelle stand? Mindestens ist eine Einfügung durch Mt weniger plausibel zu machen als die Tilgung derselben durch Lk unter markinischem Einfluß.

4. Traditionsgeschichtliches zur Fassung des Logions in Q

Damit sind wir an der Punkt gelangt, bis zu dem die Anwendung form-, literar-, quellen-, überlieferungs-, und redaktionskritischer Kriterien den Weg ermöglicht. Zu größerer Sicherheit wird man aber, wie K. Berger zutreffend bemerkt »nur durch Erhellung des traditionsgeschichtlichen Hintergrundes, auf dem diese Vorstellungen möglich waren«[16], gelangen können. Dies scheint hinsichtlich Mt 5,32 K. Berger auch gelungen zu sein. In einer nach unserer Analyse der vormarkinischen Traditionsstufe von Mk 10,11 ein wenig zu präzisierenden Formulierung weist Berger zunächst auf den entscheidenden Unterschied bei Mt 5,32: Nicht schon durch die Entlassung der Frau (so nach der o. Analyse die vormarkinische Überlieferung) und auch »nicht durch die Neuheirat einer anderen Frau (so die markinische Redaktion A.d.V.) entsteht Ehebruch (gegen die frühere), sondern dadurch, daß eine Geschiedene heiratet oder daß man selbst eine Geschiedene heiratet. Hier herrscht nicht die Vorstellung der Verpflichtung des Mannes gegenüber seiner eigenen Frau (eine Nicht-Geschiedene darf er offenbar heiraten), sondern es soll nur verhindert werden, daß eine Geschiedene wieder heiratet«[17].

Der Ehebruch ist hier nicht gegen einen anderen gerichtet, sondern bedeutet sexuelle Verunreinigung an einer Frau, die schon mit einem anderen Mann zu tun gehabt hat. Hinter dieser Auffassung weist Berger einen Vorstellungshintergrund nach, der seinen Ausgangspunkt an der priesterlichen Motivierung des Wiederverheiratungsverbots mit der eigenen geschiedenen Frau nimmt: »... so darf ihr erster Mann, der sie verstoßen hat, sie nicht wieder zum Weibe nehmen, nachdem sie verunreinigt worden ist; denn das ist ein Greuel vor dem Herrn, und du sollst das Land, das dir der Herr dein Gott zu eigen geben will, nicht mit Sünde beladen« (Dt 24,4). Berger weist »die Tendenz zur Ausweitung der levitischen Bestimmungen« im Frühjudentum nach[18] und verweist darauf, daß die »Gesetzesverkünder (und entsprechend die Boten Jesu

---

[16] K. Berger, aaO. 558.
[17] Ders., aaO. 562.
[18] Ders., aaO. 565.

nach syn. Tradition) sich als in levitischer Tradition stehend empfanden«[19]. Wie wir an Mt 19,9 sehen konnten, zeigt sich Mt an einer erneuten Aufnahme der Vorstellung von Mt 5,32, wonach die Entlassung die Frau in den Ehebruch, d.h. gemäß der von Berger nachgewiesenen Vorstellung, in die sexuelle Verunreinigung des Mannes, der sie heiratet, treibt, nicht sonderlich interessiert. Für Mt steht im Vordergrund die »größere Gerechtigkeit« seiner Gemeinde gegenüber der Judenheit, unter der sie lebt, dadurch nachzuweisen, daß sie nicht deren laxere Ehescheidungspraxis, sich aus »jedem Grund« scheiden zu lassen, praktiziert, sondern Scheidung mit der Möglichkeit einer neuen Heirat des Mannes nur im Fall des Ehebruchs der Frau gestattet. Damit zeigt sich als wahrscheinlich, daß der von Berger nachgewiesene mit dem Scheidungsverbot verbundene Vorstellungshintergrund auf der Ebene der von Mt übernommenen Tradition, d.h. im »Selbstverständnis der judenchristlichen Missionare«[20], die hinter der Tradition von Q stehen, wirksam gewesen ist. In dieser Atmosphäre eschatologischer Naherwartung ist, wie der Blick auf Qumran und den dort praktizierten Zölibat verdeutlicht, das Aufkommen priesterlich-levitischer Reinheitsvorstellungen auch eher zu erwarten als in der Redaktion des Mt. Dann aber ist auch gut denkbar, daß auch die Unzuchtsklausel im Rahmen dieser Vorstellungen einen anderen Stellenwert einnahm als bei Mt, der sie in christlicher Schriftgelehrsamkeit als seiner Meinung nach auf Jesus zurückgehende messianische Gesetzesauslegung und -verschärfung bzw. -erfüllung rezipierte, so daß man sich den Formulierungen Bergers voll anschließen kann: »Diese Klausel ist ebenfalls aus der zugrundeliegenden Reinheitsvorstellung zu erklären. Wir hatten festgestellt, daß es sich um eine Auslegung von Dt 24,1 handelt und daß πορνεία (= Ehebruch, Unzucht) Ehebruch einschließt. Durch Unzucht = Ehebruch aber hat sich die Ehefrau bereits verunreinigt, und der Ehemann ist nicht mehr an ihrer Verunreinigung schuldig. Denn durch die Verhinderung der Scheidung sollte der Ehemann davor bewahrt werden, für seine Frau Ursache des Ehebruchs zu werden. Ist diese Verunreinigung aber bereits eingetreten, so ist die Ehefrau auch für ihn unrein und er ... ist überdies sogar ... verpflichtet, die Frau dann zu entlassen«[21]. Anders als Berger, der die Klausel als Einfügung in das ursprüngliche Logion auf der Ebene von Q ansieht[22], halte ich die Vorstellung, daß Entlassung die Frau in den Ehebruch treibt, *mitsamt* der Klausel für eine im Überlieferungsmilieu von Q eingetretene

---

[19] Ebd.
[20] Ebd.
[21] *Ders.*, aaO. 567.
[22] *Ders.*, aaO. 568.

Veränderung eines ursprünglich anderen Wortlauts und zwar aus zwei Gründen:

1. Zunächst lehrt Berger selbst die Vorstellung von der Veranlassung des Ehebruchs der Frau vor denselben Vorstellungshintergrund zu begreifen, von dem aus sich auch die Klausel erklärt.

2. Sodann weist die oben erschlossene vormarkinische Fassung des Wortes auf eine Überlieferungsform des Logions hin, die sprachlich durch die Form des relativen Konditionalsatzes ursprünglich zu sein scheint, so daß sich hinsichtlich der Partizipalform des Logions in Q fragen läßt, ob sie nicht gerade deshalb zustande kam, um die ausgedehntere Vorstellung von dem Hineintreiben der Frau in den Ehebruch durch Scheidung mitsamt der Klausel sprachlich zu fassen. Dann hätte diese Vorstellung und die Klausel die Vorstellung des in der vormarkinischen Formulierung erhaltenen Logions von der Scheidung als Verletzung der Treuepflicht gegenüber der eigenen Frau unter Einwirkung priesterlicher Reinheitsvorstellungen verdrängt.

5. *Das Jesuswort zur Ehescheidung*

Was aber hat auf der Ebene von Q das Eindringen der von diesem Vorstellungshintergrund her zu interpretierenden Unzuchtsklausel und der ebenfalls von hierher verständlich werdenden Vorstellung, daß die Entlassung die Frau in den Ehebruch treibe, in ein ursprünglich anderslautendes Logion möglich gemacht? In der Fassung des Logions Q, die bei Mt erhalten ist, muß die zweite Hälfte des Doppelspruches im jetzigen Zusammenhang von der in der ersten Hälfte wirksamen Vorstellung her verstanden werden: wer eine Entlassene heiratet, bricht die Ehe, d.h. verunreinigt sich an dieser Frau, da sie ja als Entlassene vorher schon mit einem anderen Mann zusammen war. D.h., auch bei grundsätzlicher Möglichkeit der Wiederverheiratung eines Mannes nach Entlassung seiner Frau wegen Unzucht wird die Wiederverheiratung mit einer anderen *entlassenen* Frau aus Reinheitsgründen ausgeschlossen. Dieser Sinn der zweiten Hälfte des Doppelspruchs ergibt sich jedoch nur aus ihrem heutigen Zusammenhang mit der ersten Hälfte; keineswegs jedoch ist dieser Sinn der zweiten Hälfte, isoliert man sie aus diesem Zusammenhang, immanent. Dies kann ein erneuter Blick auf die Mk-Fassung des Spruchs noch deutlicher werden lassen.

Wir hatten oben vermutet, daß in der Formulierung »und eine andere heiratet« in Mk 10,11 Reste der ursprünglichen zweiten Hälfte des Doppelspruchs zu sehen sind, die von dem redaktionellen V12, mit dem Mk auf die im hellenistischen Milieu gegebene Möglichkeit einer von der Frau ausgehenden Scheidung eingeht, aus ihrer ursprünglichen Stellung als zweite Hälfte eines Doppelspruchs, die mithin ursprünglich von Wiederverheiratung sprach, verdrängt worden sind.

Mk hat jedoch die Vorstellung von der Wiederverheiratung nicht *gänzlich* unterdrückt, sondern sie in der ursprünglichen ersten Hälfte redaktionell so untergebracht, daß er damit auch für den Mann auf die schon von 1 Kor 7,11 für hellenistische Christengemeinden gegebene Möglichkeit eingehen konnte, die eheliche Gemeinschaft zwar aufheben zu können, ohne daß dadurch jedoch der Weg zu einer Wiederverheiratung geöffnet worden wäre: »wenn sie sich aber doch getrennt hat, so bleibe sie unverheiratet ...« (1 Kor 7,11).

Um das Logion auf diese Praxis zu applizieren, mußte Mk nicht nur das γαμήσῃ (»heiratet«) der zweiten Spruchhälfte in der ersten unterbringen, sondern auch *generell* von Wiederverheiratung nach Scheidung sprechen und nicht nur von dem speziellen Fall der Heirat mit einer Entlassenen, wie sie in der zweiten Hälfte des Doppelspruchs nach Q ins Auge gefaßt ist, und wie sie auch für die Mk vorliegende Überlieferungsform anzunehmen ist. Der Doppelspruch hätte dann in der *vormarkinischen* Überlieferung als Ganzes folgende Gestalt gehabt:

»ὃς ἂν ἀπολύσῃ τὴν γυναῖκα αὐτοῦ
μοιχᾶται ἐπ᾽ αὐτήν

καὶ ὃς ἐὰν ἀπολελυμένην γαμήσῃ
μοιχᾶται«

(»Wer seine Frau entläßt,
begeht an ihr Ehebruch,
und wer eine Entlassene heiratet,
begeht Ehebruch«.)

Es ist anzunehmen, daß der Spruch in dieser Form auch schon vor Q existierte. Dann würde begreiflich, wie die Vorstellung der Heirat mit einer Entlassenen in der zweiten Spruchhälfte unter Einwirkung des oben mit Berger angenommenen Hintergrunds, der durch priesterlichlevitische Reinheitsvorstellungen bestimmt ist, zu einer Umformung der ersten Spruchhälfte führen konnte, in der Unzuchtsklausel und die Vorstellung, daß Entlassung die Frau in den Ehebruch, d.h. in die Verunreinigung dessen, der die Entlassene heiratet, treibe, die ursprüngliche Vorstellung, daß die Entlassung der Frau durch den Mann, die Treupflicht, durch die auch er an sie gebunden ist, verletze, verdrängen konnte.

6. Struktur und Aussage des Jesuswortes zur Ehescheidung

Für die rekonstuierte Fassung des Doppelspruchs aus Mk (1. Spruchhälfte) und Q (2. Spruchhälfte) spricht nicht nur, daß von ihr aus sowohl der Weg der markinischen Rezeption und Redaktion als auch der durch

Q nachvollziehbar erscheint, sondern sie hat auch innere Gründe formaler wie sachlicher Art für sich. In dieser Form bildet nämlich der Doppelspruch einen vollkommenen Parallelismus und zwar in syntaktischer, lexematischer und in semantischer Hinsicht. In beiden Hälften geht nämlich (syntaktisch) ein relativischer Konditionalsatz mit dem Verb im Konjunktiv Aorist dem Hauptsatz voran, wobei in den Konditionalsätzen zusätzlich ein syntaktischer Chiasmus sich dadurch ergibt, daß auf Subjekt und Konjunktion im ersten Konditionalsatz Prädikat und Akkusativobjekt, im zweiten Akkusativobjekt und Prädikat folgen. Lexematisch sind die beiden Haupsätze dadurch parallel, daß beide das dorische *moichātai* verwenden (s.o.). In semantischer Hinsicht ergibt sich ein antithetischer Parallelismus dadurch, daß in der ersten Hälfte durch *Scheidung*, in der zweiten Hälfte durch *Heirat* die Ehe gebrochen wird.

Schließlich zeigt die Kombination dieser beiden Spruchhälften, daß die zweite Spruchhälfte, die von der Heirat mit einer Entlassenen spricht, durchaus nicht allein, wie in ihrer jetzigen Zusammenstellung in Mt 5,32 = Q, von der von Berger herangezogenen Reinheitsvorstellung her zu verstehen ist, sondern auch im Hinblick auf die aus Mk rekonstruierte erste Spruchhälfte einen guten Sinn ergibt. Will diese im Gegensatz zu alttestamentlich-jüdisch geltender Ansicht, daß der Mann nicht die eigene, sondern nur die fremde Ehe brechen kann, herausstellen, daß es auch eine Treuepflicht des Mannes gegenüber seiner Ehefrau gibt, die durch die Entlassung tangiert würde, so denkt die zweite Spruchhälfte, akzeptiert man einmal die Geltung der ersten, insofern in alttestamentlich-jüdischen Bahnen als es in ihr um den Einbruch des Mannes in eine fremde Ehe geht: Gilt nämlich, was die erste Spruchhälfte behauptet, daß der Mann durch Entlassung seiner Frau seine Treuepflicht verletzt, ist impliziert, daß auch die Entlassung nichts daran ändert, daß diese Treuepflicht und mithin der Ehebund weiter besteht. Dann aber ist die Heirat mit einer Entlassenen insofern Ehebruch, als dadurch in ein auch durch die Entlassung nicht beendetes Treueverhältnis, d.h. in eine auch nach der Entlassung noch fortbestehende, fremde Ehe eingebrochen würde.

Die zweite Hälfte des Spruchs würde dann allerdings auf der durch die erste Hälfte neu geschaffenen Basis das anwenden, was immer schon galt, nämlich daß der Mann nicht in eine fremde Ehe einbrechen darf. Sollte man diesen Umgang mit der Tradition, der sie zugleich bejaht und, sie auf einer neuen Basis anwendend, grundlegend verändert, nicht gerade Jesu zutrauen? Die »neue« Basis, die sein Wort schafft, müßte dann immer noch nicht die Grenze des Judentums sprengen. Das zeitgenössische Judentum zur Zeit Jesu ist auf dem Weg, die Scheidung zu erschweren oder (in Qumran) sogar zu verunmöglichen, und alttestamentlich scheint in Mal 2,15 sogar ein Beleg dafür zu sehen zu sein, daß ein

Scheidungsverbot durchaus nocht nicht die Bandbreite des jüdisch Möglichen verläßt, auch wenn man zugeben muß, daß Jesus damit eine extreme Position des jüdisch Möglichen einnimmt[23].

7. Zusammenfassung

7.1. Zu Beginn der Überlegungen hatte ich darauf verwiesen, daß die Rekonstruktion des ursprünglichen Ehescheidungslogions, wie sie hier versucht wurde, im Endeffekt nur unterstützen würde, was Hoffmann an sachlichen Folgerungen für die *Jesusebene* aus seinem Rekonstruktionsversuch, der von der Lk-Fassung ausgeht, erhebt. Das ist sicherlich insofern richtig, als in der hier rekonstruierten Form das ἐπ' αὐτήν (»an ihr«) noch deutlicher darauf verweist, daß nach der Ansicht Jesu der Mann schon in der Entlassung seiner Frau »ihr gegenüber« die Ehe bricht und so den »Treueanspruch der Frau an ihren Mann« verletzt, so daß der »Treue-Anspruch, den nach jüdischer Auffassung der Ehemann auf seine Frau besaß«[24], in ein wechselseitiges Verhältnis gegenseitiger Treue ausgeweitet wird, was nicht zuletzt auf eine Aufwertung und ein Ernstnehmen der Frau gegenüber dem Mann und vor Gott hinausläuft. Daß sich von hier aus Linien zur Reich-Gottes-Botschaft Jesu ausziehen lassen, ist offenbar. Die Gottesherrschaft gilt insbesondere denen, die unter der Herrschaft des Menschen an den Rand gedrängt werden. Darüberhinaus läßt unsere Rekonstruktion für die Jesusebene erkennen, daß Jesus sein Wort nicht einfachhin gegen die Tradition setzt, sondern diese erst richtig ernst nimmt, indem er sie auf eine neue Basis stellt, für die allerdings sich Ansätze im AT und im zeigenössischen Judentum nachweisen lassen.

7.2. Desweiteren läßt unsere Rekonstruktion vermuten, daß in der

---

[23] Zur Diskussion der damit verbundenen Fragen vgl. *I. Broer*, Freiheit vom Gesetz und Radikalisierung des Gesetzes, Ein Beitrag zur Theologie des Evangelisten Matthäus, SBS 98, Stuttgart 1980, 95–101. Vgl. *K. Niederwimmer*, aaO. 22: »Die Forderung Jesu (so sehr sie außerhalb der rabbinischen Diskussion über die Voraussetzungen der Scheidung steht) steht gleichwohl nicht außerhalb der jüdischen Tradition überhaupt ... Jesu generelles Scheidungsverbot erweist sich mithin als Radikalisierung einer im Judentum lebendigen Tradition, freilich führt hier die Radikalisierung schließlich über die Grenzen der Tradition selbst hinaus. Jesus fordert in dem Maße mehr, daß er schließlich überhaupt etwas anderes fordert. Der ethische Radikalismus hebt an dieser Stelle das positive Recht auf«.

[24] *P. Hoffmann*, aaO. 119. Vgl. *G. Delling*, aaO. 232, der die zwei Wörter »gegen sie« auf die erste Frau bezieht und meint, daß sie dann »das Unerhörte der Forderung Jesu (unterstreichen), indem sie betonen: eben diese bestehende Ehe wird (durch Entlassung der Frau A.d.V.) so völlig zerstört, wie in einem sündhaften Ausbruch aus einer ungeschiedenen Ehe«. Diese Formulierung nimmt nicht wahr, daß jüdisch seitens des Mannes Ehebruch nicht durch Ausbruch des Mannes aus der eigenen, sondern nur durch Einbruch in eine fremde Ehe erfolgen kann. Doch wird gerade durch dieses Nicht-Wahrnehmen die Meinung P. Hoffmanns unterstrichen.

Rezeption des Logions auf der *Q-Ebene* der Einfluß priesterlich-levitischer Reinheitsvorstellungen, die Berger nachgewiesen hat[25], zu einer Umformung der bei Mk besser erhaltenen ersten Hälfte geführt haben[26], die die Vorstellung, daß die Entlassung die Frau in den Ehebruch treibe, einbringt und folgerichtig auch die Unzuchtsklausel. Der priesterlich-levitische Denkhorizont führt also dazu, daß es in den Q-Gemeinden doch wieder zu der Möglichkeit, ja zu der Verpflichtung zur Entlassung der Frau kommt: wenn die Frau Ehebruch begangen hat, verunreinigt sie in der Folge auch den eigenen Mann.

Diese Umformung der ersten Hälfte des Doppelspruchs erfolgte aufgrund einer Rezeption der zweiten Hälfte (Heirat mit einer Entlassenen) im Rahmen eines priesterlich-levitischen Denkens, das die ursprüngliche Beziehung der zweiten Hälfte des Spruchs zu seiner ersten von den eigenen Denkvoraussetzungen her nicht mehr verstehen konnte bzw. veränderte.

7.3. Die zweite Spruchhälfte (Heirat mit einer Entlassenen) konnte aber auch der Ansatzpunkt dafür werden, daß im hellenistischen Raum nicht schon die Entlassung der Frau durch den Mann (bzw. die Entlassung des Mannes durch die Frau) als solche, sondern erst die Wiederverheiratung mit einem anderen Partner als Ehebruch gewertet wurde, wie die *markinisch* veränderte Form zeigt, eine Auffassung, die *Lk* aber auch Mt (Mt 19,9!) von Mk offenbar deshalb übernehmen, weil es auch in ihren Gemeinden zu Entlassungen kommt, die gleichwohl das Recht zu einer Wiederverheiratung nicht oder nur aus einem Grund (Mt) eröffnen[27].

---

[25] Bei *K. Berger*, aaO. 569f. wird allerdings nicht ganz deutlich, ob diese Vorstellungen erst auf der Q-Ebene oder schon auf der Jesus-Ebene wirksam werden: »Die Frage, welche Fassung möglicherweise Jesus näher steht, ist vielleicht zugunsten von Mt 5,32 zu beantworten«, zumal Berger die Behandlung der Frage nach dem »möglichen Sitz (des Logions A.d.V.) in der Verkündigung Jesu« erst für Bd. II ankündigt.

[26] Häufig wird für diesen Vorgang das Wort »Rejudaisierung« gebraucht. Von diesem Wort sollte man absehen, wenigstens dann, wenn man sich angewöhnt, in Jesus und insbesondere seinem »Ethos« eine vielleicht extreme aber immerhin doch noch in der großen Bandbreite des Judentums vor 70 n. Chr. unterzubringende jüdische Möglichkeit zu sehen. Will man dennoch an diesem Wort festhalten, müßte man jeweils im Einzelfall angeben, in welche andere jüdische »Richtung« vom jüdischen Jesus weg diese Rejudaisierung erfolgt. In diesem Fall ist dies eine Richtung, die von priesterlich-levitischem Denken erfaßt wird.

[27] Wäre die von *P. Hoffmann* vorgenommene Ableitung der Q-Fassung des Logions vom Lk her zutreffend, hätte man auch in den Q-Gemeinden mit einer solchen Praxis zu rechnen. *P. Hoffmann* sieht es als möglich an, daß das καὶ γαμῶν ἑτέραν (Lk 16,18) auf der Q-Ebene hinzugewachsen sei, ohne dies freilich zu begründen. Dagegen hat unsere Ansicht, daß es sich darin um Praxis der Gemeinden des hellenistischen Raums handelt, die sich dort schon früh (1 Kor 7,11!) nachweisen läßt und die bei Mt in Angleichung seiner Gemeinde an die hellenistischen aufgenommen wird, eine größere Wahrscheinlich-

7.4. *Für Mt* scheinen die Ausführungen erkennen zu lassen, daß er die Q-Fassung deshalb rezipiert, weil in seiner Gemeinde mit judenchristlichen Wurzeln entgegen dem Wort Jesu Scheidung und Wiederverheiratung, wie die Unzuchtsklausel beweist, praktiziert werden. Mt führt hier also keine neue Praxis in seinen Gemeinden ein, sondern steht auf dem Boden judenchristlicher Tradition. Allerdings scheinen die priesterlich-levitischen Reinheitsvorstellungen, die auf der Ebene von Q zur Bildung der Unzuchtsklausel geführt hatten, bei Mt in den Hintergrund getreten zu sein. Er ist deshalb an der Unzuchtsklausel interessiert, weil er damit die »bessere Gerechtigkeit« seiner Gemeinden im Vergleich zu der laxeren, hilletisch denkenden Judenheit, unter der seine Gemeinden leben, herausstellen kann: In den Mt-Gemeinden hält man sich an die strengere schammaitische Praxis, die Ehescheidung und Wiederverheiratung nur für den Fall des Ehebruchs durch die Frau vorsieht, und sieht diese Praxis als von Jesus gebrachte messianisch-eschatologische Erfüllung von Gesetz und Propheten.

---

keit für sich. Sollte nicht sogar Paulus der Schöpfer dieser Möglichkeit gewesen sein? Die alternative Möglichkeit »so bleibe sie unverheiratet« (1 Kor 7,11) steht in nahem Kontext zu seinen Ausführungen über sein eigenes Unverheiratetsein (1 Kor 7,7f.)! Anders *R. Pesch*, Das Markusevangelium II, HThK NT II, Freiburg-Basel-Wien 1977, 125. »Da nicht mehr wie Mt 5,32 die polygame jüdische, sondern eine monogame hellenistische Eheordnung vorausgesetzt wird, muß neben der Entlassung … die Wiederheirat ausdrücklich genannt werden, denn 1. wird das Institut des Scheidebriefs nicht vorausgesetzt, so daß Trennung und Scheidung nicht klar unterschieden sind, 2. macht erst die neue Heirat eine Trennung unwiderruflich (während eine zweite Heirat im polygamen jüdischen Recht die erste Ehe nicht bricht). Keineswegs werden 'Trennung' als erlaubt und nur 'Wiederheirat' als verboten bezeichnet«.

8. Synoptische Übersicht

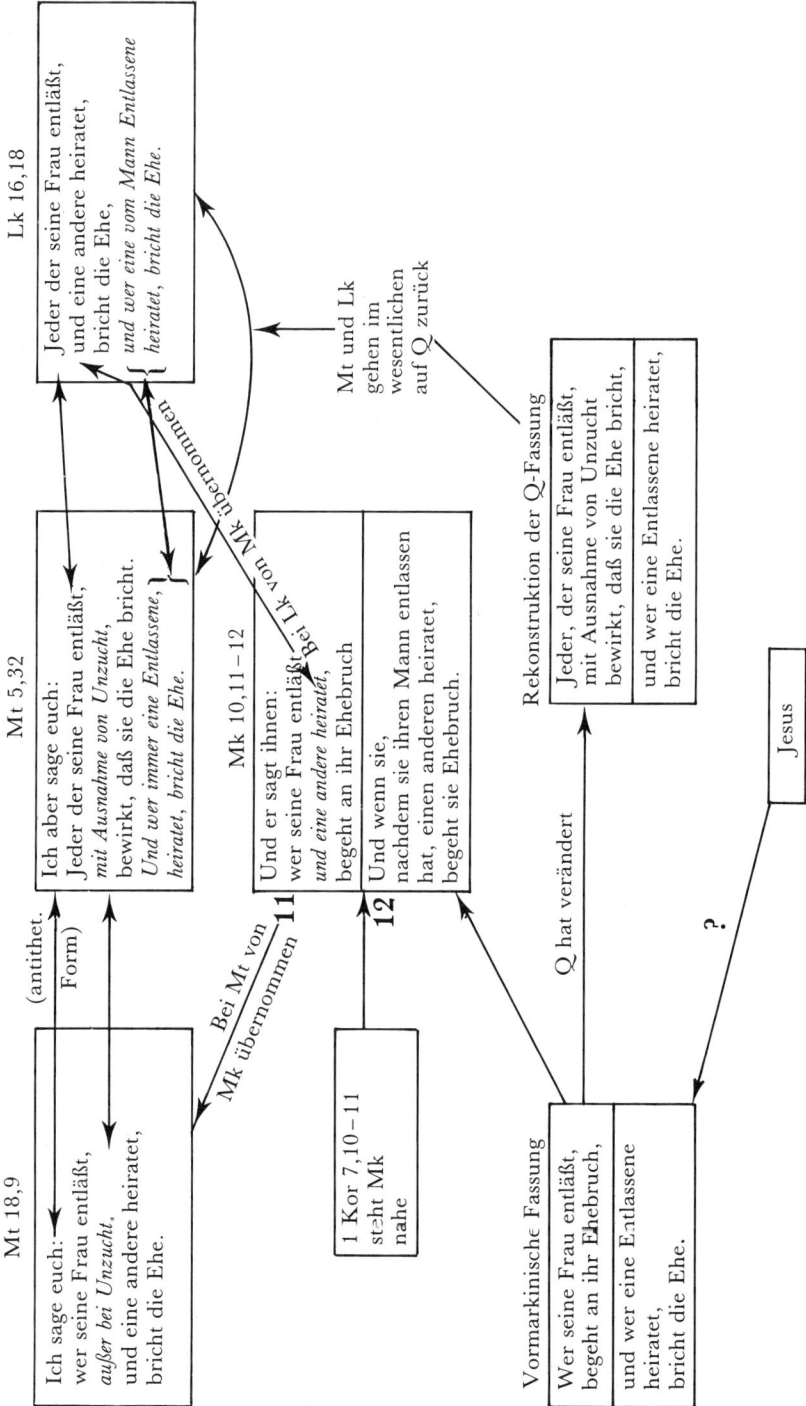

Mt 18,9

(antithet. Form)

Ich sage euch:
wer seine Frau entläßt,
außer bei Unzucht,
und eine andere heiratet,
bricht die Ehe.

Mt 5,32

Ich aber sage euch:
Jeder der seine Frau entläßt,
mit Ausnahme von Unzucht,
bewirkt, daß sie die Ehe bricht.
Und wer immer eine Entlassene
heiratet, bricht die Ehe.

Bei Mt von Mk übernommen

Lk 16,18

Jeder der seine Frau entläßt,
und eine andere heiratet,
bricht die Ehe,
und wer eine vom Mann Entlassene
heiratet, bricht die Ehe.

Mk 10,11–12

Und er sagt ihnen:
11 wer seine Frau entläßt,
und eine andere heiratet, begeht
an ihr Ehebruch.

12 Und wenn sie,
nachdem sie ihren Mann entlassen
hat, einen anderen heiratet,
begeht sie Ehebruch.

Bei Lk von Mk übernommen

Mt und Lk gehen im wesentlichen auf Q zurück

Rekonstruktion der Q-Fassung

Jeder, der seine Frau entläßt,
mit Ausnahme von Unzucht
bewirkt, daß sie die Ehe bricht,

und wer eine Entlassene heiratet,
bricht die Ehe.

1 Kor 7,10–11 steht Mk nahe

Q hat verändert

Vormarkinische Fassung

Wer seine Frau entläßt,
begeht an ihr Ehebruch.

und wer eine Entlassene
heiratet,
bricht die Ehe.

?

Jesus

VIII

DIE SELIGPREISUNG DER GESCHMÄHTEN
(Mt 5,11 – 12; Lk 6,22 – 23)

1. *Ausgangspunkt der Argumentation – eine quellenkritische Hypothese*

Auch unter der Voraussetzung der Zweiquellentheorie kann von einem Konsens der Forschung hinsichtlich der genaueren Überlieferungs-, Quellen- und Redaktionskritik der Seligpreisungen (und Weherufe) Mt 5,3 – 12 und Lk 6,20b – 26 kaum gesprochen werden, wobei im wesentlichen zwei Auffassungen einander gegenüberstehen: Meinen einige Forscher erkennen zu können, daß Mt und Lk »den Grundbestand der Seligpreisungen in Q jeweils verschieden weitergebildet vorgefunden« hätten[1], so daß also Mt und Lk jeweils verschiedene Weiterbildungen von Q vorgelegen hätten, denen »vor allem die bei Mt überschießenden Seligpreisungen und die Ausbildung der bei Lk folgenden Weherufe« zu verdanken wären[2], vertreten andere die Meinung, daß Mt und Lk in Q eine Vierergruppe von Makarismen vorgefunden hätten und daß »die Erweiterungen der Makarismenreihe – Matthäus bringt insgesamt neun Seligpreisungen, Lukas stellt gegen die vier Seligpreisungen vier Weherufe – ... auf die Evangelisten selbst zurückgehen« dürften[3].

Besonders die letzte der in Mt 5,3ff. par Lk 6,20ff. zusammengestellten Seligpreisungen, d.h. Mt 5,11 – 12 und Lk 6,22 – 23, deren Zugehörigkeit zum »Grundbestand der Makarismenreihe, die in Q den von Mt zur Bergpredigt und von Lk zur Feldrede ausgestalteten Logienkomplex eröffnet«[4] von Vertretern beider Richtungen angenommen wird[5], verleitet, gerade weil »die ursprüngliche Gestalt des Logions ... in Q angesichts der stark voneinander abweichenden Fassungen bei Mt und Lk ... nicht ohne weiteres zu erkennen« ist[6], leicht zu dem Urteil: »Eine gemeinsame,

---

[1] *O.H. Steck*, Israel und das gewaltsame Geschick der Propheten, Untersuchungen zur Überlieferung des deuteronomistischen Geschichtsbildes im Alten Testament, Spätjudentum und Urchristentum, WMANT 23, Neukirchen-Vluyn 1967, 21f.

[2] Ebd.

[3] *P. Hoffmann*, »Selig sind die Armen ...«, Auslegung der Bergpredigt II (Mt 5,3 – 16), Bibel und Leben (1969) 112.

[4] *O.H. Steck*, aaO. 20.

[5] Vgl. z.B. *P. Hoffmann*, ebd.

[6] *O.H. Steck*, ebd.

schriftliche Vorlage hat . . . für den Abschlußmakarismus nie existiert.
Die jetzt vorliegenden Texte sind Niederschläge unabhängiger Tradtio-
nen und/oder Übersetzungen»[7], und entläßt den Versuch, eine vormat-
thäische und eine vorlukanische Fassung voneinander zu unterscheiden,
die jeweils unterschiedlich eine Grundform des Logions in Q variieren[8],
ohne daß dabei aber so recht deutlich würde, worin die verschiedenen
»Sitze im Leben« dieser Variationen zu sehen wären.

Im folgenden soll darum der Versuch gemacht werden, unter der Voraussetzung, daß Mt und Lk der Makarismus in der gleichen Form vorlag,
nach seiner Grundgestalt in der Logienquelle zu fragen, wobei freilich
über die rein quellen- und überlieferungskritisch-analytische Diskussion
hinaus synthetisch-historische Überlegungen einbezogen werden müssen,
die es erlauben, die erschlossene Textform bzw. -formen in unterscheid-
bare und identifizierbare Stadien oder gesellschaftliche Situationen der
urchristlichen Überlieferungs- und Theologiegeschichte hineinzustellen,
so daß sich die Voraussetzung einer Mt und Lk gemeinsamen Vorlage im
nachhinein rechtfertigt. Weil aber sowohl Vertreter einer einzigen Text-
vorlage von Mt und Lk (Q) als auch Vertreter zweier verschiedener
(QMt, QLk) die Zugehörigkeit des vierten Makarismus zum Grundbestand der Reihe auf der Ebene der Logienquelle als gegeben ansehen,
ist auch auf die ersten drei Makarismen einzugehen, will man sich nicht
der Vorteile eines interpretierenden Kontextes berauben. Doch soll dies
eher thetisch zusammenfassend als in Einzeldiskussion geschehen. Ausgangspunkt jedenfalls ist die jeweilige »Form«, die die Texte in ihrem
redaktionellen Endstadium gefunden haben.

2. Struktur von Mt 5,3 – 12

(1) »Wir haben in Mt 5,3 – 12 *neunmal* die gleiche *geprägte Stilform* vor
uns, die nach dem jeweils ersten Wort des griechischen Textes (*makarios*)
'Makarismus' heißt«[9].

(2) Die syntaktische Grundstruktur (Nominalsatz mit folgendem Kausalsatz) begegnet insgesamt achtmal hintereinander.

(3) Die neunte Seligpreisung beginnt zwar ähnlich wie diese acht, ist
im folgenden jedoch weiter aufgefüllt (s.u.), so daß man sie von diesen
absondern muß.

---

[7] H. Th. *Wrege*, Die Überlieferungsgeschichte der Bergpredigt, WUNT 9, Tübingen
1968, 22.
[8] Vgl. die synoptische Tabelle b. *O.H. Steck*, aaO. 27, der von Q eine Vorform des
Mt = QMt und eine davon zu unterscheidende Vorform des Lk = QLk ableiten will.
[9] G. *Eichholz*, Auslegung der Bergpredigt, Neukirchen 1978, 26.

(4) Diese Zäsur zwischen der achten und der neunten Seligpreisung verstärkt sich, beachtet man, daß die ersten acht in der 3. Ps. Pl. stehen, die neunte jedoch in der 2. Ps. Pl., der Anredeform, die im übrigen vom unmittelbar folgenden Kontext aufgenommen wird (Mt 5,13ff.).

(5) Die ersten acht Seligpreisungen bilden also gegenüber der neunten einen zusammengehörigen Block, hängen aber doch mit ihr zusammen, denn trotz aller Unterschiede ist auch die neunte noch eine Seligpreisung und nimmt, indem sie die »Verfolgten« preist, stichwortartig das Thema auf, das in der achten Seligpreisung den Block der ersten acht abschließt. Trotz der Zäsur gibt es also einen textlichen Zusammenhang.

(6) Der Blockcharakter der ersten acht Seligpreisungen wird durch die Beobachtung verstärkt, daß sowohl in der ersten als auch in der achten das Stichwort »*Königsherrschaft der Himmel*« begegnet, und so die zwischen erster und achter stehenden übrigen Seligpreisungen einschließt oder rahmt (inclusio). Dies kann uns bedeuten, daß es in dem Block der acht Seligprcisungen thematisch eben um ein und dasselbe geht, nämlich um die »Königsherrschaft der Himmel« bzw. um die Einlaßbedingungen in diese.

(7) Für Blockcharakter und Einrahmung spricht auch, daß vor der zweiten bis zur siebten Seligpreisung jeweils in dem begründenden Kausalsatz in starken Verben und im *Futur* von dem zukünftigen Lohn gesprochen wird, während in der ersten und achten unter Verwendung des Hilfszeitworts »sein« im *Präsens grundsätzlicher* von dem Lohn gesprochen wird, der den »Armen im Geiste« und den »Verfolgen um der Gerechtigkeit willen« zukommt: dem »Königreich der Himmel«.

(8) Dem entspricht der Wechsel im *Modus* der Verben in den Seligpreisungen II–VII: dem Passiv in II folgt das Aktiv in III, gefolgt von dem Passiv in IV. V steht wieder im Passiv gefolgt in VI von einem medialen Aktiv. VII schließt mit dem Passiv ab. So ergibt sich die Struktur P–A–P/P–A–P und der gerahmte Block von II–VII gliedert sich in zwei Dreierabschnitte.

(9) An der gleichen Stelle, hinter IV, entsteht eine Zäsur dadurch, daß das Stichwort »*Gerechtigkeit*« in IV wie in VIII, jeweils im Vordersatz und zwar zunächst als erstrebtes Ziel (»hungern und dürsten«) und dann als verwirklichte Gerechtigkeit, um derentwillen Verfolgungen erlitten werden, begegnet, so daß die gesamte Achterreihe in zwei Viererabschnitte sich gliedert und sich – in Vereinfachung – die Aussageabsicht der Achterreihe jetzt schon zusammenfassend formulieren läßt: 'den Gerechten gilt und ihnen wird zuteil werden das Königreich der Himmel'. Wer jene sind, und worin dieses besteht wird in den einzelnen Seligpreisungen entfaltet.

(10) Dem Wechsel von der 3. Ps. Pl. der ersten acht in die 2. Ps. Pl.,

die die Adressaten in der neunten Seligpreisung persönlich anredet, entspricht schließlich auch, daß im Unterschied zu den ersten acht in der neunten auch die Person des Redners selbst in der Seligpreisung begegnet: »um meinetwillen«. Die »Gerechtigkeit« von der die Rede ist, ist also keine abstrakte oder objektive sondern eine die im Bezug zum Redner selbst, d.h. zu Jesus erst entsteht.

Eine Modellskizze läßt das Gesagte überblicken:

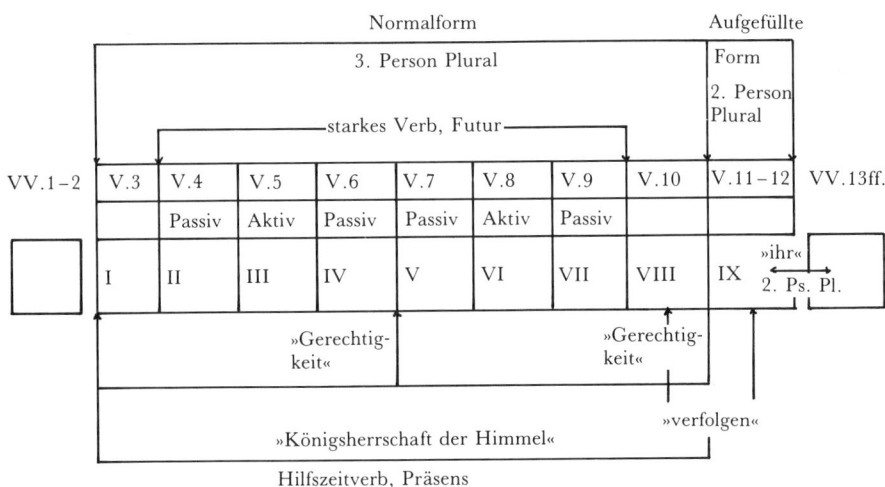

		Normalform							Aufgefüllte Form	
			3. Person Plural						2. Person Plural	
			starkes Verb, Futur							
VV.1–2	V.3	V.4	V.5	V.6	V.7	V.8	V.9	V.10	V.11–12	VV.13ff.
		Passiv	Aktiv	Passiv	Passiv	Aktiv	Passiv			
	I	II	III	IV	V	VI	VII	VIII	IX »ihr« 2. Ps. Pl.	
		»Gerechtigkeit«					»Gerechtigkeit«			
		»Königsherrschaft der Himmel«					»verfolgen«			

Hilfszeitverb, Präsens

3. Struktur von Lk 6,20–26

Die Hauptzäsur des Textes nach V.23 ist deutlich erkennbar: die 4 *Seligpreisungen* werden von ebenfalls 4 *Weherufen* abgelöst. Dabei sind Seligpreisungen und Weherufe einander in mehrfacher Hinsicht parallel:

(1) Die syntaktische Grundstruktur (Nominalsatz mit darauffolgendem Kausalsatz) erfaßt die drei ersten Seligpreisungen und die drei ersten Weherufe.

(2) Jeweils in der vierten Seligpreisung und im vierten Weheruf (VV.22.26) wird diese Normalform in jeweils ähnlicher Weise weiter aufgefüllt, was vierte Seligpreisung und vierten Weheruf jeweils von den vorhergehenden abgliedert.

(3) Seligpreisungen und Weherufe stehen durchgehend in der 2. Ps. Pl., der Anredeform.

(4) Die Begründung der ersten Seligpreisung und des ersten Weherufs

steht in der Gegenwartsform, so daß beide für das, was folgt, Überschriftcharakter gewinnen.

(5) Die Begründung der zweiten und dritten Seligpreisung und des zweiten und dritten Weherufs stehen im Futur. Durch die in zweiter und dritter Seligpreisung und zweitem und drittem Weheruf im Vordersatz betonte Gegenwart (νῦν) wird der Gegensatz zwischen dem Jetzt und der eschatologischen Umwandlung akzentuiert.

(6) Besonders hervorheben muß man, daß inhaltlich Seligpreisungen und Weherufe einander in Umkehrung, antithetisch (arm-reich usw.) unter Wahrung der gleichen Reihenfolge (I, II, III, IV) entsprechen. Dabei sind jeweils zwei Seligpreisungen und zwei Weherufe einander auch paarig parallel. In den beiden ersten Seligpreisungen werden *leibliche* Nöte genannt: »arm«/»hungernd« denen auf der Seite der Weherufe Wohlbefindlichkeiten oppositionell entsprechen: »reich«/»satt«. In den zwei letzten Seligpreisungen werden aber eher das *Geistige* berührende Nöte angesprochen: »weinend« (weil verlacht)/»geschmäht«. Auf der Seite der Weherufe entspricht diesen das Gegenteil: »lachend« (über andere)/»gelobt«.

Graphisch ergibt sich mithin folgender Überblick:

leibliche Not		geistige Not		leibliches Wohlbefinden		geistiges Wohlbefinden	
Seligpreisungen				Weherufe			
2. Person Plural							
Normalform		aufgefüllte Form		Normalform			aufgefüllte Form
V.20b	V.21a	V.21b	VV.22–23	V.24	V.25a	V.25b	V.26
I	II	III	IV	I	II	III	IV
Gegenwart	Gegenwart und Zukunft			Gegenwart	Gegenwart und Zukunft		

Auffällig ist allerdings, daß der parallelistische Formzwang nicht ganz durchgehalten wird:

(1) So begegnet in den Vordersätzen der ersten beiden Weherufe ein anredendes ὑμῖν, das in den entsprechenden Seligpreisungen und auch im dritten Weheruf fehlt, in dem ersten Weheruf sogar zusammen mit einer nur hier begegnenden Dativverbindung: τοῖς πλουσίοις.

(2) Nur der Begründungsatz des dritten Weherufs kennt *zwei* Ansagen für die Zukunft: πενθήσετε καὶ κλαύσετε.

(3) Ist schon der Vordersatz des vierten Weherufs gegenüber dem der entsprechenden Seligpreisung verkürzt, so fehlt darin auch eine Entsprechung zu dem das Verhalten in der Zukunft betont herausstellenden doppelten Imperativ: χάρητε ἐν ἐκείνῃ τῇ ἡμέρᾳ καὶ σκιρτήσατε und dem Verweis auf den Lohn im Himmel des Pendantmakarismus.

4. Zum synoptischen Vergleich

4.1. Gemeinsamkeiten

Als gemeinsamer Bestand von Mt und Lk, von Formulierungsunterschieden im einzelnen hier noch einmal abgesehen, ergeben sich somit die Seligpreisungen der *Armen, Hungernden, Klagenden (Mt)/Weinenden (Lk)* und die von Mt 5,11–12 und Lk 6,22–23, die wir hier wegen des gemeinsamen ὀνειδίσωσιν die Seligpreisung der *Geschmähten* nennen wollen. Allerdings haben diese gemeinsamen Seligpreisungen bei Lk eine etwas andere Abfolge als bei Mt. Folgen hier auf die der Armen, die der Trauernden, Hungernden und Geschmähten, so bietet Lk die Reihenfolge: Arme, Hungernde, Weinende, Geschmähte. Die Seligpreisung der Weinenden und die der Hungernden sind also in ihrer Reihenfolge umgedreht.

4.2. Größere Unterschiede

Keine Parallele bei Lk haben die Seligpreisungen der *Sanftmütigen* (Mt 5,5), der *Barmherzigen* (Mt 5,7), der *Herzensreinen (Mt 5,8), der Friedensstifter* (Mt 5,9) und der *um der Gerechtigkeit willen Verfolgten* (Mt 5,10). Bei Mt dagegen fehlen die Weherufe des Lk (6,24–26).

5. Überlieferungs- und Redaktionskritik

Unter der Voraussetzung einer gemeinsamen Vorlage läßt sich hierzu im Einzelnen begründet vermuten:

5.1. Bei der Frage ob in Q die Trauernden (Mt) oder die Weinenden (Lk) selig gepriesen werden, ist darauf zu verweisen, daß Lk πενθέω im entsprechenden Weheruf (Lk 6,25b) verwendet und daß das παρακληθήσονται des Begründungssatzes von Mt 5,4 im lukanischen Weheruf über die Reichen (Lk 6,24) und zwar ebenfalls im Begründungssatz mit dem Substantiv παράκλησις aufgegriffen wird. Hält man die Weherufe für lukanische Bildung[10] darf man annehmen, daß Lk beide Lexeme in der

---

[10] Aufgrund unserer Voraussetzung einer gemeinsamen Q-Vorlage von Mt und Lk, muß hier nicht auf die Ansicht von *O.H. Steck*, aaO. 21 eingegangen werden, der aufgrund einer anderen hypothetischen Vorgabe – Mt und Lk hatten zwei verschiedene Vorlagen

ursprünglichen, von Mt besser bewahrten Seligpreisung las und bei der
Parallelbindung seiner Weherufe berücksichtigte, in der entsprechenden
Seligpreisung jedoch »trauern« durch »weinen« in der Absicht ersetzte, den
Zustand der Seliggepriesenen wie bei den Seligpreisungen der Armen und
Hungernden als empirisch faßbare Befindlichkeit zu charakterisieren.

5.2. Letzteres ist bei der Seligpreisung der Armen und der Hungernden
bei Mt eingeschränkt. Statt eines äußerlich faßbaren Zustandes werden
innere Haltungen beschrieben. Damit treffen sich diese beiden mit Lk
gemeinsamen Seligpreisungen mit einer Linie, die sich auch in den bei Mt
überschießenden Seligpreisungen verfolgen läßt. Mit Ausnahme der
Seligpreisung der »um der Gerechtigkeit willen Verfolgten« sind bei Mt
innere Haltungen oder Strebungen angezielt[11], die »im Herzen« des
Menschen zu bestimmtem Handeln disponieren. Hält man darum,
wiederum unter der Voraussetzung einer gemeinsamen Vorlage, die bei
Mt überschießenden Seligpreisungen mitsamt der Seligpreisung der »um
der Gerechtigkeit willen Verfolgten«, für die sich das schon allein wegen
der Verwendung des mt Vorzugswortes δικαιοσύνη, das zudem im unmittelbaren Kontext der Bergpredigt eindeutig redaktionell, leitwortartigen
Charakter hat, sagen läßt, für mt Bildung, legt es sich nahe, auch die
Näherbestimmungen τῷ πνεύματι und καὶ διψῶντες τὴν δικαιοσύνην in
den verbleibenden, mit Lk gemeinsamen, zwei Seligpreisungen für redaktionell zu halten, zumal in der zweiten das mt Vorzugswort δικαιοσύνη nochmals begegnet.

5.3. Bezüglich der Seligpreisung der Armen bleibt anzumerken, daß
die im Begründungsteil erwähnte βασιλεία τῶν οὐρανῶν ebenfalls mt
Vorzugsvokabel ist, so daß hier die bei Lk entsprechende βασιλεία τοῦ
θεοῦ traditionell ist.

5.4. Das bei Lk zusätzliche, den Gegensatz zwischen der Gegenwart
und der Zukunft betonende νῦν in den Seligpreisungen der Hungernden
und Weinenden nimmt zusammen mit den Weherufen über die Satten
und Lachenden, in denen es ebenfalls vorkommt, Bezug auf das Lk auch
sonst nicht unbekannte Schema von der Umkehrung der Verhältnisse im
Jenseits. Man vergleiche nur das zum Sondergut des Lk gehörige Gleichnis vom reichen Prasser und armen Lazarus (Lk 16,19–31). Es dürfte
darum lk Redaktion sein.

– formuliert: »Die Weherufe sind ... unbeschadet auch erfolgter redaktioneller Eingriffe, auf einer Traditionsstufe gebildet, die zwischen dem Grundbestand der Seligpreisungen in Q und Lk liegt«. Auf dem Boden unserer hypothetischen Vorgabe verändert
sich *O.H. Stecks* Einwand gegen ihre Zuordnung zum Grundbestand von Q in ein Argument *für* ihre redaktionelle Bildung durch Lk: »da sich ihre Eliminierung durch Mt nicht
motivieren läßt«.

[11] Von »Spiritualisierung« hingegen sollte man nicht sprechen.

5.5. Was die ursprüngliche Folge der gemeinsamen Seligpreisungen angeht wird man Mt dann den Vorzug geben, wenn man erkennt, daß mit der Seligpreisung der Armen und Trauernden Bezug auf Jes 61,1ff. genommen wird[12], wo den Armen die Trauernden folgen, die Hungernden hingegen fehlen.

Für eine redaktionelle Umstellung durch Lk spricht weiter, daß dadurch auch eine sachliche Disposition seine vier Seligpreisungen gliedert: Zunächst werden so nämlich zwei leibliche Nöte, »arm« und »hungernd«, und dann zwei das 'Geistige' des Menschen berührende Nöte, »weinend« (weil verlacht, vgl. den korrespondierenden Weheruf) und »geschmäht«, von den »Menschen« genannt (s.o.), so daß die Umstellung als lukanische redaktionelle Rücksichtnahme auf die schon traditionell am Schluß stehende Seligpreisung der Geschmähten zu werten ist.

5.6. Bevor diese in den Blick gefaßt werden kann, muß ein letzter Unterschied zwischen Mt und Lk besprochen werden, der entscheidender ist als man zunächst denkt.

Der synoptische Vergleich zeigt, daß bei Lukas die Seligpreisungen wie die Weherufe durchgehend in der Anredeform der 2. Ps. Plural gehalten sind, während die ersten acht Seligpreisungen des Matthäus, in der 3. Ps. Plural konstruiert, in einer gewissen Spannung zu der neunten stehen, die wie bei Lukas die 2. Ps. Plural aufweist. Läßt sich über die Verwendung der grammatischen Personen in der Mt und Lk vorangehenden Fassung nocht etwas ausmachen?

Im wesentlichen sprechen vier Argumente dafür, daß dort die ersten drei Lk und Mt gemeinsamen Seligpreisungen ursprünglich die von Mt überlieferte dritte Person Plural aufwiesen, die vierte hingegen die zweite Person Plural.

(1) Allein das Vorliegen einer Spannung zwischen 3. Ps. Pl. und 2. Ps. Pl. deutet darauf hin, daß Mt diese »Spannung zwischen 3. Person und direkter Anrede ... nicht ausgeglichen hat«[13] während Lk »durch die Abänderung der 3. in die 2. Person offenbar den Ausgleich mit V.22ff. herstellen (wollte), wo die 2. Person überliefert war«[14].

Dadurch vermeidet Lk auf der Ebene der grammatischen Personen die ursprüngliche Spannung, obwohl diese auf der Ebene der Satzstruktur der Seligpreisungen (die ersten drei in der Normalform, die vierte in der aufgefüllten Form), auch bei ihm noch deutlich genug erkennbar bleibt.

(2) Hinter dem »Selig« der ersten drei Makarismen fehlt bei Lk ein

---

[12] Vgl. *H. Schürmann*, Das Lukasevangelium I, HThKNT III, Freiburg, Basel, Wien 1969, 326.
[13] H.Th. Wrege, aaO. 8.
[14] *S. Schulz*, Q, Die Spruchquelle der Evangelisten, Zürich 1972, 77.

anredendes Personalpronomen, so daß der Vordersatz eigentlich jeweils in der dritten Person zu lesen ist: »Selig *die* Armen . . .«, während der Nachsatz das Pronomen der zweiten Person Plural aufweist: »denn *euer* ist die Gottesherrschaft«, bzw. darin das Verb mit der zweiten Person Plural konstruiert ist. Die vierte Seligpreisung hingegen hat die zweite Person Plural in Vorder- und Nachsatz: »Selig seid *ihr*, wenn die Menschen *euch* hassen . . .«.

Zwar ist es im Griechischen möglich, dem Nominativ mit Artikel anstelle eines Vokativs im Nachsatz die zweite Person folgen zu lassen, nicht jedoch im Aramäischen, wo Vorder- und Nachsatz einander entsprechen müssen. Verweist darum die Inkonzinnität bei Lk darauf, daß ursprünglich mit der dritten Person Plural konstruiert worden war?[15] Es kommt hinzu, daß Lk bei dem Weheruf über die Reichen und dem über die Satten in verschiedener Weise diese Inkonzinnität retuschiert. In letzterem bietet er das Personalpronomen der 2. Person Plural: »Wehe *euch*, die Satten . . .« Im Weheruf über die Reichen konstruiert er ebenfalls mit dem anredenden Pronomen und läßt zusätzlich das Nomen in der Dativform des Plurals folgen: »Wehe *euch*, den Reichen . . .«.

(3) Auch Gattungsmerkmale weisen in diese Richtung, ist doch die 3. Person »für die Makarismen traditionell«[16] so daß die direkte Anrede »neuartig«[17] wirkt: »In den alttestamentlichen Makarismen gibt es die Wendung zur Anrede nur rhetorisch, d.h. es wird nie der unmittelbare Zuhörer angesprochen, auch dann nicht, wenn einmal die zweite Person auftaucht«[18].

(4) Schließlich macht P. Hoffmann darauf aufmerksam, daß Lk in der Verwendung der zweiten Person Plural, dem »Trend der Überlieferung (entspricht) die christliche Gemeinde direkt anzusprechen«. Dies gilt, wie der Kontext zeigt, auch für Matthäus: »Matthäus nimmt die Anrede in der zweiten Person, die ja auch ihm in der letzten Seligpreisung vorgegeben war, auf seine Weise auf; den folgenden Sprüchen stellt er jeweils die Anrede 'Ihr seid das Salz der Erde', 'Ihr seid das Licht der Welt' voran. Auch er verrät also ein deutliches Interesse an der direkten Anrede seiner Hörer. Wenn er dennoch in den ersten Seligpreisungen die dritte Person gebraucht, dürfte er hierin von seiner Vorlage abhängig gewesen sein. In der ältesten Gestalt der ersten drei Seligpreisungen war also die dritte Person verwandt worden«[19].

---

15 Näheres bei *H. Th. Wrege*, aaO. 8.
16 *G. Eichholz*, aaO. 32.
17 *K. Koch*, Was ist Formgeschichte? Neue Wege der Bibelexegese, Neukirchen-Vluyn 1967[2], 23.
18 Ebd.
19 *P. Hoffmann*, aaO. 113.

Man kann also annehmen, daß in der Überlieferung vor Mt und Lk die Seligpreisungen der »Armen«, »Hungernden« und »Weinenden« wie heute noch bei Mt, in der 3. Person Plural standen, die der »Geschmähten« wie bei Mt *und* Lk überliefert, in der 2. Person Plural, der Anredeform.

5.7. Als Wortlaut der drei ersten Seligpreisungen in der Vorlage des Mt und Lk ergibt sich demnach:

I	μακάριοι οἱ πτωχοί,
	ὅτι αὐτῶν ἐστιν ἡ βασιλεία τοῦ θεοῦ.
II	μακάριοι οἱ πενθοῦντες,
	ὅτι αὐτοὶ παρακληθήσονται.
III	μακάριοι οἱ πεινῶντες,
	ὅτι αὐτοὶ χορτασθήσονται.

Formal und inhaltlich gesehen ist dabei I als Spitzensatz des Ganzen anzusehen, inhaltlich deshalb vor allem, weil sich hier der Leitbegriff ἡ βασιλεία τοῦ θεοῦ findet, den die Verben von II und III als »Tröstung« und »Sättigung« weiter entfalten, und weil dieser Begriff im Zusammenspiel mit dem Präsens ἐστιν eine Gleichzeitigkeit von Gegenwart und Zukunft des Heils zur Sprache bringt, während II und III nur von dessen Zukünftigkeit sprechen.

Formal wird I als Spitzensatz des Textes schon durch seine Stellung am Anfang der Reihe erwiesen, stärker noch aber dadurch, daß nur hier im begründenden Nachsatz mit dem Hilfszeitverb konstruiert wird, während die entsprechenden Stellen von II und III starke Verben gebrauchen. II und III gehören auch deshalb zusammen und sondern sich von I, weil sie im Griechischen durch doppelte Alliteration, durch Binnen- und Endreim im Vordersatz, Reim am Satzanfang, Binnen- und Endreim im Nachsatz einander völlig parallel gebaut sind.

6. Die abschließende Seligpreisung der Geschmähten

6.1. Struktur

Die Struktur der Seligpreisung der Geschmähten unterscheidet sich bei Mt und Lk von der Normalform dadurch, daß »die Seligpreisung im

engeren Sinn konditional weitergeführt«[20] wird, und zwar bei Mt durch
einen Konditionalsatz mit drei Verben, bei Lk durch zwei Konditonal-
sätze, deren erster ein Verb und deren zweiter drei Verben hat. Bei Mt
und Lk folgt »im 2. Teil ... die Aufforderung zur Freude (jeweils mit
einem doppelten Imperativ A.d.V.) mit doppelter Begründung«[21]. Strukturell überschießend gegenüber der Normalform sind also vor allem der
doppelte Imperativ, der die Anrede die also nicht nur rhetorisch gemeint
ist, verstärkt und die Annahme einer ursprünglichen Formulierung dieser
Seligpreisung im Unterschied zu den vorangehenden in der zweiten Person Plural absichert, sowie die zweite Begründung, die nicht auf eine
Änderung des Geschicks der Angeredeten in der Zukunft verweist, sondern auf die gleiche Behandlung von anderen – »den Propheten« – in der
Vergangenheit.

6.2. Zum synoptischen Vergleich

6.2.1. Gemeinsamkeiten

Bei den in den Konditionalsätzen geschilderten Situationen, um derentwillen bei beiden die Angeredeten seliggepriesen werden, stimmen Mt und
Lk in dem ὀνειδίσωσιν überein und auch in der Angabe, daß die Seliggepriesenen ihre Behandlung durch andere um eines bestimmten Grundes
willen (ἕνεκεν (Mt), ἕνεκα (Lk)) erfahren. Ein wörtlicher Anklang, doch
in verschiedenem Zusammenhang, begegnet in dem Lexem πονηρόν.
    Bei der Aufforderung zur Freude herrscht Übereinstimmung im ersten
Imperativ im Gebrauch des Verbs χαίρω (allerdings in verschiedener
Zeitform: Mt: Imperativ Präsens; Lk: Imperativ Aorist).
    Bei verschiedenen Anschluß (Mt: ὅτι/Lk: ἰδοὺ γὰρ) stimmen Mk und
Lk im ersten Begründungssatz nahezu wörtlich überein. (Einziger Unterschied ist der Gebrauch des Plurals ἐν τοῖς οὐρανοῖς bei Mt und der des
Singulars ἐν τῷ οὐρανῷ bei Lk).
    Im zweiten Begründungssatz treffen sich Mt und Lk bei im einzelnen
verschiedener Formulierung in der Erwähnung des Geschicks der »Propheten«.

6.2.2. Unterschiede

Bei *Mt* ist das Subjekt der Ablehnung der Seliggepriesenen als ein unbe-
stimmtes »sie« aus den Verben zu erschließen, und ist grammatisch auch
das Subjekt der Behandlung der Propheten.

---

[20] *H. Th. Wrege*, aaO. 20.
[21] Ebd.

Lk bestimmt dieses Subjekt zunächst näher als οἱ ἄνθρωποι und unterscheidet davon οἱ πατέρες αὐτῶν als die, die den Propheten ein Gleiches taten.

In dem die Situation der Seliggepriesenen angebenden Konditionalsatz läßt Mt sie zunächst »geschmäht« werden. Sie erleiden »Verfolgung«, und man redet ihnen »alles Böse« nach. Daß man dies »lügnerisch« tut begegnet nur bei Mt. Bei Lk werden sie zunächst »gehaßt«, wobei dies dadurch verselbständigt ist, daß es in einem eigenen Konditionalsatz geschildert wird. Im zweiten Konditionalsatz werden sie »ausgesondert«, »geschmäht« (wie bei Mt). Schließlich heißt es: καὶ ἐκβάλωσιν τὸ ὄνομα ὑμῶν ὡς πονηρόν. In diesem letzten Glied berührt Lk sich in der Verwendung von πονηρόν ebenso wie in der Angabe des Grundes solcher Behandlung (ἕνεκα) mit Mt, wobei jedoch bei Mt mit ἕνεκεν ἐμοῦ der Sprecher selbst in die Rede eindringt, während er bei Lk mit ἕνεκα τοῦ υἱοῦ τοῦ ἀνθρώπου allenfalls rhetorisch auf sich verweist.

Die Aufforderung zur Freude gilt bei Mt für die Gegenwart (Imperativ Präsens) mit Blick auf den kommenden in den Himmeln bereitliegenden Lohn. Bei Lk dagegen, wie die Verwendung des Imperatifs Aorist, die Zeitangabe ἐν ἐκείνῃ τῇ ἡμέρᾳ und die Verwendung von σκιρθήσατε statt ἀγαλλιᾶσθε beweist, »ist die Seligpreisung solchen Geschicks abgesetzt von der Freude am eschatologischen Tag«, da ἐκείνῃ τῇ ἡμέρᾳ eine stehender Ausdruck traditionell eschatologischen Gehalts ist und so auch in synoptischer Tradition verwendet wird«[22] und ἀγαλλιᾶσθαι bei Lk diesen streng eschatologischen Sinn nicht hat (vgl. Apg 2,46; 16,34; auch Lk 1,14; (10,21)), während σκιρτᾶν offenbar an dessen eschatologische Verwendung in LXX anknüpft (vgl. Ps 113,4.6; Mal 3,20)[23]. Hierzu fügt sich gut, daß der Imperativ Aorist im Unterschied zu dem bei Mt verwendeten Imperativ Präsens, der »durativ oder iterativ« auf die sich in der Gegenwart der Verfolgung durchhalten sollende Freude der Seliggepriesenen zielt, »momentan« gemeint ist und »Anweisungen für das Handeln im Einzelfall ausdrückt« nämlich hier für die Freude »an jenem Tage«[24]. Bei der Beschreibung des Geschicks »der Propheten« spricht Mt von »Verfolgung«, so daß von den drei Behandlungsweisen, die die Seliggepriesenen erfahren, Schmähung, Verfolgung und Verleumdung, die ausgewählt wird, die im Konditionalsatz des Makarismus unter den drei parataktisch aneinander gereihten Behandlungsweisen eine Mittelstellung einnimmt. Lk dagegen faßt, das Geschick der Propheten vergleichend, mit ἐποίουν all das zusammen, was dort den Seliggepriesenen

---

[22] *O.H. Steck*, aaO. 24.
[23] Vgl. *ders.*, aaO. 25.
[24] Vgl. *Blass/Debrunner/Rehkopf*, § 335.

widerfährt. Daß bei Lk stärker zwischen der Gegenwart der Seliggepriesenen und der Vergangenheit der Propheten unterschieden wird, weil jene
von »den Menschen« die üble Behandlung, diese sie jedoch »von ihren
Vätern« erfahren haben, wurde schon implizit angemerkt. Mt unterscheidet zwar auch zwischen der Gegenwart der »Verfolgung« der Seliggepriesen und der »Verfolgung« der Propheten in der Vergangenheit, wie
schon der komplexive Aorist des Prädikats beweist, doch bleibt mindestens das grammatische Subjekt der Verfolgung dasselbe, was natürlich
nicht verhindert, daß man es sachlich im generischen Sinn verstehen
kann.

Es wäre möglich, das nur bei Mt sich findende, abschließende τοὺς πρὸ
ὑμῶν temporal als Verstärkung dieses Unterschiedes zwischen Gegenwart
und Vergangenheit zu nehmen. Grammatisch müßte man es dann »als
nachgestelltes Attribut mit Wiederholung des Artikels (die Propheten vor
euch)«[25] auffassen. Doch macht dies »mögliche Verständnis als rein zeitliche Bestimmung ... den Ausdruck überflüssig«[26]. Darum empfiehlt es
sich eher den Ausdruck qualitativ »als Apposition (οἱ πρὸ ὑμῶν = eure
Vorgänger)« zu verstehen. Doch impliziert der Ausdruck »auf jeden Fall
die sachliche Kontinuität der Angeredeten mit den Propheten, wahrscheinlich auch in der Prophetenbeziehung«[27]. Dadurch aber ergibt sich
auch ein sachlicher Unterschied zu Lk: wird bei Mk stärker die Kontinuität zwischen Seliggepriesenen und Propheten, was beider Prophetsein
angeht, akzentuiert, so wird bei Lk mit der »Wendung οἱ πατέρες αὐτῶν
(Lk 6,23a), die die Täter des Prophetengeschicks von den ἄνθρωποι V.22
absetzt ... die Kontinuität der Abweisung betont«[28].

6.3. *Überlieferungs- und Redaktionskritik*

6.3.1. *Mt 5,11 und Lk 6,22*

Unsere Überlegungen hierzu nehmen ihren Ausgangspunkt von einer
Beobachtung zur kontextuellen Einbindung der Seligpreisung der Geschmähten bei Mt. Mit der Seligpreisung der um der Gerechtigkeit willen
Verfolgten schließt Mt nämlich den Achterblock der Seligpreisungen
(s.o.) ab, nimmt zugleich aber das Stichwort »verfolgen« in der Seligpreisung der Geschmähten, der neunten also, wieder auf. In beiden
Fällen wird auch der Grund der Verfolgung genannt und zwar jedesmal
angeschlossen mit ἕνεκεν. In Mt 5,10 ist die »Gerechtigkeit« als Grund

---

[25] *O.H. Steck*, aaO. 25.
[26] Ebd.
[27] Ebd.
[28] Ebd.

der Verfolgung genannt, in Mt 5,11 ist es der Sprecher, d.h. Jesus selber: »um meinetwillen«. Aus dieser Parallelität läßt sich folgern, daß für Mt Gerechtigkeit nicht ein abstraktes Gut ist, sondern, daß er Gerechtigkeit und Jesus in eins sieht. Geziemt es doch Jesus, in der Übernahme der Johannestaufe »Gerechtigkeit« in seinem eigenen Handeln eschatologisch zu erfüllen (Mt 1,15 R) und in seiner Lehre Gesetz und Propheten messianisch so zu vollenden (Mt 5,17 R), daß sie zugleich Gerechtigkeit der Basileia (Mt 6,33) allein vor Gott dem Vater (Mt 6,1 R) von den Jüngern Jesu als eine die Gerechtigkeit »der Schriftgelehrten und Pharisäer« bei weitem übertreffende Gerechtigkeit (Mt 6,20 R) »getan« (Mt 6,1 R) werden kann. Jesus ist also für Mt sowohl Täter als auch Lehrer der messianisch-eschatologisch erfüllten Thora, die die Gerechtigkeit der Basileia erst praktikabel werden läßt, und als Täter und Lehrer der Gerechtigkeit der Basileia ist er für Mt nahezu mit ihr selbst identifizierbar, so daß Verfolgung »um der Gerechtigkeit willen« mit Verfolgung »um meinetwillen« parallel gesetzt werden können. »Beides gehört für Matthäus zusammen, denn das Bekenntnis zu Jesus realisiert sich für ihn im Tun der Gerechtigkeit«[29].

»Schmähung«, »Verfolgung« und »Verleumdung« treffen die Seliggepriesenen darum weniger wegen eines orthodoxen christologischen Bekenntnisses als wegen der Praxis – und das ist gut jüdisches Erbe des Mt – der – und das führt über das Judentum hinaus – in Jesus »erfüllten« Gerechtigkeit. Mt kann deshalb auf den christologischen Titel »Menschensohn« verzichten, wie er sich bei Lk findet und auch in der Quelle schon stand. Die »Gerechtigkeit«, die Mt meint, soll den jüdischen Weg der Gerechtigkeit überbieten. Mithin ist der Bruch mit der Synagoge bereits vollzogen, auch wenn die matthäische Gemeinde sich als in einer Art Idealkonkurrenz mit dem Judentum befindlich versteht. Mt ersetzt darum auch das bei Lk erhaltene ἀφορίσωσιν seiner Quelle, das voraussetzt, daß der Loslösungsprozeß einer rein judenchristlichen Gemeinde vom Judentum noch im Gange ist (s.u.) durch das allgemeinere διώξωσιν.

Bei der Frage an welche »Verfolgungen« Mt denkt, muß man freilich berücksichtigen, daß auch noch zu der Zeit des Mt das Wort nicht die spezifische Bedeutung von »Christenverfolgungen« in einem späteren Sinne hat, sondern in einem »losen und weiten Sinne gebraucht« wird[30], »weil die christlichen Verbände weithin unter sozialer Mißbilligung standen – das unvermeidliche Los jedes neuen Kultes«[31].

---

[29] *P. Hoffmann*, aaO. 120f.
[30] *D. W. Riddle*, Die Verfolgungslogien in formgeschichtlicher und soziologischer Bedeutung, ZNW 33 (1934) 283.
[31] *Ders.*, aaO. 284.

Die eigentliche Frage aber ist, von wem diese soziale »Mißbilligung«, die sich im Fall des Paulus immerhin schon bis hin zu behördlich auferlegten körperlichen Mißhandlungen erstreckte (vgl. 2 Kor 11,23–26), im Fall des Mt und seiner Gemeinde ausging. Nimmt man eine Abfassung des Mt-Evangeliums in Antiochien an[32], können diese »Verfolgungen« kaum mehr seitens der antiochenischen Judenheit erfolgt sein. Sie hatte nach 70 ihre einst bedeutende Position in Antiochien verloren »and had ceased to play a significant part in the eyes of others, and was effectively thrust back upon itself«[33].
Auch wenn Mt in Übernahme seiner judenchristlichen Traditionen noch von früher »sozialer Mißbilligung« der Judenchristen seitens ihrer Mit-Juden weiß, so ist wie in der weltweiten Verkündigung εἰς μαρτύριον πᾶσιν τοῖς ἔθνεσιν (Mt 24,14) auch in der »Verfolgung« »um meinetwillen«, die darin gerade der weltweiten Evangeliumsverkündigung dient, die Perspektive über das Judentum hinaus geöffnet (εἰς μαρτύριον αὐτοῖς und (diff Mk) τοῖς ἔθνεσιν). Daß die Christen um des Namens Christi »von allen gehaßt« werden (Mk 13,13), ist bei Mt über Mk hinaus durch die Hinzufügung des ὑπὸ πάντων τῶν ἐθνῶν unterstrichen (Mt 24,9). Und auch bezüglich der »Verfolgungen« gilt für die Christen des Mt, nach der Trennung ihres judenchristlichen Teils vom Judentum: »They were now adrift in a Gentile sea, heading towards a Gentile future«[34]. Welche »Verfolgungen« durch Heiden kann Mt aber im Blick haben? Schon die erste Generation der (hellenistisch judenchristlichen) Jesusanhänger in Antiochien war, wenn E. Peterson grundsätzlich Recht haben sollte, von solchen »Verfolgungen« und Benachteiligungen durch die römische Behörden rund 15 Jahre nach dem Tode Jesu betroffen, denn nach Apg 11,26 »bekamen die Jünger erstmalig die (offizielle) Benennung χριστιανοί«[35]. Weil aber χριστιανός für Leute, »die Lateinisch sprachen ... im Sinne

---

[32] Vgl. hierzu *J.P. Meier*, Antioch, in: *R.E. Brown*, *J.P. Meier*, (Ed.) Antioch and Rome, New Testament Cradles of Catholic Christianity, New York/Ramsey 1983, 15–27, 45–72.

[33] *C.H. Kraeling*, The Jewish Community at Antioch, JBL 51 (1932) 152.

[34] *J.P. Meier*, aaO. 49. Vgl. *D.R.A. Haze*, The Theme of Jewish Persecution in the Gospel according to St. Matthew, SNTS. MS 6, Cambridge 1967.

[35] So übersetzt *E. Peterson*, Christianus, in: Ders., Frühkirche, Judentum und Gnosis, Studien und Untersuchungen, Freiburg i. Brsg. 1959, 69, denn »χρηματίζειν ist im Unterschied zu καλεῖν ein Terminus der Amtssprache« (67). Gegen Peterson's Auffassung hat freilich *E. Bikermann*, The name of Christians, HThR 42 (1949) 108ff. nachgewiesen, daß χρηματίζειν in der Bedeutung 'den Namen führen', 'sich nennen' allgemein gebräuchlich gewesen ist. Auch wenn es sich darum vielleicht nicht um einen »amtlichen« Namen handelt, so deutet die Ausdrucksweise von Apg 11,26 darauf hin, »daß den 'Christen' diese Bezeichnung von außen beigelegt wurde« (*H. Conzelmann*, Die Apostelgeschichte, HNT 7, Tübingen 1963, 68) möglicherweise als »volkstümliche Bezeichnung der Christen« (ebd.) vgl. etwa »quos per flagitia invisos vulgus christianos appellabat« (Tac, Ann, 15, 44, 20f.)

des lateinischen Christianus ein Verhältnis der Parteizugehörigkeit zum
Ausdruck brachte«[36], kennzeichneten die römischen Behörden mit diesem Ausdruck die Angehörigen der antiochenischen Gemeinde als »Anhänger einer unter der Führung eines Χριστός stehenden messianischen
Bewegung im Judentum«[37]. In den Augen der Römer galt sie als politisch gefährlich. Benachteiligend kommt hinzu, daß dieselbe Bezeichnung
für griechische Ohren »einen Spott für die Klienten des am Kreuz
gestorbenen Christus zum Ausdruck brachte . . .«[38]. Auch wenn man
damit römischerseits die Christen als eine »politische Gruppe innerhalb
des Judentums«[39] ansah, hatte die Bezeichnung Folgen, die die Christen
als Gruppe politisch aus dem Verband des Judentums heraushob, genossen die Juden doch das Bürgerrecht der Stadt Antiochien, aus dem die
Christen durch diese Benennung herausfielen: »Die Bezeichnung χριστιανοί weist auf eine von den Juden getrennte Gruppe mit messianischer
Tendenz hin, die vom Bürgerrecht ausgeschlossen war. Denn die Verleihung des Bürgerrechts an die Juden blieb unter den Römern bestehen.
Selbst zur Zeit des Vespasianischen Krieges hat Titus den Juden das Bürgerrecht gewahrt . . . Nur mit der Schaffung des Namens kam man den
Wünschen der Bevölkerung nach Aufhebung des Bürgerrechts der Juden
in Antiochia in einem gewissen Sinne, der auch den Juden angenehm sein
mußte, entgegen«[40].

Der mit der Benennung verbundene Entzug des Bürgerrechts und die
politische Unterscheidung vom Judentum hatte nachteilige Folgen. Eine
»freie und von Steuerlast befreite Stadt« hatte nämlich z.B. das Recht
eigener Besteuerung der Bürger und der Selbstverwaltung[41], an der man
durch das Bürgerrecht partizipierte.

Selbst wenn nicht alle jüdischen Bewohner Antiochiens das Bürgerrecht besaßen, sondern nur einige, die Mehrheit dagegen innerhalb der
Polis ein πολίτευμα, einen in seinen eigenen Rechten und Sitten gedul-
deten Eigenverband bildete[42], so bedeutete doch die Benennung der
Christen eine politische Unterscheidung von diesem. In Rom zeigen
schon die neronischen Verfolgungen diese Unterscheidung als wirksam.
Wer sich als Christ bekannte (qui fatebantur)[43], wurde der Brandstiftung

---

[36] *H.E. Peterson*, aaO. 73.
[37] *Ders.*, aaO. 75.
[38] *Ders.*, aaO. 73.
[39] *Ders.*, aaO. 81.
[40] *Ders.*, aaO. 75.
[41] Vgl. dazu etwa *A. Schalit*, König Herodes, Der Mann und sein Werk, Studia Judaica IV, Berlin 1969, 151–155.
[42] Vgl. *C.H. Kraeling*, aaO. 138f.
[43] Tacitus, Ann 15, 44, 23. s. dazu *H. Fuchs*, Tacitus über die Christen, Vig. Christ.
4 (50) 65–93.

angeklagt und hingerichtet, während die Juden Roms von der Verfolgung unberührt blieben. Die Benennung sondert die Christen politisch von den Juden und empfiehlt sie als potentielle Revolutionäre der besonderen Aufmerksamkeit der römischen Obrigkeit. Zusammen mit der Verschärfung des Kaiserkults insbesondere in den Provinzen bildet dies die Grundlage für die »Verfolgung« von Christen unter Domitian, die es zwar nicht in dem Ausmaß, in der spätere, übertreibende Angaben der Kirchenväter darüber berichten, dennoch grundsätzlich gegeben haben muß, wie sich aus der Bemerkung des Plinius (112 n. Chr.) folgern läßt, daß unter den Apostaten in Bithynien, es solche gebe, die schon zwanzig Jahre vorher, unter Domitian (81–96 n. Chr.) also, aufgehört hätten, Christen zu sein[44]. Wenn Mt in der zweiten bzw. dritten Generation der antiochenischen Gemeinde von »Verfolgung« spricht, so hat er neben allen anderen sozialen Mißbilligungen diesen Terror unter Domitian im Auge, der im übrigen auch die Juden trifft. Dazu paßt gut, daß Mt neben Verfolgungen von »Verleumdungen« spricht. In der Zeit Domitians können damit kaum mehr Verdächtigungen der Christen als politische Umstürzler bei den römischen Behörden durch Juden gemeint sein, sondern der Juden wie Christen gemeinsam treffende Vorwurf von »flagitia« und »odium humani generis« in der heidnischen Öffentlichkeit, d.h. der Vorwurf der feindlichen Selbstabsonderung von der menschlichen Gesellschaft, der seine politisch-religiöse Ausprägung in der Enthaltung beider Gemeinschaften vom Kaiserkult fand, aber auch in der Juden und Christen je spezifisch eigenen Form von »Gerechtigkeit«, die sie in ihrer Lebenspraxis in der Tat vom heidnischen Ethos absonderte, begründet war.

Auf diese Verleumdungen kommt Mt in der folgenden Formulierung zu sprechen. Für die Priorität der mt Formulierung εἴπωσιν πᾶν πονηρόν könnte zunächst angeführt werden, daß der lk-redaktionelle Weheruf 6,26 ὅταν καλῶς ὑμᾶς εἴπωσιν πάντες οἱ ἄνθρωποι antithetische Bildung dazu zu sein scheint, auch wenn Lk die mt Wendung in der Seligpreisung gestrichen hat: »Luc témoignerait donc contre lui – même en faveur du texte de la béatitude telque nous le lisons dans Matthieu«[45]. Doch hätte das die Annahme zur Konzequenz, Lk habe das εἴπωσιν πᾶν πονηρόν in ein ἐκβάλωσιν τὸ ὄνομα ὑμῶν ὡς πονηρόν verändert, was angesichts des sprachlichen Charakters der Wendung als »bien peu grecque et aussi

---

[44] Vgl. hierzu: E. Mary Smallwood, Domitian's Attitude toward the Jews and Judaism, Classical Philology 51 (1956) 1ff.; D. W. Riddle, aaO. 271–289, J. Moreau, A propos de la persécution de Domitien (1953), jetzt in: Ders., Scripta minora, Heidelberg 1964, 13–21. P. Keresztes, The Imperial Roman Government and the Christian Church I, From Nero to the Severi, ANRW, 23, 1, Bd. II, Berlin/New York 1979, 257–272.

[45] J. Dupont, Les Béatitudes, I, Le problème littéraire, Les deux versions du Sermon sur la montagne et des Béatitudes, Paris 1969, 234.

étrange«[46] für den Griechen Lk höchst unwahrscheinlich ist: »L'emploi du mot ὄνομα, en particulier, suggère un arrière – plan sémitique«[47], so daß man davon ausgehen muß, das der Lk-text ἐκβάλωσιν τὸ ὄνομα ὑμῶν ὡς πονηρόν dem ursprünglicheren näher steht und εἴπωσιν πᾶν πονηρόν eine mt Erleichterung des schwierigen Ausdrucks ist, die diesen für den griechischen Leser semantisch deutlicher in die Nachbarschaft von ὀνειδίσωσιν stellt und damit zugleich die Grundbedeutung der Wendung völlig richtig erfasst, wie vor allem die sprachliche Parallele beweist, auf die J. Dupont, allerdings in anderer Auswertung, aufmerksam gemacht hat:

Die LXX gibt nämlich den hebräischen Text von Dtr 22,14 mit καὶ κατενέγκη αὐτῆς ὄνομα πονηρόν wieder und kann anderswo das fragliche hebräische Verb auch mit ἐκβάλειν übersetzen[48].

Aus der im vorangehenden Halbvers Dtr 22,14a parallelen Wendung »und ihr schandbare Dinge, die nur Gerede sind zur Last legt«, ist die Bedeutung des Ausdrucks klar als »verleumden« zu erfassen, eine Bedeutung, die Mt redaktionell mit φευδόμενοι noch zur Geltung bringt und damit zeigt, daß er die semitisierende Wendung seiner Quelle semantisch noch deutlich erfaßt hat. Die Nähe der Formulierung von Dtr 22,14 zu der sich bei Lk findenden Wendung wird noch deutlicher, wenn man annimmt die semitisierende Wendung sei durch die Einfügung eines ὅς gräzisiert worden[49], was zugleich die Einfügung des bestimmten Artikels τό vor ὄνομα notwendig machen mußte. Damit ergibt sich als ursprünglicher Wortlaut: καὶ ἐκβάλωσιν ὑμῶν ὄνομα πονηρόν. Diese semitisierende Wendung wird von Mt semantisch korrekt mit καὶ εἴπωσιν πᾶν πονηρόν φευδόμενοι wiedergegeben, während Lk den Wortlaut getreuer bewahrt, durch seine redaktionelle Retuschierung jedoch den Sinn der

---

[46] Ebd.

[47] Ebd., vgl. 236, Die erste Lösung, die J. Dupont für dieses Problem vorschlägt: in der Quelle hätten beide Wendungen gestanden, die zweite allerdings nur in der Form – ἐκβάλωσιν τὸ ὄνομα ὑμῶν. Sie sei von Mt als schwerverständlich gestrichen worden. Lk habe einerseits εἴπωσιν πᾶν πονηρόν für die Gegensatzbildung seines vierten Weherufs benutzt und andererseits in der Seligpreisung nur die Formulierung ἐκβάλωσιν τὸ ὄνομα ὑμῶν übernommen, allerdings durch ὡς πονηρόν aus εἴπωσιν πᾶν πονηρόν redaktionell ergänzt – ist so beschaffen, daß er selbst dazu meint: »L'explication que nous venons de développer n'est pas absolument inacceptable; il faut pourtant reconnaître qu'elle est fort compliqué«. Ders., aaO. 233.

[48] Vgl. J. Dupont, aaO. 235 mit Belegen.

[49] Vgl. J. Dupont, aaO. 234. Gegen Dupont ist anzunehmen, daß schon in der Vorlage ὄνομα mit πονηρόν verbunden war. Dupont kann dies nicht erkennen, weil er (s.o. Anmerkung 47) der Meinung ist, auch das matthäische καὶ εἴπωσιν κ.τ.λ. sei schon Bestandteil der Quelle gewesen, wodurch die Schwierigkeit entstünde, anzunehmen, das Adjektiv πονηρόν sei von der Quelle zweimal gebraucht worden (vgl. Ders., aaO. 236). Die Einfügung des ὡς durch Lk machte zudem eine kleine Wortumstellung notwendig.

Wendung dem ἀφορίσωσιν nähert, was dadurch leicht möglich ist, weil ἐκβάλλει, wie 3 Joh 10 zeigt, den Sinn von »exkommunizieren« haben kann[50].

Von hierher versteht schon W. Bousset die Wendung wenn er als Sinn von ἐκβάλωσιν κ.τ.λ. vermutet: »euren Namen als einen schlechten ausstreichen (aus der synagogalen Liste)«[51], obwohl uns ein solcher Brauch nicht bezeugt ist[52]. Auch Schürmanns Verständnis zielt unter Ablehnung von Bousset's Ansicht doch in eine ähnliche Richtung, wenn er vermutet: »Vielleicht ist vielmehr mit dem Synagogenbann – wie später für Babylon bezeugt – schon früh eine Verwünschung verbunden gewesen, ..., jedenfalls aber eine (diffamierende) Namensnennung eine 'Abkanzelung'«[53] und als Grund nennt, daß dies auch »das πᾶν πονηρόν verständlicher machen würde«[54].

Indessen darf man kaum so weit gehen Lk die Absicht zu unterstellen, er wolle durch diese redaktionelle Annäherung der Wendung an ἀφορίσωσιν bewußt auf den juristischen Akt des Synagogenbanns anspielen. Ganz davon abgesehen, daß der antithetische Weheruf zeigt, wie Lk »Haß«, »Aussonderung«, »Schmähung« und »Ächtung des Namens« in der Seligpreisung verstand, nämlich als üble Nachrede und allgemeine soziale (nicht in speziellem Sinn juristische) Ächtung[55], ist seine heidenchristliche Gemeinde der Situation der Judenchristen betreffenden Ausschliessung aus der Synagoge entwachsen und schon durch »eine weite Geschiedenheit von den Juden«[56] charakterisiert. Die eher allgemeine Bedeutung der Wendung sichert schließlich das betont vorangestellte μισήσωσιν ab, das sich in Angleichung an Lk 21,17 (Mk 13,13) lukanischer Redaktion verdanken dürfte. Wenn Lk, der den im Griechischen ungewohnten, unpersönlichen Plural vermeidet[57], redaktionell als Subjekt οἱ ἄνθρωποι einsetzt, so dürfte er ebenfalls an Lk 21,17 (ὑπὸ πάντων) denken, wie vor allem das ausdrückliche πάντες οἱ ἄνθρωποι des entsprechenden Weherufs

---

[50] Vgl. *E. Schürmann*, aaO. 333.

[51] *W. Bousset*, Kyrios Christos, Geschichte des Christusglaubens von den Anfängen des Christentums bis Irenäus, Göttingen 1913, 22.

[52] *J. Dupont* verweist zwar auf die Wichtigkeit von Mitgliederlisten in Qumran, auf denen die Mitglieder nominatim aufgezeichnet sind (vgl. CDC XIV, 3). Vgl. jedoch: »on ne nous dit pas expressément, sauf erreur, que les membres excommuniés sont rayés des listes, mais on peut le supposer«. *Ders.*, aaO. 233.

[53] *H. Schürmann*, aaO. 333. Hier dürfte allzu 'lehramtlich' gedacht sein. Zugleich läßt sich sehen, daß von der Nachbarschaft des ἀφορίσωσιν her interpretiert wird: »So gehörten das zweite und dritte Glied ursprünglich als Einheit wohl eng zusammen«. Ebd.

[54] Ebd.

[55] Vgl. *J. Dupont*, aaO. III, 83: »De tous les mauvais traitements de la béatitude le *vae* n'a donc retenu que l'idée de paroles injurieuses, déshonorantes«.

[56] *H. Schürmann*, aaO. 335.

[57] Vgl. *J. Dupont*, aaO. I, 248; s.a. *H. Th. Wrege*, aaO. 20.

(6,26) zeigt. Lk wird damit sicherlich das *allen* Menschen Verhaßtsein der Christen im Sinn des taciteischen »per flagitia invisos«[58] nicht ausschliessen wollen, auch wenn er mit οἱ ἄνθρωποι, wie aus dem Subjekt des Geschicks der Propheten οἱ πατέρες αὐτῶν (6,23) hervorgeht, zunächst an die Juden denkt, von denen seiner Darstellung zufolge die »Christenverfolgungen der apostolischen Zeit ... ausgingen«[59].

Entsprechend wird Lk auch mit dem ἀφορίσωσιν den Gedanken an den eigentlichen Synagogenbann nicht mehr verbinden, zumal er niemals solche »Exkommunikationen« gegenüber den Christen seitens der jüdischen Behörden erwähnt. Es genügt auch hier anzunehmen, Lk verstehe den Ausdruck seiner Quelle so, wie J. Dupont es formuliert, als »une exclusion simplement sociale, celle par laquelle on refuse toute relation avec des gens dont on désapprouve la conduite et qu'on méprise[60].

Daraus ergeben sich Konsequenzen auch für das Verständnis der ebenfalls traditionellen Wendung ἕνεκα τοῦ υἱοῦ τοῦ ἀνθρώπου durch Lk. Lk versteht sie eher in einem allgemeinen Sinn. Die Christen erfuhren und erfahren soziale Ächtung von Juden wie von Heiden deshalb, weil sie eben Christen sind und Christus verkündigen, weil sie zum »Menschensohn« gehören. Einen spezifischen Akzent verbindet Lk hier mit dem aus der Quelle übernommenen Titel kaum: »Luk fügt den Titel von sich aus nirgends ein«[61].

Was er hier in traditioneller Sprache sagt, erläutern Apg 5,41; 9,16; 15,26; 21,13, wo der Ausdruck »für den Namen unseres Herrn Jesus Christus« jedesmal den Grund des Leidens angibt. Es trifft den, der als Christ den Namen Christi trägt und verkündet. Und gerade in letzterem gleichen die Seliggepriesenen den Propheten, denen durch »ihre Väter« das gleiche Geschick widerfuhr.

Einen spezifischeren Sinn wird man für die Wendung jedoch in der Quelle des Lk und Mt annehmen dürfen, besondern dann, wenn man mit ἀφορίσωσιν in der Quelle die Bedeutung »Exkommunikation« im Sinn eines Ausschlusses aus einer Gemeinschaft verbindet. J. Dupont verweist auf alttestamentliche (Jes 56,31; Neh 13,3; Esr 10,8) insbesondere aber auf Belege aus Qumran, wo das hebräische Äquivalent *b d l* (niph. oder hiph) in der Bedeutung von »'séparer', 'exclure' de la communauté, porter une sentence d'excommunication« gebraucht wird[62]. Neutesta-

---

[58] Tac., Ann 15, 44,2.
[59] E. *Schürmann*, aaO. 335 unter Verweis auf Lk 11,49ff. par. 12,11f. par; 21,12 par Mk; Apg 4,1ff., 5,17ff.; 6,9–8,3; 13,50; 14,2ff. 19; 17,5ff. 13.
[60] J. *Dupont*, aaO. III, 80 vgl. a. D.R.A. *Hare*, The Theme of Jewish Persecution of Christians in the Gospel according to St. Matthew, SNTSMS 6, Cambridge 1967, 53.
[61] E. *Schürmann*, aaO. 334.
[62] J. *Dupont*, aaO. I, 231 mit Belegen.

mentlich steht daher dem ἀφορίσωσιν von Lk 6,22 die Wendung ἀπο-
συναγώγους ποιήσουσιν ὑμᾶς von Jo 16,2 (vgl. 9,22; 12,48) am nächsten,
womit dort »der Ausschluß (von Judenchristen, A.d.V.) aus der Synagoge«[63] gemeint ist und nicht nur »der in der Synagoge als Zuchtmittel
zur Besserung« dienende und damit zeitlich begrenzte Bann[64]. Auch
wenn es bei Jo »um totale Abgrenzung«[65] geht, so handelt es sich doch
noch nicht um eine Anspielung auf die Einfügung der birkat ha – minim
in das Achtzehngebet, die innerhalb des Kontextes »der Bemühungen des
pharisäischen Judentums nach 70, sich als normatives Judentum durchzusetzen und alle anderen jüdischen Gruppen und Richtungen au-
zuschalten« ... und »als ein Mittel zur innerjüdischen Frontbegradigung
zu verstehen (ist), das sich nicht nur – und vielleicht nicht einmal zuerst
– gegen Judenchristen richtete, sondern gegen alle Juden, die von der
vom pharisäischen Rabbinat vorgezeichneten Linie abwichen«[66]: »Joh
12,42 spricht eher für eine Situation vor Abfassung der birkat ha-minim.
Nach dieser Stelle hat die christliche Gemeinde heimliche Sympathisan-
ten; die birkat ha-minim jedoch machte als Bestandteil des Synagogengottesdienstes heimliche Sympathisantenschaft unmöglich«[67].

Was für das Jo-evangelium gilt, gilt aus zeitlichen Gründen umsomehr
für das ἀφορίσωσιν der Quelle des Mt und Lk. Zwar ist damit sicherlich der Ausschluß von Judenchristen aus der Synagogengemeinschaft

---

[63] K. Wengst, Bedrängte Gemeinde und verherrlichter Christus, Der historische Ort
des Johannesevangeliums als Schlüssel zu seiner Interpretation. BThSt 5, Neukirchen
1981, 48.

[64] Ders., aaO. 53.

[65] Ebd.

[66] Ders., aaO. 55.

[67] Ders., aaO. 57, Zu der nach der Tempelzerstörung des Jahres 70 einsetzenden
Abgrenzungsbewegung und dem Konsolidierungsprozeß des pharisäischen Judentums
und zur Birkat ha – minim vgl. folgende Literatur: W. Schrage, Art. ἀποσυνάγωγος,
ThWNT 7, 845–850; C.H. Hunzinger, Die jüdische Bannpraxis im neutestamentlichen
Zeitalter, Diss. theol. Göttingen 1954 (Masch.); K.L. Carroll, The Fourth Gospel and the
Exclusion of Christians from the Synagogues, BJRL 40 (1957/58) 19–32; E. Lerle, Litur-
gische Reformen des Synagogengottesdienstes als Antwort auf die judenchristliche Mission des ersten Jahrhunderts, NT 10 (1968) 31–42; G. Forkman, The Limits of the Religious Community – Expulsion from the Religious Community within the Qumran Sect,
within Rabbinic Judaism, and within Primitive Christianity, CB.NT 5, Lund 1972;
P. Schäfer, Die sogenannte Synode von Jabne, zur Trennung von Juden und Christen im
ersten/zweiten Jh. n. Chr., Judaica 31 (1975) 54–64; 116–124; G. Stemberger, Die sogenannte 'Synode von Jabne' und das frühe Christentum, Kairos 19 (1977) 14–21;
R. Kimelman, 'Birkat Ha-Minim' and the Lack of Evidence for an Anti-Christian Jewish Prayer
in Late Antiquity, in: E. Sanders (ed.), Jewish and Christian Self-Definition, Philadelphia 1981,
II 226–244; Sch. Ben-Chorin, Die Ketzerformel, in: P.G. Müller, W. Stenger, (Hrsg.) Kontinuität und Einheit, FS-F. Mußner, Freiburg/Basel/Wien 1981, 473–483; J. Neusner,
The Formation of Rabbinic Judaism: Yavneh (Jamnia) from A.D. 70 to 100, ANRW,
19,2, Bd. II. Berlin/New York 1979, 3–42; P. Schäfer, Die Flucht Johanan b. Zakkais aus
Jerusalem und die Gründung des 'Lehrhauses' in Jabne, ANRW, 19,2, Bd. II. Ber-
lin/New York 1979, 43–101.

gemeint. Sicher aber ist auch, daß dies auf Maßnahmen zielt, die zeitlich vor der Einfügung der *birkat ha-minim* schon erfolgten, und im Rahmen der Abgrenzung des pharisäisch bestimmten Judentums anzusetzen sind, mit denen man versuchte, die Katastrophe der Tempelzerstörung zu verarbeiten und das Judentum vor der Auflösung zu retten.

Nach der Quelle des Mt und Lk erfolgte nun der Synagogenausschluß der Judenchristen ἕνεκα τοῦ υἱοῦ τοῦ ἀνθρώπου. Auch darin lassen sich die entsprechenden Stellen des Jo-evangeliums zum Verständnis heranziehen. Dort erfolgt der Synagogenausschluß der Judenchristen wegen ihres Glaubens bzw. wegen ihres offen bekannten Glaubens (ὁμολογεῖν) an Jesus (Jo 12,42) als an den Christus (Jo 9,22), der in der Sicht des Jo-evangeliums mit dem von oben herabgekommenen Menschensohn (Jo 9, 35) identisch ist. Entsprechend muß auch für die Quelle des Mt und Lk das ἕνεκα τοῦ υἱοῦ τοῦ ἀνθρώπου verstanden werden. Grund für den Synagogenausschluß ist der von Judenchristen offen bekannte Glaube an Jesus als an den Menschensohn. Dagegen ist es auch kein Widerspruch, wenn G. Stemberger bei der Diskussion um das Problem der Rolle von Orthodoxie und Orthopraxie im Judentum bei der Frage des Banns und auch der *birkat ha – minim* zurecht betont, daß »das Bekenntnis zu einem Messias . . . im Judentum keine Glaubensfrage« sei »wie dies aus dem Fall Bar Kokhbas oder Schabbetai Zwis deutlich hervor(gehe)« sondern, daß es hierbei primär um Fragen gehe, die »die praktische Religionsausübung betreffen und allgemeiner auch das Verhalten zur jüdischen Gemeinschaft«[68]: »Der Bann . . . gilt . . . der Sicherung der Halakha, der Einheit des Volkes in einer praktischen Frage, und nicht der Wahrung theoretischer Prinzipien«[69].

Doch einmal abgesehen davon, daß wir in der Quelle des Lk und Mt und im Jo-evangelium der judenchristlichen Sicht des Grundes für den Synagogenausschluß begegnen, die nicht unbedingt identisch sein muß mit der jüdischen Perspektive, in der sehr wohl auch andere Gründe, wie die der politischen Zuverlässigkeit oder Unzuverlässigkeit der Judenchristen z.B. eine Rolle spielen können, gilt es zu bedenken, daß es doch wohl einen Unterschied macht, ob Rabbi Akiba Bar Kokhba zu Beginn des sich zunächst erfolgreich anlassenden Aufstands zum Messias proklamiert oder ob Judenchristen den am Kreuz hingerichteten, vom römischen Recht als Verbrecher und Aufrührer angesehenen Jesus von Nazareth, was in dem »Tiberio imperitante per procuratorem Pontium Pilatum supplicio affectus erat« des Tacitus[70], noch nachklingt und für das Judentum

---

[68] *G. Stemberger*, aaO. 18.
[69] Ebd.
[70] Tacitus, Ann 15,44,8.

insbesondere in der kritischen Zeit nach 70 politische Gefahren implizieren mochte, als den Messias glauben und sich damit nach jüdischer
Sicht der Dinge zu einem nach dem jüdischen Gesetz zu Recht getöteten
Gotteslästerer und zu einem durch die Art seines Todes von Gott ver-
fluchten Frevler bekennen und dennoch weiterhin Juden, wenn nicht sogar bessere, zu sein beanspruchen. Deutlich wird das durch den Juden
Tryphon im Dialog des Justin ausgesprochen: »Mein Herr diese Schriften
und ähnliche nötigen uns, den als herrlich und groß zu erwarten, der als
Menschensohn vom Bejahrten das ewige Reich empfängt. Dieser euer
sogenannter Christus aber war ohne Ehre und Herrlichkeit, so daß er
sogar dem schlimmsten Fluch verfiel, den das Gesetz Gottes verhängt: Er
ist nämlich gekreuzigt worden«[71]. »... denn so etwas vermögen wir
nicht einmal zu denken«[72].

Ähnlich wie bei den angeführten Stellen des Jo-evangeliums, kennt
auch die Quelle des Lk und Mt ein Ausschlußverfahren von Judenchristen, bei dem als bestimmender Grund für den Ausschluß das öffentlich geäußerte Bekenntnis dieser Judenchristen zu Jesus als dem Menschensohn anzusehen ist. Man darf dabei überlegen, ob sich darin nicht
ein ähnliches Menschensohnverständnis wie das des Jo äußert, wonach
der Menschensohn als der vom Himmel herabgekommene verstanden
und mit der Messiasvorstellung in eins gesehen wird. Bei Johannes wird
der Blindgeborene, der wegen seines Bekenntnisses zu Jesus als dem
Christus (Jo 9,22) dessen Herkunft von Gott er bejaht (Jo 9,33) von Jesus
gefragt, ob er an den Menschensohn, d.h. an Jesus den er sieht, glaube
(Jo 9,35–37). Wenn der *Sehendgewordene* sagt: »Ich glaube Herr!« und vor
Jesus die Proskynese vollzieht, (Jo 9,38) zeigt sich, daß in der Identifikation vom Messias und vom Himmel herabgekommenen Menschensohn
»der christliche Anspruch für Jesus über die Messiaswürde hinausging«[73].

Auch in dem oben angeführten Zitat aus dem Dialogus cum Tryphone
deutet sich an, daß der Judenchrist Justin die Vorstellung einer Identifikation von Menschensohn- und Messiasvorstellung zu kennen scheint
und davon weiß, daß sie in ihrer Übertragung auf Jesus der Streitpunkt
zwischen Judentum und Judenchristentum darstellt. K. Wengst weist
darauf hin, daß in 3 Esr einer Schrift, die »als Zeugnis ... einer pharisäischen Apokalyptik zu kennzeichnen« ist[74], die Vorstellungen von dem

---

[71] Justin, Dial. c. Tryph. 32,1.
[72] Justin, Dial. c. Tryph. 90,1.
[73] *K. Wengst*, aaO. 71.
[74] *W. Harnisch*, Verhängnis und Verheißung der Geschichte, Untersuchungen zum
Zeit- und Geschichtsverständnis im 4. Buch Esra und in der syr. Baruchapokalypse,
FRLANT 97, Göttingen 1969, 327.

im Himmel verborgenen präexistenten Menschensohn und vom davidischen Messias miteinander verschmolzen worden« sind[75].

Wenn im Jo-evangelium sich dokumentiert, daß diese kombinierte Vorstellung in einer judenchristlichen Christologie auf den aus Nazareth stammenden und am Kreuz hingerichteten Jesus übertragen wird, und das Bekenntnis zu diesem so geglaubten Jesus zum Ausschluß aus der Synagoge führt, in der das pharisäische Judentum nach dem Jahre 70 zunehmend den Ton angibt und sich durchsetzt, darf man fragen, ob der Ausschluß aus der Synagoge »wegen des Menschensohns« in der Quelle des Mt und Lk nicht innerhalb des gleichen oder eines ähnlichen traditionsgeschichtlichen Rahmens zu sehen ist, auch wenn dort neben dem »Menschensohn« die Messiasvorstellung nicht ausdrücklich begegnet. Letzteres könnte damit zusammenhängen, daß auf der Ebene der Mt und Lk vorliegenden Quelle ein ursprüngliches Q-Logion, dem die Wendung »wegen des Menschensohns« ursprünglich schon angehörte, eine Umprägung erfahren hat, durch die die Situation des Synagogenausschlusses eingetragen wurde, und die den Ausdruck »wegen des Menschensohns« im eigenen Sinne, nämlich als Angabe des Grundes für den Synagogenausschluß, verstand.

Zwei Gründe scheinen zunächst für diese Ansicht zu sprechen:

(1) Die Situation eines endgültigen Ausschlusses von Judenchristen aus der Synagoge ist erst nach dem Jahre 70 denkbar, wo das Judentum unter pharisäischer Führung sich allmählich zu einer einheitlichen Größe rekonsilidierte. Wenn es schon schwierig ist, auf das Judentum den Begriff der Orthodoxie überhaupt anzuwenden, so ist das für die Zeit vor 70 nahezu unmöglich. Vor 70 war das Judentum bekanntlich eine komplexe Größe, die Platz für viele verschiedene Richtungen bot, auch wenn diese sich gegenseitig befehden mochten. Die zu vermutende quellenmäßige Herkunft der Seligpreisung aus Q läßt die Aussage über den Synagogenausschluß als Überarbeitung von Q nach 70 für wahrscheinlich erachten. Vor 70, in der Zeit von Q also, ist eine Exkommunikation im Sinne einer endgültigen Trennung hingegen kaum vorstellbar.

(2) Läßt sich das für die Quelle von Mt und Lk gesicherte ὀνειδίσωσιν in seiner Zusammenstellung mit ἀφορίσωσιν noch in juridischer Bedeutung als 'Verfluchen' und 'Bannen' verstehen[76], so ist dies bei dem von uns für die Quelle erschlossenen καὶ ἐκβάλωσιν ὑμῶν ὄνομα πονηρόν im Sinne von »Verleumden« weniger gut möglich.

---

[75] K. Wengst, aaO. 69, vgl. insbesondere 4 Esr 12,32: »Das ist der Gesalbte, den der Höchste bewahrt für das Ende der Tage, der aus dem Samen Davids erstehen und auftreten wird«.

[76] Vgl. K. Bornhäuser, Die Bergpredigt, 1923, 28f.

Endgültig absichern ließe sich ἀφορίσωσιν als nach 70 anzusetzende Überarbeitung von Q auf der Ebene der Quelle des Mt und Lk, wenn sich zeigen ließe, daß auf der Ebene von Q der Ausdruck ἕνεκα τοῦ υἱοῦ τοῦ ἀνθρώπου in einem anderen Sinne verwendet wird, als er in seiner Zusammenstellung mit ἀφορίσωσιν als Angabe des Grundes für den Synagogenausschluß verstanden werden muß. Dies scheint möglich zu sein, wenn man die zweite Hälfte der Seligpreisung redaktions- und überlieferungskritisch befragt.

6.3.2. Mt 5,12 und Lk 6,23

Bei dem Versuch den vor Mt und Lk liegenden Text zu gewinnen, darf man vermuten, daß in dem doppelten Imperativ Mt mit dem Aufruf, sich jetzt schon, d.h. in der Situation des Geschmähtwerdens zu freuen, die ursprünglichere bewahrt hat. O.H. Steck begründet dies so: »Angleichend an das zweite Glied der vorangehenden Seligpreisungen faßt Lk schon 6,23a als eschatologisches, das jetzige Geschick wendendes Geschehen. Darum der eingefügte Hinweis auf den eschatologischen Tag als Belohnungstag, dem die Änderung von χαίρετε in dem Impt. Aor. korrespondiert ... und die ebenso redaktionelle Ersetzung von ἀγαλλιᾶσθαι durch σκιρτᾶν ..., da ἀγαλλιάσθαι bei Lk diesen streng eschatologischen Sinn nicht hat (vgl. Apg 2,24; 16,34; auch Lk 1,14; (10,21)), während Lk bei σκιρτᾶν offenbar an dessen eschatologische Verwendung in LXX anknüpft (vgl. Ps. 113,4.6 Mal 3,20)«[77]. Auch der folgende begründende Anschluß ἰδοὺ γάρ statt des ὅτι bei Mt dürfte lukanisch sein, weil Lk ἰδού oft redaktionell verwendet[78]. Auch wenn Mt den Plural οὐρανοι häufig kennt (vgl. Mt 3,16; 18,10; 19,21; 24,29.31.36) scheint der Singular auf Lk zurückzuführen zu sein: »en grec, l'expression s'emploie au singulier, tandisque l'hebreu et l'arameén l'emploient toujours au pluriel«[79]. Auch die Vergleichspartikel οὗτος bei Mt, die den zweiten Begründungssatz einführt, scheint ursprünglicher zu sein. Denn κατὰ τὰ αὐτά bei Lk verstärkt[80] und ist außerdem »de bon style et n'a d'équivalent que dans son texte«[81]. Dagegen ist das Verb ἐδίωξαν mt Redaktion, durch die er das Geschick der Propheten dem der Seliggepriesenen angleicht und zugleich die neunte seiner Seligpreisungen mit der den ersten Achterblock abschließenden ebenfalls redaktionellen achten Seligpreisung verbindet.

---

[77] O.H. Steck, aaO. 25; vgl. S. Schulz, aaO. 453f.
[78] Vgl. S. Schulz, aaO. 454: »Ev ca 42 mal trad; ca 13 mal red; Apg 23 mal; ἰδού γὰρ auch Apg 9,11«.
[79] J. Dupont, aaO. 244, anders S. Schulz, ebd. ohne Begründung.
[80] S. Schulz, ebd.
[81] J. Dupont, ebd. vgl. 6,26, 17,30; Apg 14,1; 15,27.

Dabei ist das Verb ἐδίωξαν ebenso geeignet die übrigen Behandlungsweisen der Seliggepriesenen zusammenzufassen, wie das ursprünglichere
ἐποίουν τοῖς προφήταις bei Lk[82]. Zudem erinnert Mt mit diesem Verb
stärker an die stehende Vorstellung vom Verfolgungsgeschick der
Propheten, ein Thema auf das Lk seinerseits anspielt, wenn er in ähnlicher Vermeidung des unpersönlichen Plurals wie bei der redaktionellen
Einfügung von οἱ ἄνθρωποι in der eigentlichen Seligpreisung οἱ πατέρες
αὐτῶν als Subjekt redaktionell einsetzt (vgl. Lk 11,47–48, Apg 7,51–52)
und damit die Zeit der Seliggepriesenen von der Zeit der Propheten, bzw.
die Zeit der »Menschen« von der Zeit »ihrer Väter« stärker absetzt, als
dies bei Mt der Fall ist, auch wenn Lk trotz dieser Unterscheidung der
beiden Zeiten zugleich »die Kontinuität der Abweisung betont«[83]. »Umgekehrt läßt sich bei Mt eine Tendenz, statt den Vorfahren die Israeliten
seiner Zeit als Täter des Geschicks der alttestamentlichen Propheten hin-
zustellen, die eine Streichung von Q zugehörigen οἱ πατέρες αὐτῶν
motivieren könnte, nicht feststellen, vgl. nur Mt 23,30«[84].
    Damit stehen wir vor einer letzten überlieferungs- und redaktionskri-
tischen Frage. Bei Mt ist nämlich durch die bei Lk fehlende Apposition
οἱ πρὸ ὑμῶν eure Vorgänger, die »sachliche Kontinuität der Angeredeten
mit den Propheten«[85] akzentuiert. Gerade in dieser Apposition aber ist
das eigentliche überlieferungskritische Problem, des Textes zu sehen. S.
Schulz hält das τοὺς πρὸ ὑμῶν für Redaktion des Mt, denn auf der Ebene
von Q spiele die bei Mt vorausgesetzte »Kontinuität der Angeredeten mit
den Propheten ... noch keine Rolle« doch sei »dieser Zusammenhang
zwischen alttestamentlichen und christlichen Propheten« für Mt
wichtig[86].
    Auch O.H. Steck ist der Auffassung, daß in Q auf »dieser Kontinuität
noch kein Nachdruck« liege, da »die Prophetenbezeichnung für Christen
... anders (als) bei Mt selbst« fehle[87]. Andererseits kommt O.H. Steck
hinsichtlich von Mt zu einem weit differenzierteren Urteil als S. Schulz:
»Doch spielt der bei ihm (d.h. Matthäus, A.d.V.) ausdrücklich hervorgehobene Zusammenhang zwischen den alttestamentlichen und christlichen
Propheten, womit Mt Vorstellungen seiner palästinischen Tradition aufnimmt, nur für einen bestimmten, inzwischen durch die Zerstörung
Jerusalems abgeschlossenen Zeitraum eine Rolle, also nicht mehr zur
Abfassungszeit des Mt Ev, in der doch Mt 5,11ff. weiterhin gelten soll,
darum kann der Zusatz nicht dem Evangelisten selbst zugewiesen wer-

---

[82] Vgl. *J. Dupont*, aaO. 245.
[83] *O.H. Steck*, aaO. 25.
[84] Ebd.
[85] *S. Schulz*, aaO. 454.
[86] Ebd.
[87] *O.H. Steck*, aaO. 26.

den«[88]. Auf dem Boden seiner Annahme Q habe Mt und Lk in verschiedener Bearbeitung vorgelegen (s.o.) kommt O.H. Steck folgerichtig zu dem Urteil: »In der Traditionsschicht Q Mt ist auch τοὺς πρὸ ὑμῶν hinzugesetzt worden, was die Kontinuität zwischen Christen und (den!) Propheten ausdrücklich macht«[89]. Während Schulz und Steck sich darin unterscheiden, daß dieser die Apposition einer Traditionsstufe vor Mt, jener sie Mt selbst zuweist, treffen sich beide darin, daß sie sie der Logienquelle Q absprechen, und daß sie unter »den Propheten« *alttestamentliche* Propheten verstehen. Letzteres ist für die Fassung des Logions bei Lk selbstverständlich richtig: Mit der Unterscheidung der Zeit »ihrer Väter«, die den alttestamentlichen Propheten ihr Geschick bereiteten, und der Zeit »der Menschen«, die die Seliggepriesenen hassen, liefert Lk ein weiteres Beispiel seines heilsgeschichtlichen Denkens, das die Zeit des »Gesetzes und der Propheten« von der »Zeit der Kirche« unterscheidet und zugleich beide Zeiten in Kontinuität aufeinander bezieht. Gerade daß bei Lk der Einfluß seines heilsgeschichtlichen Denkens greifbar wird, sollte aber den Exegeten davor warnen, in der Interpretation des bei Mt erhaltenen Textes Ähnliches vorauszusetzen. Auch wenn man nicht sagen wird dürfen, daß bei Mt mit den aus den Verben zu erschließenden Subjekten im unbestimmten Plural gemeint sei, daß ein und derselbe Personenkreis sowohl für das Geschick der Seliggepriesenen, als auch für das Geschick der Propheten als Täter verantwortlich sei – der unbestimmte Plural läßt sich ja auch generisch verstehen, so daß also auf der Subjektebene durchaus auch zwei Zeiten voneinander unterschieden sein können, – so wird man mit dem Verständnis »der Propheten« als alttestamentliche Propheten doch zunächst zurückhaltend sein müssen. Der bestimmte Artikel, der ursprünglich nicht wie bei Mt jetzt τούς sondern entsprechend dem als primär gesicherten Verb τοῖς gelautet haben mußte, sagt darüber gar nichts aus[90]; denn er ist in Verbindung mit seiner Wiederholung in der folgenden Apposition demonstrativ zu verstehen: »die Propheten, die eure Vorgänger waren« stellt also die Seliggepriesenen in Kontinuität mit bestimmten Propheten und nicht mit den altbundlichen ganz allgemein. Sieht man, daß diese Kontinuität weniger die Kontinuität des Prophetentitels als die der prophetischen Tätigkeit betrifft, so daß sich die Apposition auch mit »die vor euch prophetisch aufgetreten sind« übersetzen ließe, fällt auch das von Steck und Schulz ins Feld geführte Bedenken dahin, in Q würden die Christen nicht mit dem Prophetentitel bedacht.

---

[88] Ebd.
[89] *Ders.*, aaO. 25.
[90] Gegen *O.H. Steck*, ebd., der durch Ausrufzeichen auf den bestimmten Artikel aufmerksam macht.

6.3.3. *Überlieferung und Redaktion*

Bevor wir der Frage nachgehen, wer *diese* Propheten waren, und worin die Kontinuität der Seliggepriesenen in ihrer prophetischen Tätigkeit mit diesen Propheten zu sehen ist, ist es nützlich, uns den Text der Seligpreisung der Geschmähten, wie er sich uns als Text der Überlieferungsstufe Q aufgrund unserer Überlegungen darstellt, vor Augen zu führen:

μακάριοί ἐστε,
ὅταν ὀνειδίσωσιν ὑμᾶς,
καὶ ἐκβάλωσιν ὑμῶν ὄνομα πονηρὸν ἕνεκα τοῦ υἱοῦ τοῦ ἀνθρώπου.
χαίρετε
καὶ ἀγαλλιᾶσθε,
ὅτι ὁ μισθὸς ὑμῶν πολὺς ἐν τοῖς οὐρανοῖς·
οὕτως γὰρ ἐποίουν τοῖς προφήταις,
τοῖς πρὸ ὑμῶν

Angesichts dieser Textfassung darf man noch einmal daran erinnern, daß Mt den Grund für die die Seliggepriesenen treffenden »Verfolgungen« in ihrer durch den Messias Jesus ermöglichten Praxis einer »Gerechtigkeit« sieht, die nach Meinung des Mt die von den Juden praktizierte übertrifft, ursprungsmäßig mit ihr jedoch zusammengehört, so daß beider »Gerechtigkeit« letztlich Grund von beider »Verfolgung« durch die Heiden ist. Lk hält das Christsein der Seliggepriesenen als solches für den Grund des Hasses und der sozialen Ächtung, die ihnen begegnen. Die von beiden verarbeitete Vorlage versteht ἕνεκα τοῦ υἱοῦ τοῦ ἀνθρώπου in einem präziseren Sinn, und zwar als das öffentliche Bekenntnis von Judenchristen zu Jesus als dem Menschensohn – Messias, das der Grund dafür ist, daß sie seitens des pharisäisch bestimmten Judentums nach 70 aus der Synagoge ausgestoßen werden, eine Situation, die vor 70 nicht denkbar ist. In der ursprünglichen Fassung der Seligpreisung in Q ist darum das ἀφορίσωσιν noch nicht vorstellbar. Zwar trifft die Seliggepriesenen, d.h. Judenchristen, die hinter der Sammlung und Überlieferung der Logienquelle stehen, Schmähung und Verleumdung seitens ihrer Mitjuden, doch haben sie im breiten Spektrum des Judentums vor 70 durchaus noch ihren Platz, wenn auch vielleicht einen extremen oder marginalen.

Weswegen werden sie geschmäht und verleumdet? Oder anders gefragt: Wie ist in dieser Situation das ἕνεκα τοῦ υἱοῦ τοῦ ἀνθρώπου zu verstehen? Bei der Beantwortung dieser Frage muß man beachten, daß das Geschick der Seliggepriesenen mit dem ihrer Vorgänger, »der Propheten« verglichen wird. Will man deren Wesen bestimmen, muß man sich des Vorverständnisses entledigen, damit seien, wie bei Lk und wohl auch Mt die alttestamentlichen Propheten gemeint und versuchen »die Propheten« unter dem zeitgenössischen Verständnis der Logienquelle in den Blick zu nehmen. Gerade in der Zeit vor 70 nämlich kommt es zu mancherlei »prophetischen« Bewegungen. Josephus erwähnt z.B. einen Ägypter, »der sich selbst für einen Propheten ausgab« und 30000 Leute »von der Wüste auf den sogenannten Ölberg führte«[91]. Auch Theudas »gab sich für einen Propheten aus und verhieß, er werde durch sein Wort den Fluß teilen und ihnen einen gemächlichen Durchgang bahnen«[92]. Gemeinsamer Nenner dieser »prophetischen« Bewegungen[93] ist die gespannte Naherwartung der »Freiheit«[94] bzw. »der Zeichen der Erlösung«[95] und charismatisches Wunderwirken, das die Wunder der Mosezeit eschatologisch vergegenwärtigen will. Auch wenn die irdisch-nationalen Farben fehlen, so fügen sich doch, was die Naherwartung angeht, auch die Bewegungen um Johannes den Täufer und Jesus in diesen eschatologischen Aufbruch ein. Wie bei den von Josephus erwähnten »Propheten« hat die »Wüste« auch bei Johannes dem Täufer einen bestimmten Stellenwert. Jesus und die Jesusbewegung aber sind durch charismatisches Wunderwirken gekennzeichnet. Man darf darum annehmen, daß wenn die Seligpreisung auf »die Propheten vor euch« hinweist, sie auf Johannes den Täufer und Jesus verweisen will. Diese sind insofern »Vorgänger« der Seliggepriesenen, als sie in ihrem »prophetischen« Auftreten von eschatologischer Naherwartung bestimmt sind. Wie Johannes der Täufer das unmittelbar bevorstehende Kommen des Gerichts, wie Jesus den Hereinbruch der Gottesherrschaft »prophetisch« verkündeten, so sagen die Seliggepriesenen prophetisch ihrer jüdischen Umwelt den vor der Tür stehenden Anbruch des Endes an und zwar als das Kommen des Menschensohns bzw. als Wiederkunft des Menschensohns Jesus vom Himmel her zum Gericht über die den Glauben Verweigernden und sich seinen Boten in den Weg Stellenden, zum Heil aber für die Auserwählten, als die sich die Seliggepriesenen, d.h. die Judenchristen, in deren Kreisen sich die Überlieferung des Logienstoffs der Quelle Q vollzieht, verstehen. Mit der Wendung ἕνεκα τοῦ υἱοῦ τοῦ ἀνθρώπου ist also der Inhalt der

---

[91] Fl. Jos., b. 2, 261f., vgl. a. 20, 169ff.; vgl. Apg 21,38.
[92] Fl. Jos., a. 20,97.
[93] Näheres dazu s. b. *M. Hengel*, Die Zeloten, Untersuchungen zur jüdischen Freiheitsbewegung in der Zeit von Herodes I. bis 70 n. Chr., Arbeiten zur Geschichte des antiken Judentums und des Urchristentums I, Leiden/Köln 1976², 235–251.
[94] Vgl. Fl. Jos., b. 2, 259.
[95] Fl. Jos., b. 6, 286.

prophetischen Predigt der Wanderpropheten der Jesusbewegung angegeben. Weil sie »prophetisch« die nahe Wiederkunft des Menschensohns
Jesus verkünden, erfahren sie von ihrer jüdischen Umwelt »Schmähung«
und »Verleumdung«, sollen sich aber dadurch nicht anfechten lassen. Der
Blick auf das gleiche Schicksal derer, die vor ihnen prophetisch aufgetreten sind, d.h. Jesu und Johannes des Täufers, denen so wie ihnen wegen
ihrer naheschatologischen Botschaft »Schmähung« und »Verleumdung«
widerfuhr, kann die Überzeugung von der Gültigkeit ihrer Botschaft nur
verstärken. Man braucht sich nicht in allgemeine Spekulationen darüber
zu verlieren, worin diese »Schmähungen« und »Verleumdungen« bestanden haben mögen. Die Quellen, d.h. Flavius Josephus und das Neue
Testament geben uns hierüber zur Genüge Bescheid und lassen sogar eine
nahezu feststehende Topik dieser »Schmähungen« und »Verleumdungen«
erkennen: Nicht anders als die Naherwartungspropheten des Josephus
auch nennt man die Seliggepriesenen 'Pseudopropheten'. Und wenn
Josephus diese Pseudopropheten durchgängig in die Nachbarschaft der
bei ihm »Räuber« genannten sikarischen Widerstandskämpfer gegen
Rom[96] stellt: »denn die Wundertäter und Räuber schlossen sich zusammen, verführten viele zum Abfall und ermutigten sie zum Freiheits-
kampf«[97], auch wenn er »deutlich zu unterscheiden weiß« zwischen den
»Schlächtern«, d.h. den Sikariern, und »einer zweiten Bande von Schur-
ken, deren Hände reiner, deren Sinn jedoch noch verworfener war . . .,
d.h. den falschen Profeten«[98], so mag er historisch gesehen recht haben.
Denn einerseits war »auch bei den Zeloten das profetisch-enthusiastische
Element wirksam«[99] und andererseits war die von diesen Propheten na-
heschatologisch verkündete »Erlösung« auch eine politische Freiheit«,
nämlich vom Joch der Unterdrückung durch die Römer. Wenn diese
Nachbarschaft Jesus auch fälschlich vorgeworfen wird, so ist sie nichts-
destoweniger der Grund seiner Verurteilung durch die Römer. Wird
Jesus selbst mit den Schächern gehangen, so mögen ähnliche politische
Verdächtigungen auch seine Anhänger in der Jesusbewegung getroffen
haben, auch wenn ihre Verkündigung des nahen Menschensohns Jesus
mit den Zielen der jüdische Freiheitsbewegung nichts zu tun hatte. Lukas
gibt das stimmungsmäßig richtig wieder, wenn er den römischen Tribun
in Apg 21,38 Paulus fragen läßt: »Bist du denn nicht der Ägypter, der vor
diesen Tagen einen Aufstand erregte und die 4000 Sikarier in die Wüste
führte?«.

---

[96] Vgl. hierzu: *G. Baumbach*, Einheit und Vielfalt der jüdischen Freiheitsbewegung,
Ev. Theol. 45 (1985) 93–107; *W. Stenger*, Bemerkungen zum Begriff 'Räuber' im Neuen
Testament und bei Flavius Josephus, BiKi 1982, 89–97.
[97] Fl. Jos., b. 2, 264.
[98] *M. Hengel*, aaO. 238f.; Flav. Jos., b. 2, 258.
[99] *M. Hengel*, aaO. 239.

Desweiteren: Die Wundertaten dieser Propheten werden als betrügerisch verstanden[100], ein Vorwurf den man ähnlich auch Jesus schon machte, und gegen den er sich wehren mußte (Mk 3,22–30). Wenn Josephus die Vorwürfe zusammenfaßt: »Sie waren nämlich Schwarmgeister und Betrüger, die unter dem Vorwand göttlicher Eingebung Unruhe und Aufruhr hervorriefen und die Menge durch ihr Wort in dämonische Begeisterung versetzten«[101], so urteilt er aus der Warte dessen, der es, Gott Lob!, hinter sich hat, trifft sich aber im Hauptvorwurf der »Betrügerei« (πλανοὶ γὰρ ἀνθρώποι καὶ ἀπατέοντες), mit dem Urteil, das man neutestamentlich, bald auch innerkirchlich zur Verfügung haben wird, um apokalyptische Schwärmer abzutun. Denn von der noch durch die Wirren der Zeit um 70 gefärbten Warnung: »Seht zu, daß euch keiner in die Irre führe. Viele werden kommen und auf meinen Namen hin sagen: 'Ich bin es!' und sie werden viele in die Irre führen (πλανήσουσιν)« (Mk 13,6; vgl. Mt 24,4f., vgl. Mk 13,22) bis zu feststehenden Topoi innerkirchlicher Ketzerpolemik, wie τοὺς ἐν πλάνῃ ἀναστρεφομένους (2 Petr 2,18) oder ἀστέρες πλανῆται (Jud 13) ist nur ein kurzer Weg, auch wenn man innerjüdisch vor gar nicht all zu langer Zeit Jesus selbst als ἐκεῖνος ὁ πλάνος (Mt 27,63) bezeichnet und ihm vorgeworfen hatte: πλανᾷ τὸν ὄχλον (Joh 7,12) und wenn denen, die in seiner unmittelbaren Nachfolge als Wanderpropheten der Jesusbewegung seine nahe bevorstehende Wiederkunft als Menschensohn verkündeten, ähnliche Schmähungen und Verleumdungen von Seiten ihrer jüdischen Volksgenossen widerfuhren, die ihr Leben so sauer machten, daß sie sich an die Worte Jesu haltend und in ihnen sich selbst angeredet verstehend, mit dem Verweis auf sein Geschick trösten mußten und seligpriesen.

7. Die Seligpreisungen im Munde Jesu

Wir sind in unseren Überlegungen zu der Frage, ob die Seligpreisungen ursprünglich – das hieß oben zunächst einmal in der Logienquelle – in der 2. Ps. Plural standen wie jetzt bei Lk oder ob man in dieser Frage Mt folgen sollte, bei dem die Seligpreisung der »Geschmähten« die 2. Ps. Pl. aufweist, die der »Armen«, der »Trauernden« und der »Hungernden« (abgesehen von den bei Mt redaktionellen) hingegen in der 3. Ps. Plural abgefaßt sind. Mit guten Gründen hatten wir uns für letztere Möglichkeit entschieden, so daß auf der Ebene von Q eine Spannung zwischen den ersten drei Seligpreisungen und der der Geschmähten nicht nur wegen der Normalformen der ersten drei und der aufgefüllten Form der letzten

---

[100] Vgl. Fl. Jos., b. 2, 261: ἄνθρωπος γόης.
[101] Fl. Jos., b. 2, 259.

und wegen der inhaltlichen Spannung zwischen der letzten und den drei ersten, sondern auch wegen der Verschiedenheit der grammatischen Personen festzustellen ist. Diese Spannung verstärkt die überlieferungskritische Annahme, daß die Seligpreisung der »Geschmähten« den älteren Seligpreisungen der »Armen«, »Trauernden« und der »Hungernden« spätestens bei der Sammlung von Q zugewachsen sei. Wie wir gesehen haben, weist sie uns auf das Milieu der frühen nachösterlichen Jesusgemeinde mit ihren Wanderpropheten und ihrer Botschaft vom nahen Kommen des Menschensohns Jesus, und wurde nach 70 vor Mt und Lk schon abgewandelt.

Für die ersten drei hingegen gibt es keinen Grund, sie Jesus selbst abzusprechen, sondern sie fügen sich gut in den Kontext dessen, was wir über die Basileiabotschaft Jesu sonst ausmachen können, gerade wegen der auch bei den drei Seligpreisungen feststellbaren Spannung von Gegenwärtigkeit und Ausständigkeit der Herrschaft Gottes. Die Vermutung H. Schürmanns, »daß wir hier Jesu Eröffnungspredigt in der Öffentlichkeit hören«[102] bzw., daß wir »in diesem auf Is 61,1 rückbezogenen »eschatologischen Erfüllungsruf ... die Basileiaverkündigung Jesu unmittelbar in ihrer Urform« hören[103], hat darum viel für sich. Gerade hierzu paßt die Aussageform der 3. Ps. Plural besser als die 2. Ps. Plural. Die Anredeform nämlich würde nur eine bestimmte Gruppe, die »Armen« nämlich, die »Trauernden« und die »Hungernden« anreden, und pragmatisch besehen wäre die Funktion solcher Rede Zuspruch und Trost.

Die Aussageform hingegen hat als Adressaten nicht nur eine bestimmte Gruppe, sondern alle, also auch die Reichen, Frohen und Satten. Wiederum pragmatisch besehen geht es nicht um Trost sondern um Ansage oder Proklamation der in und unter der Bedingung der hereinbrechenden Herrschaft Gottes allein gültigen Grundsätze und Maßstäbe. Gut formuliert hat dies P. Hoffmann: »Die Seligpreisungen sind mißverstanden, wenn sie nur als Trostsprüche an Arme, Hungernde und Trauernde angesehen werden. Sie sind vielmehr *Proklamation der neuen Ordnung Gottes vor der Öffentlichkeit der Welt.* (Dieser 'Sitz im Leben' macht den Gebrauch der dritten Person verständlich.) Angesprochen sind gerade die, die nicht arm, hungrig oder in Trauer sind. Für sie wird nun Gott als der Gott der Armen und sein Reich als das Reich der Armen proklamiert. Gottes Reich ist – das wird mit aller Deutlichkeit gesagt – nur dann sein Reich, wenn in ihm die Armen zu ihrem Recht kommen. Jesus zerstört also hier das falsche Bild vom »Gott für uns«, das sich die Menschen nach ihren Wünschen und Träumen machen. Er zerstört jene Erwartungen, in denen

---

[102] *H. Schürmann*, aaO. 332.
[103] Ebd.

Gottes Reich den Interessen des einzelnen und seiner Gruppe angepaßt wird. Schon in der Gegenwart stellt er aber dadurch jene Ordnung in Frage, die die Menschen nach den Maßstäben der Macht und des Gewinns errichtet haben«[104].

8. Von Jesus zur Endredaktion

8.1. Diese grundsätzliche Art und Funktion der Seligpreisungen paßt gut zu der Annahme von H. Schürmann, wir hätten es hier mit der »Eröffnungspredigt« Jesu zu tun (s.o.), was auch gut zum Gattungsstil von Makarismen sich fügt, die durchaus, wie Ps 1 beweist, die Funktion von Eröffungstexten eines größeren Textcorpus übernehmen können.

Wir hätten sie dann auf der Jesus-Ebene schon, ähnlich wie später in Q und bei Mt und Lk, als Rezeptionsanweisung aufzufassen, für all das, was in seiner Botschaft folgen wird. Der grundsätzlichen Bedeutsamkeit dessen, was Jesus mit den Seligpreisungen proklamieren will, entspricht auch ihre geprägte Form. Sie verweist uns auf ihren Gebrauch und ist mit H. Schürmann schon auf der Ebene des historischen Jesus »soziologisch«[105] zu verstehen. Sie nämlich soll es dem dreifachen Makarismus möglich machen »von den mitverkündenden Jüngern weitergetragen zu werden und im Volk weiterzuhallen«[106]. Nicht zuletzt erleichtert sie ihre nachösterliche Überlieferung.

8.2. Allerdings findet in dem Augenblick, wo im Lauf der Überlieferung die Seligpreisung der »Geschmähten« hinzuwächst, d.h. auf der Ebene von Q, eine Umadressierung statt. Denn wenn in dieser die Wanderpropheten der Jesusbewegung sich in ihrer Situation der Schmähung und Verleumdung ihrer prophetischen Existenz und naheschatologischen Verkündigung des kommenden Menschensohns Jesu in der 2. Ps. Plural selbst anreden und trösten, so gewinnt dieser Trost seine vergewissernde Kraft durch den Hinweis auf das gleiche Geschick, das schon Jesus betroffen hatte, aber auch durch den Anschluß der Seligpreisung an das bevollmächtigte Wort Jesu selbst in dem weiterklingenden dreifachen Makarismus, dem Eröffnungstext seiner Botschaft. Der Anschluß des vierten Makarismus in der 2. Ps. Plural aber läßt auch die drei ursprünglichen zur Anrede werden, auch wenn in Q und bei Mt die 3. Ps. Plural beibehalten wird. Als Anrede gilt nun der dreifache jesuanische Makarismus den Geschmähten selbst und wechselt somit seine sprachliche Funktion. Aus Proklamation wird tröstender und vergewissernder Zuspruch.

[104] P. Hoffmann, aaO. 117.
[105] H. Schürmann, aaO. 332.
[106] Ebd.

Weil dieser aber durch ihre Existenz gedeckt ist, ist es für sie auch wirksamer Trost. Denn in ihrer Wanderexistenz d.h. in unmittelbarem Nachvollzug der Existenzweise Jesu, sind sie real arm, haben zu hungern und oft Anlaß zur Trauer in der feindlichen Welt, wissen sich aber gerade darin als diejenigen, die Jesu vollmächtiges Wort in den Geltungsbereich der von ihm angesagten Basileia und ihrer Maßstäbe versetzt hat, weil ihnen der naheschatologische Horizont des kommenden Menschensohnes aufgerissen ist. Als »Eröffnungstext« der »Grundsatzrede Jesu an seine Anhänger« in Q versetzt dieser »Trost« die Angeredeten erst in die Lage, im Vollzug ihrer prophetischen Verkündigung Jesu als des kommenden Menschensohns, wie es die in Q folgenden Logien fordern, aus den Kräften der ihnen zugesprochenen Basileia und im Blick auf den kommenden Menschensohn in Gottes grenzüberschreitender Liebe ihre Feinde zu lieben, d.h. aber auf persönliche Rechtsansprüche zu verzichten, den Zwang der weltüblichen gegenseitigen Schuldverkettungen zu durchbrechen und aufzuheben und den Maßstab Gottes im Verzeihen statt des gewöhnlichen Sich-Entrüstens zur Geltung zu bringen[107]. Erst unter dem Zuspruch der Makarismen werden die Angeredeten zum edlen Baum, der edle Frucht tragen kann, zu dem guten Menschen, der aus dem guten Vorrat das Gute hervorbringt, fühlen sie aber auch zum Handeln nach Jesu Worten aufgefordert, um so ihr Haus auf ein Fundament aus Felsengrund zu bauen, damit es am Tag des Sturms und der Sturzflut Bestand hat.

8.3. Diese Charakteristik gilt grundsätzlich auch noch für die Überlieferungsstufe, auf der nach 70 die Seligpreisung der »Geschmähten« überarbeitet wird, um die Situation des Synagogenausschlusses aufzunehmen. Die Heimatlosigkeit der Wanderexistenz der geschmähten und verleumdeten Menschensohnpropheten wandelt sich in die Heimatlosigkeit kleiner, nunmehr von ihrem Volk ausgeschlossener, judenchristlicher Gemeinden, die sich zu Jesus als dem Menschensohn-Messias bekennen und rechtgläubigen Juden als Anhänger eines Gotteslästerers gelten. Auch ihnen gilt der Zuspruch der von Q in Trost verwandelten Seligpreisungen noch zurecht; denn in ihren sozialen Verhältnissen entsprechen sie als Arme, Trauernde und Hungrige noch dem Anspruch den die Seligpreisungen aufrichten, wenn man sie sich selbst als Trost zuwendet.

8.4. Für die Gemeinden des Lk und des Mt gilt dies nicht mehr in gleicher Weise. Ohne daß die Christen schon, von Einzelfällen abgesehen,

---

[107] In der Charakterisierung der »Grundsatzrede Jesu an seine Anhänger« in der Logienquelle Q folge ich der Rekonstruktion und Gliederung von *W. Schenk*, Synopse zur Redenquelle der Evangelien, Q-Synope und Rekonstruktion in deutscher Übersetzung mit kurzen Erläuterungen, Düsseldorf 1981, 24–35.

in die oberen Klassen der antiken Gesellschaft vorgedrungen wären, treten doch in den Stadtgemeinden die Probleme auf, die sich aus einer »christlichen Bürgerlichkeit« ergeben. Das Nebeneinander von arm und reich auch in den christlichen Gemeinden läßt es nicht mehr zu, daß man unreflektiert aus dem Trost der Seligpreisungen lebt, sollen diese nicht leere Worte werden. Auch wenn die Christen als solche, was ihre soziale Achtung angeht, im Abseits stehen (Lk) bzw. der Horizont staatlicher Zwangsmaßnahmen und Schikanen für sie heraufdämmert (Mt), so daß sie des Trostes auch weiterhin bedürfen, muß das Wort Jesu erneut umgesagt werden, damit es wirksam bleiben kann. Deshalb bildet *Lk* die Weherufe redaktionell und parallelisiert sie den Seligpreisungen, damit er Reich und Arm in seiner Gemeinde in Ausrichtung des Wortes Jesu anreden kann. Was für die einen Trost bleibt, wird für die anderen zur Anrede an das Gewissen und Aufforderung zum Handeln, mit der Lk auf die Praxis eines effektiven Ausgleichs zwischen Reich und Arm drängt.

Anders und doch in ähnlicher Intention verändert *Mt* den Zuspruch der Seligpreisungen in den Anspruch Gottes auf die Herzen derer, die auf dem Weg der eschatologisch erfüllten Gerechtigkeit stehen, und »meditiert und variiert als ntl. Weisheitslehrer in nicht weniger kunstvoller Anordnung, als die Weisheitspsalmen sie bieten, psalmartig das 'Evangelium vom Reich' . . . Dabei ist diese neue Bundesweisung der Bergpredigt in der mt Theologie nicht weniger mit Geboten verknüpft als der Gottesbund im AT in der deuteronomischen Deutung«[108], damit aus dem Sein ein Handeln wird bzw. die »Gerechtigkeit« Jesu und des Reiches zur »Gerechtigkeit« auch der Gemeinde.

---

[108] *H. Frankemölle*, Die Makarismen (Mt 5,1–12, Lk 6,20–23), Motive und Umfang der redaktionellen Kompositionen, BZ 15 (1971), 73.

IX

ÜBERLEGUNGEN ZUR TRANSFORMATION BIBLISCHER
TEXTE AM BEISPIEL DES GLEICHNISSES VON DEN
TALENTEN (Mt 25,14–30; Lk 19,11–12)

1. *Texttheoretische Überlegungen zur Transformation biblischer Texte*

1.1. Transformationen biblischer Texte als textdidaktische Operationen
kommen unter dem häufig vage bleibenden Vorzeichen einer »narrativen
Theologie« in Mode. Folgende Überlegungen versuchen einige Kriterien
für sinnvolle Texttransformationen herauszustellen und sie anhand des
Talentegleichnisses zu erproben.

1.2. *Zur Handlungsstruktur*

Es ist bekannt, daß die neutestamentliche Überlieferung verschiedene
Doppelgleichnisse Jesu kennt. Nach Joachim Jeremias kann man dann
von einem Doppelgleichnis sprechen, wenn die beiden Gleichnisse »je
denselben Gedanken in verschiedenen Bildern zum Ausdruck bringen«[1].
Die auf der Basis einer bestimmten Gleichnistheorie (Bildhälfte – Sach-
hälfte) aufgestellte Behauptung von Jeremias könnte Anlaß zu der Ansicht geben, die Bilder der sogenannten Bildhälfte seien beliebig austauschbar, wenn nur der durch sie zur Anschauung gebrachte Gedanke
der gleiche bliebe; so, wie ein Theaterstück trotz wechselnder Kostüme
sich selber gleich bleibt. Und wenn Aristoteles die Güte einer Tragödie
von daher mißt, daß sie ihre Wirkung auf den Rezipienten stärker durch
ihren Aufbau als durch ihre Inszenierung erzielt, so daß »auch ohne zu
sehen jener, der die Handlung hört, bei den Ereignissen Schauder und
Mitleid empfindet«[2], scheint das für die Ansicht von Jeremias zu
sprechen, auch wenn dadurch eine präzisere Terminologie eingeführt
wird. Statt den »Gedanken« vom »Bild« unterscheidet Aristoteles den
»Aufbau«, die »Zusammensetzung der Handlung« oder, wie wir stattdes-
sen sagen können, die »Struktur« von der »Inszenierung«, die von
Aufführung zu Aufführung wechseln kann, während die Struktur die
gleiche bleibt. So können wir zum Beispiel im Hinblick auf das Doppelgleichnis von dem verlorenen Schaf und der verlorenen Drachme davon

---

[1] *J. Jeremias*, Die Gleichnisse Jesu, Göttingen ⁶1962, 89.
[2] *Aristoteles*, Poetik, übers. von M. Fuhrmann, München 1976, 69.

sprechen, daß in den verschiedenen Fassungen ein und dieselbe »Struktur« auf verschiedene Weise in Szene gesetzt worden ist. Versuchen wir die Struktur des Doppelgleichnisses zu erheben und beginnen wir auf der von den beiden Fassungen am weitesten entfernten Ebene der Abstraktion! Ganz allgemein ist beiden Fassungen gemeinsam, daß sie eine Geschichte erzählen, die von einem Anfang zu einem Ende führt. Die Anfang-Ende-Struktur teilen die beiden Fassungen mit allen narrativen Texten. Ein Schritt näher zu den konkreten Texten führt uns die Beobachtung, daß der Anfang jeweils »negativ« der Schluß der Geschichte »positiv« ist, nach Aristoteles das Merkmal der »komischen« Erzählbewegung. Die beiden Fassungen des Gleichnisses lassen sich so der Gruppe all der Geschichten zuordnen, die einen negativen Anfang und ein positives Ende haben. Die Gruppe dieser Texte ist schon kleiner als alle narrativen Texte zusammen. Wenn wir uns auf die Ebene der Handlungen hinbewegen, läßt sich leicht sehen, daß es in beiden Fassungen jeweils um »Verlust« und dessen »Behebung« geht. Auch das haben die beiden Fassungen mit vielen anderen Geschichten gemeinsam, die sich sonst durchaus von ihnen unterscheiden. Ich kann die »Behebung eines Verlusts« ja auch so erzählen: Jemand erstattet mir das Verlorene, oder ich finde es rein zufällig im Bauch eines Fisches wieder, den ich ein paar Tage später gefangen habe. Das macht darauf aufmerksam, daß es offenbar zu den Eigentümlichkeiten der zwei Versionen des Gleichnisses vom Verlorenen gehört, daß die Behebung des Verlusts sich dadurch ereignet, daß nach dem Verlorenen *gesucht* und es dann schließlich auch *gefunden* wird. Dennoch lassen sich auch dann noch Geschichten erzählen, die sich von den beiden Gleichnissen unterscheiden. Es sind doch zwei ganz verschiedene Geschichten, ob ich etwa eine Brieftasche mit allem, was darin ist, oder ob ich fünf Mark davon verliere. Wir müssen also noch zwei weitere Elemente berücksichtigen, nämlich, daß da am Anfang eine Ganzheit besteht, die durch den Verlust eines Teils als Ganzheit zerstört und erst am Ende, nachdem gesucht und gefunden wurde, als eine nunmehr mit Geschichte angereicherte Ganzheit wiederhergestellt wird. Aber auch so noch läßt sich eine andere Geschichte als die der beiden Gleichnisse Jesu erzählen, wie zum Beispiel das Thomas-Evangelium beweist:

Thomas-Evangelium 107:

»Jesus sprach: das Reich ist gleich einem Hirten, der hundert Schafe hat. Eins von ihnen verlief sich, das Größte. Er ließ die 99; er suchte nach diesem einen bis er es fand. Als er sich abgemüht hatte, sagte er zu dem Schaf: Ich liebe dich mehr als die 99«.

Diese Geschichte macht uns darauf aufmerksam, daß wir noch hinzuzufügen haben, daß die Gesamtheit, die durch den Verlust eines Teils zerstört wird, aus einander gleichen Teilen besteht, unter denen es keine

Rangfolge gibt. Auf der Basis dieser Handlungsstruktur erst lassen sich die beiden Gleichnisse erzählen. Sicher läßt sich von dieser Basis ausgehend auch noch ein weiteres Gleichnis bilden, doch wäre dies nicht wie auf den vorangegangenen Ebenen eine *andere* Geschichte, sondern nur eine *weitere* Version: man könnte sich zum Beispiel einen Kaufmann denken, der zehn Perlen hat und eine davon verliert ...

Die Struktur wäre dann mit anderen Beispielen (Paradigmen) aufgefüllt, bliebe aber als Struktur erhalten, genauso wie sie davon unberührt bleibt, ob Jesus sie nun unter Verwendung eines Mannes mit hundert Schafen oder einer Frau mit zehn Drachmen im Gleichnis in Szene setzt. Erst da, wo ich die anfängliche Ganzheit aus gleichen Teilen differenziere und kleinere und größere Teile unterscheide, erst da, wo ich das Suchen weglasse und die Behebung des Verlusts durch zufälliges Wiederfinden geschehen lasse, greife ich in das Gefüge der Handlungselemente, in die Struktur oder, um einen linguistischen Begriff zu gebrauchen, in das »Syntagma« ein und erzeuge nicht nur eine weitere Version, sondern eine andere Geschichte. In beiden Fällen habe ich eine syntagmatische Transformation durch die »Tilgung« eines Strukturelements vollzogen. Aber auch dann, wenn ich ein Strukturelement durch ein anderes ersetze, zum Beispiel den Verlierer nicht suchen lasse, sondern den Verlust abbuchen oder lange suchen und das Verlorene nicht finden, sich aber mit dem Besitz des Rests tröste, transformiere ich syntagmatisch. Ein bloßer Paradigmenwechsel (also: Mann statt Frau, Schaf statt Drachme usw.) berührt das Syntagma nicht.

1.3. *Paradigmenwechsel*

Wenn wir eben meinten, daß ein bloßer Paradigmenwechsel das Syntagma nicht berühre, darf nicht übersehen werden, daß durch verschiedene paradigmatische Auffüllung des Syntagmas dennoch sehr verschiedene Texte entstehen können. Die Verschiedenheit macht sich zunächst an der verschiedenen Wirkung der Texte bemerkbar; doch kann auch der Fall eintreten, daß durch den Paradigmenwechsel das Syntagma betroffen ist. Die verschiedene paradigmatische Auffüllung kann praktische Gründe haben. Wenn Jesus die Geschichte vom Verlorenen mit einem Hirten, der sein Schaf, und mit einer Frau, die eine Drachme verliert, erzählt, so hat das möglicherweise rhetorische Gründe, kann an verschiedener Zuhörerschaft liegen. Deutlicher wird das noch, wenn wir uns den Fall denken, daß einer eine Geschichte unter Verwendung von zwei Adlern, ein andermal mit zwei Säuen als Protagonisten erzählt. Zwar ändert sich syntagmatisch nichts. In beiden Fällen kommt den Figuren ihre Wertung als Protagonisten aus der Stellung zu, die sie im Syntagma der Geschichte

einnehmen. Dennoch sind »Säue« konventionsbedingt konnotativ anders
besetzt als »Adler«. Beide empfangen ihre Bedeutung also nicht allein uns
ihrer Stellung im konkreten Syntagma, sondern sind schon bedeutungs-
beladen aus anderen Geschichten, in denen sie eine Rolle spielten. Entsprechend ist auch die verschiedene Wirkung der beiden Versionen ein
und derselben Geschichte auf den Rezipienten. Darauf ist wahrscheinlich
auch das manchmal peinlich berührende Gefühl zurückzuführen, daß
man empfindet, wenn man biblischen Geschichten in modernem Kostüm
begegnet: »Mit dem Gottesreich verhält es sich wie mit einem Industrie-
boss, der zwei führende Angestellte hatte . . .«. Die Rezeptionserwartung
des Lesers/ Hörers geht durch die Einführungsformel in andere Richtung:
er erwartet einen ihm vertrauten biblischen Text. Der Paradigmenwechsel führt zwar zu einem Verfremdungseffekt, der bisweilen positiv die
Aufmerksamkeit steigert; doch wird darüber hinaus nicht mehr hermeneutisches Potential frei, als es auch der biblische Text selber transportie-
ren könnte. Mancher Rezipient mag das als allzu billigen Effekt erkennen
und ablehnen, zumal dann, wenn das verwendete »moderne« paradigmatische Füllmaterial für ihn konnotativ anders bezetzt ist als das biblische Paradigma.

1.4. *Transformation des Syntagmas*

Der Paradigmenwechsel kann schließlich zu einer syntagmatischen Transformation führen. Wiederum läßt sich dies im Hinblick auf die beiden
Gleichnisse vom Verlorenen erkennen. Die Figuren der beiden Gleichnisse, Hirt und hundert Schafe, Frau und zehn Drachmen, sind zwar verschiedene Paradigmen, die ein und dieselbe Struktur auffüllen und innerhalb der jeweiligen Version die gleiche Aufgabe erfüllen, doch zeigt sich
bei genauerem Hinsehen, daß sie sich nicht ganz entsprechen. »Hirt« und
»Frau« stehen in der jeweiligen Geschichte nicht isoliert da, sondern sind
Teil eines Beziehungsverhältnisses zu anderen »Figuren«. Der Hirt steht
in Beziehung zu den hundert Schafen, die Frau zu den zehn Drachmen;
Hirt und Schafe, Frau und Drachmen bilden eine *Konfiguration*. Zwar
stehen Hirt und Frau in der Beziehung des »Habens« zu Schafen und
Drachmen, so daß sie jeweils von ihrem Besitz etwas »verlieren« können,
doch ist die Analogie zwischen Hirt/Schafe und Frau/Drachmen dadurch
verschoben, daß Schafe und Drachmen Träger verschiedener semantischer Merkmale (Seme) sind. Im Gegensatz zu den Drachmen mit den
Semen »Ding/nicht lebendig« haben Schafe die Seme »Tier/lebendig«.
Das hat zur Folge, daß die Geschichte unter Verwendung der Paradigmen Frau/Drachme beim Suchen der Frau nach der verlorenen Drachme
sich nicht um die übrigen Drachmen kümmern muß.

Wird sie hingegen unter der Verwendung der Paradigmen Hirt/Schafe erzählt, entsteht, wenn die Geschichte den Hirten nach dem Verlorenen suchen läßt und nicht berichtet, was mit dem übrigen in der Zwischenzeit geschieht – als »lebendige« können sie ja fortlaufen oder, wenn sie nicht getränkt werden, verdursten usw. – eine erzählerische Lücke, die der Rezipient in seiner Lektüre aufzufüllen geneigt ist[3]. Im übrigen zeigt sich diese Tendenz schon an der Textoberfläche der beiden Versionen. Das Gleichnis von der verlorenen Drachme läßt die Frau sich unmittelbar an die Suche machen (Lk 15,8); das vom verlorenen Schaf muß zuvor noch sagen, daß der Hirt die »99 in der Wüste läßt« (Lk 15,4). Diese von manchen Kommentatoren als »unwahrscheinlicher Zug« bezeichnete »Lücke« des Gleichnisses vom »verlorenen Schaf« ist im vorliegenden Text erzählerisch nicht aufgefüllt und kann somit zum Ansatzpunkt einer möglichen narrativen Weiterentwicklung werden oder gibt, anders gesagt, dem Gleichnis ein größeres hermeneutisches Potential, weil sie den Rezipienten zu Fragen bewegt. Daß der Autor, Jesus, dieses Mittel hier bewußt einsetzt und nicht etwa ungeschickt erzählt, zeigt, daß die in lebendigen Tieren schon angelegte relative Selbständigkeit auch der zurückgelassenen Schafe, in dem bei Lukas folgenden Gleichnis von den »zwei verlorenen Söhnen« vollends ausgeführt wird. Die Ganzheit, die der Vater besitzt und die durch den Verlust eines Teils desintegriert wird, sind hier zwei Söhne, die beide zum selbständigen Handeln entlassen werden, so daß auch der Ältere zum verlorenen werden kann[4]. Gerade im Licht des Gleichnisses von den »zwei verlorenen Söhnen« zeigt sich, daß erzählerisch auch die Möglichkeit bestanden hätte, das verlorene Schaf zurückkehren zu lassen, auch wenn diese erzählerische Möglichkeit hier noch nicht ergriffen wurde. Daß durch die Kontextuierung von »verlorenem Schaf« und »verlorenen Söhnen« Suche und Umkehr als zwei Aspekte ein und desselben Vorgangs erscheinen, so daß sich das »Haben«-Verhältnis (Frau/Drachmen; Hirt/Schafe) als ein »Sein«-Verhältnis (Vater/zwei Söhne; Hirt/Schafe) enthüllt, sei hier nur nebenbei angemerkt.

Es wird deutlich, daß ein Paradigmenwechsel zu einer Transformation des Syntagma führen oder sie wie im besprochenen Beispiel mindestens vorbereiten kann. Syntagmatische Transformationen können das hermeneutische Potential eines Textes erhöhen, lassen die dem jeweiligen Text eigene Textwelt im Spiegel anderer Textwelten deutlicher erkennen

---

[3] Vgl. hierzu *W. Stenger*, Zwischen den Zeilen lesen, in: KatBl 202 (1977), 204–212.
[4] Zur näheren Begründung dieser Analyse vgl. *F. Schnider*, Die verlorenen Söhne. Strukturanalytische und historisch-kritische Untersuchungen zu Lk 15, OBO 17, Fribourg/Göttingen 1977.

und führen bisweilen zu einer Ausarbeitung dessen, was mindestens als Frage im Text schon angelegt ist. Im folgenden sollen durch Kontext- und Paradigmenwechsel und durch syntagmatische Eingriffe zustandegekommene Texttransformationen am Beispiel des Gleichnisses von den Talenten vorgestellt werden.

2. Transformationen des Talentegleichnisses

»Ein Mann hatte eine Frau, ... Und der Mann mußte über das Land. Und da er fortging, gab er der Frau alles, was er hatte, sein Haus und seine Werkstatt und den Garten um sein Haus und das Geld, das er sich verdient hatte. 'Dies alles ist mein eigen, und es gehört auch dir. Du mußt darauf acht haben'. Da hing sie an seinem Hals und weinte und sagte zu ihm: 'Wie soll ich das? Denn ich bin ein dummes Weib'. Aber er sah sie an und sprach: 'Wenn du mich lieb hast, dann kannst du es'. Und dann nahm er von ihr Abschied ...«

Von einem, der abreist und dem Zurückbleibenden sein Hab und Gut anvertraut wie der Mann aus der Geschichte »Die dumme Frau« von Bert Brecht, erwartet man, daß er zurückkehrt, wie der Herr in dem biblischen Gleichnis: »Aber nach langer Zeit kommt der Herr jener Knechte zurück und hält Abrechnung mit ihnen«. (Mt 25,19).

2.1. Das Gleichnis bei Mt und Lk

Das Gleichnis begegnet im Neuen Testament bei Mt 25,14–30 und Lk 19,11–27, jedoch in verschiedener Fassung. Stand es schon in der Logienquelle, ist anzunehmen, daß Lk stärker redaktionell verändert hat, Mt näher an seiner Vorlage bleibt. Mattäische Redaktion ist die Einordnung in den Kontext, sicherlich auch die Verschärfung der Bestrafung des dritten Knechts in eine eschatologische Bestrafung (V.30) und dementsprechend wohl auch die Belohnung der beiden ersten Knechte durch die Gewährung der Teilnahme am eschatologischen Freudenmahl (V.21b. 23b). Auch die moralische Beurteilung der Knechte als »treu« (V.21a. 23a), beziehungsweise als »träge« (V.26b) dürfte auf das redaktionelle Konto des Mt zu setzen sein.

Die lukanischen Veränderungen sind zahlreicher und betreffen stärker die Substanz der Geschichte: statt zu Beginn Unterschiedliches zu erhalten, bekommen alle Knechte die gleiche Summe, die sie jedoch am Ende in unterschiedlicher Weise vermehrt haben. Der dritte Knecht handelt gegen ein ausdrückliches Gebot des Herrn (V.13 diff Mt) und ist zudem leichtsinnig, weil er keinerlei Sicherheitsmaßnahmen ergreift. Die Aussagerichtung des Gleichnisses wird durch den redaktionell vorangesetzten V.11 bestimmt. Das Gleichnis ist nach redaktioneller Absicht als Parusiegleichnis zu lesen. Die weiteren lukanischen Eintragungen folgen dieser Absicht, sind aber eher allegorisierend und für die Handlungsstruktur der Geschichte weniger bedeutsam als die Veränderung der Ausgangssituation (gleiche Summe für alle). So sind lukanische Eintragungen der Umstand, daß der Herr von edler Geburt ist, verreist um sich die Königswürde zu verschaffen, als wohledler Herr *zehn* Knechte hat, von denen nur drei erzählerisch ausgeführt werden, daß seine Mitbürger ihn hassen und seinen Regierungsantritt zu vereiteln trachten und deshalb auch vom zurückgekehrten königlichen Herrn als seine Feinde niedergemacht werden.

2.2. *Das Gleichnis in der Logienquelle und bei Jesus*

Überlieferungskritisch läßt sich fragen, ob der zusammenfassende weisheitliche Vers Mt 25,29; Lk 19,26 schon Bestandteil der ursprünglichen Fassung des Gleichnisses vor der Logienquelle gewesen ist oder aber erst dort aufgrund des Befehls des Herrn, dem dritten Knecht das Geld zu nehmen und es dem ersten zu geben (Mt 25,28; Lk 19,24), hinzugewachsen ist. Daß die Überlieferung dazu neigt, Gleichnisse sentenzenartig zusammenzufassen, zeigt sich auch anderswo. Ein Grund das Gleichnis in seiner Grundform Jesus abzusprechen ist nicht ersichtlich. So sprechen unsere Überlegungen für folgende Textgestalt:

A
»... wie mit einem Mann, der auf Reisen ging, seine Knechte rief und ihnen sein Vermögen übergab. So gab er dem einen fünf Talente, einem anderen zwei und dem dritten eines, einem jeden seiner Fähigkeit gemäß, und reiste ab.

B
Alsbald ging der die fünf Talente empfangen hatte, hin und trieb Geschäfte mit ihnen und gewann fünf weitere Talente. In gleicher Weise erwarb auch der mit den zweien weitere zwei. Der aber das eine bekommen hatte, ging hin und grub die Erde auf und verbarg das Geld seines Herrn.

C
Nach langer Zeit aber kehrte der Herr jener Knechte zurück und hielt Abrechnung mit ihnen. So trat der die fünf Talent bekommen hatte, herzu und brachte andere fünf Talente und sagte: Herr, fünf Talente hattest du mir übergeben, ich habe weitere fünf Talente gewonnen. Da sprach sein Herr zu ihm: Trefflich, du guter Knecht, über wenigem bist du treu gewesen, über vieles will ich dich setzen.
So trat auch der mit den zwei Talenten vor und sagte: Herr, zwei Talente hattest du mir übergeben; sieh, weitere zwei habe ich gewonnen. Da sprach sein Herr zu ihm: Trefflich, du guter Knecht, über wenigem bist du treu gewesen, über vieles will ich dich setzen.
Es trat aber auch der das eine Talent empfangen hatte, vor und sprach: Herr, ich kannte dich und wußte, daß du ein harter Mann bist

C

und erntest, wo du nicht gesät hast, und sammelst, wo du nicht ausgeteilt hast: So ging ich in meiner Angst und verbarg dein Talent in der
Erde; sieh, da hast du dein Eigentum. Sein Herr aber gab ihm zur
Antwort: Du böser Knecht! Du wußtest, daß ich ernte, wo ich nicht
gesät, und sammle, wo ich nicht ausgeteilt habe. Also hättest du mein
Geld bei den Bankhaltern einzahlen müssen, und ich wäre gekommen
und hätte das meinige mit Zinsen zurückerhalten. Darum nehmt ihm
das Talent weg und gebt es dem, der die zehn Talente hat!«

2.3. Die Handlungsstruktur des ursprünglichen Gleichnisses

Das als ursprünglich zu erschließende Gleichnis Jesu besteht aus drei aufeinander folgenden Erzählabschnitten (Sequenzen), die ihrerseits jeweils
in drei Unterabschnitte (Segmente) gliederbar sind. Die drei Sequenzen
sind, was die Anordnung der Segmente betrifft, parallel gebaut: immer
wird zunächst von dem Knecht erzählt, der die meisten Talente erhielt,
dann von dem zweiten und schließlich von dem, dem nur ein Talent
anvertraut wurde, so daß sich die Handlungsstruktur folgendermaßen
darstellen läßt:

A. *Abreise und abgestufte Übergabe des Vermögens*
1. fünf Talente
2. zwei Talente
3. ein Talent

B. *Behandlung des Übergebenen in der Zeit der Abwesenheit*
1. Gewinn durch Wagnis
2. Gewinn durch Wagnis
3. Nicht-Gewinn durch Nicht-Wagnis

C. *Rückkehr und Abrechnung*
1. Rechenschaftsablegung und Belohnung
2. Rechenschaftsablegung und Belohnung
3. Rechenschaftsablegung und Bestrafung.

2.3.1. *Transformation durch Tilgung einer Nebenfigur*

Es fällt auf, daß die Handlungsstruktur (Oberflächenstruktur) ein Element
aufweist, das tiefenstrukturell für den Ablauf der Handlung eigentlich
nicht nötig ist. Der zweite Knecht ist im Grunde ja nur eine Verdoppelung des ersten, so wie der Levit im Gleichnis vom Samariter nur den
vorübergehenden Priester verdoppelt. Die Kennzeichnung des Knechts
mit dem einen Talent als dessen, der versagt, wäre durchaus auch in einer
Geschichte durchzuführen, die ihn nur dem Knecht mit den fünf Talen-

ten gegenüberstellen würde. Man versuche nur die Geschichte in dieser Form zu lesen.

Es läßt sich jedoch fragen, warum der Text dennoch von drei Knechten erzählt und was sich durch unsere Transformation durch Tilgung verändert. Folgt Jesus – daß die Dreizahl der Knechte ursprünglich ist, scheint gesichert[5] – hier nur der Konvention volkstümlichen Erzählens, die sich gern der Dreizahl bedient? Das ist durchaus möglich, doch scheint der zweite Knecht – auch wenn er, was die reine Handlungsstruktur betrifft, unnötig zu sein scheint – seinen Platz im Text auch noch aus einem anderen Grund zu behaupten. Wird das Gleichnis mit nur zwei Knechten erzählt, erwartet man eigentlich, daß jeder Knecht den gleichen Betrag zur Verwaltung erhält. Der Ablauf dieser transformierten Geschichte müßte dann den einen als treu, den anderen als Versager, aber ausgehend von der gleichen Ausgangssituation, kennzeichnen. Das Gleichnis Jesu hingegen legt Wert darauf, daß jedem »seiner Fähigkeit gemäß« verliehen wurde, und diese abstufende Behandlung läßt sich mit drei erzählten Knechten deutlicher vor Augen führen als mit zwei. Zudem: Macht nicht der Umstand, daß zwei Knechte die Belohnung erlangen und nur einer bestraft wird, dem Leser eher Mut, seinerseits hinzugehen und in der Abwesenheit des Herrn zu handeln?[6] So ist der zweite Knecht zwar nicht handlungsstrukturell, aber aus textperspektivischen und rhetorischen, d.h. den Leser einbeziehenden Gründen, notwendig. Mithin nimmt das hermeneutische Potential des Gleichnisses Jesu in der Transformation ab. Würde die Geschichte mit zwei Knechten, die Unterschiedliches erhalten, erzählt, ließe sie das Thema »Jedem nach seiner Fähigkeit« verkümmern. Erhielten beide das Gleiche, um sich Belohnung oder Strafe zuzuziehen, enstünde eine Textwelt, die zwar den Ernst der Forderung des Gleichnisses Jesu hervorhöbe, ohne doch zugleich dem Leser die Hoffnung zu machen, aus der heraus er es vermöchte, seinerseits die Handlungsweise der beiden ersten Knechte zu realisieren. Auch die Aufforderung zum Handeln mit dem jeweils Anvertrauten, sei es auch vergleichsweise klein, ginge verloren.

2.3.2. Transformation durch Tilgung einer Hauptfigur

Bringt die Transformation des Gleichnisses durch die Tilgung einer Nebenfigur schon beachtenswerte Sinnverschiebungen, so wird das noch

---

[5] Vgl. *J. Jeremias* aaO. 23.

[6] Macht nicht anders, aber doch ähnlich die handlungsstrukturell unnötige Verdoppelung des Priesters durch den Levit im Gleichnis vom Samariter deutlich, daß das »er sah ihn und ging vorüber« nicht eine einmalige Ausnahme, sondern der Lauf der Dinge ist und die Tat des Samariters das eigentlich Unerwartbare?

deutlicher, wenn man eine für die Handlungsstruktur konstitutive Figur tilgt. Das vorkonziliare Formular der ersten Messe eines Bekenners und Bischofs schreibt die Verlesung des Textes als Evangelium vor, wobei der Text hinter Mt 25,23 abbricht, also den Dialog des zurückgekehrten Herrn mit dem dritten Knecht und dessen Bestrafung ausläßt. Zwar wird sein Verhalten während der Abwesenheit des Herrn in der Mitte des Textes geschildert, doch bedingt die Tilgung der Schlußverse, daß die beiden ersten Knechte so in den Vordergrund der Erzählung geraten, daß der dritte Knecht nahezu verschwindet. Weil so die Korrespondenz von Belohnung der beiden ersten Knechte und Bestrafung des dritten getilgt ist, akzentuiert sich allein die Belohnung des ersten und zweiten Knechtes: »Wohlan du guter und getreuer Knecht, weil du über weniges getreu gewesen bist, will ich dich über vieles setzen: geh ein in die Freude deines Herrn«. Weil aber nur aus der Gegenüberstellung von Belohnung und Strafe ersichtlich wird, daß das Fehlverhalten des dritten gerade in dem mangelnden Mut zum Wagnis des Handelns in der Abwesenheit des Herrn begründet ist, und die Treue der beiden ersten Knechte sich gerade im Wagnis erweist, entsteht die Gefahr, die vom zurückgekehrten Herrn belohnte Treue als bloße Bewahrung des Anvertrauten zu verstehen. Dieser »konservative« Akzent des durch die Tilgung des dritten Knechts entstandenen Textes, wird im übrigen durch den Kontext innerhalb des Meßformulars unterstützt. Der »gute und treue« Knecht ist dann »der Hohepriester, der in seinen Tagen Gott gefiel. Keiner fand sich, der gleich ihm gehütet das Gesetz des Allerhöchsten«. (Epistel und Graduale, Weish. 44,16.20). So wirft der transformierte Text zwar ein bezeichnendes Licht auf die Auffassung von Amt und Aufgabe eines »heiligen Bekenners und Bischofs«, die derjenige gehabt haben mußte, der dieses Meßformuler zusammenstellte, entstellt jedoch den Text des Gleichnisses Jesu, das – bezöge man es untransformiert auf das Amt eines Bischofs und Bekenners – zu verstehen geben könnte, daß dessen Aufgabe in der Abwesenheit des Herrn gerade das Wagnis des Handeltreibens mit den anvertrauten Talenten sei: »Sogleich ging der, welcher fünf Talente empfangen hatte, hin trieb Handel damit und gewann fünf weitere dazu«. In der Transformation des Textes durch Tilgung des dritten Knechts bringt sich ein das Gleichnis Jesu verharmlosendes »kirchenamtliches« Verständnis zur Geltung.

2.3.3. *Transformation durch Einfügung*

Noch weiter geht eine Transformation des Gleichnisses in einem Text, den Eusebius[7] als Bestandteil des Nazaräerevangeliums referiert:

---

[7] *E. Hennecke/W. Schneemelcher*, Neutestamentliche Apokryphen I, Evangelien, Tübingen [3]1959, 97.

»Da aber das auf uns gekommene, in hebräischen Buchstaben (geschriebene) Evangelium die Drohung nicht gegen den erhebt, der (das Talent)
verborgen hatte, sondern gegen den, der ausschweifend gelebt hatte – denn
er (der Herr) hatte drei Knechte: einen, der das Vermögen des Hern mit
Huren und Flötenspielerinnen durchbrachte, einen, der den Gewinn ver-
vielfältigte, und einen, der das Talent verbarg; daraufhin sei der eine (mit
Freuden) angenommen, der andere nur getadelt, der andere aber ins
Gefängnis geworfen worden – so erwäge ich, ob nicht bei Matthäus die
Drohung, die nach dem Wort gegen den Nichtstuer ausgesprochen ist, nicht
diesem gilt, sondern infolge eines Rückgriffs dem ersten, der mit den
Trunkenen geschmaust und getrunken hat«.

Der transformierende Eingriff in den Text ist hier viel weitergehend. Es
wird nicht nur ein Element des Textes getilgt, sondern substituiert, so daß
sich die Handlungsstruktur entscheidender verändert. In die Stelle des
zweiten Knechts rückt der dritte ein, und sein dadurch freiwerdender
Platz wird mit einer anderen Figur aufgefüllt, die nicht nur nicht das anvertraute Geld vermehrt, es nicht einmal unversehrt wahrt, sondern es in
einem liederlichen Leben vergeudet. Das Referat des Eusebius läßt weiter
vermuten, daß der transformierte Text ebenfalls die unterschiedliche
Summe des anvertrauten Geldes einebnete und die drei Knechte das
Gleiche erhalten ließ; mindestens tritt die Unterschiedlichkeit der Summe
im heutigen Text nicht zutage.

Welches Interesse hatte derjenige, der das Gleichnis Jesu in dieser Form
umerzählte? Man darf vermuten, daß die Bestrafung eines Knechts, der
doch eigentlich nichts Ungerechtes getan hatte, der das ihm anvertraute
Depositum, wie das Gesetz befiehlt, in unversehrtem Zustand zurückerstattet, ja die dazu notwendigen und vorgeschriebenen Sicherheitsmaßnahmen[8] ergriffen hatte, auf den Widerspruch eines frühen
Lesers/Hörers des Gleichnisses stoßen mußte. Auch unter bürgerlich-
braves Empfinden mag das Verhalten des Herrn als zu hart, zu unan-
gemessen ansehen; und es ist von da aus nur allzu leicht verständlich, daß
in der Umerzählung eine weitere Figur entsteht, die nun wirklich sich
»versündigt«, das anvertraute Geld in einem liederlichen Leben mit Huren und Gelagen vergeudet, damit den Erwartungen eines moralischen
Kodex vor den Kopf stößt und als zurecht von dem zurückkehrenden
Herrn bestraft angesehen wird. Das Gleichnis Jesu wirkt zwar insofern
noch weiter, als der Knecht, der das anvertraute Geld unvermehrt und
ungemindert zurückerstattet, nicht ganz ungeschoren davonkommt – er
wird getadelt aber nicht bestraft, –, doch hat aufs ganze gesehen die

---

[8] Vergrabung des Geldes als Sicherung vor Diebstahl, vgl. *Billerbeck* I, 971 f.

Umerzählung, die in der Textwelt des Gleichnisses Jesu entworfene Wirklichkeit in den Rahmen einer Welt eingepaßt, deren Dimensionen durch ein moralistisch-braves Grundverständnis bestimmt werden. Die Tendenz zu solcher Umerzählung macht sich im übrigen schon im Text des kanonischen Mt-evangeliums bemerkbar. Zwar führt Mt keine neue Figur ein, doch bezeichnet er über die Urfassung des Gleichnisses hinaus (vgl. Lk 19,22) den Knecht nicht nur als »bösen« (πονηρέ) sondern auch als »trägen« (ὀκνηρέ), beurteilt also sein Fehlverhalten in moralisierender Richtung. So kann es nicht erstaunen, daß die Offenbarung des verfehlten Wegs des Knechts durch den Entzug des Talents Mt nicht genügt und er den »unnützen« (ἀχρεῖον) Knecht zur Bestrafung auch noch in die »Finsternis draußen, in der Heulen und Zähneknirschen ist«, versetzen läßt (diff. Lk).

2.3.4. Transformation durch Bindung in einen Kontext

2.3.4.1. Lukas

Im übrigen vollzieht sich durch diese nur geringe Eintragung des Mt eine viel stärkere Umorientierung des Gleichnisses Jesu, und zwar in moralisierende Richtung, als sie durch die vergleichsweise umfangreicheren Einfügungen des Lk sich ereignet. Daß bei Lk der Herr ein »wohlgeborener« Herr ist, der auszieht, um sich die Königsherrschaft übertragen zu lassen, entsprechend zehn Knechte hat, auch wenn nur drei erzählungskonstitutiv sind, daß seine Mitbürger ihn hassen, ihm eine Gesandtschaft nachsenden, um seinen Herrschaftsantritt zu verhindern, daß der als König zurückgekehrte Herr nach der für die Erzählung konstitutiven bekannten Behandlung der drei Knechte seine gegen ihn intrigierenden Mitbürger niedermachen läßt, sind zwar beträchtliche Eintragungen in den Text des ursprünglichen Gleichnisses, doch betreffen sie nicht dessen eigentliche Handlungsstruktur. Es sind gewissermaßen nur »eingehängte« Elemente, die mitzutransportieren das Gleichnis Jesu in der Lage ist und durch die hindurch es sich durchaus noch Gehör zu verschaffen vermag. Sie verändern die Aussagerichtung des Gleichnisses Jesu weit weniger als der von Lukas redaktionell vorangestellte Eröffnungstext des V.11, in dessen Dienst die »eingehängten« Elemente stehen: »... *er sagte ein weiteres Gleichnis, da er nah bei Jerusalem war, und sie meinten, es müsse alsbald das Königtum Gottes erscheinen*«. Durch diesen Kontext läßt Lukas das folgende Gleichnis als Antwort auf die allgemeine Erwartung verstehen, jetzt wo Jesus sich nahe vor Jerusalem befindet, müsse alsbald das Königtum Gottes erscheinen. Die Antwort, die Lk durch das Gleichnis und die Einfügungen in seinen Text gibt, heißt: Das Königtum Gottes kommt nicht sofort. Zuerst muß der »wohlgeborene«

Herr durch die Anfeindungen seiner Mitbürger hindurch sich die Königsherrschaft verschaffen, um dann, wenn er als König zurückkehrt, seine
ihn hassenden Mitbürger zu bestrafen. Daß darin eine allegorisierende
Anspielung auf das Leiden Jesu und seine Parusie als Messias-König
zu sehen ist, liegt auf der Hand, auch wenn Lukas sich als Anschauungsmaterial gewisser Züge der Geschichte des Herodessohns Archelaos
bedient[9].

Die Transformation in ein Parusiegleichnis hat aber noch stärkere Eingriffe in die Handlungsstruktur des Gleichnisses Jesu zur Folge. Lukas
läßt den abreisenden Herrn einen ausdrücklichen Befehl erteilen: »Treibt
Handel damit, bis ich wiederkomme!« (V.13). Die Knechte erhalten alle
die gleiche Summe und machen Verschiedenes daraus, der eine zehn
Talente, der andere fünf, der dritte gar nichts. An dem, was ein jeder
im Gehorsam gegenüber dem Befehl aus der Ausgangssumme mit verschiedenem Ergebnis erwirtschaftet hat, zeigt sich der zurückkehrende
Herr interessiert (V.15); und entsprechend dem Ergebnis ist der Lohn
gestaffelt. Der nichts hinzu gewann, war nicht aus Angst und Sicherheits-
bedürfnis gelähmt, sondern einfach dem ausdrücklichen Befehl des Herrn
ungehorsam und handelte zudem in sträflichem Leichtsinn; noch nicht
einmal die nötigen Sicherheitsmaßnahmen hatte er ergriffen, sondern das
Geld des Herrn in seinem Schweißtuch aufbewahrt. Die gemeinte Sache
führt zur Umerzählung der Geschichte: die Kirche weiß, was sie in der
Zwischenzeit bis zur Parusie ihres Herrn zu tun hat. Sie hat ja sein Wort.
Alle haben es in gleicher Weise, und doch gibt es größeren und kleineren
Gehorsam, ja es gibt sogar Ungehorsam und Sorglosigkeit. Bei seiner
Wiederkunft wird der Herr jedem »nach seinen Werken« vergelten. Es
geht also nicht um eine *Verschiedenheit* in der Ausgangssituation, die jedem
»nach seiner Fähigkeit« gibt und alle darin *gleich* sein läßt, daß sie im Wagnis alles gewinnen oder in dem Sicherheitsstreben alles verlieren können,
sondern um mehr oder weniger Gehorsam, um Gehorsam oder Ungehorsam, um die *verschiedene* Entsprechung also gegenüber dem allen *gleichen*
Auftrag.

2.3.4.2. *Mattäus*

Auch bei *Mt* wird aus dem Gleichnis Jesu eine Parusiegleichnis, wie seine

---

[9] Dieser zog nach dem Tode Herodes des Großen nach Rom, um sich seine Herrschaft über Judäa bestätigen zu lassen. Eine jüdische Gesandtschaft nach Rom versuchte
dies erfolglos zu verhindern. Die Rache des zurückgekehrten Archelaos erwies ihn als
»würdigen« Sohn seines Vaters. Vgl. Jos. Bell. Jud. 2, 80; Ant. 17, 299f.

Stellung im Kontext deutlich erkennen läßt, durch den Mt im übrigen stärker das Gleichnis »umerzählt« als durch direkte Eingriffe in die Handlungsstruktur seiner Vorlage. Der zurückkehrende Herr ist der zur Parusie kommenden Menschensohn. Das Gleichnis ist bei Mt Teil eines Abschnitts, in dem der Redaktor verschiedene Gleichnisse bzw. gleichnisartige Stoffe zusammenstellt (der Hausherr und der Dieb, der gute und der böse Knecht, die törichten und klugen Jungfrauen, das Gleichnis von den Talenten, der Menschensohn und das Endgericht über die Guten und Bösen Mt 24,42 – 25,46), um die eschatologische Rede Jesu (Mt 24,1 – 41) paränetisch abzuschließen. Und zwar richtet sich diese Paränese an die Kirche. Auch ihr, nicht nur Israel (vgl. den Abschnitt Mt 21,1 – 23,39) steht das Gericht bevor. Um sie zur Wachsamkeit zu ermahnen (Mt 24,42; 25,13) wird sie darauf verwiesen, daß die Ankunft des Menschensohns das Gericht über alle Welt bringen wird. Wie in den Tagen Noahs die einen gerettet wurden und die anderen untergingen (Mt 24,37f.), wird in den Tagen der Ankunft des Menschensohns von den zwei auf dem Felde und den zwei an der Mühle jeweils der eine hinweggenommen, der andere zurückgelassen werden (Mt 24,40 – 41). Gericht bedeutet Scheidung zwischen dem »getreuen, klugen Knecht« (Mt 24,45f.) und dem »bösen Knecht« (Mt 24,48f.), zwischen den »törichten und klugen Jungfrauen« (Mt 25,1 – 12), zwischen Böcken und Schafen (Mt 25,31f.) und also auch zwischen den »guten und getreuen Knechten« (Mt 25,21,23), die die Talente vermehrt hatten, und zwischen dem »bösen und faulen und unnützen Knecht« (Mt 25,26,30), der das Talent vergrub. Die einen werden belohnt, die anderen werden bestraft.

Lohn	Strafe
Mt 24,47: »Über alle seine Güter wird er ihn setzen«	Mt 24,51: »Und er wird ihn niederhauen und ihm seinen Platz geben bei den Heuchlern (vgl. die Weherufe an die Pharisäer Mt 23,13f!); dort wird Heulen sein und Zähneknirschen«.
Mt 25,10: »... die bereit waren, gingen mit ihm zur Hochzeit hinein«.	Mt 25,12: »Wahrlich, ich sage euch: Ich kenne euch nicht«.
Mt 25,21.23: »Recht so, du guter und getreuer Knecht! Über weniges warst du getreu, über vieles will ich dich setzen! Geh ein in die Freude deines Herrn!«	Mt 25,28: »Nehmt ihm das Talent weg und gebt es dem, der 10 Talente hat«. Mt 25,30 (redaktionell): »Den unnützen Knecht aber werft hinaus in die Finsternis draußen; dort wird Heulen sein und Zähneknirschen« (Vgl. Mt 24,51).
Mt 25,34: »Kommt, ihr Gesegneten meines Vaters! Nehmt in Besitz das Reich, das euch bereitet ist seit Grundlegung der Welt«.	Mt 25,41: »Weichet von mir, ihr Verfluchten, in das ewige Feuer, das dem Teufel bereitet ist und seinen Engeln«.
Mt 25,46: »ewiges Leben«	Mt 25,46: »ewige Pein«

Über Lohn und Strafe entscheidet, wie sie die Zeit bis zur Ankunft des Menschensohn-Richters benutzten. Die Talente vermehren heißt also nach dem Kontext des Mt: »den Mitknechten Speise geben zur rechten Zeit« (Mt 24,45), »Hungrige speisen, Durstige tränken, Fremde beherbergen, Nackte bekleiden, Kranke und Gefangene besuchen« (Mt 25,35f.). Das heißt, genügend Öl für die Lampen mitzunehmen (Mt 25,4). Nur die Lampen, aber kein Öl mitnehmen, das Talent vergraben aber heißt: »seine Mitknechte schlagen, mit den Zechern essen und trinken« (Mt 24,49) und die Werke der Barmherzigkeit nicht zu tun. Daß jeweils der eine auf dem Feld oder die eine an der Mühle hinweggenommen, bzw. zurückgelassen wird (Mt 24,40f.), ist also kein Willkürakt des wiederkommenden Menschensohns, sondern findet seinen Grund im Richtspruch des Menschensohn-Richters über das Verhalten der Menschen in der Zeit des Wartens auf das Kommen des endzeitlichen Königs. Daß der Kontext von kommentierender Bedeutung für das Talentegleichnis ist, wird hier sehr deutlich. Ebenfalls läßt sich erkennen, daß die Dreizahl der Knechte bei Mt von untergeordneter Bedeutung ist. Der durchweg auf den Gegensatz gut – böse, Lohn – Strafe zielende Kontext macht aus den zwei ersten Knechten des Gleichnisses eine Gruppe, der der dritte Knecht als Vertreter einer anderen Gruppe gegenübergestellt wird. Zwar läßt Mt die ursprüngliche Dreizahl des Gleichnisses Jesu bestehen, doch ist leicht einzusehen, daß innerhalb des Mt-Kontextes auch die transformierte Gestalt des Textes, die wir oben erwogen haben, die Funktion erfüllen würde, die das Gleichnis von den Talenten für Mt in seiner vorliegenden Gestalt hat. Mindestens von der Perspektive des Kontextes her ist Mt auf dem Weg zu einer Transformation des Gleichnisses in der von zwei Knechten bei gleicher Ausgangssituation der eine sich als guter Knecht bewährt und seinen Lohn erhält, der andere als böser Knecht versagt und bestraft wird. Sowohl die oben schon erwähnte redaktionelle Verschärfung der Strafe im Sinn einer eschatologischen Verdammnis, der die ebenfalls als redaktionell anzusehende Eschatologisierung der Belohnung (»geh ein in die Freude deines Herrn« VV.21.23) entspricht, als auch die redaktionelle Kennzeichnung des Verhaltens des Knechts als Faulheit[10] weisen ebenfalls in diese Richtung.

2.4. *Die Textwelt des Gleichnisses Jesu*

2.4.1. *Zur Handlungsstruktur*

Fast ohne vom ursprünglichen Gleichnis Jesu zu sprechen, sprachen wir

---

[10] Vgl. die zusätzliche (diff Lk) Charakterisierung der beiden anderen als »treue« Knechte (VV.21.23).

die ganze Zeit davon. Indem wir die Dimensionen der Textwelten der verschiedenen Transformationen des Gleichnisses beschrieben, konturierte sich in Abhebung auch stärker seine eigene Textwelt. Sie soll nun näher ins Auge gefaßt werden. Befaßt man sich mit seiner oben skizzierten Handlungsstruktur, fallen zunächst bestimmte Relationen und Oppositionen auf: die verschiedene Ausgangslage der Knechte, denen fünf, zwei und ein Talent anvertraut wird. Die verschiedene Weise, wie sie das Anvertraute behandeln: zwei machen Geschäfte damit, der dritte vergräbt's. Daß er dadurch in irgendeiner Weise falsch handelt, zeigt handlungsstrukturell, daß die beiden ersten belohnt, er hingegen bestraft wird. Nimmt man zur »erzählten Welt« des Gleichnisses, also zu dem reinen Handlungsablauf, die »besprochene Welt« im Dialog des dritten Knechts mit dem zurückgekehrten Herrn hinzu, zeigt sich, daß das im Vergleich zum Handeltreiben weniger risikoreiche Vergraben – damals die übliche Art, Schätze vor dem Zugriff von Dieben zu schützen – aus dem Sicherheitsbestreben des Knechts zu erklären ist, der sich vor dem Herrn fürchtete. Warum in der »erzählten Welt« die Knechte ungleiche Summen erhalten, wird im Gleichnis nicht »besprochen«, außer, daß gesagt wird, die Betrauung entspreche der »Fähigkeit« eines jeden. Doch ist damit nicht gesagt, der Herr habe das Versagen des dritten schon im voraus befürchtet. Vom Ende der Geschichte her – zwei haben Erfolg, der dritte versagt – zeigt sich, daß alle bei ungleicher Ausgangslage, doch die Chance hatten, das, was für jeden jeweils alles ist, zu gewinnen[11], so daß nicht die Höhe des Anvertrauten, sondern die Art seiner Behandlung als das, worauf es ankommt, dem Leser vorgeführt wird. Der versagende Knecht vergräbt das Talent, und eben darin versagt er. Er nimmt das Risiko des Handels und des Handelns nicht auf sich. Was er tut, ist Inaktivität und Absicherung. Man kann der Auffassung sein – der Text selbst scheint es anzudeuten –, daß ihn die Angst in die Inaktivität trieb. Angst lähmt bekanntlich, und der Knecht sagt selbst, er habe sich vor dem Herrn als einem »harten« Mann gefürchtet (Mt 25,24f.). Deshalb habe er das »Risiko des Geldmarkts zu umgehen« gesucht und erwartet, »zumindest minimal bei seinem Herrn angesehen zu bleiben, wenn er genau das verwahrte, was ihm anvertraut worden war«. »In der Furcht des Mannes mit dem *einen* Talent sehen wir die Furchtsamkeit eines Menschen, der den Schritt ins Unbekannte nicht wagt. Er will den Versuch nicht wagen, seine eigenen Möglichkeiten auszufüllen; deshalb wird seine·Existenz auf

---

[11] Hier zeigt sich die Möglichkeit einer anderen Geschichte, worin der die geringste Summe erhielt, durch besonderen Einsatz das meiste daraus machen würde, eine Textwelt, die einem leicht ressentimentgeladenen Leistungsethos entspringen würde, jedenfalls aber nicht die des Gleichnisses Jesu ist.

engste Weise umschrieben. Handlung wird durch Furchtsamkeit paralysiert, und das Selbst unserer Hauptfigur ist nur ein Schatten von dem, was es potentiell ist«[12].

Das ist sicherlich richtig. Nur im Wagnis des Handels gewinnen die beiden anderen die Verdoppelung ihrer Talente und die Belohnung durch den Herrn. Und wer nichts wagt, gewinnt auch nichts, im Leben wie im Gleichnis. Ebenso richtig ist es, daß der dritte Knecht sich aus seiner Zeit, als der Zeit der ihm übertragenen Verantwortung, aus seiner Gegenwart zurückzieht und seine Zeit insgesamt verliert; »d.h. er verliert die Möglichkeit, sich selbst an dem zu engagieren, was die Gegenwart konstituiert«[13], so daß seine »Suche nach Sicherheit . . . Tod (ist), denn in ihr wird man zum Sklaven genau der Realitäten, die man als Hort der Sicherheit ansieht«[14]. Diese Aussagen lassen sich an der Handlungsstruktur des Textes verifizieren, genügen jedoch nicht, die Textwelt des Gleichnisses zu beschreiben. Für sie ist nicht nur das Handlungsgefüge ausschlaggebend, sondern auch die Konfiguration, d.h. das Verhältnis der Handlungsträger untereinander, das in der Abfolge der Erzählschritte eines narrativen Textes eine Entwicklung durchmacht.

2.4.2. Zur Konfiguration

Die Ausgangskonfiguration ist durch die Erwähnung eines »Herrn« und »dreier Knechte« gegeben. Es handelt sich um eine binäre Konfiguration. Die Knechte stehen dem Herrn gegenüber, und zwar als Knechte in untergeordneter Position, ohne untereinander in konfigurativer Beziehung zu stehen. Auch daß sie vom abreisenden Herrn Unterschiedliches erhalten, konfiguriert sie untereinander nicht, da sie ja gerade darin gleich sind, daß jeder alles oder nichts erreichen kann. Doch verändert die Übergabe des Geldes und die Abreise des Herrn die Ausgangskonfiguration »Herr – Knechte«. Der Herr wird als Herr durch die Abreise abwesend und setzt die Knechte in seine Verfügungsgewalt ein, so daß sie handeln können wie der Herr. Es ist zu beachten, daß die Erzählung den Herrn keinen Befehl geben läßt, was mit dem Geld zu tun sei. Die Konfiguration hat sich geändert; die Knechte sind allein und an des Herren statt. Die Textwelt entspricht hier der Lebenswelt: nach rabbinischem Recht ist der Sklave in der Abwesenheit des Herrn wie sein Herr[15].

---

[12] *D.O. Via*, Die Gleichnisse Jesu, München 1970, 116.
[13] Ebd., 118.
[14] Ebd., 117f.
[15] Vgl. *Billerbeck* I, 970f.

Im nächsten Schritt der konfigurativen Entwicklung nehmen die beiden ersten Knechte das ihnen übertragene Herrsein wahr: sie handeln wie auch der Herr gehandelt hätte. Dagegen bestätigt der dritte Knecht sein Herrsein nicht, er vergräbt das Geld, ohne, wie der Herr es getan hätte, den Versuch zu machen, es zu vermehren. Er weigert sich somit, die Rolle des Herrn zu übernehmen.

Die Rückkehr des Herrn scheint zunächst die Ausgangskonfiguration »Herr – Knecht« wiederherzustellen. Die beiden ersten Knechte erkennen das Bestehen des Herr-Knecht-Verhältnisses auch an, indem sie dem Herrn das Anvertraute mitsamt dem in der Abwesenheit des Herrn Hinzugewonnenen rückerstatten. Auch hier entspricht die Textwelt der Lebenswelt, in der als rabbinisches Recht gilt, daß der Sklave nichts erwirbt, außer für seinen Herrn[16].

Die vom Gleichnis erzählte Reaktion des Herrn »verfremdet« allerdings die Lebenswelt. Der Herr überläßt den Knechten das anvertraute Vermögen mitsamt dem Zugewinn, so daß sie gewissermaßen aus dem Herr-Knecht-Verhältnis entlassen werden. Sie sind nicht mehr die Knechte der Ausgangskonfiguration. Der dritte Knecht hatte in der Abwesenheit des Herrn die Rolle des Herrn nicht übernommen, sich also geweigert, die ihm als Knecht zukommende Verantwortung zu übernehmen. Entsprechend ist, wenn er jetzt das Anvertraute als Unvermehrtes zurückerstatten will, das als Versuch zu werten, dieser ihm als Knecht zukommenden Verantwortung ledig zu werden: er negiert gewissermaßen das bestehende Herr-Knecht-Verhältnis oder versucht, sich ihm zu entziehen. Oder anders gesagt: indem er sich weigerte, in der Zeit der Abwesenheit des Herrn als Herr zu handeln, hat er den Verpflichtungen des Herr-Knecht-Verhältnisses nicht entsprochen und so gerade als Knecht gehandelt. Darum kann es auch nicht verwundern, daß der Herr ihn durch die Wegnahme des Anvertrauten in die Position zurückversetzt, die er in der Ausgangskonfiguration einnahm: Knecht. Weil die Geschichte nicht von einer zweiten Abreise des Herrn und von einer erneuten Betrauung des Knechts erzählt, ist seine Position sogar schlechter geworden. Er wird Knecht bleiben. In der Abwesenheit des Herrn als Herren handelnd, realisieren die beiden ersten die sich ihnen durch das Herr-Knecht-Verhältnis als Knechte auferlegende Verantwortung und werden so frei. Weil er nicht an des Herrn Stelle handeln will und die sich ihm als Knecht auferlegende Verantwortung übernimmt, handelt der dritte als Knecht und muß unfrei bleiben. Daß sein Talent dem Schatz des ersten zugeschlagen wird, kennzeichnet den ersten als Vertreter der Gruppe von Knechten, die aus

---

der Ausgangskonfiguration »Herr – Knecht« als freie entlassen werden.

In der Form des aktantiellen Schemas von A. Greimas liest sich das Gesagte folgendermaßen:

Sequenz	Subjekt	Objekt	Adressat	Adressant
A	Herr	Übergabe des Vermögens	Knechte I, II, III	Herr
B	Knechte I u. II Knecht III	Verwaltung des Vermögens in Abwesenheit	Herr	Knechte I, II, III
C	Knechte I u. II	Anerkennung des Herr-Knecht-Verhältnisses	Herr	Knechte I, II, III
	Herr	»Entlassung« aus dem Herr-Knecht-Verhältnis	Knechte I u. II	Herr
	Knecht III	»Entlassung« aus dem Herr-Knecht-Verhältnis	Knecht III	Knecht III
	Herr	Bestätigung des Herr-Knecht-Verhältnisses	Knecht III	Herr

2.4.3. Textwelt und Lebenswelt

Wir haben versucht, die Textwelt des Gleichnisses unter Beachtung seiner Handlungsstruktur und seiner konfigurativen Entwicklung zu beschreiben. Zwar stellt die Welt des fiktionalen Textes eine autonome Welt dar, doch bleibt – soll die Textbetrachtung nicht bei der bloß ästhetischen Beschreibung der Dimensionen dieser Textwelt stehenbleiben – die Frage, welcher Teil unserer Lebenswelt durch die perspektivische Hinsicht dieser Textwelt ins Auge gefaßt werden soll. Eine weitere Frage ist dann, auf welchen Bereich ihrer Lebenswelt die Zuhörer Jesu durch die Brille der Textwelt des Gleichnisses sehen sollten.

Das Gleichnis als fiktionaler Text vereinigt Strukturelemente, die auch in der Lebenswelt als Handlungszusammenhänge begegnen, zu einem abgeschlossenen Ganzen, in dem es sie durch Handlungsstruktur und Konfiguration miteinander verknüpft[17]. Daraus ergibt sich, daß gerade die Bereiche unserer Lebenswirklichkeit im Spiegel des Gleichnisses gesehen werden wollen, in denen diejenigen Handlungszusammenhänge möglicherweise isoliert von einander begegnen, die im Gleichnis zu einem zusammenhängenden und abgeschlossenen Ganzen gefügt sind. Wenn wir also unter Beachtung der Handlungsstruktur darauf kamen, daß ein wichtiges Moment des Gleichnisses darin zu sehen ist, daß der dritte Knecht »den Versuch nicht wagen will, seine eigenen Möglichkeiten auszufüllen«[18], weil er aus Angst und Sicherheitsbestreben sich zum Nicht-Handeln verdammt, verweist uns dies darauf, daß ein solcher Handlungs- (oder besser Nicht-Handlungs-)zusammenhang in vielfältiger Form Bestandteil unserer Lebenswelt ist, der im Spiegel des Gleichnisses aufgedeckt wird und für den wiederum im Gleichnis Alternativen bereitgestellt werden.

Als wir die Konfiguration der Geschichte beschreiben, erkannten wir, daß für sie das Herr-Knecht-Verhältnis konstitutiv ist. Die Herr-Knecht-Struktur des Gleichnisses aber hat eine Homologie, d.h. eine Strukturentsprechung in der Lebenswelt der Zuhörer Jesu. Der biblisch geprägte jüdische Zuhörer Jesu faßt das Verhältnis Gott – Mensch u.a. unter den Kategorien von Herr und Knecht. Man darf annehmen, daß Jesus mit dem Gleichnis darum das Verhältnis Gott – Mensch anvisierte und diesen Bereich der Lebenswirklichkeit im Spiegel des Gleichnisses gesehen wissen wollte. Daß Gott »Herr« ist und der Mensch »Knecht«, ist auch im Spiegel des Gleichnisses Jesu selbstverständlich. Dieses Moment der Lebenswirklichkeit wird im Gleichnis nicht negiert, sondern geradezu noch einmal hingestellt. Wenn wir der konfigurativen Entwicklung des Gleichnisses folgen, treten die Knechte in der Zeit der Abwesenheit des Herrn in die Rolle des Herrn ein. Für die Lebenswelt heißt das: nur dann realisiere ich mein Knechtsverhältnis zu Gott, wenn ich so handle, wie Gott handeln würde; wenn ich es wage, die Verantwortung, die ich als »Herr« habe, wahrzunehmen mit allem Risiko. Nur so erfülle ich den Willen Gottes. Wenn ich das mir Anvertraute nur unversehrt bewahre, wenn ich das Gesetz nur dadurch halte, daß ich es nicht übertrete, betrachte ich die mir auferlegte Verantwortung als Zumutung und Last; verhalte ich mich knechtisch, aber nicht als Knecht. Der Wille Gottes ist produktiv zu ver-

---

[17] *Diese* Anordnung und *diese* Abgeschlossenheit der Strukturelemente im Ganzen des Textes gibt es in der Lebenswelt nicht. Dadurch kann der fiktionale Text, wendet man ihn auf die Lebenswelt an, schaut man durch die Brille des Textes auf die Wirklichkeit, diese formieren und mindestens imaginativ verändern. Vgl. dazu *W. Stenger*, In Texten zu Hause, in: KatBl 102 (1977) 705–714.

[18] *D.O. Via*, s.o. Anm. 12.

wirklichen, im Handeln hier und jetzt; er muß getan, nicht verwahrt werden. Daß die Menschen in der Rolle des Herrn handeln müssen, entläßt sie zwar in Freiheit, jedoch nicht in schrankenlose Autonomie. Die beiden ersten Knechte des Gleichnisses, die als Herrn handelten, erstatten als Knechte das Anvertraute und den Zugewinn zurück. Dadurch aber sind und werden sie frei. Der scheinbar »knechtischere« sucht in Wirklichkeit die Autonomie. Das Gesetz Gottes unversehrt zu bewahren ist nur äußerlich gesehen Unterstellung unter die Hetoronomie. Das Gleichnis hebt den Gegensatz von Autonomie und Hetoronomie auf und spricht dem Menschen Freiheit zu, in der er wirklich Knecht sein kann, um dem als Herr-Knecht-Verhältnis gefaßten Verhältnis Gott – Mensch entsprechen zu können. Dadurch wird aber Gott auch wirklich als Herr angesehen. Wenn die Geschichte, die das Gleichnis Jesu erzählt, die Knechte Herren sein läßt, die in der Abwesenheit des Herrn wie er handeln sollen und darin gerade freie Knechte sind, die nicht ängstlich bewahren, läßt sich schließlich über das Gleichnis Jesu hinaus erzählen: Denkbar wäre ein Knecht, der wie es seine Rolle fordert, mit dem Vermögen des Herrn Handel treibt, um es zu vermehren. Nun läßt sich im Handeln nicht nur Gewinn erzielen, man muß auch Verluste einstecken, und manche machen Bankrott. Als der Herr wiederkommt, steht der Knecht mit leeren Händen da und hat nichts vorzuweisen, außer daß er gehandelt hat. Was wird der Herr jenes Knechtes tun? Wird er den Knecht bestrafen, oder wird er ihm vergeben?

3. Die Handlungsstruktur des Gleichnisses Jesu im Rahmen der veränderten Konfiguration einer Geschichte von Bert Brecht

Es läßt sich fragen, ob diese Geschichte noch geeignet ist, der Lebenswelt christliche Konturen einzutragen. Kann auch sie noch formierend auf unser Gottesverhältnis wirken? Besteht nicht die Gefahr, sie als Aufforderung zum Handeln um jeden Preis zu verstehen, da am Ende auf jeden Fall die Vergebung steht? Oder läßt sich diese Wirklichkeit nicht mehr unter den Bedingungen des Herr-Knecht-Verhältnisses erfassen? Ist nicht innerhalb dieser Konfiguration »Vergebung« immer nur gnädige, den Knecht im Grunde doch kränkende Herablassung des Herrn? Spricht Jesus deshalb von »Vergebung« im Rahmen eines anderen Beziehungsverhältnisses, nämlich im Rahmen des Vater-Sohn-Verhältnisses? (Lk 15,11–32; vgl. auch Gal 4,1–7). Und wenn auch dieses für uns nachfreudianische Menschen patriarchalisch belastet ist, ist es dann vielleicht möglich, von »Vergebung« so zu sprechen, wie es die Geschichte von Bert Brecht, mit der wir begonnen haben und die handlungsstrukturell dem Talentegleichnis Jesu so ähnlich ist – da reist jemand ab und vertraut einem anderen sein Vermögen an, dieser verliert es, und der Verreiste kehrt zurück – und doch in der Konfiguration die Handlung in einen ganz anderen Rahmen einspannt, nämlich in das Verhältnis Mann – Frau.

3.1. *Der Text: Bert Brecht, Die dumme Frau*[19].

A Ein Mann hatte eine Frau, die war wie das Meer. Das Meer verändert sich unter jedem Windhauch, aber es wird nicht größer noch kleiner, auch ändert die Farbe sich nicht, noch der Geschmack, auch wird es nicht härter davon noch weicher, wenn aber der Wind vorbei ist, dann liegt es wieder still und es ist nicht anders geworden. Und der Mann mußte über Land.

B Und da er fortging, gab er der Frau alles was er hatte, sein Haus und seine Werkstatt und den Garten um sein Haus und das Geld, das er sich verdient hatte. »Dies alles ist mein Eigen, und es gehört auch dir. Du mußt darauf achthaben«. Da hing sie an seinem Hals und weinte und sagte zu ihm: »Wie soll ich das? Denn ich bin ein dummes Weib«. Aber er sah sie an und sprach: »Wenn du mich lieb hast, dann kannst du es«. Und dann nahm er von ihr Abschied.

a Da nun die Frau allein zurückgeblieben war, bekam sie sehr Angst um alles, was in ihrem schwachen Händen lag, und sie ängstigte sich sehr. Deshalb hing sie sich an ihren Bruder, welcher ein schlechter Mensch war, und er betrog sie. Darum wurde ihr Gut immer geringer, und als sie es merkte, war sie ganz verzweifelt und wollte nichts mehr essen, daß es nicht weniger wurde, und schlief nicht des nachts, und davon wurde sie krank.

b Da lag sie in ihrer Kammer und konnte nicht mehr umsehen im Hause, und es verfiel, und der Bruder verkaufte davon die Gärten und die Werkstatt und sagte es nicht zu der Frau. Die Frau lag in ihren Kissen, sagte nichts und dachte: Wenn ich nichts sage, ist es nichts Dummes, und wenn ich nichts esse, dann wird es nicht weniger.

C

c So geschah es, daß eines Tages das Haus versteigert werden mußte. Dazu kamen viele Leute von überall her, denn es war ein schönes Haus. Und die Frau lag in ihrer Kammer und hörte die Leute und wie der Hammer fiel und wie die Leute lachten und sagten: »Es regnet durch das Dach, und die Mauer fällt ein«. Und dann wurde sie schwach und schlief ein.

Als sie wieder aufwachte, lag sie in einer hölzernen Kammer in einem harten Bette. Auch gab es nur ein ganz kleines Fenster in großer Höhe, und es ging kalter Wind durch alles. Und eine alte Frau kam herein und fuhr sie bös an und sagte ihr, daß ihr Haus verkauft sei, aber die Schuld sei noch nicht gedeckt, und sie nähre

19 In: Bert Brecht, Gesammelte Werke 11, Prosa I, Frankfurt a.M. 1967, 49–51.

C

c   sich von Mitleid, und das Mitleid sei für ihren Mann. Denn der habe nun gar nichts mehr. Da ward die Frau, als sie das hörte, im Kopfe wirr und ein wenig irre, und sie stand auf und fing an zu arbeiten von dem Tag an, im Hause herum und auf den Feldern. Und sie lief in schlechten Kleidern und aß fast nichts und verdiente auch nichts, weil sie nichts verlangte. Und da hörte sie einmal, ihr Mann sei gekommen.

d   Da bekam sie aber eine große Angst. Und ging rasch hinein und zauste ihr Haar und suchte ein frisches Hemd, und es war keins da. Und sie strich über die Brust, daß sie's verberge, und da war sie ganz dürr. Und ging hinaus durch eine kleine Tür hinten und lief fort, irgendwohin.

a   Da sie nun eine Zeitlang gelaufen war, fiel es ihr ein, daß es ihr Mann sei, und sie waren zusammengetan, und nun lief sie ihm fort. Da kehrte sie gleich um und lief zurück, dachte nicht mehr an das Haus und die Werkstatt und das Hemde und sah ihn von weitem und lief auf ihn zu, und da hing sie an seinem Hals.

D

b   Der Mann aber stand mitten in der Straße, und die Leute lachten über ihn unter den Türen. Und er war sehr zornig. Er hatte aber die Frau am Halse, sie tat den Kopf nicht weg von seinem Hals und nicht die Arme von seinem Nacken. Und er fühlte, wie sie zitterte, und meinte, es sei ihre Angst, da sie alles vertan hatte.

c   Aber sieh, da hob sie endlich ihr Gesicht und sah ihn an, und da sah er, daß es nicht ihre Angst, sondern ihre Freude war, und weil sie sich so freute, zitterte sie. Da kam ihm etwas in den Sinn, und er schwankte auch und legte den Arm um sie, fühlte gut, daß sie mager geworden war in den Schultern und küßte sie mitten auf ihren Mund.

3.2. Die Handlungsstruktur

Die Geschichte läßt sich in vier große Sequenzen gliedern.

Die erste (A) stellt expositionsartig die Grundkonfiguration »Mann – Frau« vor, wobei die Frau in einer ausgeführten Metapher mit dem Meer verglichen wird. Schon diese Metapher macht klar, daß sich mit der Frau im Laufe der Geschichte nichts verändern wird.

In der zweiten Sequenz (B) übergibt der abreisende Mann der Frau sein Hab und Gut zur Verwaltung. Wie es beim Abschied von der Frau heißt: »da hing sie an seinem Hals«, so wird es auch bei der Rückkehr des Mannes in der 4. Sequenz (D) von ihr heißen: »da hing sie an seinem Hals«. Diese Inclusio schließt den Mittelabschnitt (Sequenz C) zusammen, unterstützt aber auch die Aussage, daß mit der Frau im Laufe der Geschichte sich nichts ereignet hat, was sie hätte verändern können. Ein weiteres inclusionsartiges Element schließt die Sequenz C, in der die Zeit der Abwesenheit des Mannes geschildert wird, noch stärker zu einer Einheit zusammen. Nach dem Abschied des Mannes heißt es von der allein zurückgebliebenen Frau, daß sie »sehr Angst (bekam), um alles, was in ihren schwachen Händen lag, und sie ängstigte sich sehr«. Als sie am Ende von Sequenz C von der Rückkehr ihres Mannes hört, wird gesagt: »Da bekam sie aber eine große Angst«. Beim Abschied hat der Mann ihr »sein Haus und seine Werkstatt und den Garten um sein Haus und das Geld, daß er sich verdient hatte«, anvertraut. Die Sequenz C läßt die »dumme Frau« in der umgekehrten Reihenfolge alles verlieren. Zuerst wird durch den Betrug ihres Bruders »ihr Gut immer geringer« (Segment a), dann verkauft er »die Gärten und die Werkstatt« (Segment b), schließlich muß auch »eines Tages das Haus versteigert werden« (Segment c). Die einzige Abwehrtätigkeit, die die Frau gegen den fortlaufenden Verlust unternimmt, besteht in verzweifelter Inaktivität. Als das Geld dahin ist, »war sie ganz verzweifelt und wollte nichts mehr essen, daß es nicht weniger wurde« (Segment a). Als Gärten und Werkstatt verkauft sind, denkt sie: »wenn ich nichts sage, ist es nichts Dummes, und wenn ich nichts esse, dann wird es nicht weniger«. (Segment b). Als schließlich das Haus unter den Hammer gerät, läuft sie in schlechten Kleidern herum »und aß fast nichts« (Segment c), so daß sie, als sie von der Rückkehr des Mannes hört, bemerken muß, daß auch sie selber »weniger« geworden ist: »und sie strich über die Brust, daß sie's verberge, und da war sie ganz dürr«. (Segment d). Dieses ihr »Weniger«-werden ordnet sie ebenfalls den Sachen ein, die der Mann verliert. So geben ihr die Leute nach dem Verlust des Hauses Nahrung ja auch nur aus Mitleid (Segment c), Mitleid jedoch nicht mit ihr, sondern mit ihrem Mann: »denn der habe nun gar nichts mehr«. Das Mitleid ernährt sie also, um das letzte Stück, was der Mann noch hat, nämlich sie (vgl. den Anfangssatz von Sequenz A: »ein Mann *hatte* eine Frau . . .«), als seinen Besitz zu erhalten. Als die Frau entdecken muß, daß auch dieser letzte Besitz des Mannes Schaden gelitten hat, versucht sie zu fliehen. Die Wende kommt in Sequenz D, Segment a. »Da sie nun eine Zeitlang gelaufen war, fiel es ihr ein, daß es ihr Mann sei, und sie waren zusammengetan, und nun lief sie ihm fort«. Die sich vorher als besessenes Objekt dachte und dafür gehalten wurde, denkt nun von dem Mann als *ihrem* Mann. Dabei wird die Kraft des Possessivpronomens »ihr«, die nun den Mann als Objekt des Habens vorstellen könnte, im dritten Teil des Satzes »und nun lief sie *ihm* fort« durch den dativus commodi »ihm«, durch den die Frau wiederum als Eigentum des Mannes gelten könnte, aufgehoben. Die Satzteile »daß es *ihr* Mann sei« und »nun lief sie *ihm* fort« neutralisieren die Besitzverhältnisse. An die Stelle des »Habens« tritt ein gemeinsames »Sein«, das durch das Passiv »und sie waren zusammengetan« als Wirklichkeit vorgestellt wird, die beide, Mann und Frau, übersteigt, an der keiner der beiden etwas ändern kann. Daß diese der Frau einfällt, bringt sie zur Umkehr. Die Verluste (Haus, Werkstatt, Hemde) sind vergessen, sie läuft auf den Mann zu »und da hing sie an seinem Hals« wie vor dem Abschied; nichts hat sich geändert (Segment a). So wie der Frau dieses »einfiel«, so kommt am Schluß dem Mann »etwas in den Sinn«. (Segment c). Solange auch er in Besitzverhältnissen dachte mußte er »zornig« sein und die Frau wie einen nunmehr lästig gewordenen Besitz »am Halse haben«·(Segment b). Er konnte nicht anders, als das Zittern der Frau für die »Angst« zu halten, »da sie alles vertan hatte«, für die »Angst«, von der die Frau in der Zeit der Abwesenheit des Mannes erfüllt war (Sequenz C), solange sie ihre Wirklichkeit mit »Haben«-Kategorien betrachtet hatte. Als sie ihn nun »ansieht« (Sequenz D, Segment c), so wie er vor dem Abschied sie ansah (Sequenz B), ist *die Angst* der Freude gewichen. Solange sie in »Haben«-Kategorien dachte, war sie voll Angst. Die Erkenntnis, daß ihr Mann sie nicht *hat*, sondern beide Mann und Frau *sind*, verwandelt die Angst der Frau in Freude. Diese Erkenntnis ist auch das »etwas«, das dem Mann in den Sinn kommt. Den Verlust dessen, was man besitzen kann, durchaus erkennend (»fühlte gut, daß sie mager geworden war in den Schultern«) ergreift der Mann die Wirklichkeit *dessen, was ist* und sich nicht ändern kann« und legte den Arm um sie . . . und küßte sie mitten auf ihren Mund«. Seine Frau hat sich nicht geändert, wie das Meer nicht anders wird, auch wenn sie das Haus verloren hat und selber mager geworden ist. »Dumm« war sie nicht als ein »dummes Weib« (Sequenz B), das alles verlor, sondern weil sie in »Haben«-Kategorien denkend voller Angst war in der Zeit der Abwesenheit ihres Mannes, obwohl er ihr beim Abschied gesagt hatte: »Dies alles ist mein Eigen, und es gehört auch dir«. (Sequenz B).

3.3. *Die Konfiguration*

Die Beschreibung der Textwelt läßt erkennen, daß dieser Text geeignet ist, in einer Lebenswelt als verändernder Spiegel wirksam zu werden, wo die Beziehung zwischen Menschen in Besitzkategorien geregelt werden. Bert Brecht mag dabei insbesondere die Institution der bürgerlichen Ehe im Auge gehabt haben, die es im übrigen auch unter Proletariern gibt, und die er als den Gesetzen von Kauf und Verkauf, Besitzen und Besessen-werden unterworfen sieht[20]. Die Unabhängigkeit des Textes als eines ästhetischen Objektes von der Kontingenz seiner Entstehung und mithin von der Absicht seines Autors berechtigt uns jedoch, den Text auch auf einen anderen Bereich der Lebenswirklichkeit anzuwenden. Auch wenn – wie wir sahen – die Vergleichbarkeit des Brechttextes mit

---

[20] Vgl. etwa die Texte »Über den Ehebruch der Frau«, in: Me-ti, Buch der Wendungen, Ges. Werke 12, Prosa 2, Frankfurt a.M. 1967, 474, und »Über Kants Definition der Ehe in der 'Metaphysik der Sitten' «, in: Studien, Ges. Werke 9, Gedichte 2, Frankfurt a.M. 1967, 609.

dem Talentegleichnis Jesu nur in der Entsprechung der Handlungsstrukturen gegeben ist und diese in den beiden Texten in voneinander unterschiedene Konfigurationsschemata (Herr – Knecht, Mann – Frau) eingebunden sind, so hat uns doch eine handlungsstrukturelle Transformation des Talentegleichnisses Jesu (Knecht, der alles wagt und alles verliert) zu dem Versuch getrieben, das Verhältnis Mensch – Gott im Spiegel einer anderen Konfiguration zu betrachten als in der ursprünglichen Herr-Knecht-Konfiguration des Gleichnisses. Sie erwies sich ja als weniger geeignet, den sich durch die Veränderung der Handlungsstruktur nahelegenden Gedanken der »Vergebung« für uns und heute fiktional durchzuführen. Verliert der Knecht alles, obwohl er alles gewagt hat, dann kommt eine Vergebung des Herrn allzu von oben herab. Gibt es in der Geschichte von Brecht so etwas wie »Vergebung« überhaupt, dann liegt sie in der gemeinsamen Erkenntnis von Mann und Frau, daß es jenseits von all dem, was verloren und vernachlässigt werden kann und wird, etwas sich Durchhaltendes gibt, etwas, was ist und nicht besessen und folglich nicht verloren werden kann, etwas, was beide übergreift: »und sie waren zusammengetan«. Gibt es, die Geschichte auf das Verhältnis Gott – Mensch angewandt, etwas, was Gott und Mensch über alle menschliche Schuld hinweg umgreift und in der gemeinsamen Erkenntnis als Liebe die Vergebung des Verlusts als einer quantité négligeable angesichts des Wichtigeren ist? Im theologischen Universum müßte Gott selber es sein, der vorgängig zu solcher Gemeinsamkeit von Gott und Mensch, diese Einheit stiftet und sich in sie hineinbindet. Ist »Bund« eine solche Wirklichkeit? Gewiß darf man sich auf solche »verwandtschaftliche« Beziehung zu Gott nicht im vorhinein berufen. »Gott kann aus diesen Steinen dem Abraham Kinder erwecken«. (Lk 3,8). Darf man darum weniger auf sie hoffen?

So besehen, läßt sich die Geschichte Brechts als eine Hoffnungsgeschichte lesen. Wie jeder fiktionale Text, also auch wie das Gleichnis Jesu von den Talenten, schildert sie nicht eine bestehende Wirklichkeit ab, sondern fügt Elemente der Lebenswelt in einem relativ abgeschlossenen Zeichenzusammenhang zu einer Gegenwirklichkeit zusammen, um die Lebenswelt zunächst imaginativ und dann vielleicht real zu verändern. Ist der Sprachgestus des Gleichnisses Jesu der der Aufforderung, in der Zeit der Abwesenheit Gottes zu handeln, wie er handeln würde, und seinen Willen produktiv nicht bewahrend zu tun, so läßt sich der Sprachgestus der Geschichte von Brecht, bezieht man ihre Textwelt auf die Gott-Mensch-Beziehung der Lebenswelt, als Hoffnungsgestus verstehen, über alle menschliche Schuld hinweg, auf eine Gemeinschaft mit Gott zu vertrauen, in der beide Partner das sind, was sie sind: Gott und Mensch. Ohne diese Hoffnung hätten die beiden ersten Knechte des Gleichnisses

Jesu den Mut zum Handeln, durch das sie alles gewannen, nicht auf-
gebracht. Der Blick auf den strengen Herrn, der erntet, wo er nicht gesät
und sammelt, wo er nicht ausgestreut hat, macht Angst und lähmt und
läßt den Knecht unfrei bleiben.

X

DIE AUFERWECKUNG DES LAZARUS (Joh 11,1–45)

Vorlage und johanneische Redaktion

I. *Die Sēmeia-Quelle*

Zu den sich immer mehr durchsetzenden Ergebnissen der problemreichen literarkritischen Erforschung des Johannesevangeliums gehört die Annahme, Johannes habe für die erzählenden Teile seines Evangeliums, insbesondere für die Wundergeschichten, fixierte Traditionen, möglicherweise sogar eine schon zusammenhängende, schriftlich vorliegende Quelle benutzt[1]. Diese hypothetische Quelle erhielt von A. Faure wegen

---

[1] Die Schriftlichkeit dieser Quelle wäre zu sichern, wenn Joh 20,30f. zu der vom Evangelisten übernommenen Tradition zu rechnen ist. Dies versucht *W. Nicol*, The Sēmeia in the fourth Gospel, StNT XXXII, Leiden 1972, 29f.; 39 zu erhärten. Eine Skizze des Forschungsgangs ergibt folgenden Überblick: Die ältere literarkritische Forschung nahm ein hauptsächlich Wundergeschichten enthaltendes früheres Grundevangelium an, das von dem später hinzugefügten Redestoff zu unterscheiden sei. Vgl. *J. Wellhausen*, Erweiterungen und Änderungen im 4. Evangelium, Berlin 1907; *ders.*, Das Evangelium Johannis, Berlin 1908; *E. Schwartz*, Aporien im 4. Evangelium, in: Nachrichten von der Kgl. Ges. d. Wiss. zu Göttingen: Philol.-Hist. Kl., 1907, 342–372; 1908, 115–188, 497–650. (Daß das Redenmaterial der ältere Teil sei, dem die Wundergeschichten hinzugefügt wurden, vermutet *H.H. Wendt*, Die Schichten im 4. Evangelium, Göttingen 1911.) *A. Faure*, Die atl. Zitate im 4. Evangelium und die Quellenscheidungshypothese in: ZNW 21 (1922) 99–121 vermutet die Existenz einer »Sēmeia-Quelle«, die »kurze, schlicht-sachliche Berichte« enthalten habe (107f.). H. Windisch, Der johanneische Erzählungsstil, in: ΕΥΧΑΡΙΣΤΗΡΙΟΝ (Gunkel-Festschrift) FRLANT 19 (1923) 174–213 unterscheidet den typisch johanneischen ausführlichen Erzählstil und den Stil kürzerer synoptikerähnlicher Wundergeschichten, die er als Teile eines galiläischen Zeichenzyklus versteht. *R. Bultmann*, Das Johannesevangelium in der neuesten Forschung, CW 41 (1927) 502–511 und *ders.*, Das Evangelium des Johannes, Meyer K II, Göttingen [17]1962, versucht unter Übernahme der Sēmeia-Quellen-Hypothese von A. Faure die für die einzelnen Schichten charakteristischen Stilelemente zu sammeln und literarkritisch zu verwerten. Dagegen meldet *E. Schweizer*, Ego eimi ... Die religionsgeschichtliche Herkunft und theologische Bedeutung der johanneischen Bildreden, zugleich ein Beitrag zur Quellenfrage des 4. Evangeliums, FRLANT 38, Göttingen 1939, 87ff. Bedenken an und sammelt, obzwar selbst ebenfalls davon überzeugt, daß der Johannesredaktor, schriftliches Traditionsmaterial benutzt hat (vgl. etwa: *E. Schweizer*, Die Heilung des Königlichen, Joh 4,46–54, in: EvTh 11 (1951/1952) 64–71) 31 charakteristische Stilelemente, von denen er aufzeigt, daß sie gleichmäßig über das ganze Evangelium verteilt sind und deshalb eine quellenkritische Scheidung erschweren. *E. Ruckstuhl*, Die literarische Einheit des Johannesevangeliums: Der gegenwärtige Stand der einschlägigen Forschungen, Fribourg 1951, 218f. erweitert die Liste der gleichmäßig verteilten Stilmerkmale von 31 auf 50 und verwirft Bultmanns Quellenscheidung völlig. Bultmanns

der Bezeichnung der johanneischen Wunder als »Zeichen« den Namen Sēmeia- Quelle[2]. Besonders die neueren Untersuchungen von R.T. Fortna und W. Nicol haben weitere Argumente bereitgestellt. Während R.T. Fortna versucht, ein ganzes vorjohannisches »Zeichen-Evangelium« literarkritisch zu isolieren und zu rekonstruieren[3], beschränkt sich W. Nicol auf die Untersuchung der Wundergeschichten, nicht weil er der Auffassung wäre, allein diese seien zur Sēmeia-Quelle zu rechnen, sondern weil die Beschränkung auf eine einzige Formengruppe in methodischer Hinsicht den Vorteil bringt, daß zusätzlich zu literar- und stilkritischen Kriterien auch formkritische in den Dienst der Argumentation gestellt werden können. Gelingt es nämlich, bei verschiedenen Einzeltexten ein- und derselben Formengruppe formale und inhaltliche Gemeinsamkeiten nachzuweisen, die sich auch noch unter der redaktionellen Decke zu erkennen geben oder zu erschließen sind, wird die Ansicht wahrscheinlicher, daß die Einzeltexte Bestandteile einer schriftlichen Quelle waren, die auf einen einheitlichen schriftstellerischen Willen schließen läßt. So erkennt W. Nicol für die johanneischen Wundergeschichten: »The miracle stories form a unity under the aspect of the history of tradition. They all seem to reflect the same state of development environment, purpose and christology. Basically, their common attitude to the miraculous binds them together, and this does not apply to the other pericopes in the Gospel which also might have belonged to the source«[4]. Der gegenüber R.T. Fortna vorsichtigere[5] und in methodischer Hinsicht

---

Bedenken, die stilistische Einheitlichkeit zeige lediglich, »daß der Evangelist seine Quellen in durchgreifender Weise redigiert« habe (*R. Bultmann*, Art.: Johannesevangelium, in: RGG III[3], 842) zeigt die Problematik und Austauschbarkeit dieser stilkritischen Argumentation und die Notwendigkeit, weitere Kriterien heranzuziehen, wie es meines Erachtens *E.W. Nicol*, The Sēmeia in the fourth Gospel, gelungen ist (s. unten). Wenig überzeugend wirkt der Versuch von *W. Wilkens*, Die Entstehungsgeschichte des 4. Evangeliums, Zollikon-Zürich 1958, die Ansicht von der literarischen Einheit des Johannesevangeliums mit Quellenscheidungshypothesen zu versöhnen. (Vgl. hierzu die Kritik von *R. Schnackenburg*, Das Johannesevangelium I, Herders theologischer Kommentar zum Neuen Testament IV, 1, Freiburg i. Br. 1965, 55–57). Das Evangelium ist nach Wilkens (30f.) das Werk eines Autors, der das von ihm selbst verfaßte »johanneische Grundevangelium« einer zweimaligen Verarbeitung unterzogen habe (94–172). Die Rekonstruktion dieses Grundevangeliums unterscheidet sich nicht sehr wesentlich von dem Zeichenevangelium, das *R.T. Fortna*, The Gospel of Signs, SNTS MS 11, Cambridge 1970, allerdings als Quelle des Johannesevangelisten sehen möchte.

[2] *A. Faure*, aaO. 107ff.

[3] Vgl. *R.T. Fortna*, The Gospel of Signs, SNTS MS 11, Cambridge 1970.

[4] *W. Nicol*, aaO. 6. Es ist deutlich, wie dadurch Gesichtspunkte von *A. Faure* und *H. Windisch* wieder aufgegriffen und in den Dienst redaktionskritischer Arbeit genommen werden. Vgl. *ders.*, aaO. 15.

[5] Der Versuch R.T. Fortnas, ein vollständiges Zeichenevangelium mitsamt der ursprünglichen Anordnung der Perikopen zu rekonstruieren, ist doch wohl allzu zuversichtlich. Zur Kritik an R.T. Fortna vgl. die Rezension seines Buches durch *D.M. Smith*, in: JBL 89 (1970) 498ff. sowie die kritischen Bemerkungen von *W. Nicol*, aaO. 5.

abgesichertere Ansatz von W. Nicol[6] erlaubt es gerade bei einem Text
wie bei dem der Geschichte von der Auferweckung des Lazarus, der sich
zwar stilistisch »den anderen mutmaßlichen Stücken der σημεῖα-Quelle«
einfügt[7], bei dem sich jedoch hinreichende sprachliche Kriterien, die
eine korrekte Scheidung von Quelle und Redaktion ermöglichen würden,
nicht gewinnen lassen[8], zu einem genügend abgesicherten Urteil hinsichtlich der verwendeten Tradition und ihrer redaktionellen Umar-
beitung zu kommen, auch wenn eine eigentliche Rekonstruktion der
Vorlage nicht mehr möglich ist und auch nicht das Ziel einer Untersuchung sein kann, die sich vordringlich darum bemüht, die Eigenart der
redaktionellen Endgestalt des Textes zu erkennen, und die Vorlage
weniger aus exegetisch-kriminalistischer Neugier aufsucht, als aus dem
Bestreben, einen Antitext zu gewinnen, vor dem sich die Umrisse des
heutigen Textes besser abzeichnen. Dieser Versuch soll unternommen
werden, indem zunächst nach der äußeren und dann nach der inneren
Redaktion gefragt wird[9].

II. Versuch einer Scheidung von Vorlage und Redaktion

1. Die äußere Redaktion

Angesichts einer sich heute unter Aufnahme literaturwissenschaftlicher
und texttheoretischer Überlegungen vollziehenden Methodenreflexion ist
es nicht ganz unproblematisch, von einer äußeren und einer inneren
Redaktion zu sprechen. Die redaktionellen Vorgänge sind nämlich nicht
Bestandteile eines mechanischen Verfahrens, das die traditionellen Einheiten additiv hintereinanderhängt, sondern vollziehen sich immer schon
im Hinblick auf die Gesamtgestalt, in deren Gefüge sie die traditionellen
Einheiten so verflechten[10], daß ihre ursprünglichen Funktionen (d.h. Sitz
im Leben) aufgehoben werden und die Einheiten in dem Wechselbezug

---

6 Neben formkritischen und stilistischen Kriterien nennt W. Nicol »aporias« (27) –
gemeint sind Brüche in Handlungsablauf und Gedankenführung – sowie »ideological ten-
sions« (30) – gemeint sind Spannungen zwischen theologischen Vorstellungen von Quelle
und Redaktion.

7 *R. Bultmann*, Johannesevangelium 301.

8 Vgl. *ders.*, ebd.

9 Zu früheren Versuchen vgl. etwa *R. Bultmann*, Johannesevangelium, 301f.;
W. Wilkens, Die Erweckung des Lazarus, in: TZ 15 (1959) 22–39; *R. T. Fortna*, aaO. 74–
87; *R. Schnackenburg*, Johannesevangelium II, 398–402; *W. Nicol*, aaO. 37–39.

10 Vgl. *E. Güttgemanns*, Offene Fragen zur Formgeschichte des Evangeliums, Beitr. z.
ev. Theol. 54, München 1970, 186f.: »Durch die gestalthaft-intentionale Umklammerung
des 'Materials' in Auswahl, Anordnung und redaktioneller Rahmung mittels des Prinzips
der Zugehörigkeit zur intendierten Form des Evangeliums wird das 'Material' auf eine
andere sprachliche Ebene gehoben; es dient nun einer sprachlichen Wirkung, die sich
nicht allein aus seiner Summation ergibt, sondern auch vorweg durch die intentionale
Setzung der Evangelien-Form dem 'Material' den kontextualen Sinn-Horizont verleiht«.

aller Elemente des Ganzen ihre neue Bedeutung finden[11]. Somit ist schon der äußere Akt der Einfügung einer Einheit in das neue übersummative Ganze eines Evangeliums zugleich auch innere Redaktion, die den ursprünglichen Sinn der Einheit verändert. Dennoch läßt sich sinnvollerweise eine äußere von einer inneren Redaktion unterscheiden, insofern durch die äußere Redaktion die Vorlage ihre funktionelle Einfügung in das größere Textgefüge erfährt, während die innere Redaktion in einem noch weitergehenden Eingriff in den Text die Aussage der Vorlage von der Aussageabsicht des Gesamttextgefüges her unterstreicht, verdeckt, umformt, korrigiert oder sogar kritisiert.

Die Abhebung der *äußeren Redaktion* setzt mit der Beobachtung ein, daß bei Johannes die Auferweckung des Lazarus den unmittelbaren Anlaß zur Passion Jesu gibt (Joh 11,46ff.). Wo in der Perikope das Passionsthema anklingt, darf darum johanneische Redaktion vermutet werden. So verfolgt der Gesprächsgang der VV.7–10 die Absicht, die Perikope mit der Passion zu verbinden. Jesus fordert die Jünger auf, mit nach Judäa zu gehen; diese machen ihn auf die ihm von den Juden drohende Steinigungsgefahr aufmerksam, was redaktionelle Verknüpfung zum vorangehenden Kontext (Joh 10,31–39) ist. Jesus antwortet mit einem zunächst schwer verständlichen Wort, in dem das johanneische Thema der Stunde Jesu anklingt, das mit der Passion, in der »die Stunde, daß er hinübergehe aus dieser Welt zum Vater« (Joh 13,1) anbricht, innig verbunden ist. Die VV sollen die Perikope »in den Rahmen des Evangeliums« einbeziehen und »dem Stundenschlag des von Gott gelenkten Geschehens« unterstellen[12]. Auch das Wort des Thomas von V.16: »Laßt auch uns gehen, damit wir mit ihm sterben!«, nimmt das redaktionelle Passionsthema auf. Schnackenburg rechnet auch die VV.11–15 zur Redaktion[13]. Das Gespräch mit den Jüngern weist jedoch deutlich zwei Teile auf: V.7–10 und V.11–15, von denen nur der zweite Teil zur Vorlage zu rechnen ist. Daß die Jünger Jesu doppelsinnige Redeweise vom 'Schlafen' und 'Auferwecken' mißverstehen, ist nämlich nicht das typisch johanneische Mißverständnis[14], sondern kann als ein auch den Synoptikern nicht unbekanntes (vgl. Mk 5,39) Motiv eingeschätzt

---

[11] Das heißt nicht, daß die Einheit nich auch als Teil des neuen Ganzen Spuren eines früheren Gebrauchs aufweist, die von der traditions- und redaktionskritischen Exegese erhoben werden müssen. Wenn auch wegen der Übersummativität des Ganzen vor seinen Teilen sich eine qualitative Veränderung der Einheit ergibt, so daß die synchrone Betrachtungsweise vorrangig ist, bleibt doch der Versuch einer diachronen Betrachtung notwendig.

[12] *R. Schnackenburg*, Johannesevangelium II, 400.

[13] *Ders.*, aaO. 399.

[14] So *ders.*, ebd.

werden; »denn es handelt sich nicht um die Verwechslung des Himmlischen und Irdischen«[15], wie sie für das johanneische Mißverständnis konstitutiv ist. Das in dem redaktionellen V.8 begegnende Stichwort 'Juden' kann auch im folgenden als redaktionelle Chiffre für eine Jesus drohende Gefahr gelten, auch wenn die 'Juden' zunächst nur Trauergäste sind, die keine feindliche Absicht gegenüber Jesus äußern. Immerhin sind es einige von ihnen, die im Anschluß an die Auferweckung des Lazarus Jesus bei den Pharisäern anzeigen (Joh 11,46). Dann kann aber auch die den Ablauf der Handlung retardierende nähere Ortsangabe von V.18, wonach Bethanien als in der Nähe von Jerusalem befindlich bezeichnet wird, redaktionell verstanden werden. Sie soll erklären, wieso die Juden zu Martha und Maria als Trauergäste gekommen sind, und wirft in die bethanische Szene den Schatten der Passion. Ebenso ließe sich der merkwürdige Umstand von V.28, daß Martha Maria *heimlich* von der Ankunft Jesu Mitteilung macht, zur Genüge als redaktionelle Rücksichtnahme auf die Jesus feindlich gesonnenen »Juden« erklären, wie ähnlich auch der Zug der Erzählung, daß Jesus zunächst den Ort nicht betrat, so daß Martha (V.20) und Maria (V.29) ihm entgegengehen müssen. Gerade die dem Gang der erzählten Ereignisse nachklappende Erklärung von V.30 ». . . noch war Jesus nicht in den Ort hineingegangen«, macht auf den redaktionellen Charakter dieses Zugs aufmerksam. Zur 'äußeren' Redaktion ist sicherlich die auf die Blindenheilung von Kapitel 9 zurückverweisende Bemerkung der Juden von V.37 zu zählen: »Konnte nicht dieser, der die Augen des Blinden geöffnet hat, bewirken, daß dieser nicht sterbe«?

Die redaktionelle Verbindung von Lazarus-Perikope und Passion Jesu ist schon ein Mittel wechselseitiger kontextueller Interpretation. Der in den Tod gehende Jesus erweckt einen Toten. Sein lebenspendendes Wirken wird zum Anlaß seiner Dahingabe in den Tod.

Die 'äußere' Redaktion der Vorlage findet sich jedoch nicht nur am Anfang und Ende des Textes als Verklammerung, sondern auch innerhalb des Textgefüges. Dadurch aber erfährt die Vorlage eine strukturelle Veränderung ihrer Handlungssequenzen, was uns unmittelbar in den Bereich der inneren Redaktion führt.

---

[15] *R. Bultmann*, Johannesevangelium 304, hält es für ein »primitives Kunstmittel der Quelle«. Vgl. auch *H. Leroy*, Rätsel und Mißverständnis, Ein Beitrag zur Formgeschichte des Johannesevangeliums, BBB 30, Bonn 1968, 6f. *R. Bultmann*, aaO. 95 sieht das Typische des johanneischen Mißverständnisses nicht darin, »das eine Vokabel zwei Wortbedeutungen hat, so daß das Mißverständnis eine falsche Bedeutung ergriffe; sondern darin, daß es Begriffe und Aussagen gibt, die in einem vorläufigen Sinne auf irdische Sachverhalte, in ihrem eigentlichen Sinne aber auf göttliche Sachveralte gehen. Das Mißverständnis erkennt die Bedeutung der Wörter richtig, wähnt aber, daß sie sich in der Bezeichnung irdischer Sachverhalte erschöpfe«.

2. Die innere Redaktion

Ausgangspunkt der Analyse kann eine Aporie sein, die allerdings, für sich allein genommen, die Richtigkeit der Analyse nicht genügend begründen kann. Im ersten expositionsartigen Vers werden die beiden Schwestern in der Reihenfolge Maria – Martha angeführt. Auch V.2 stellt Maria als die Frau betont heraus, die den Herrn gesalbt hatte, und V.45 waren die Trauergäste zu Maria gekommen. In gegenläufiger Weise tritt auch Martha besonders hervor. Schon V.5 wird sie vor ihrer Schwester und sogar vor Lazarus genannt. Nach V.19 sind die Juden zu Martha und Maria gekommen. Martha ist es, die in V.20 von Jesu Ankunft als erste erfährt; Maria muß diese Nachricht in V.28 durch Martha überbracht werden. Schließlich zeigen die Begegnungen der beiden Schwestern mit Jesus deutlich eine beabsichtigte Rangfolge. Während Martha Jesus (VV.20–27) als erste begegnet und das Offenbarungswort Jesu hören und ihren Glauben an Jesus bekennen darf, kommt Maria erst als zweite zu Jesus, zudem nicht allein, sondern umgeben von der Schar der Trauernden, und ihr gestattet der Text nur die Aussage: ». . . Herr, wärest du hier gewesen, wäre mein Bruder nicht gestorben!«, ohne daß ihr eine Antwort Jesu außer – wenn man will – der Tat der Totenerweckung zuteil würde. Die strukturelle Ungereimtheit, daß gewisse Textstellen Maria Martha vorordnen, an anderen Textpassagen jedoch Martha der Vorrang vor Maria eingeräumt wird, ist geeignet, uns als Indiz auf der Suche nach der 'inneren' Redaktion zu dienen. Am klarsten zeigt sich der Vorrang, den der Text Martha einräumt, in dem Gespräch Marthas mit Jesus. Zunächst lassen sich bis in dem Wortlaut gehende Parallelen der Begegnung der beiden Schwestern feststellen: Beide *hören*, daß Jesus da ist und beide sagen zunächst das gleiche. Allein der weitere Inhalt des Gespräches zwischen Martha und Jesus, besonders das Offenbarungswort Jesus, geht wesentlich über das Gespräch mit Maria hinaus und zeigt sich durch Begrifflichkeit und Sprache als johanneische Redaktion. Streicht man das Gespräch Jesu mit Martha als redaktionell und läßt man Maria als erste zu Jesus kommen, löst sich eine weitere Schwierigkeit in der Abfolge der Handlungselemente. Maria erfährt nach dem heutigen Text von Martha, daß Jesus sich vor dem Ort befindet. Dabei wird die Heimlichkeit betont, mit der Martha Maria diese Kunde bringt. Dagegen wird nicht gesagt, von wem Martha erfährt, daß Jesus vor dem Dorf Halt gemacht hat. Es kommt hinzu, daß man erst hinterher erfährt, daß Jesus nicht in das Dorf hinein kam (V.30), während V.17 nur von dem Ankommen Jesu berichtet und sogleich zu Lazarus übergeht. Streicht man die Martha-Szene als redaktionell und schließt an V.17 sogleich V.20a und ersetzt den Namen Marthas mit dem Mariens, läßt man außerdem

die Betonung der Anwesenheit Mariens im Haus als redaktionell weg,
ergibt sich als Ablauf, daß Jesus gemäß V.17 ankommt, Maria von seiner
Ankunft hört, ihm entgegeneilt und zu ihm sagt: »Herr, wärest du hier
gewesen, wäre mein Bruder nicht gestorben«! Für den redaktionellen
Charakter des Martha-Gespräches spricht endlich, daß auch die spätere
Äußerung Marthas am Grabe (V.39), »Herr, er riecht schon! Denn er ist
ein vier Tage Toter!« – wie Bultmann[16] bemerkt – »gar nicht zu dem
Ergebnis des Dialogs« der VV.20–27 paßt, so daß auch der Verweis Jesu
auf diesen Dialog (V.40) ebenfalls als redaktionell angenommen werden
darf. Dagegen weist der Umstand, daß Martha in V.39 nochmals als
Schwester des Verstorbenen vorgestellt wird, darauf, daß ihre Äußerung
am Grab schon Teil der Vorlage war. Das Gebet Jesu am Grabe
(VV.41–42) ist wegen der johanneischen Begrifflichkeit der Redaktion
zuzurechnen, artikuliert sich doch in ihm ein anderes Verständnis vom
Glauben als in V.15. Dort soll das doppelte Wunder (1. daß Jesus weiß,
daß Lazarus tot ist, 2. die Auferweckung) die Jünger zum Glauben bringen. Der Inhalt des Glaubens wird nicht genannt. Das Gebet Jesu dagegen soll dazu dienen, zusammen mit dem folgenden Wunder, die Menge
zu dem Glauben zu führen, indem sie glauben, daß Gott Jesus gesandt
hat. Schließlich zeigt sich auch V.4, in dem Jesus die Krankheit des
Lazarus als Krankheit bezeichnet, die der Verherrlichung Gottes und des
Sohnes Gottes diene, durch den Begriff der Verherrlichung als redaktionell. In diesem Vers schlingen äußere und innere Redaktion sich ineinander. Innere Redaktion ist der Vers insofern, er das folgende Wunder
als Offenbarung der Herrlichkeit des Sohnes Gottes bezeichnet, äußere
Redaktion, weil nach Johannes auch die Kreuzigung Jesu, zu der die Auferweckung des Lazarus nach dem Willen des Redaktors den Anlaß gibt,
seine Verherrlichung ist.

3. Der Charakter der Vorlage

Ohne daß wir den Versuch einer eigentlichen Rekonstruktion der Vorlage unternehmen, gewinnen wir etwa folgendes Bild von ihrem Ablauf:
Expositionsartig wird Lazarus aus Bethanien, aus dem Dorf Marias und
ihrer Schwester Martha als krank vorgestellt. Die Schwestern schicken zu
Jesus und lassen ihm sagen: »Herr, siehe, der, den du liebst, ist krank«.
Die Betonung, daß Jesus Lazarus liebe, läßt das folgende um so unerwar-
teter für den Leser werden: »Als er nun hörte, daß er krank sei, da blieb
er an dem Ort, wo er war, zwei Tage«. Das bisher Berichtete hat nämlich

---

[16] R. Bultmann, Johannesevangelium 311.

die Erwartung geweckt, Jesus werde sich unmittelbar zur Heilung begeben oder, wie beim Sohn des königlichen Beamten, Lazarus aus der Ferne
von seiner Krankheit befreien (vgl. Joh 4,46–54). Die zweitätige Verzögerung entspricht dieser Erwartung nicht. Sie ist jedoch notwendig, um
die Geschichte zu einer Totenerweckungsgeschichte zu machen[17]. Nach
der zweitägigen Verzörgerung hebt die Geschichte neu an und läßt Jesus
zu den Jüngern sagen: »Lazarus, unser Freund, schläft, aber ich gehe hin,
ihn aufzuwecken«. Die Jünger mißverstehen ihn und halten den Schlaf für
ein Symptom der Besserung, ohne zu fragen, woher Jesus weiß, daß
Lazarus schlafe. Jesus klärt ihr Mißverständnis auf, indem er nun unmißverständlich davon spricht, daß Lazarus gestorben sei. Das »ich gehe hin,
ihn aufzuwecken« seiner doppelsinnigen Rede bleibt jedoch unübersetzt.
Doch läßt das »ich freu mich wegen euch, damit ihr zum Glauben kommt,
weil ich nicht dort war« erwarten, daß sich etwas über den Rahmen einer
Heilungsgeschichte Hinausgehendes ereignen wird.

Der Gesprächsgang mit den Jüngern hat für den Ablauf der Geschichte
verschiedene Funktionen. Zunächst soll er nach der Verzögerung der zwei
Tage die Handlung wieder in Gang bringen. Sodann soll er, insofern in
ihm selber schon ein kleines Wunder geschieht (Jesus weiß trotz der Entfernung vom Tod des Lazarus), und dieses Wunder durch das Mißverständnis der Jünger mit deren im Bereich natürlicher Abfolgeschemata
bleibenden Erwartungshorizont konfrontiert wird, die Atmosphäre des
Wunders als Wunder eröffnen. Zwar läßt schon die Exposition ein Wunder als Lösung des Problems erwarten, doch stellt der Gesprächsgang mit
den Jüngern die Wunderhaftigkeit des folgenden Wunders betont heraus.
Ferner wird auch die Inhaltlichkeit des zu erwartenden Wunders angegeben. Lazarus ist nicht nur krank, sondern tot. Das Wunder wird mehr als
eine Heilung sein; es wird einen Toten ins Leben zurückführen. Weiter
erscheint Jesus von Anfang an als derjenige, für den der Tod (Schlaf)
keine Begrenzung seines Handelns darstellen wird. Schließlich wird das
Ziel des Wunders schon angegeben: es soll geschehen, damit die Jünger
zum Glauben kommen. Der Glaube entsteht durch das Wunder (vgl.
Joh 4,53). Dieser Glaubensbegriff ist der Quelle, im Unterschied zu der
gerade hier korrigierenden Redaktion[18], auch sonst zu eigen.

---

[17] Daß Verzögerung des Kommens Jesu den Tod des Kranken bedeuten kann, findet
sich z.B. ausgesprochen in der Bitte des königlichen Beamten, Joh 4,48, einer Geschichte,
die wie die von der Auferweckung des Lazarus ebenfalls zur Sēmeia-Quelle des Johannesevangelisten gerechnet werden darf. Vgl. dazu *F. Schnider – W. Stenger*, Johannes und die
Synoptiker, Vergleich ihrer Parallelen, Bibl. Handbibliothek IX, München 1971, 64–73.
[18] Wir dürfen im übrigen gerade in dem verwendeten Bild vom Tod als Schlaf die
Weiterentwicklung eines Motivs erkennen, das auch in der Geschichte von der Auferweckung des Töchterleins des Jairus schon begegnet (Mk 5,39). Allerdings wird es in der

Die Ankunft Jesu am Ort des Lazarus konfrontiert mit dem Resultat der zweitägigen Verzögerung: Lazarus ist schon seit vier Tagen begraben. Die Ausleger verweisen darauf, daß die vier Tage wahrscheinlich deshalb gewählt sind, weil nach jüdischer Anthropologie mit vier Tagen der Tod endgültig wird. Die unmittelbar nach dem Tod noch in der Nähe des Leichnams weilende Seele kann nun, da im heißen Klima der Verwesungsprozeß schon stark eingesetzt hat, nicht mehr in den Leib zurückkehren[19]. Verzögerung Jesu und Tod des Lazarus werden durch das Wort der zu Jesus eilenden Maria: »Herr, wärest du hier gewesen, wäre mein Bruder nicht gestorben«! noch einmal nebeneinandergestellt. Zugleich versteht das Wort Mariens den Tod des Bruders als Schranke, hinter der sich ein Bereich befindet, in dem auch der zur Heilung fähige Jesus nichts mehr vermag. Die Wunderhaftigkeit des folgenden Geschehens wird damit noch einmal unterstrichen. Als leichten Tadel darf man Marias Satz nicht verstehen; er soll vielmehr das Verzögerungsmotiv, das innerhalb des Erzählgefüges der Geschichte Lazarus sterben läßt, nochmals deutlich herausstellen. Die Geschichte nimmt nun ein Motiv auf, das an die Frage Jesu bei der Auferweckung des Töchterleins des Jairus leicht anklingt (Mk 5,39); angesichts der weinenden Maria und der Trauergesellschaft gerät Jesus in innere Erregung (vgl. Mk 1,43; Mt 9,30). Es folgt die Frage Jesu nach dem Grab, die Antwort und der Gang zum Grab. Zwischen dem Befehl Jesu: »Nehmt den Stein weg«! und der Ausführung kommt Martha, die zweite der in der Exposition erwähnten Schwestern, zu ihrem Auftritt, der in drastischer Weise noch einmal – kurz vor dem Wunder – den wirklichen Todeszustand des Lazarus unterstreicht und erneut auf die vier Tage hinweist. Das Wunder der Auferweckung vollzieht sich durch ein kurzes Befehlswort Jesu und ist von einem weiteren kleineren Wunder begleitet: der Erweckte kommt aus dem Grabe, ohne daß die Totenbinden ihn hindern können. Jesu Befehl, ihn von diesen Binden zu befreien, hat Ähnlichkeit mit seiner Aufforderung, dem auferweckten Töchterlein des Jairus zu essen zu geben (Mk 5,43) und ist als ein topischer Zug von Wundergeschichten zu werten, der den Zweck hat, das eingetretene Wunder zu konstatieren. Möglich ist, daß sich V.45 ebenfalls topisch als Chorschluß angefügt hat. Er entspricht theologisch insofern der Geschichte, als er von dem durch das Wunder bewirkten Glauben spricht.

Lazarus-Perikope auf eine für den Charakter der Quelle aufschlußreiche Weise weiterentwickelt.

[19] Vgl. *Billerbeck* II, 644: »Bar Qappara hat gelehrt: Die ganze Stärke der Trauer ist erst am 3. Tage. Drei Tage lang kehrt die Seele an das Grab zurück; sie meint, daß sie (in den Leib) zurückkehren werde. Wenn sie aber sieht, daß die Farbe seines Angesichts sich verändert 'hat, dann geht sie davon und verläßt ihn«.

Zusammenfassend läßt sich sagen: Wichtiges Strukturmerkmal der Geschichte ist die Verzögerung Jesu. Sie soll Lazarus wirklich sterben lassen, so das jeder Zweifel an der Endgültigkeit seines Todes ausgeschlossen ist. Der Zug erinnert etwas an das gegenüber den Synoptikern stark ausgebaute Feststellungsverfahren in der Geschichte von der Heilung des Sohnes des königlichen Beamten, wo durch die Feststellung der Stunde das Wunder betont als Fernheilung herausgestellt werden soll (vgl. Joh 4,51–53). Das Motiv der Verzögerung ist nicht ganz unproblematisch. Wird der Jüngling von Naim beispielsweise deshalb erweckt, weil Jesus Mitleid mit der Mutter hatte (Lk 7,13)[20], erfolgt nach Markus (Mk 6,34; 8,2) die Brotvermehrung, weil Jesus sich des Volkes erbarmt, so geschieht hier nahezu das Gegenteil. Obwohl die Geschichte betont, daß Jesus den Lazarus liebe (Joh 11,5), läßt sie ihn doch zwei Tage zuwarten. Jesus wirkt nicht etwa aus Mitleid das Wunder, sondern die Geschichte läßt Lazarus geradezu um des Wunders willen sterben. Dem entspricht es, wenn neben das Hauptwunder zwei weitere kleine Wunder (Jesus weiß trotz der Entfernung um den erfolgten Tod des Lazarus (Joh 11,11); der Tote verläßt trotz der ihn behindernden Binden das Grab (Joh 11,14)) ergänzend und die Wunderhaftigkeit steigernd hinzutreten[21]. Alles ist auf die Gestalt des Wundertäters ausgerichtet. Das Wunder, begleitet von den beiden kleinen Wundern, soll die übermenschlichen Fähigkeiten des Wundertäters demonstrieren. Der noch bei den Synoptikern festzustellende Bezug der Wunder Jesu zu der in seinem Tun und Wirken hereinbrechenden Gottesherrschaft fehlt völlig. Das Wunder ist nicht mehr Anbruch und Prolepse der Gottesherrschaft, sondern unmittelbarer Verweis auf den alle menschlichen Möglichkeiten übertreffenden Wundertäter. Damit läßt sich bereits für die Quelle eine »christologische Konzentration« feststellen, die man nicht unbedingt auf hellenistischen Einfluß (*theios aner*-Vorstellung!) zurückführen muß[22], sondern daraus verstehen darf, daß in der Predigt der Urkirche der Verkünder zum Verkündeten wird. Die Wunder sind nicht mehr wie in der Verkündigung Jesu und auch noch in den synoptischen Evangelien *signa concomitantia* der ankommenden Herrschaft Gottes, sondern direkte Hinweise auf den, der sie wirkt. Sie sollen ihn verkünden, indem sie ihn als mit gewaltiger Wunderkraft ausgestatteten und so als himmlische Gestalt Legitimierten zeigen. Die Wunder treten aus dem Bezug zur Basileia-Botschaft Jesu,

---

[20] Vgl. *W. Nicol*, aaO. 47: »*The difference between this and the raising at Nain is illuminating. There Jesus also sees the family weeping and he is not filled with anger but with compassion. The Jesus of S is so divine, that there is no room for weeping in his presence, only for faith!*«

[21] Vgl. hierzu etwa auch Joh 6,21, wo zu dem Wunder des Seewandels das Motiv der wunderbaren Landung hinzukommt.

[22] Vgl. dazu *W. Nicol*, aaO. 48–68.

den die synoptische Tradition weithin wahrt, heraus und werden in den Dienst des christologischen Kerygmas gestellt. Damit aber ergibt sich die Gefahr, daß dieses Wunderverständnis den Absichten Jesu selbst zuwider läuft, der »das Wunder nicht als Beweis göttlichen Wirkens und göttlicher Vollmacht gelten läßt, der erst gefordert werden kann, um danach zu glauben«[23] (vgl. Mk 8,11ff.). Das modifizierte Wunderverständnis mag mit dem vermutlichen Sitz im Leben der Sēmeia-Quelle zusammenhängen. Sieht man in ihr eine missionarische Propagandaschrift, so sollen die Wundererzählungen Legitimationen für den Verkündeten sein[24]. Sie werden als unwiderlegbare Beweise für den Verkündeten eingesetzt. Dadurch wird der Akzent auf ihre punktuelle Faktizität verlegt. Sind sie nicht so geschehen, wie sie berichtet werden, können sie ihren Zweck, Beweis zu sein, nicht erfüllen. Das Wunderverständnis der Quelle nähert sich damit einem auch heute noch weit verbreiteten Wunderverständnis, in dem die Wunder als »Beweise« für die Gottessohnschaft Jesu verkündet und verstanden werden, so daß an der Faktizität des Berichteten ihre Beweiskraft hängt. Während die Sēmeia-Quelle in ein Milieu hineinsprechen konnte, in dem das Wunder zwar nicht gewöhnlich, aber auch nicht völlig jenseits aller Erwartungen war, hat sich dieses verengte Wunderverständnis heute zusätzlichen Schwierigkeiten zu stellen, insofern das heutige Weltbild im Gegensatz zum antiken das Wunder nicht vorsieht. Damit verlangt ein solches Wunderverständnis vom heutigen Menschen ein sacrificium intellectus oder führt, wo dieses sacrificium nicht geleistet wird, dazu, wenigstens uneingestanden die Wundergeschichten als unverbindliche Geschichten aufzufassen, die einer Welt angehören, die heute als abgetan zu gelten hat. Es ist zu fragen, ob die johanneische Redaktion die Problematik eines Wunderverständnisses erkannt hat, das das Wunder als Legitimationszeichen für den Verkündeten einsetzt, und wie sie diesem begegnet.

III. *Die johanneische Redaktion*

1. *»Ich bin die Auferstehung und das Leben«*

Die johanneische Redaktion arbeitet hier technisch vor allem damit, daß

---

[23] G. *Bornkamm*, Jesus von Nazareth, Stuttgart 1965[3], 122.
[24] W. *Nicol*, aaO. 41–94 versucht, den Sitz im Leben der Quelle genauer zu bestimmen. Gegenüber der weit verbreiteten Ansicht, das Wunderverständnis der Sēmeia-Quelle sei auf hellenistisches Milieu zurückzuführen, innerhalb dessen Jesus als überragender *theios anēr* verkündet werden solle, versucht er nachzuweisen, daß die Sēmeia-Quelle jüdisches Milieu voraussetze, und die Wunder Jesus als den Propheten und Messias verkünden sollen. Eindrucksvoll ist in seinem Beweisgang der Hinweis auf jüdisches Milieu voraussetzende Einzelheiten in den Wundergeschichten (zur Lazarus-Perikope vgl. 60).

sie in den Handlungsablauf der Geschichte verschiedene Gesprächsgänge einflicht, die das berichtete Ereignis im Sinne der redaktionellen Absicht zum Sprechen bringen sollen[25]. Schon allein dadurch erfährt die Vorlage eine strukturelle Veränderung[26]. Unter den eingeflochtenen Gesprächsgängen ragt das Gespräch Jesu mit Martha (VV.20–27) schon vom Umfang her besonders hervor. Das Gespräch beginnt, indem der Evangelist den Satz, der in der Vorlage Maria sprach (V.32), aufnimmt und ihn der Martha in den Mund legt. Die Schwestern werden parallelisiert, zugleich aber durch das, was Martha jetzt über Maria hinaus sagt, voneinander abgesetzt. Martha erscheint als die Glaubende, deren Glauben auch angesichts des Todes des Bruders nicht an dem Jesus von Gott gewährten Vermögen zweifelt, und die diesen Glauben als Folge des Offenbarungswortes Jesu in dem Bekenntnis zum Ausdruck bringt, daß Jesus der von Gott gesandte Christus und Sohn Gottes ist. Im Vergleich zu dieser Glaubenshöhe ist das nachfolgende Gespräch mit Maria ein Abstieg. Das widerspricht der normalen Art des Erzählens, die meist klimaktisch steigert. Man darf darin die Absicht des Redaktors vermuten, der Geschichte ein neues Zentrum zu geben. Durch die Einfügung des Martha-Gespräches ergibt sich nämlich eine wichtige Veränderung im Erzählgefüge der Vorlage. Dort war der Höhepunkt, auf den alles vorbereitend zulief, die Wundertat. Die Vorschaltung des Marthagesprächs gibt der Erzählung jedoch einen anderen oder einen zweiten Höhepunkt, der dem alten Höhepunkt vorausgeht und ihn somit kontextuell verändert und interpretiert. Auch für sich genommen ist das Marthagespräch auf einen eigenen Höhepunkt hin gestaltet und wirkt so in sich abgeschlossen, daß es eine leicht aus der Perikope herauslösbare Gestalt erhält[27]. An die aus dem Mariengespräch übernommene Bemerkung schließt sich mit V.22 ein vertrauensvolles Wort an, das als solches schon eine Korrektur des Wunderverständnisses der Vorlage darstellt. Die Bemerkung »Herr, wärest du hier gewesen, so wäre mein Bruder nicht gestorben« hat nun nicht mehr wie in der Vorlage den Sinn, nochmals auf die Verzögerung Jesu und den dadurch erfolgten Tod des Lazarus aufmerksam zu machen und die Grenze anzugeben, über die nach Meinung der Maria auch die Wirkkraft Jesu nicht mehr hinwegreicht. Vielmehr wird sie zu einem

---

[25] Diese Verflechtung bringt es mit sich, daß eine sichere Scheidung von Vorlage und Redaktion nicht möglich ist. Anders arbeitet der Johannesredaktor z.B. in Kap. 6. Hier übernimmt er den Bericht der Quelle im wesentlichen ohne redaktionelle Veränderung, deutet ihn dann aber durch die Anfügung der redaktionellen Brotrede. Vgl. dazu *F. Schnider – W. Stenger*, aaO. 141–170.

[26] Vgl. *E. Lämmert*, Bauformen des Erzählens, Stuttgart 1970, 195–242.

[27] Was sich praktisch darin zeigt, daß es isoliert von der Lazarus-Perikope von der neuen Lese-Ordnung als Perikope der Totenmesse verwendet wird.

Glaubenswort an die Heilungsmacht Jesu, das dessen von Gott verliehenem Vermögen auch noch Wirkmacht über die Todesgrenze hinaus zutraut[28]. Martha hat schon den Glauben an die Sendung Jesu durch Gott, den Jesu Gebet für die Umstehenden erbittet (V.41f.). Die Antwort Jesu: »Dein Bruder wird auferstehen« ergeht in beabsichtigter Vieldeutigkeit. Der Satz kann als Hinweis auf das folgende Erweckungswunder aufgefaßt werden: Der Bitte Marthas wird durch das Wunder Gewährung zuteil werden. Er kann aber auch, wie es die Erwiderung Marthas: »Ich weiß, daß er auferstehen wird« tut, als Hinweis auf den allgemeinen Glauben an die Auferstehung der Toten verstanden werden. Marthas Wort stellt dem Tod des Bruders das traditionelle Bekenntnis der urchristlichen Gemeinde gegenüber[29]. Aber dieses allgemeine Bekenntnis des Glaubens genügt nicht. Es wird weder der vertrauensvollen Erwartung Marthas noch der Person dessen, der vor Martha steht und der sich ihr in einem Ich-bin-Wort offenbart, gerecht. Die Struktur der Aussage ist die der vollen Ich-bin-Bildformel: Ich-bin-Aussage mit Bildwort und Verheißungsformel[30]. In diesen Ich-bin-Worten ist alle Offenbarung versammelt, die der johanneische Offenbarer zu bringen hat. In ihnen vollzieht sich die Identifikation dessen, der das Ich-bin sagt, mit den in den Bildworten »zum Ausdruck kommenden eschatologisch-endzeitlichen Heilshoffnungen«[31]. Dabei gewinnen die eschatologischen Bildmotive durch die präsentische Gestalt der Ich-bin-Worte Gegenwartscharakter. Die zukünftigen Heilsgüter werden aus der eschatologischen Zukunft in die Gegenwart des Heils transponiert und mit der Gestalt des johanneischen Offenbarers identifiziert, ohne daß durch diese Transposition und Vergegenwärtigung der eschatologische Charakter verloren ginge. Aus einer »Eschatologie der Erwartung« wird eine »Eschatologie der Vollendung«[32]. Die ausstehenden zukünftigen eschatologischen Heilsgüter begegnen gegenwärtig in der Person des Offenbarers. Er ist die Gegenwart der Eschata, die eschatologische Gegenwart[33]. Das Ich-bin-

---

28 *R. Bultmann*, Johannesevangelium 306: »Eben damit ist der Offenbarer der Sphäre des *theios anthropos*, als den ihn die alte Wundergeschichte sieht, entrückt und als der gesehen, der alles, was er hat, von Gott hat«.

29 Vgl. *S. Schulz*, Das Evangelium nach Johannes, NTD 4, Göttingen 1972, 158: »Der Satz ist geradezu die Katechismusformel des urchristlichen Glaubens, der sie vom Spätjudentum übernommen hat«.

30 Vgl. *ders.*, aaO. 158, 128–131.

31 *Ders.*, aaO. 130.

32 *Ders.*, ebd.

33 *Ders.*, ebd.: »Jesus, der aus dem Himmel herabsteigende und nach kurzer Erdenzeit wieder in die himmlische Lichtwelt zurückkehrende Gesandte, nimmt im, 'Ich bin' die in den Bildworten ausgedrückten Zukunftserwartungen positiv auf und erhebt den Anspruch, ihre Erfüllung und Vollendung zu sein«.

Wort unserer Stelle identifiziert den Offenbarer mit den eschatologischen Heilsgütern der Auferstehung und des Lebens und vergegenwärtigt sie in seiner Person. Auffallend ist die Doppelung der eschatologischen Heilsgüter: Auferstehung *und* Leben. Die Doppelung hat einmal ihren Grund darin, daß mit dem Wort »Auferstehung« an den von Martha ausgesprochenen Glaubenssatz von der Auferstehung der Toten angeknüpft werden kann: die von Martha erwartete eschatologische Auferstehung der Toten ist ihr in Jesus gegenwärtig[34]. Andererseits aber scheint durch die Doppelung die Aussage beabsichtigt, daß das »Leben«, das Jesus für den Glaubenden ist, eine eschatologische Gabe darstellt, weil es nur durch die Auferstehung, die Jesus ist, erreicht wird[35]. Daß mit der Ich-bin-Formel keine Wesensaussage über Jesus gemacht, sondern ausgesagt werden soll, welche Gabe er für den Glaubenden ist, zeigt sich im folgenden Verheißungswort: »Beide Verse sagen positiv und negativ das gleiche, indem sie in paradoxer Formulierung die Begriffe Tod und Leben in eine andere Sphäre heben, für die menschlicher Tod und menschliches Leben nur Abbilder und Hinweise sind: der Glaubende mag den irdischen Tod sterben, gleichwohl hat er das 'Leben' in einem höheren und endgültigen Sinne. Und wer noch im irdischen Leben weilt und ein Glaubender ist, für den gibt es keinen Tod im endgültigen Sinne. Das Sterben ist für ihn wesenlos geworden; denn Leben und Tod im menschlichen Sinne – das höchste Gut und der tiefste Schrecken – sind für ihn wesenlos geworden. Er steht ja, sofern er den Offenbarer glaubend sieht, vor Gott selbst«[36].

Von seiner Inhaltlichkeit wie von seiner dem Wunder im Erzählgefüge der Geschichte vorgeschalteten Stellung her ist das Gespräch mit Martha mit dem Offenbarungswort Jesu und dem christologischen Glaubensbekenntnis der Martha der eindeutige Höhepunkt der redaktionellen Form der Erzählung. Textsemantisch bringt die Vorschaltung des Martha-Gesprächs eine strukturelle Wertung und kontextuelle Interpretation des nachfolgenden Wunders der Totenerweckung mit sich. Das Legitimationszeichen für den Wundertäter wird zum Zeichen für die im Offenbarer dem Glaubenden gegenwärtige eschatologische Wirklichkeit der Auferstehung und des Lebens. Ist also die Wundertat nur ein Zeichen, nur symbolhafter Verweis auf eine dahinter liegende Wirklichkeit? Ist es eine nur »sinnbildliche Erzählung«[37]? Dann wäre die Geschichte Zeuge für ein Wunderverständnis, wie es heute gleichfalls weit verbreitet ist.

---

[34] *R. Bultmann*, Johannesevangelium 307: »Was in jener Vorstellung sinnvolle Frage ist, das findet in Jesus seine Antwort«.
[35] *Ders.*, ebd.
[36] *Ders.*, aaO. 308.
[37] *S. Schulz*, Johannesevangelium 161.

Danach sind die Wundergeschichten der Evangelien nichts weiter als in der Form von Erzählungen sich vollziehende Veranschaulichungen vorgegebener Ausagen[38]. Man werde ihnen dann erst gerecht, wenn man die Frage nach der Faktizität der erzählten Ereignisse als irrelevant beiseiteschiebe und die Geschichte auf die durch sie veranschaulichten kerygmatischen Wahrheiten hin befrage. Eine solche Auffassung könnte sich insofern wirklich auf unsere Perikope berufen, als durch die Vorschaltung des Offenbarungswortes vor die Wundertat Wort und Tat in ein Beziehungsverhältnis zueinander gesetzt werden, in dem das Wunder zum Zeichen für das wird, was sich im Worte ausspricht und das Wort zur Erschließung der Tat als redendes Geschehen führt. Heißt das, daß der Johannesredaktor im Auferweckungswunder und in den anderen Sēmeia nur »Bilder«, »Symbole«[39] gesehen hat? Soll die Auferweckung des Lazarus nur den »speziellen symbolischen Sinn«[40] haben, die Offenbarung als Leben darzustellen? Sicherlich wollte der Redaktor durch die Vorschaltung des Offenbarungswortes vor die Wundertat diese als einen der Interpretation und Erschließung bedürftigen Vorgang darstellen. Im Gegensatz zu seiner Quelle wollte er zeigen, »daß die σημεῖα als wunderbare Vorgänge kein Ausweis, keine Legitimation Jesu sind«[41]. Doch heißt das andererseits nicht – wenigstens nicht für den Johannesredaktor selbst[42] –, daß die Wunder als Ereignisse »im Grunde entbehrlich sind, ja, daß es ihrer nicht bedürfen sollte, daß sie aber der Schwachheit der Menschen konzediert werden«[43]. Das läßt sich im Grund schon daran erkennen, daß der Redaktor bei aller Korrektur dennoch die Geschichte seiner Vorlage mitsamt der ausführlichen Darstellung des Wunders übernimmt, wie es Bultmann durchaus richtig erkennt[44]. Doch sieht Bultmann darin das Bestreben des Redaktors wirksam, als Gegenbild zu dem Glauben der Martha den »primitive(n) Glaube(n) derer (zu zeichnen), die des äußerlichen Wunders bedürfen, um Jesus als den Offenbarer anzuerkennen«[45], so daß, auch dann, wenn der Redaktor selbst von der Realität des berich-

---

[38] Vgl. *I. Baldermann*, Biblische Didaktik, Hamburg 1966[3], 79–82.
[39] *R. Bultmann*, Theologie des Neuen Testaments, Tübingen 1965[5], 397.
[40] *Ders.*, ebd.
[41] *Ders.*, ebd. Das zeigt sich noch deutlicher in dem im Vergleich zur Quelle veränderten johanneischen Glaubensbegriff.
[42] Vgl. *R. Bultmann*, aaO. 409: »An ihrer Realität braucht der Evangelist nicht gezweifelt zu haben«.
[43] *Ders.*, ebd.
[44] *R. Bultmann*, Johannesevangelium 309.
[45] Vgl. hierzu *W. Nicol*, aaO. 110: »*The narrative is certainly more than a symbol but not because it is needed as 'Gegenbild' but reversely, because the narrative and the interpretation, the deed and its meaning overlap to such an extent that the deed is more than a mere symbol which points away from itself, but important enough to be narrated at length*«.

teten Geschehens überzeugt ist, das Wunder für ihn ein »der Schwachheit der Menschen konzediert(es)«[46] Geschehen bleibt. Doch scheint gegen Bultmann dem Text entnommen werden zu können, daß der Johannesredaktor das Wunder als Ereignis durchaus auch im positiven Sinne zu würdigen weiß.

2. »Wenn du glaubst, wirst du die Herrlichkeit Gottes sehen«

Auf die »gar nicht zu dem Ergebnis des Dialogs V.20–27« passende[47] und deshalb wohl schon aus der Vorlage stammende Äußerung der Martha von V.39 läßt der Redaktor in V.40 Jesus mit einem Satz antworten, der das redaktionelle Verständnis des folgenden Wunders gut beleuchtet: »Habe ich dir nicht gesagt, daß du, wenn du glaubst, die Herrlichkeit Gottes sehen wirst«? Das Wort greift die in 11,4 schon ausgesprochene redaktionelle Deutung des Wunders wieder auf: »Diese Krankheit ist nicht zum Tod, sondern für die Herrlichkeit Gottes, damit der Sohn Gottes durch sie verherrlicht wird«. Demnach soll das Wunder die Herrlichkeit Gottes, die wegen der Einheit des Vaters mit dem Sohn identisch ist mit der Herrlichkeit des Sohnes[48], offenbaren. Die Herrlichkeit Gottes soll darin sichtbar werden[49]. Maria wird sie sehen (V.40). Wenn das Wunder aber die Herrlichkeit Gottes beziehungsweise des Sohnes sichtbar werden lassen soll, ist es als Ereignis nicht überflüssig und nicht bloß Konzession an die menschliche Schwäche. Worin aber liegt dann noch der Unterschied zwischen dem johanneischen Verständnis und dem Verständnis seiner Vorlage? Oder, um diese Frage genauer in zwei Fragen zu stellen: 1. Ist, wenn durch das Wunder die Herrlichkeit sichtbar wird, es nicht doch nicht wiederum ein unbezweifelbares Legitimationszeichen? 2. Hängt, wenn das Wunder als Offenbarung der Herrlichkeit gesehen wird, nicht doch wieder alles an seiner Faktizität? Ad 1) Die in der Erweckung des Lazarus sichtbar werdende Herrlichkeit ist trotz ihrer im Ereignis sich vollziehenden Offenbarung nicht eine Herrlichkeit, die jedem Auge sichtbar wird. Um der im Erweckungswunder sich offenbarenden Herrlichkeit ansichtig zu werden, muß Martha glauben (V.40); als eine schon Glaubende geht sie auf das Wunder zu (V.27)[50]. Nur dem

---

[46] R. Bultmann, Theologie 409.
[47] R. Bultmann, Johannesevangelium 311.
[48] Vgl. W. Nicol, aaO. 120.
[49] Vgl. ders., ebd.
[50] Vgl. Joh 4,50. Auch der königliche Beamte geht nach der johanneischen Redaktion im Unterschied zur Vorlage, die ihn durch die Feststellung des Wunders zum Glauben führt (4,53), als ein schon Glaubender auf das Wunder zu, so daß sich ihm das Zeichen als Zeichen erschließt und Glauben zu Glauben wird. Vgl. hierzu F. Schnider – W. Stenger, aaO. 64–72, 79–88.

gläubigen Auge offenbart sich in dem Ereignis die Herrlichkeit. Nur der
Glaube kann die Sēmeia sehen (vgl. Joh 6,26)[51], was allerdings nicht
heißt, daß der glaubende Blick die Sēmeia zu Sēmeia macht. Die Sēmeia
sind Offenbarung der Herrlichkeit. Der glaubende Blick sieht die Herrlichkeit nicht produktiv in die Ereignisse hinein. Aber er ist die einzige
Rezeptionsmöglichkeit dieser Offenbarung[52]. Dann aber ist das Wunder
nicht wie in der Vorlage ein Legitimationszeichen, das zum Glauben
führen soll, sondern bleibt, weil es die Herrlichkeit nur dem Glaubenden
erschließt, in der Vieldeutigkeit, die es zuläßt, daß selbst solche, die
Zeugen des Ereignisses waren, dennoch seiner nicht ansichtig wurden,
und hingehen und es den Pharisäern melden (11,46). Die ständige Provokation »als ein anderer zu erscheinen« als der er ist, die Provokation des
Mißverständnisses, in der sich Jesus bei Johannes immer bewegt[53], wird
durch das Wunder nicht weggenommen. Auch der johanneische Jesus
gibt »diesem Geschlecht« kein Zeichen (vgl. Mk 8,12), das als Beweis
göttlichen Wirkens und göttlicher Vollmacht »erst gefordert werden kann,
um danach zu glauben«[54]. Ad 2) Wie aber ist das Problem der Faktizität
des Wunders zu sehen? Hier muß vom Text her zunächst gesagt werden:
Auch wenn Martha den Worten Jesu glaubt, so hat sie doch noch nicht
die Herrlichkeit gesehen. Als Glaubende *wird* sie die Herrlichkeit sehen
(ὄψῃ! 11,40), wenn Jesus das Wunder wirken wird[55]. Die Offenbarung
der Herrlichkeit ist damit zweifellos an die sichtbare und greifbare Realität, an die »Historie« gebunden. Auch wenn das Sehen nicht einfach
historische Zeugenschaft, sondern glaubendes Sehen des irdischen Ereignisses ist, so ist es eben doch zunächst auch ein Sehen dieses Ereignisses,
zwar nicht als eine »den natürlichen Augen des Leibes oder des Geistes
sichtbare, den natürlichen Menschen faszinierende oder überzeugende
Demonstration«[56], aber doch als eine den gläubigen Augen die himmlische Herrlichkeit offenbarende irdische Wirklichkeit. »Was wir gehört,

---

51 Vgl. *W. Nicol*, aaO. 120: »*This glory must be much more than miraculous power, because
Martha has to believe to see it while the miracle itself was seen by all present. Jesus explicity refers Martha
to what he has told her, and this is the symbolical explication of the miracle in VV. 25ff. where* πιστεύω
occurs four times. Hence, to see the glory means to comprehend the miracle with the vision of faith«.
52 Vgl. den Hinweis von *W. Nicol*, aaO. 122 auf Joh 2,11: »*The revelation of the glory is
mentioned before the faith of the disciples: The miracle does not become revelation of glory only after being
contemplated in faith*«. Man darf in der dortigen Reihenfolge Offenbarung – Glaube keinen
Widerspruch zur Reihenfolge unserer Stelle Glauben – Offenbaung sehen. Wie der Ver-
stehensvorgang überhaupt, so vollzieht sich auch das gläubige Verstehen in einem un-
auflösbaren Zirkel. Beides, Glaube und Offenbarung, sind Gottes Tat.
53 *R. Bultmann*, Johannesevangelium 31.
54 *E. Bornkamm*, Jesus von Nazareth 122.
55 Vgl. *W. Nicol*, aaO. 120: »*Martha has not yet seen the glory when she believes Jesus words
but will see it only when Jesus performs the miracle*«.
56 *R. Bultmann*, Johannesevangelium 45.

was wir mit unseren Augen gesehen, was wir geschaut und was unsere Hände betastet haben in bezug auf das Wort des Lebens ... verkündigen wir auch euch« (1 Joh 1,1f.). »The vision of faith by which the glory is beheld is simultaneously the vision of historical fact«[57]. Dennoch erlaubt uns der Text, die Fragestellung und damit die Antwort aus ihrer Verengung auf die Faktizität des Ereignisses der Erweckung des Lazarus herauszuführen. Die Lazarus-Perikope steht an einer wichtigen Schaltstelle des Johannesevangeliums. Sie ist Abschluß des öffentlichen Wirkens Jesu. Sie erfolgt noch in den zwölf Stunden des Tages, während derer das Tageslicht erlaubt, ohne anzustoßen umherzugehen (Joh 11,9), und während derer Jesus die Werke dessen wirken muß, der ihn gesandt hat (Joh 9,4). Noch ist die Nacht, in der man wegen der Dunkelheit beim Umhergehen anstößt (Joh 11,10)[58] und in der niemand mehr, also auch Jesus nicht, wirken kann (Joh 9,4)[59], nicht endgültig hereingebrochen. Doch hat der Tag die Dämmerung erreicht. Die Erweckung des Lazarus ist Anlaß zu Passion und Tod Jesu (vgl. Joh 11,46–54). Nach Joh 11, 4.40 dient die Erweckung des Lazarus der Offenbarung der Doxa Gottes, die zugleich die Doxa Jesu ist. Das erste Zeichen, das Jesus tut, das Weinwunder in Kana, wird gleichfalls als Offenbarung der Herrlichkeit Jesu verstanden (Joh 2,11). Daß Beginn und Ende der öffentlichen Wirksamkeit Jesu in ähnlicher Weise charakterisiert werden, ist sicherlich nicht ohne Bedeutung[60]. Man darf diesen Umstand als Zeichen dafür werten, daß Weinwunder von Kana und Erweckung des Lazarus, in der Art einer textsemantischen Inclusio, das öffentliche Wirken Jesu nach Johannes umschließen und es insgesamt als die Offenbarung der Herrlichkeit Gottes bezeichnen wollen. Die Schaltstellung der Perikope zwischen öffentlichem Wirken Jesu und Passion und Tod läßt aber auch erkennen, daß das Wunder der Erweckung des Lazarus zu einer weiteren Offenbarung der Doxa führt, beziehungsweise zu einem Zeichen für die Vollendung des Offenbarungswerkes Jesu auf Erden (Joh 17,4) in Leiden, Tod und Auf-

---

[57] *W. Nicol*, aaO. 121. Vgl. auch ebd. die Zustimmung Nicols zur Unterscheidung von *F. Mußner*, Die johanneische Sehweise und die Frage nach dem historischen Jesus, Freiburg i. Br. 1965, der das johanneische Sehen »mit den Augen des Glaubens« (24) des Augenzeugen (23) von dem Glauben des Christen dadurch unterschieden weiß, daß der »gläubige Sehakt (des Augenzeugen, Anm. D. Verf.) ·.·. radikal an den σάρξ γενόμενος gebunden« (21) bleibt.

[58] Das schwierige ὅτι τὸ φῶς οὐκ ἔστιν ἐν αὐτῷ ist wohl von dem semitischen Denken her, welches »das Auge als aktives Organ für das Licht betrachtet« (*R. Schnackenburg*, Johannesevangelium II, 408), vgl. *E. Sjöberg*, Das Licht in dir, Zur Deutung von Mt 6,22f. Par., in.: StTh 5 (1951) 89–105, zu erklären. Der Codex D erleichtert in ἐν αὐτῇ, wohl ohne dadurch den Sinn des Satzes zu ändern.

[59] Anders *R. Schnackenburg*, Johannesevangelium II, 407ff.

[60] Vgl. *W. Nicol*, aaO. 120: »*Obviously, this concept* (Doxa, Anm. d. Verf.) *must be an important key to the full meaning of the miracies*«.

erweckung wird. Wenn durch den Jüngerabschnitt (VV.7–10) »die Erzählung in den Rahmen des Evangeliums einbezogen und dem Stundenschlag des von Gott gelenkten Geschehens unterstellt«[61] wird, darf man
nämlich V.4, der die Auferweckung des Lazarus als Offenbarung der
Doxa Gottes interpretiert, als Wort verstehen, das »auch schon Jesu eigenen Tod und seine eigene Auferstehung«[62] mitumfaßt. Die Offenbarung
der Doxa Gottes und darin das δοξασθῆναι des Sohnes Gottes vollzieht
sich nicht nur in dem folgenden Wunder; »vielmehr liegt hinter diesem
ersten Sinn der andere: Jesu Wundertat wird ihn ans Kreuz bringen; das
heißt aber, sie wird zu seiner endgültigen Verherrlichung führen«[63]. Am
Kreuz vollendet Jesus das ihm aufgetragene Offenbarungswerk[64] und
wird dadurch selbst verherrlicht. Die gesamte irdische Existenz Jesu, sein
öffentliches Wirken wie sein Leiden und Kreuz werden von Johannes
als Offenbarung der Herrlichkeit Gottes gesehen. Dieses Gesamt der
irdischen Existenz Jesu mitsamt der Vollendung dieser Existenz am
Kreuz, das Offenbarung der Herrlichkeit Gottes für den Glaubenden ist,
erlaubt uns die Frage nach der Faktizität aus ihrer Verengung auf das
Wunder der Erweckung des Lazarus zu lösen, auch wenn Johannes selbst
es als Erzählung über ein historisches Ereignis verstanden hat. Johannes
hat seine Quelle für die Historie Jesu gehalten. Auch die Wunder bereiteten ihm aus seiner Weltsicht keine grundsätzliche Schwierigkeit. Wenn er
sie aufnimmt, will er jedoch nicht in erster Linie die Faktizität jedes einzelnen Wunders behaupten; das erhellt schon aus der Tatsache, daß sie,
wie Joh 20,30f. erweist, als in einer gewissen Auswechselbarkeit stehend
verstanden werden: Jesus hat noch mehr sēmeia getan, als in seinem
Buche aufgezeichnet sind. Worauf es Johannes ankommt ist, daß Jesus sie
»vor seinen Jüngern« getan hat, das heißt, daß sein gesamtes irdisches
Wirken bis hin zu seinem Tod für die glaubenden Augenzeugen Offenbarung der Herrlichkeit Gottes gewesen ist. Wenn Johannes gegenüber
seiner Quelle betont, daß die irdische Existenz Jesu nur für den glaubenden Augenzeugen zur Offenbarung der Herrlichkeit Gottes wird, unterstreicht er geradezu den weltlichen Charakter dieser Offenbarung; sie
erfolgt inmitten der Zufälligkeit und Vieldeutbarkeit aller Geschichte (zu
der für das Weltverständnis des Johannes auch die Wunder gehören); sie
zwingt den Menschen nicht. Sie ist kein verobjektivierbarer Einbruch der

---

[61] *R. Schnackenburg*, Johannesevangelium II, 400.
[62] *R. Schnackenburg*, aaO. 404.
[63] *R. Bultmann*, Johannesevangelium 303.
[64] Vgl. das τετέλεσται des Kreuzeswortes Jesu, welches das τελειώσας von Joh 17,4
wieder aufnimmt. Siehe dazu: *W. Thüsing*, Die Erhöhung und Verherrlichung Jesu im
Johannesevangelium, NtA XXI, 1/2, Münster 1960, 48; *ders.*, Herrlichkeit und Einheit,
Düsseldorf 1962, 23–45.

Transzendenz in die Immanenz, und dennoch geschieht sie »vor seinen Jüngern«, vor Augenzeugen, nicht in dem zeitlosen Immer des Mythos (ταῦτα δὲ ἐγένετο μὲν οὐδέποτε, ἔστι δὲ ἀεί.)[65], sondern in der einmaligen irdischen Existenz des Jesus von Nazareth. Johannes erzählt die Wundergeschichten seiner Quelle nicht als bloße Symbole für kerygmatische Wahrheiten, sondern als Zeugnisse der irdischen Existenz Jesu, in der sich-allerdings nur für den glaubenden Zeugen-die Offenbarung der Herrlichkeit Gottes begibt. Die Frage nach der Faktizität darf also nicht verengt auf die Einzelereignisse hin gestellt werden. Johannes geht es um die dogmatische Behauptung, daß die gesamte irdische Existenz Jesu Offenbarung der Herrlichkeit Gottes war[66], nicht um die historische Behauptung der Faktizität der erzählten Einzelereignisse. Die Verantwortung dieser dogmatischen Behauptung vor der historischen Vernunft kann nicht anhand des Johannesevangeliums erfolgen. Johannes stellt das Skandalon der christlichen Botschaft als Behauptung hin. Das »Einmal« der Geschichte, das im Verkündigungswort je zum »Immer« wird, ist die von den Augenzeugen als Offenbarung der Herrlichkeit erfahrene irdische Existenz Jesu, nicht jedes Einzelereignis für sich. Darum kann Johannes schon im Prolog zusammenfassend sagen: »Und der Logos ist Fleisch geworden und hat unter uns sein Zelt aufgeschlagen. Und wir haben seine Herrlichkeit gesehen, Herrlichkeit wie des Eingeborenen vom Vater voll Gnade und Wahrheit« (Joh 1,14). Die Doxa, die der glaubende Augenzeuge in der irdischen Existenz Jesu gewahrt, ist die Doxa des Präexistenten, die Doxa Gottes selber. Wenn auch das πλήρης sich auf μονογενοῦς und nicht auf δόξαν bezieht, so gibt πλήρης χάριτος καὶ ἀληθείας dennoch die Inhaltlichkeit der Doxa an, da μονογενοῦς die Doxa Gottes charakterisiert[67]. Durch das Hendiadyoin[68] χάρις καὶ ἀλήθεια wird das, was der glaubende Zeuge der irdischen Wirklichkeit Jesu an und in dieser erfährt, näher bestimmt: es ist dieses »die sich offenbarende göttliche Wirklichkeit«[69] selber, aber diese eben nicht als das den Menschen verzehrende Gericht, sondern als die den Menschen in Liebe annehmende χάρις. »Denn das Gesetz wurde durch Moses gegeben; die Gnade und Wahrheit kam durch Jesus Christus« (Joh 1,17). In der irdischen Existenz Jesu macht der glaubende Zeuge die Erfahrung des Absoluten, nicht als der

---

[65] Sallustius, περὶ θεῶν καὶ κόσμου § 4; zitiert bei *H. Conzelmann*, Grundriß der Theologie des Neuen Testaments, München 1968, 378.

[66] Vgl. *W. Nicol*, aaO. 115: »*The way in which John interpreted the miracles was also in which he interpreted the whole life, death and resurrection of Jesus. As with the miracles, John sought to see divine meaning in all the different aspects of the story of the earthly Jesus*«.

[67] Vgl. *W. Nicol*, aaO. 120.

[68] *R. Bultmann*, Johannesevangelium 49.

[69] *R. Bultmann*, aaO. 50.

den Menschen auflösenden und vernichtenden Wirklichkeit, sondern als der ihm zugewandten χάρις, oder, wie es die Perikope von der Erweckung des Lazarus sagt, als der Auferstehung und des Lebens.

Mit dieser inhaltlichen Bestimmung der sich in Jesu Existenz dem Glaubenden offenbarenden Doxa Gottes geht Johannes entscheidend über seine Quelle hinaus. Dort stand das Wunder im Dienst der christologischen Verkündigung. Weil die Doxa, die sich dem Glaubenden darin offenbart, bei Johannes mehr ist als bloß die Wunderkraft des Wundertäters, nämlich Wahrheit und Gnade, Auferstehung und Leben, ist die christologische Verkündigung des Johannes zugleich und durch und durch Soteriologie.

XI

STRUKTURALE LEKTÜRE DER OSTERGESCHICHTE DES JOHANNESEVANGELIUMS (Joh 19,31–21,25)

> »Es bleibt also nur übrig, daß in diesen Worten irgendein Geheimnis verborgen ist, von dem wir, mögen wir es finden oder nicht imstande sein, es zu finden, dennoch in keiner Weise bezweifeln dürfen, daß es darin enthalten sei.«
>
> (Augustinus, Tract. in Joannem, 121,3, bei der Erklärung des »Noli me tangere!« Joh 20,17)

1. Zur Textabgrenzung

Das Ganze eines Texts ist nie »objektiv gegeben, sondern wird durch je verschiedene Leser je verschieden konstituiert«[1].

Doch kann die Textabgrenzung völlig willkürlich sein? Wie man abgrenzt, so liest man doch. Besonders vor einer strukturalen Lektüre, die es sich zum Ziel macht, »nur das finden zu wollen, was schon da ist, das mit größerer Stringenz aufzuzeigen, was das naive Bewußtsein ohne tiefere Analyse schon 'ausgemacht' hat«[2], soll überlegt sein, wie man abgrenzt. Weil jede Abgrenzung Fäden des Texts, die ihn mit seinem Kontext verbinden, zerschneidet, empfiehlt es sich, den Ausschnitt so zu wählen, daß möglichst wenige dieser Fäden abgeschnitten werden. Sie wären als beziehungslose Textelemente struktural nicht mehr integrierbar. Vor der Lektüre stehen also die Fragen: 'Wo fängt man an?' und 'Wo hört man auf?'

A) Wo fängt man an?

1. Soll man die Ostergeschichte des Johannesevangeliums am »ersten Tag der Woche« (Joh 20,1) beginnen lassen, weil Zeitangaben sich häufig als Texteinsatzsignale erweisen? Bei Markus ist da gerade die Sonne aufgegangen (Mk 16,2), bei Lukas graut der Morgen (Lk 24,1) und bei Matthäus leuchtet es eben zum ersten Tag der Woche auf (Mt 28,1). Bei

---

[1] *P. Rusterholz*, Faktoren der Sinnkonstitution literarischer Texte in semiotischer Sicht, in: Zur Semiotik des literarischen Verstehens, hrsg. v. *K.H. Spinner*, Göttingen 1977, 80.
[2] *Ch. Metz*, Semiologie des Films, München 1972, 36.

Johannes ist noch Dunkelheit. Fängt man im Dunkeln an? Die Schöpfungsgeschichte tut es.

2. Oder hat »Ostern« eine Struktur, die auch dem Johannesevangelium bzw. dessen Autor vorgegeben ist? Als eines der ältesten Osterzeugnisse gilt der Exegese die Bekenntnisformel von I Kor 15,3 – 5. Wichtiger als ihr Alter ist in diesem Zusammenhang ihre Struktur. Auch dieser Text ist nämlich trotz seiner Kürze narrativ, nennt »die Etappen eines sukzessiven Geschehens nacheinander«[3], wobei »die nacheinander folgenden 'Etappen' dieses erzählten Geschehens ... mit Hilfe des parataktischen καί enumerativ aneinander gereiht werden«[4], »und das monotone viermalige ὅτι«[5] »es nicht erlaubt, eine Etappe des Geschehens bzw. eine Verbalphrase der Formel unterzubewerten oder gar zu unterschlagen, oder die Formel in zwei voneinander unabhängige Bekenntnissätze (Glieder I und II; Glieder III und IV) aufzulösen«[6], und daher aufzeigt, wie wichtig dem oder den Autoren des Texts von I Kor 15,3 – 5 »die einzelnen Etappen des Geschehens, das mit Tod, Begräbnis, Auferweckung und Erscheinungen zu tun hatte«[7], gewesen sein mögen.

Die johanneische Ostergeschichte ist gewiß nicht einfachhin eine amplifizierte Fassung der kurzen »Ostergeschichte« von I Kor 15,3 – 5. Allein schon, daß der Auferstandene Maria Magdalena zuerst erscheint und nicht dem Kephas wie in der Formel, verbietet diese Annahme und zeigt eine narrative Modifikationsmöglichkeit der Oster-»Story« auf. Die narrative Textsorte der Formel von I Kor 15,3 – 5 verbietet die Modifikation keineswegs. Doch scheint sie darauf hinzuweisen, daß zu den wesentlichen Konstitutiva der »Story« Tod und Auferweckung, Golgotha und Ostern als Anfang und Ende der Erzählbewegung gehören, d.h. aber in der Zusammengehörigkeit der beiden Terme. Die Passion läßt sich bekanntlich nach vorn erweitern, und Ostern läßt sich weiter und anders erzählen, wie die Evangelien, insbesondere das des Johannes, zeigen. Doch sind Tod und Auferweckung auch in der Narration nicht zu trennen. *Der Glaube an Jesus den Christus und den Messias Jesus erzählt sich unter Wahrung der Sukzessivität der Handlungssequenzen »Golgotha« und »Ostern« und unter Wahrung der Identität der Handlungsträger »Jesus« und »Gott«.*

3. Der Anlaß für die Entscheidung, den zu analysierenden Text in Joh

---

[3] *F. Mussner*, Zur stilistischen und semantischen Struktur der Formel von I Kor 15,3 – 5, in: Die Kirche des Anfangs (FS-H, Schürmann), hrsg. v. *R. Schnackenburg u.a.*, Freiburg i.B. 1978, 407.
[4] Ebd.
[5] *J. Jeremias*, Die Abendmahlsworte Jesu, Göttingen⁴ 1967,97.
[6] *F. Mussner*, aaO. 514.
[7] Ebd.

19,31 (Bitte der Juden um das crurifragium) einsetzen zu lassen, ist wie
jeder Anlaß im Verhältnis zum Grund eher beiläufig: Augustinus beginnt
seine Predigten über die Ostergeschichten des Johannesevangeliums an
dieser Stelle. Ob dies ein Zufall ist? Natürlich wäre es möglich, daß er in
der fortlaufenden Erklärung des Johannesevangeliums bei der Predigt
vorher gerade bis zu dieser Stelle gekommen wäre. Doch darf man dem
Prediger Augustinus zutrauen, daß er sich in seiner »dispositio« dem
Zufall überließ, zumal da, wo es um den Höhepunkt des Evangeliums
geht, die Kreuzigung Jesu? Ist nicht eher denkbar, daß der ehemalige
Rhetorikprofessor instinktiv mindestens gewahrte, daß wichtige Fäden
des Texts zwischen der Durchbohrungsszene und den Ostergeschichten
hin und her gehen, die man bei anderer Textabgrenzung zerschneiden
würde?

B) *Wo hört man auf?*

1. Auch hier hat die Willkür eines Lesers, der sich auf die Lektüre der
Ostergeschichte des Johannesevangeliums eingelassen hat, ihre Grenzen.
Zwar bleibt er frei, die Lektüre etwa bei der Entdeckung des leeren Grabs
abzuschließen und in die Meinung der Maria Magdalena einzustimmen:
»Sie haben den Herrn aus dem Grab weggenommen, und wir wissen
nicht, wohin sie ihn gelegt haben.« Doch bräche er dann seine Lektüre an
einer anderen Stelle ab, als es ihm der Autor empfiehlt, der nicht nur erzählt, sondern seine Erzählung auch kommentiert. Ein solcher Kommentar des Autors, ein sogenannter »metanarrativer Satz« (s. u.), legt dem
Leser nahe, es sei sinnvoll, nach der Szene, in der Jesus Thomas und den
Jüngern erscheint, aufzuhören. Der Autor reflektiert dort über seine
eigene Schreibtätigkeit. Er sieht sie zum Abschluß gekommen und nennt
noch einmal ihren Zweck (Joh 20,30 – 31). Und doch wird in Joh 21,1 der
Motor der Erzählung erneut angekurbelt, und sie läuft weiter bis Joh
21,23f. Dort reflektieren wiederum metanarrative Sätze auf die Autorentätigkeit und auf den Autor und behaupten weitere Fortsetzungsmöglich-
keiten der Geschichte, sicherlich als Apologie für die etwas mühsam
geglückte Fortsetzung in 21,1. Joh 21,25: »Es gibt aber auch noch vieles
andere, was Jesus getan hat; wenn man alles eins nach dem anderen auf-
schreiben wollte, würde selbst die Welt, meine ich, die zu schreibenden
Bücher nicht fassen.«

2. Der diachronisch lesende, historisch-kritische Exeget macht vor 21,
1 mindestens eine Lesepause; Kapitel 21 gilt ihm zurecht (?) als »Nach-
tragskapitel«, das ein Späterer angefügt hat. Für die in der Synchronie
bleibende strukturale Hinsicht auf den Text zeigt sich aber gerade hier
eine interessante Struktur. Sie entsteht durch das Verhältnis der beiden

metanarrativen Stellen zueinander und durch ihr Verhältnis zur Erzählung selbst. Die beiden Autorenkommentare verweisen nämlich auf verschiedene Ebenen der Zeit, die untereinander und mit der Zeit der Erzählung in Beziehung stehen.

3. Da ist zunächst die fortlaufende *Zeit der Erzählung* vom Tod Jesu bis zu den Begebnissen am See Tiberias.

4. Als zweite Zeitebene ist die des *Autors I* anzunehmen, von dem die metanarrativen Sätze in Joh 19,35 – 37; 20,9.16.30.31 stammen. Von der Zeit der Erzählung trennt ihn bereits ein gewisser Zeitraum; auch befindet er sich wohl kaum mehr am Ort der erzählten Ereignisse; seinen ersten Lesern muß er jedenfalls – wieder metanarrativ – die »hebräische« Anrede der Maria Magdalena »Rabbuni« übersetzen. In der von der Zeit der Erzählung bis zur Zeit des Autors I abgelaufenen Zeit hat sich ein Verstehen der Schrift herausgebildet, das in der Zeit der Erzählung noch nicht möglich war. Zur Zeit des Autors I versteht man die Schrift, »daß er von den Toten auferstehen muß«. (20,9)

5. Eine weitere Zeitebene gerät in den Blick: die Schrift hat *vorhergesagt*, was sich in der Zeit der Erzählung erfüllt. Jesus stirbt ohne crurifragium; denn: »Kein Knochen wird ihm zerbrochen werden«. Einer der Soldaten öffnet die Seite Jesu. So erfüllt sich die Schrift: »Sie werden auf den schauen, den sie durchbohrt haben«. Die um das Kreuz stehen, inklusive des Autors I, aber auch die Jünger im Saal und Thomas sehen die offene Seite.

6. Zwischen der Zeit der Erzählung und der Zeit von Autor I liegt Distanz. Doch öffnet sich auch die Zeit der Erzählung zur Zeit des Autors I hin: Die Seligpreisung der Nichtsehend-Glaubenden durch Jesus durchbricht im Vorblick den Horizont der Zeit der Erzählung auf die Zeit hin, in der Glaube sich nicht mehr auf Sehen gründen kann, sondern auf das Zeugnis derer hin, die gesehen haben, entstehen muß. Die Zeit dieses Zeugnisses sieht Autor I zu Ende gehen. Darum schreibt er die »Zeichen« auf. Das Zeugnis soll als geschriebenes fortdauern. Diese Schrift soll den Glauben ihrer Leser an Jesus den Messias, den Sohn Gottes ermöglichen und begründen: »damit ihr als Glaubende Leben habt, in seinem Namen.« (20,31) Die Verschriftlichung führt dazu, daß der Kreis der Angeredeten erweitert wird; das »ihr« umfaßt, weil in einem Buch schriftlich vermerkt, nicht nur die Erstleser, sondern alle weiteren, die das Buch sich als Leser erschließen kann, so daß die Zeit von Autor I sich in eine weitere Zukunft hinein öffnet, vor allem dann, wenn es gelingt, dem Buch über den internen Gebrauch im Kreis der »Brüder« (21,23) hinaus neue Leserkreise zu eröffnen. Daran ist Autor II interessiert.

7. Dessen Zeitebene betreten wir spätestens in den metanarrativen Sätzen, die Kapitel 21 beschließen. Es ist nicht mehr die Zeit von Autor I.

Ein Kreis von Autoren spricht: »*Wir* wissen, daß sein Zeugnis wahr ist« (21,27). Dieser »*Wir*«-*Autor* schaut auf die Zeit von Autor I zurück: Als dieser noch lebte, galt im Kreis der »Brüder« die Meinung, Jesus habe ihm verheißen, er werde nicht sterben, sondern die Parusie erleben. Der Tod von Autor I macht diese Meinung revisionsbedürftig. Autor I ist gestorben, aber die »Brüder«, d.h. der »Wir«-Autor, haben das von ihm geschriebene *Buch*. Darin lebt sein Zeugnis weiter. Daß Autor I sich bewußt war, sein Buch sei nur eine Auswahl der Zeichen, eröffnet für den »Wir«-Autor die Möglichkeit, die Erzählung fortzusetzen, um in der Zeit der Erzählung Probleme seiner eigenen Zeit zu »erzählen«, d.h. um sie erzählend zu lösen. Sie hängen eng mit dem Schicksal des Buchs von Autor I zusammen. Der »Wir«-Autor lüftet etwas das Inkognito von Autor I: Es ist der mit Petrus das leere Grab besichtigende »geliebte Jünger« (20,2ff.). Sein Verhältnis zu Simon Petrus ist beherrschendes Thema von Kapitel 21.

8. Der Hinweis auf die Struktur der Zeitebenen der metanarrativen Sätze in ihrem Verhältnis untereinander und zu der Zeit der Erzählung läßt erkennen, daß eine strukturale Lektüre sich nicht ohne Schaden zu nehmen auf eine Analyse von Kapitel 20 beschränken darf. Darum legt sich als Gegenstand der Analyse der Teiltext Joh 19,31–21,25 nahe.[8]

(*Bei der Erstveröffentlichung dieses Artikels folgte hier durch die Umstände bedingt als Abschnitt II der übersetzte Text von Joh 19,31–21,25. Der Rahmen dieser Wiederveröffentlichung macht es möglich, darauf zu verzichten, doch wird die alte Zählung der Gliederung des Artikels beibehalten.*)

III. *Zur Segmentierung des Texts*

A) *Die gliedernde Funktion der metanarrativen Sätze*

Die Beachtung der metanarrativen Sätze hat einen Blick in das Zeitgerüst des Texts erlaubt. Zugleich ließen sich erste Anhaltspunkte für eine Gliederung des Texts in Textteile gewinnen, gehören doch die metanarrativen Sätze zu den makrosyntaktischen Gliederungssignalen, an denen sich die Makrostruktur eines Texts erkennen läßt.[9]

---

[8] Weil unsere Lektüre eine strukturale sein soll, wird bewußt auf die Heranziehung historisch-kritischer Literatur verzichtet. In strukt022aler Hinsicht befaßt sich mit Joh 20 der Artikel von *L. Dupont, C. Lash, G. Levesque*, Recherche sur la structure de Jean 20, Biblica 54 (1973) 482–499. Auch die wertvolle Beobachtungen und Anregungen enthaltende Untersuchung von *E. Ruckstuhl*, Zur Aussage und Botschaft von Johannes 21, in: Die Kirche des Anfangs (FS-H. Schürmann), hrsg. v. *R. Schnackenburg, J. Ernst, J. Wanke*, Freiburg 1978, 339–362, »möchte … vor allem synchronisch vorgehen und den vorliegenden Text Joh 21 möglichst genau auf seine eigene Aussage und Botschaft abhören« (339), geht also bei einer ähnlichen Einstellung an den Text wie die hier vorgelegte strukturale Lektüre von Joh 19,31–21,25.

[9] Unter »Makrostruktur« verstehen wir hier mit E. Gülich nicht irgendeine »abstrakte, zugrundeliegende Struktur« des Texts (seine »Tiefenstruktur«), sondern »die Art, ,die Abfolge und die Verknüpfungen von funktionellen Teilen eines Texts« (*E. Gülich*, Ansätze zu einer kommunikationsorientierten Erzähltextanalyse [am Beispiel mündlicher

Metanarrative Sätze thematisieren die »Komponenten 'Erzähler', 'Hörer/Leser', 'Erzählsituation', 'Bereich der Gegenstände und Sachverhalte'«. Sie stehen somit »zu dem Erzähltext selbst auf einer Meta-Ebene«[10]. In der Hierarchie der Textgliederungssignale rangieren sie ganz oben, »da sie ja den Erzähltext als Ganzes abgrenzen«[11]. Die Unterscheidung der beiden Zeitebenen von Autor I und des »Wir«-Autors II führt z.b. zur Gliederung in zwei größere Textteile. Der Anfang des gewählten Textausschnitts wird durch metanarrative Sätze hervorgehoben (19,35–37) die in den metanarrativen Sätzen des Autors I in Joh 20,30–31 ihr Pendant finden, so daß, was dazwischen liegt sich als eigener Textteil sondert. Die Zäsur ist so eingreifend, daß der »Wir«-Autor II die Gefahr, daß die Verse 20,30–31 die Erzählbewegung zum Abschluß bringen, nur dadurch neutralisieren kann, daß er die erzählende Fortsetzung »Danach offenbarte sich Jesus wiederum den Jüngern am See von Tiberias« (21,1a) seinerseits mit einem metanarrativen Satz verstärkt: »Er offenbarte sich aber in dieser Weise« (21,1b). In 21,14 muß er diesen metanarrativen Satz sogar noch einmal aufnehmen: »So offenbarte sich Jesus den Jüngern schon zum drittenmal, auferstanden von den Toten«. Dadurch hebt er zugleich die Fischfanggeschichte von dem nachfolgenden Gespräch mit Simon Petrus als eigenen Textteil ab. Auch die Nachfolgeaufforderung an Simon Petrus ist metanarrativ abgesetzt. Sie ist sogar gerahmt, weil V.19 und V.23 ein vorangehendes Jesuswort über Simon Petrus bzw. den »geliebten Jünger« interpretieren. Die Verse 21, 23–25 sind der metanarrative Abschluß des Ganzen.

B) *Weitere makrosyntaktische Signale*

Neben den metanarrativen Sätzen nennt E. Gülich weitere makrosyntaktische Signale. Unter ihnen kommt nach den metanarrativen Sätzen

---

und schriftlicher Erzähltexte], in: Zeitschrift für Literaturwissenschaft und Linguistik, Beihefte 4, Erzählforschung 1, hrsg. v. *W. Haubrichs*, Göttingen 1976, 242) an der Textoberfläche, also seine »Oberflächenstruktur«, d.h. seine konkrete Verfaßt- und Gefügtheit. Die Teile lassen sich durch Gliederungsmerkmale (makrosyntaktische Signale) erkennen, die auf der formalen Seite aufzusuchen sind, so daß bei der Gliederung zunächst von den »Inhalten« abgesehen werden kann und muß. Die genaueren Beziehungen, in denen die sich ergebenden Teiltexte untereinander und zum Textganzen stehen, deuten sich auf dieser Ebene an, werden aber erst nach der mikrostrukturalen Analyse der Textteile vollends sichtbar.

[10] *Dies.* aaO. 234. Mit H. Weinrich könnte man auch von »besprochener Welt«, mit W. Iser vom »Kommentar« reden, mit dem der Autor seine Erzählung versieht, um u.a. die Auffassung der Erzählung einheitlich (zu) machen. *W. Iser*, Die Appellstruktur der Texte, Unbestimmtheit als Wirkungsbedingung literarischer Prosa, Konstanz 1970, 19; *H. Weinrich*, Tempus, Besprochene und erzählte Welt, Stuttgart 1964. Allerdings kann auch von erzählten Figuren innerhalb der Erzählung selbst »besprechende« Funktion ausgeübt werden.

[11] *E. Gülich*, aaO. 242.

insbesondere den Zeit- und Ortsangaben Bedeutung für die Gliederung des Texts zu, weil »bei Erzähltexten der dargestellte Bereich der Gegenstände und Sachverhalte dadurch charakterisiert (ist), daß er auf Raum und Zeit bezogen ist«[12]. »Wichtig ist vor allem der zeitliche Ablauf; Ortsveränderungen spielen meist nur im Zusammenhang mit dem zeitlichen Ablauf eine Rolle«[13]. Bei den *Zeitangaben* unterscheidet E. Gülich »Episodenmerkmale«, durch »die Handlungsabläufe als einmalig ... dargestellt werden« von »Iterationsmerkmalen, die die Wiederholung von Handlungsabläufen kennzeichnen«[14]. Die »Episodenmerkmale« lassen sich weiter unterscheiden in »Ausgangs- und Nachfolgemerkmale, je nachdem ob das Episodenmerkmal den Ausgangspunkt für einen Handlungsablauf setzt oder sich auf den durch das Ausgangsmerkmal bezeichneten Zeitraum bezieht«[15].

Entsprechend lassen sich auch die *Ortsangaben* differenzieren. So gibt es umfassende Ortsangaben, in die detailliertere Lokalitäten eingetragen werden, und Orte, die Ausgangspunkt oder Ziel einer Bewegung sein können.

Die Beachtung dieser Unterscheidungen läßt die Hierarchie der sich ergebenden Textteile erkennen: übergeordnete Textgliederungssignale lassen sich von untergeordneten abheben.

Auch Veränderungen in der *Konstellation der Handlungsträger* haben makrostrukturelle Gliederungsfunktion: »Dieses Merkmal liegt dann vor, wenn z.B. eine neue Person auftritt, oder wenn eine Person in einem Teiltext nicht an der Handlung beteiligt ist, oder auch wenn die Handlung in den einzelnen Teiltexten von verschiedenen Personen ausgeht«[16]. Auch auf dieser Ebene ergeben sich weitere Klassifikationsmöglichkeiten: Einzelpersonen können z.B. Vertreter verschiedener Kollektive sein. Diese können ihrerseits handlungsmäßig konfiguriert werden.

C) *Graphische Darstellung der Makrostruktur*

Bei der Erhebung der Makrostruktur kommt es also zunächst darauf an, die Merkmale der verschiedenen Ebenen aufzusuchen. Danach müssen sie jeweils auf ihrer Ebene hierarchisiert werden. Schließlich sind die Äquivalenzbeziehungen der verschiedenen Ebenen aufeinander zu projizieren und in der Form einer Partitur zu erfassen. Dies soll in der folgenden Grafik geschehen. Ihrem Verständnis soll die anschließende Erläuterung dienen.

---

[12] Ebd.
[13] Ebd.
[14] *Dies.* aaO. 243.
[15] Ebd.
[16] Ebd.

Sequenzen		Sequenz I		Sequenz II		
ZEITMERKMALE	Iterationmerkmal			»wiederum« (20,10)		
	Nachfolgemerkmal	danach (19,38)		frühmorgens	»als Jesus kam« (20,34)	
					»als es nun Abend war« (20, 19)	
	Ausgagnsmerkmal	»da Rüsttag war« (19,31)	»wegen des Rüsttags« (19,42)	»Am ersten Tag der Woche« (20,1)	»an jenem Tag, dem ersten der Woche« (20,19)	
	umfassendster Zeitraum	vor der Beerdigung«				
ORTSMERKMALE	umfassendster Ort	Jerusalem				
	nächstumfassendster Ort	Golgotha				
	Ausgangspunkt & Ziel	Grab als Ziel der Bewegung		Grab als Ausgangsort		
		am Kreuz	vom Kreuz abgenommen			
	weitere Kennzeichnung		Kreuzigungsstätte → Garten → Grab		Türen verschlossen aus den Juden	
HANDLUNGSTRÄGER	Kollektive (konfig.)	Juden – Anhänger Jesu				
	Personen	Jesus, Juden, Pilatus, Soldaten, Schächer	Jesus, Josef von Arimatäa, Pilatus, Nikodemus, (Juden)	Maria Magdalena / Maria Magdalena, Simon Petrus, der »geliebte Jünger«, (Juden)	Maria Magdalena, Engel, Jesus, (Juden) / Maria Magdalena, Jünger	Jesus, Jünger (Juden) / Jünger, Thomas
META-NARRATIVE SÄTZE		»und der es gesehen hat ...«. (19,35–37)		»Denn sie verstanden noch nicht ...« (20,9)	»und dies habe er ihr gesagt« (20,18)	
Segmente		Segment 1	Segment 2	Segment 1	Segment 2	

	Sequenz III		
»nach acht Tagen« »wiederum« (20,26)	»wiederum« (21,1)		
»nacht acht Tagen« (20,26)	»in jener Nacht« (21,3)	»Morgen« (21,4)	»und nach diesen worten« (21,19b)
»nach acht Tagen« (20,26)	»Danach« (21,1)		»Als sie Mahl gehalten hatten« (21,15)
nach der Beerdigung			
	Galiläa		
Saal	Am See von Tiberias		
	See	See »an Land« (21,11)	
Türen verschlossen	Jesus am Ufer (21,4)		
	Apostel		
Die »zwölf«	sieben Jünger		
Jesus, Jünger, Thomas,	Simon Petrus, Thomas, Nathanel, Söhne des Zebedäus, zwei andere Jünger	Jesus, Jünger, Simon Petrus, der »geliebte Jünger«	Jesus, sieben Jünger, 153 Fische	Jesus, Simon Petrus, »der geliebte Jünger die Jünger)	Jesus Simon Petrus, »der geliebte Jünger«, (die Jünger)
»Noch viele andere Zeichen ...« (20,30–31)	»Er offenbarte sich aber in dieser Weise ...« (21,1b)		»So offenbarte sich Jesus ...« (21,14)	»Das aber sagte er andeutend ...« (21,19a)	»Da verbreitete sich dieses Wort ...« (21,23–25)
Segment 3	Segment 1		Segment 2

V. Erläuterung der Grafik

A) Ein erster Abschnitt ergibt sich durch den »Rüsttag« als Ausgangs-merkmal (19,31). Es handelt sich um eine in sich unselbständige Zeitan-gabe. Schon ihr Name verweist auf den nächsten Tag: den Sabbat. Dieser wird vorblickend schon zweimal genannt und zudem als »großer Tag« qualifiziert. Zwischen der Bitte der Juden um den Leichnam Jesu und der Bitte der Jünger ergibt sich durch das Nachfolgemerkmal »danach« in 19,38 eine Zäsur. Auf der Ebene der Ortsmerkmale wird diese bestätigt: Jesus hängt *am* Kreuz, dann wird er *vom* Kreuz abgenommen. Auch tritt ein Wechsel der Personen ein. Pilatus und der Leichnam Jesu bleiben anwesend. Die Soldaten und die Schächer treten ab. Die »Juden« begeben sich in den Hintergrund. Joseph von Arimatäa und Nikodemus treten auf. Zugleich begegnen wir hier zum erstenmal metanarrativen Sätzen (19,35 – 37). Der Abschnitt wird durch die erneute Erwähnung des »Rüst-tags« in 19,42 zusammengehalten. Die Wiederholung dieses Worts rahmt den Abschnitt in Form einer Inclusio.

B) Ein zweiter Abschnitt wird durch die Zeitangabe »am ersten Tag der Woche« (20,1) als Ausgangsmerkmal eröffnet, so daß der Sabbat zwischen dem »Rüsttag« und »dem ersten Tag der Woche« narrativ aus-fällt. Auf der Ebene der Ortsangaben wird diese Zäsur betont: Vorher ist für Jesus das Grab Ziel der Bewegung, danach Ausgangspunkt. Als neue Personen treten Maria Magdalena, Simon Petrus und der »geliebte Jün-ger« auf. Daß für sie das Grab auch noch am »ersten Tag« Ziel der Be-wegung ist, opponiert sie Jesus. Doch wird das Grab im Lauf des Ab-schnitts auch für sie zum Ausgangspunkt: zunächst für Simon Petrus und den »geliebten Jünger« – auf der Ebene der Zeitangaben markiert durch das Iterationsmerkmal »wiederum (nach Haus)« (20,10) und betont durch den metanarrativen Satz: »Denn sie verstanden noch nicht die Schrift . . .« (20,9), – und dann auch für Maria Magdalena, metanarrativ unter-stützt durch die indirekte Rede (20,18).

Durch die Nachfolgemerkmale »frühmorgens« (20,1) und »als es nun Abend war« (20,19) wird der »erste Tag der Woche« in zwei Einheiten aufgeteilt. Das bestätigt sich auch auf der lokalen Ebene: zunächst ist das Grab und seine Umgebung der Ort des Geschehens. Am Abend ist es dann der Versammlungsort der Jünger. Als signifikante Opposition läßt sich erkennen, daß das Grab *geöffnet* ist und Jesus sich nicht darin befin-det, während der Versammlungsort der Jünger *verschlossen* ist und Je-sus, den Saal bei verschlossenen Türen betretend, sich in die Gemein-schaft der Jünger, in ihre »Mitte«, begibt. Auf der Ebene der Personen sind für den »Morgen« durchgehende Handlungsträger »Maria Magdale-na«, für den »Abend« die »Jünger«. Die Angabe »der erste Tag der

Woche« wird wiederholt, aber nicht wie der »Rüsttag« rahmend am Schluß des Abschnitts, sondern zu Beginn seines zweiten Unterabschnitts: »Als es nun Abend war an jenen Tag, dem ersten der Woche« (20,19), so daß der Abschnitt nach unten nicht abgeschlossen wird. Eine neue Zeitangabe begegnet dann in 20,26: »nach acht Tagen«: Sie ist Ausgangsmerkmal für einen neuen Handlungsablauf, wie es sich auch auf der Ebene des Orts andeutet: Die Szene von 20,19–25 spielt bei »aus Furcht vor den Juden« verschlossenen Türen. Die Erscheinung »nach acht Tagen« vor Thomas findet zwar auch bei »verschlossenen Türen« statt (20, 26), doch fehlt hier das »aus Furcht vor den Juden«. Die Zeitangabe »nach acht Tagen« ist nicht nur Ausgangsmerkmal für einen neuen Vorgang, sondern zugleich Iterationsmerkmal: nach acht Tagen wiederholt sich der »erste Tag der Woche« wie es auch das Iterationsmerkmal »wiederum« (20,26) zeigt. Die am gleichen Ort spielende Erscheinung vor Thomas bleibt darum mit dem, was vorhergeht, stark verbunden. Auch die Ebene der Personen bestätigt dies. Der Abend des ersten Tags der Woche wird nämlich dadurch gegliedert, daß die Personen der Handlung zunächst der erscheinende Jesus und die Jünger, dann die Jünger und Thomas sind. Der Übergang wird zusätzlich zeitlich durch das Nachfolgemerkmal des Temporalsatzes: »Thomas . . . war nicht bei ihnen, *als Jesus kam*« (20,24) markiert. Damit hat die Szene »Thomas und die Jünger« (20,25) Überleitungsfunktion zu der Szene »Jesus, die Jünger, Thomas« (20,26–29).

So läßt sich eine neue Opposition erkennen: Die zwischen »Rüsttag« und dem »ersten Tag der Woche« vergehende Zeit, der »Sabbat«, wird als *Zäsur hervorgehoben*. Die zwischen dem »ersten Tag der Woche« und den »acht Tagen danach« befindliche zeitliche Lücke wird durch *verbindende* Elemente *überbrückt*.

Es kommt hinzu, daß im ersten Fall der nicht erzählte Tag des Sabbats ein *heiliger* Tag ist. Hier wird er dagegen in die Profanität der nicht erzählten übrigen Tage einer ganzen Woche eingereiht.

C) Von Kapitel 21 trennen die metanarrativen Sätze in 20,30–31. Als Nachfolgemerkmal faßt das unbestimmte »danach« in 21,1 noch einmal, was am »ersten Tag der Woche« und »nach acht Tagen« sich ereignet hat, zu einer Einheit zusammen. »Danach« ist zugleich Ausgangsmerkmal für einen neuen Handlungsablauf, unterstützt durch den metanarrativen Satz in 21,1b: »Er offenbarte sich aber in dieser Weise«, vor allem aber durch den Ortswechsel von Jerusalem nach Galiläa, vom »*drinnen*« des verschlossenen Orts der Jüngerzusammenkunft zum »*draußen*« des »Sees von Tiberias« (21,1a).

Man wird darum sagen können, daß mit 21,1 ein neuer selbständiger Abschnitt beginnt. Doch gibt es auch verbindende Elemente zum Vorhergehenden: Durchgehender Handlungsträger bleibt der auferstandene

Jesus; auch Thomas wird in 21,2 wieder aufgenommen, ebenso wie die in 20,2–9 fungierenden Handlungsträger Simon Petrus und der »geliebte« Jünger, die für das ganze Kapitel 21 die wichtigsten Handlungsträger sind. Schließlich bemüht sich auch das Iterationsmerkmal »wiederum« in 21,1 und der metanarrative Satz in 21,14 mit seiner beiordnenden Zählung: »so offenbarte sich Jesus den Jüngern schon zum drittenmal« darum, die Ereignisse von Kapitel 21 dem Vorhergehenden zuzuordnen, so daß sie als Ereignisse »nach der Beerdigung« den Ereignissen »vor der Beerdigung« gegenüberstehen.

Die so auf den Großabschnitt des Kapitels 20 bezogene und dennoch selbständige Einheit des Kapitels 21 wird durch den schon erwähnten metanarrativen Satz in 20,14 in zwei Abschnitte gegliedert, was durch das Nachfolgemerkmal »Als sie Mahl gehalten hatten« in 21,15 unterstützt wird. Für die Zäsur spricht auf der Ebene des Orts, daß in 21,1–14 bestimmende Orte der *See* und das *Ufer* sind. Das Gespräch, das 21,15 beginnt, findet jedoch am Ufer statt. Sind es zunächst sieben Jünger und unter ihnen Simon Petrus und der »geliebte Jünger«, so sind es dann zuerst nur Simon Petrus (21,15), dann Simon Petrus *und* der »geliebte Jünger« (21,20). Auf diesen Unterabschnitt verweisen auch der metanarrative Satz: »Das aber sagte er, andeutend, durch welchen Tod er Gott verherrlichen sollte«, und das Nachfolgemerkmal »und nach diesen Worten« in 21,15.

D) Die Beobachtungen lassen erkennen, daß der Textausschnitt sich in drei große *Sequenzen* gliedern, läßt, die sich ihrerseits wieder in verschiedene *Segmente* mit Unterabschnitten gliedern:

Sequenz I : Der Rüsttag (Joh 19,31–42)
　　　　　Segment 1: Durchbohrung (19,31–37)
　　　　　Segment 2: Kreuzabnahme und Grablegung (19,38–42)
Sequenz II : Der erste Tag der Woche und seine Wiederholung
　　　　　(20,1–31)
　　　　　Segment 1: Der Morgen (20,1–18)
　　　　　a) Entdeckung und Bestätigung des leeren Grabes
　　　　　(20,1–10)
　　　　　b) Die Erscheinung des Auferstandenen vor Maria Magdalena (20,11–17)
　　　　　Segment 2: Der Abend (20,19–25)
　　　　　a) Die Erscheinung des Auferstandenen vor den Jüngern im Saal (20,19–23)
　　　　　b) Die Ausrichtung der Osterbotschaft an Thomas (20,24–25)
　　　　　Segment 3: Acht Tage danach (20,26–31)
Sequenz III: Danach (21,1–25)

> Segment 1: Der wunderbare Fischfang und das Mahl mit
> dem Auferstandenen (21,1 – 14)
> Segment 2: Das Gespräch des Auferstandenen mit Petrus
> (21,15 – 25)
> a) »Weide meine Lämmer« (21,15 – 19a)
> b) Nachfolgeaufforderung (21,19b – 25)

Die Gliederung läßt stärker als die Grafik die Sukzessivität des Texts
wieder hervortreten. Ihr folgend soll die mikrostrukturelle Analyse den
Handlungsablauf beschreiben und darauf achten, wie auf der »Achse der
Narration«[17] oppositionelle Terme so arrangiert werden, daß im sukzes-
siven Gang des Erzählens die Oppositionen schrittweise überbrückt wer-
den. Dabei lassen sich die mikrostrukturellen Zäsuren zwischen den
Handlungsschritten daran erkennen, daß ein Handlungsschritt zu einer
Modifikation in der Konfiguration der Handlungsträger führt.[18] Denn:
»Nur wenn sich etwas relevant verändert, verlohnt es sich, davon zu er-
zählen«[19].

VI. *Sequenz I: Der Rüsttag (19,31 – 42)*

A) Segment 1: Durchbohrung (19,31 – 37)

> »... den solle niemand, wie der Heroldsruf gebot
> mit Grabbestattung ehren noch mit Klageruf,
> vielmehr ihn grablos, für die Hund und Vögel frei
> zu Fraß den Leichnam lassen und Verstümmelung ...«
> (Sophokles, Antigone)

1. Die Handlung setzte ein mit einer Bitte der Juden. Sie verlangen
zweierlei:
a) Man soll an den Gekreuzigten das »crurifragium« vollziehen, d.h. das
   Zerschmettern der Oberschenkelknochen mit Keulen: Die Gekreuzigten sollen sich nicht mehr aufrecht halten können und so durch Erstick-
   ung schneller sterben.
b) Man soll die Leichname der Hingerichteten vom Kreuz abnehmen,
   d.h. von der Hinrichtungsstätte entfernen. Wohin sie gebracht werden
   sollen, wird nicht gesagt. Es ist anzunehmen, daß ihr Ort der von hingerichteten Verbrechern sein soll. Die Strafe soll also auch noch die
   Leichname der Hingerichteten betreffen.

---

[17] *K. Sierle*, Die Struktur narrativer Texte, in: Funk-Kolleg Literatur 1, hrsg. v. *H. Brackert* u. *E. Lämmert*, Frankfurt a.M. 1977, 217.
[18] vgl. dazu *J. Link*, Literaturwissenschaftliche Grundbegriffe, Eine programmierte Einführung auf strukturalistischer Basis, München 1974, 262.
[19] *K. Sierle*, aaO. 217.

Die Bitte ist motiviert durch die Sorge um die unversehrte Bewahrung einer religiösen Zeitordnung. Der auf den Tag der Bitte durch die Erwähnung des auf ihn bezogenen »Rüsttags« vorbereitete, folgende Tag ist als »Sabbat« ein heiliger und als »großer Tag« ein doppelt geheiligter. Er soll durch die am Kreuz hängenden Gehenkten nicht geschändet werden. Die religiöse Zeitordnung ist Teil oder Ausdruck einer noch umfassenderen heiligen Ordnung: das Gesetz Gottes schreibt sie vor. Letztlich ist sie in der Schöpfungsordnung begründet. In der Unversehrtheit der Zeitordnung soll die auf göttlichen Willen zurückgehende, der Schöpfung eingeschriebene und durch positive Offenbarung Gottes den »Juden« besonders zugeeignete Norm erfüllt werden. Die Bittsteller scheinen geborene Anwälte dieser Norm. Sie sind darum zunächst als Adjuvanten Gottes, der hinter dieser Norm steht, anzusehen. Versteckt und offen zugleich macht der Text die Geltung der Norm fraglich. Bittsteller (Subjekt) und Gebetener (Adressant) sind nämlich oppositionell konfiguriert, eine Opposition, die mit den Semen »jüdisch« vs »heidnisch« zu erfassen ist. Wenn die Einhaltung und Unversehrtheit der »jüdischen« Zeitordnung vom Willen des »heidnischen« Pilatus abhängig ist, kann sie nur noch Fiktion sein. Sie gründet nicht mehr auf sich selbst, bzw. sie hat nicht mehr die Kraft, sich selbst zur Geltung zu bringen. Ist damit auch die Schöpfungsnorm aufgehoben? Verschärft sich die Opposition »jüdisch« vs »heidnisch« zu einer grundsätzlichen Opposition »Schöpfer« vs »Geschöpf«, bei der das Geschöpf (Pilatus) an die Stelle des Schöpfers getreten ist, weil es die Durchführbarkeit der Norm gewähren kann? Hat nicht nur das »Heidentum« das »Judentum« von sich abhängig gemacht, sondern auch der »Mensch« »Gott«?

Der nächste Handlungsschritt läßt die Entscheidung noch nicht zu; denn das »heidnische« System konzediert die Einhaltung des »jüdischen«. Mindestens wendet es sich so nicht gegen die »Gottesordnung«; aber ist es nicht auch als gewährendes über sie mächtig?

Pilatus konzediert die Erfüllung der Bitte der Juden. Als seine Vertreter versuchen die »Soldaten« die Erfüllung vorzunehmen. Pilatus wird damit zum Adjuvanten der »Juden«. Doch gelingt die Erfüllung der Bitte nur zum Teil. Die beiden Schächer müssen sich zwar in die Erfordernisse des »jüdischen« Systems, zu dem das »Heidentum« sich subsidiär verhält, einfügen. Das crurifragium wird an ihnen vollzogen und damit verschwinden sie aus der Geschichte.

»Jesus« aber – jetzt durch seine Nominalisierung aus der Zahl der Gekreuzigten hervorgehoben – vereitelt durch seinen zuvorkommenden Tod den ersten Teil der Bitte der »Juden« und wird somit zu ihrem Opponenten. Das »crurifragium« muß an ihm nicht vollstreckt werden. Das Scheitern dieses Teils der Bitte wird durch den Lanzenstoß markiert, der das Gestorbensein offenbar macht: »und es kam alsbald Blut und Wasser heraus.«

2. Die das Segment abschließenden metanarrativen Sätze schreiben zunächst dem Geschehen eine weitere, übergeordnete Bedeutung zu, indem sie es als durch wahres Zeugnis eines Augenzeugens bezeugtes qualifizieren, ohne daß diese übergeordnete Bedeutung schon erkenntlich würde.

Doch löst der Kommentar zwei durch die Narration gestellte Probleme: a) Indem die Verhinderung des crurifragium: »Kein Knochen wird ihm zerbrochen werden« als schriftgemäß erklärt wird, wird gesagt, daß sich Gott im zuvorkommende Tod Jesu auf seine Seite stellt und als Opponent die Erfüllung der Bitte der Juden, wenigstens was Jesus anlangt, vereitelt. Die Geltung des heiligen Zeitsystems, zu dessen Anwälten die Juden sich machten, wird außer Kraft gesetzt. Zugleich wird die besondere Bedeutung, die der erste metanarrative Satz dem Geschehen, ohne sie zu nennen, zuschrieb, präzisiert. Weil der Satz »Kein Knochen wird ihm zerbrochen werden« sich in seinem ursprünglichen Kontext auf das Passalamm bezog, bezeichnet er jetzt den gestorbenen Jesus als das neue geschlachtete Passalamm.[20]

b) Das zweite Zitat des metanarrativen Satzes: »Sie werden auf den schauen, den sie durchbohrt haben« löst das zweite Problem, das die Narration stellte: die Soldaten (Pilatus) sind nur Werkzeuge in der Hand Gottes. Nicht sie können die Geltung der Schöpfungsordnung konzedieren, so daß das »Geschöpf« dem »Schöpfer« überlegen wäre. Sie sind nur Werkzeuge, die bestätigen dürfen, daß der Schöpfer seine eigene Ordnung durch seine eigenen Hände in Geltung bringt.

Der Satz übernimmt jedoch eine weitere Bedeutungsleistung. Sie kann diesmal nicht aus seinem ehemaligen Kontext (der 'Schrift') gewonnen werden, sondern erschließt sich erst, wenn man die Rückbezüglichkeit des Satzes auf den Anfang der metanarrativen Rede beachtet. Insofern zu denen, die der Schrift gemäß »auf den schauen werden, den sie durchbohrt haben« auch der, der »es gesehen und es bezeugt hat, zu rechnen ist«, ist das Zeugnis des Augenzeugen als schriftgemäß qualifiziert. Es partizipiert

---

[20] Daß diese Erkenntnis nicht allein aus dem uns vorliegenden Text gewonnen wurde, bezieht seine Berechtigung von daher, daß metanarrative Sätze sich immer auf das literarische Ganze beziehen, d.h. hier auf das gesamte Johannesevangelium, dessen Chronologie der Passion bekanntlich die Erkenntnis Jesu als des Passalamms vorbereitet: Jesus stirbt bei Johannes zum Zeitpunkt der Lämmerschlachtung im Tempel. Der besondere Charakter des metanarrativen Satzes als Zitateinführung ist darüber hinaus als absichtlicher Verweis auf einen noch weiteren literarischen Kontext zu werten, so daß wir auch in dessen Heranziehung noch streng struktural bleiben.

mithin an dem verpflichtenden Charakter der »Schrift« und wird in seiner Verschriftlichung selber zur »Schrift«, wie sich im Vorblick auf die metanarrativen Sätze von Joh 20,30f. und Joh 21,24f.: »Das ist der Jünger, der für diese Dinge Zeugnis ablegt und dieses geschrieben hat«, sagen läßt.

B) Segment 2: Kreuzabnahme und Grablegung (Joh 19,38–42)

> »... wenn ich sah, daß einer aus meinem Geschlecht nach seinem Sterben hinter die Stadtmauer von Ninive geworfen wurde, so begrub ich ihn« (Tobias 1,17).

Die Bitte der »Juden« hatte zwei Ziele: die am Kreuz Hängenden sollten getötet und ihre Leichen sollten weggeschafft werden. Obwohl der Versuch gemacht wurde, den ersten Teil dieser Bitte zu erfüllen, mußte die Erfüllung, was Jesus anging, scheitern, weil sein Tod dem crurifragium zuvorkam. Ein neuer Handlungsablauf verhindert aber auch, daß der zweite Teil der Bitte erfüllt wird; denn Pilatus wird zum Adjuvant des neu auftretenden Handlungsträgers »Josef von Arimatäa«, der als »Jünger Jesu« den »Juden« oppositionell gegenüber steht. Pilatus gewährt ihm jetzt wie vorher den »Juden« den Leichnam Jesu.

Das Hin und Her des Pilatus entspricht der Art, wie der größere Kontext der Passionsgeschichte von ihm erzählt. Daß er zwischen der Rolle des Adjuvanten und der des Opponenten Jesu schwankt, macht ihn zu einer neutralen Figur. Daß sein letzter Auftritt im Evangelium in der Rolle des Adjuvanten Jesu erfolgt, ermöglicht die apokryphe narrative Weiterentwicklung. Die fromme Legende läßt ihn als Heiligen enden. In unserem Text begegnet er hier zum letztenmal.

Auch die Rolle des Josef von Arimatäa ist nicht ganz eindeutig. Zwar steht er als Jünger Jesu in Opposition zu den »Juden« und vereitelt, daß der Leichnam unter ihrer Regie »abgenommen« wird, doch wird er vom Text als »verborgener« Jünger qualifiziert. Seine Verborgenheit als Jünger ist motiviert durch seine »Furcht vor den Juden«. Die »Juden« bleiben also weiterhin, obwohl als aktive Handlungsträger abgetreten und in ihrem zweifachen Verlangen gescheitert, präsent.

Daß er Jünger Jesu ist, zugleich aber geheim aus Furcht vor den Juden, konfiguriert Josef von Arimatäa in Parallelität mit dem als Handlungsträger hinzutretenden Nikodemus. Auch er steht in der Beziehung der Zugewandtheit zu Jesus. Auch wenn er nicht ausdrücklich als Jünger Jesu gekennzeichnet wird, qualifiziert ihn doch sein Verhalten: Er bringt eine Überfülle der zur würdigen Beerdigung notwendigen Aromate. Seine Zugewandtheit zu Jesus sein »Anhänger«-Sein, bestätigt auch der folgende »rückblendende« Verweis auf Joh 3,1f. Der Sinn der Rückblende – »der gekommen war zu ihm des Nachts zum erstenmal« – ist isoliert für sich zunächst nicht ganz eindeutig, vereindeutigt sich aber im kontextuellen Gefüge: Wie Josef ein aus Furcht vor den Juden verborgener Jünger, also ein noch im Einflußbereich der »Juden« befindlicher, aber doch schon zu »Jesus« übergetretener ist, so benutzt auch Nikodemus die ihn den Blicken der auch ihn noch bestimmenden »Juden« entziehende Verborgenheit der Nacht, um zu Jesus zu kommen. Auch Nikodemus ist so mit den Semen »verborgen aus Furcht vor den Juden« vs »Jesus freundlich« zu erfassen, wie es im folgenden auch noch die Jünger sein werden, die sich im Saal »aus Furcht vor den Juden« einschließen, und wie es auch Maria Magdalena ist, wenn sie meint, die Juden hätten sich des Leichnams Jesu bemächtigt.

Das Auftreten des Nikodemus führt – nach der Bitte des Josef von Arimatäa um den Leichnam Jesu, und der die »Abnahme« durch die »Juden« bzw. deren Adjuvanten ersetzenden Kreuzabnahme – zu zwei neuen Handlungsschritten.

Jesus ist gewissermaßen »heimgeholt«. Wenn er auch gestorben ist, so haben seine Anhänger sich mindestens der Verfügung über seinen Leichnam versichern können und damit die Bitte der Juden auch in dem, was ihr zweites Ziel anlangte, scheitern lassen, dabei aber selbst abhängig bleibend von der Gewährungsgnade des Pilatus. Die besonders »würdige« Vorbereitung des Leichnams Jesu zur Bestattung (Überfülle von Aromaten) und seine ihn auszeichnende Beerdigung in einem »neuen Grab, in das« noch nie jemand gelegt worden war«, sollen die »Heimholung« in den Anhängerkreis kennzeichnen und manifestieren. Sie sollen sie zugleich festhalten: Josef und Nikodemus »binden Jesus mit Leinenbinden samt den Gewürzen« und legen ihn »in das Grab«. Die lokale Engführung, die vom »Ort, an dem er gekreuzigt worden war«, zum »Garten« und vom »Garten« zum »Grab« und in das Grab hinein fortschreitet, verdeutlicht dies mit den Mitteln des räumlichen Codes.

Zugleich setzt sich die Uneindeutigkeit der Handlungsträger, ihr Bestimmtsein sowohl durch das Sem »Anhänger Jesu« als auch das Sem »verborgen aus Furcht vor den Juden« in der Qualifikation ihrer Handlungen fort: Die Art und Weise, wie sie Jesus ehren und seinen Leichnam für die Bestattung vorbereiten, bleibt dem »jüdischen« System unterworfen: »wie es bei den Juden Begräbnissitte ist«. Auch die Wahl des Grabs steht den Anhängern Jesu nicht ganz frei. Zwar trifft Jesus nicht die für Hingerichtete geltende Weise der Bestattung und der für sie vorgesehene Ort, sondern der ihn ehrende Ort eines neuen Grabs, in das noch niemand gelegt worden war. Doch bleibt der Ort des Grabs weiter an Golgotha gebunden: »Weil nahe das Grab war«. In dieser lokalen Nähe bringt sich das »heilige« Zeitsystem der »Juden« zur Geltung: »wegen des Rüsttags der Juden«. Die doppelte Bitte der Juden wurde zwar nicht erfüllt, aber ihr Ziel, die Zurgeltungbringung der »heiligen« Zeitordnung des Sabbats, ist erreicht. Ähnliches gilt für die Anhänger Jeus. Den Tod

Jesu mußten sie hinnehmen, den Leichnam Jesu aber konnten sie heimholen und den zweiten Teil der Bitte der Juden zum Scheitern bringen. *Die Jünger bestimmen den Ort Jesu, wenn auch nicht ganz. Die Juden wahren die Heiligkeit des Sabbat, wenn auch nicht selbst.*

VII. *Sequenz II: Der erste Tag der Woche und seine Wiederholung (20,1 – 31)*

A) Segment 1: Der Morgen (20,1 – 18)

1. Entdeckung und Bestätigung des leeren Grabs (20,1 – 10)

> »Was sah er? Was glaubt er? Er sah natürlich das leere Grab und glaubte, was das Weib gesagt hatte, daß er aus dem Grab hinweggenommen worden sei. 'Denn sie kannten die Schrift noch nicht, daß er von den Toten auferstehen müsse'« (Augustinus).

Sequenz II beginnt mit einer neuen Zeitangabe: »am ersten Tag der Woche«. Der Sabbat, der die Bitte der Juden veranlaßte, fällt narrativ aus. Damit wird die Kontinuität zwischen dem »Rüsttag« und dem »ersten Tag der Woche« unterbrochen. Mit dem »ersten Tag der Woche« beginnt eine neue Zeit, die sich nach »acht Tagen«, den ersten Tag wiederholend, endgültig installiert, um auch die Zeit »danach« zu bestimmen. Die Zeitangabe »am ersten Tag der Woche« wird präzisiert: Das »frühmorgens« läßt Ausschau halten nach dem »Abend, jenes Tages« (20,19). Beide Angaben zusammen lassen vermuten, daß sich in den zwei Zeitabschnitten Verschiedenes aber aufeinander Bezogenes ereignen wird, das die kalendarisch bereits begonnene neue Zeit handlungsmäßig einholen wird. Die Jünger hatten die Mächtigkeit der alten Zeit zuletzt darin erfahren müssen, daß der Sabbat – sich auf den Rüsttag auswirkend – die Wahl des Orts des Grabs bestimmte. Ihnen muß nun erschlossen werden, daß das vom Sabbat bestimmte und von ihnen erwählte Grab Jesus nicht mehr halten kann, auch wenn sie zunächst noch meinen, die Gegner Jesu könnten seinen Ort bestimmen und ihn den Anhängern entreißen. Es ist nocht »Dunkelheit«, und diese Dunkelheit läßt den Tag noch in die Nacht hineinragen, bringt ihn noch in die Nähe und damit in den Einflußbereich des nicht erzählten Sabbats.

Als neuer Handlungsträger tritt »Maria von Magdala« auf. Wie »Josef von Arimatäa« und »Nikodemus« ist sie nominalisiert. Ihr Verhalten läßt erkennen, daß sie wie diese zu den »Anhängern« Jesu gehört. Daß sie ebenso wie diese zu den aus Furcht vor den Juden verborgenen Anhängern Jesu gehört, wird nicht ausdrücklich gesagt, doch läßt es sich aus der Interpretation, die sie dem geöffneten Grab gibt, erschließen. Sie unterstellt, die »Juden« hätten es vermocht, die Heimholung des Leichnams Jesu in den Anhängerkreis durch seine Beerdigung wieder rückgängig zu machen. Das »sie haben den Herrn aus dem Grab weggenommen« ist nicht nur ihr persönliches Problem, sondern betrifft alle Jünger. Eilends kehrt sie vom geöffneten Grab zu Simon Petrus und dem anderen Jünger zurück, und der Inklusiv-Plural ihrer Botschaft: »Wir wissen nicht, wohin sie ihn gelegt haben« bezieht alle Jünger als Empfänger der Nachricht ein.[21]

Ihre Nachricht löst den zweiten Handlungsschritt aus: Petrus und der andere Jünger gehen hinaus und kommen zum Grab (20,3). Der Vorgang wird im folgenden in der Art einer Rückblende noch einmal erzählt und ins Detail vertieft, was Augustinus schon aufgefallen ist: »Es ist hier die Wiederholung zu beachten und zu betonen, wie wieder zurückgekehrt wird zu dem, was übergangen worden war, und doch als folgte es nach, hinzugefügt wurde. Denn nachdem er bereits gesagt hatte: 'Sie kamen zum Grabe', kehrte er wieder zurück, um zu erzählen, wie sie hinkamen, und sagt: 'Es liefen aber beide zugleich ... '«[22].

Die *eilende* Rückkehr der Maria Magdalena vom Grab weg zu Simon Petrus und dem geliebten Jünger wird in der *Eile* der Bewegung dieser beiden zum Grab wieder aufgenommen; sie kommen zum Grab (20,3) in dem sie beide zusammen hinlaufen (20,4a) und ihre Eile wird sichtbar, indem sie in der Art eines Wettlaufs unterschieden und zugleich aufeinander bezogen werden. Der geliebte Jünger kommt als erster zum Grab, schneller als Simon Petrus und in größere Nähe als Maria Magdalena zuvor. Er sieht nicht nur wie diese: »den Stein weggenommen vom Grab«, sondern sich vorbeugend zum Innern der Grabeshöhle – freilich ohne es schon zu betreten – die Leinenbinden liegen. Was in Sequenz I den Leichnam Jesu festhalten solte, Leinenbinden und Grab, hat seine bindende Funktion verloren. Das Grab ist offen, die Leinenbinden umhüllen den Leichnam nicht mehr.

Der später ans Grab gelangende Petrus kommt in noch größere Nähe zu dem Ort als Maria Magdalena und der geliebte Jünger: er geht in das Grab hinein. Auch sieht er mehr als dieser und jene: die Leinenbinden *und* das Schweißtuch. Wie das Schweißtuch am Leichnam das Haupt verdeckte und die Leinenbinden den Leib umhüllten, so liegen beide jetzt an gesonderten Plätzen und lassen den Raum zwischen ihnen um so leerer erscheinen. Daß das Schweißtuch zusammengefaltet daliegt, läßt die Interpretation der Maria Magdalena: »Sie haben den Herrn weggenommen« nach der nun feststehenden Leere des Grabs als mögliche Interpretation bestehen. Die Leere des Grabs wird zeugnismäßig dadurch gesichert, daß jetzt auch der geliebte Jünger ins Grab tritt, sieht und

---

[21] *H. Weinrich*, Sprache in Texten, Stuttgart 1976, 48f.
[22] *Augustinus*, Tract. in Jo., 120,7.

glaubt, nämlich das, was Maria Magdalena gesagt hatte, wie wir mit Augustinus (s.o.!) die Unbestimmtheit, die die Formulierung läßt, vereindeutigen. Denn der folgende begründende metanarrative Satz: »Denn sie verstanden noch nicht die Schrift, daß er von den Toten auferstehen muß« läßt kaum ohne Umdeutung ein Verständnis von »er sah und glaubte« im Sinn eines Glaubens an die Auferstehung Jesu zu.

Der »Wettlauf« der beiden, das »Zuwarten« des geliebten Jüngers und der Vortritt des Petrus stehen hier zunächst noch funktionell im Dienst der Narration[23]: Der »Wettlauf« veranschaulicht die Eile der Bewegung zum Grab. Das »Zuwarten« des geliebten Jüngers soll erzählerisch steigern. Denn die Nähe zum Grab wird intensiviert, und die Anzahl der Requisiten, die die Leere des Grabs ansichtig machen sollen, wird vermehrt: Maria Magdalena bleibt am weitesten entfernt und sieht nur das geöffnete Grab. Der geliebte Jünger steht schon näher am Grab und gewahrt, sich vorbeugend, die Leinenbinden. Endlich geht Simon Petrus in das Grab hinein und sieht Leinenbinden und Schweißtuch, also ohne Leichnam und leer. Schließlich betritt auch der geliebte Jünger das Grab: Die tatsächliche Leere des Grabes steht, in Opposition zu seiner ungenauen Inaugenscheinnahme durch Maria Magdalena, nun durch zwei Augenzeugen fest.

Die Interpretation der Maria Magdalena bleibt weiterhin in Geltung und wird von den beiden Jüngern übernommen, lediglich der Tatbestand, den sie interpretierte, ist genauer und offiziell festgestellt. Damit zeigen sich aber auch Simon Petrus und der geliebte Jünger als zum Kreis der Anhänger Jesu gehörig, die den »Juden« eine fortdauernde Mächtigkeit zuschreiben. Der den Handlungsschritt abschließende metanarrative Satz bestätigt dies auf einer anderen Ebene, insofern er auf ein später, d.h. zur Zeit des Autors, mögliches Schriftverständnis verweist und somit ein anderes impliziert, das die Jünger im erzählten Augenblick haben. Sie sind noch befangen in dem Schriftverständnis ihres Herkommens und noch nicht geöffnet für ein Schriftverständnis, dessen Geltung mit dem »ersten Tag der Woche« beginnt, wonach »er von den Toten auferstehen muß«. Noch lesen sie die Schrift jüdisch und nicht christlich, oder genauer: nicht mehr jüdisch, aber noch nicht christlich. Sie bleiben befangen in der Meinung, die Heimholung des Leichnams Jesu in den Jüngerkreis sei von den Gegnern Jesu rückgängig gemacht worden.

2. Die Erscheinung des Auferstandenen vor Maria Magdalena (20,11–17)

»Auch was tanzt, will anders werden und dahin abreisen.« (E. Bloch)[24]

---

[23] Eine weitere Bedeutsamkeit wird erst im späteren Verlauf unserer Lektüre erkennbar werden.

[24] E. *Bloch*, Das Prinzip Hoffnung I, Frankfurt a.M. 1967, 456.

Die Jünger verlassen das Grab und kehren nach Haus zurück; sie übernehmen in diesem Verhalten die Interpretation des Grabs durch Maria Magdalena, nachdem sie sie durch ihre Inaugenscheinnahme des Grabs befestigt haben.

Maria Magdalena gerät jetzt in einen gewissen Gegensatz zu den nach Hause zurückkehrenden Jüngern. Die Erzählung stellt sie nämlich wieder als am Grab befindlich vor. Stärker als die Jünger scheint sie an dem Grab zu hängen, was sich auch darin zeigt, daß die Erzählung die Emotionalität ihres Verhaltens nachdrücklich unterstreicht. Weinend steht sie draußen am Grab (20,11a). Weinend beugt sie sich in das Grab hinein (20,11b). Die Grabesengel und der Auferstandene selbst fragen sie, warum sie weine (20,13.15). Dadurch unterscheidet sich die Weise, wie sie jetzt das leere Grab in den Blick nimmt, von der der Jünger. Und auch wie dieses sich ihr als leer darstellt, geschieht anders als zuvor. Zeigten beim Besuch der beiden Jünger im Grab *Leinenbinden und Schweißtuch* an verschiedenen Orten liegend den dazwischen sich erstreckenden Raum als leer, so charakterisieren jetzt *die beiden Engel* in weißen Gewändern »sitzend einer zu Häupten und einer zu Füßen, wo gelegen hatte der Leichnam Jesu« (20,12), – ebenfalls an verschiedenen Orten also, und somit Leinenbinden und Schweißtuch ersetzend, – die zwischen ihnen befindliche Leere näher. Leinenbinden und Schweißtuch ließen es noch zu, die Leere des Grabs auf menschliche Einwirkung zurückzuführen und schienen zu bestätigen, was Maria Magdalena sagte. Die Engel hingegen bedeuten dem Leser, daß die Leere des Grabs anders als Maria Magdalena und die Jünger meinten, nicht durch Menschen, sondern durch Gott bewirkt wurde. Die anläßlich der Frage der Engel »Frau warum weinst du?« (20,13a) von Maria Magdalena erneut geäußerte Interpretation des leeren Grabs: »Sie haben meinen Herrn weggenommen« (20,13b) ist also eine Fehlinterpretation. Daß der zweite Teil der Antwort der Maria Magdalena jetzt im Singular erfolgt: »und *ich* weiß nicht, wohin sie ihn gelegt haben« (20,13b) zeigt allerdings im Licht von 20,15b: »Herr, wenn du ihn weggetragen hast, sage mir, wohin du ihn gelegt hast, und ich will ihn holen«, daß es Maria Magdalena nicht nur um die resignierende Feststellung geht, die Gegner Jesu hätten nun doch endgültig gesiegt und die versuchte Heimholung wenigstens des Leichnams Jesu in den Kreis der Anhänger vereitelt. Zusammen damit, daß sie weinend noch einmal das Grab besichtigt, obwohl doch dessen Leere von den Jüngern schon festgestellt worden ist, und diese nach Haus gegangen sind, ist ihre Äußerung jetzt als Wunsch zu verstehen, den vermeintlichen Leichenraub durch die Gegner wieder rückgängig zu machen. Deutlich wird dies auch im zweiten Teil der Frage des Auferstandenen: »Wen suchst du?« Darin liegt der erste handlungsmäßige Fortschritt gegenüber dem ersten Abschnitt des

Segment 1. Nach der Feststellung des leeren Grabs durch die Jünger zeigt sich, daß mit der dreifach wiederholten Ansicht der Maria Magdalena (20,2.13b.15b) auf den Versuch verwiesen werden soll, den Leichnam Jesu im Kreis der Anhänger festzuhalten, bzw.: die Feststellung, daß das Grab leer sei, genügt nicht; für Maria Magdalena ist es vielmehr wichtig, daß der Ort Jesu für seine Anhänger zugänglich sei. Doch zeigt schon die Qualifikation der Leere des Grabs durch die beiden Engel, daß der Ort Jesu weder durch die Gegner, die nach der Meinung Maria Magdalenas Jesu Leichnam weggenommen haben, bestimmt wird, noch von Jesu Anhängern festgehalten werden kann. *Weder können sich die Gegner seines Leichnams bemächtigen und ihn verschwinden lassen, wie Maria Magdalena zunächst meint, noch können seine Anhänger sich des Leichnams als teurer Reliquie wieder versichern, wie es der Versuch Marias erkennen läßt, von dem vermeintlichen Gärtner den Ort Jesu zu erfahren. Wo der eigentliche Ort Jesu sei, muß Maria Magdalena im Lauf dieses Abschnitts lernen.*

Ihr Lernprozeß veranschaulicht sich in der Sprache ihrer Bewegungen. Zunächst *steht* sie draußen am Grab, dann *beugt* sie sich hinein und sieht die beiden Engel. Nach deren Frage und ihrer Antwort *wendet* sie sich *um* und sieht Jesus, ohne ihn zu erkennen, und hält ihn für den Gärtner. Frage und Antwort wiederholen Frage und Antwort bei der Begegnung mit den Engeln, nur daß Jesus Maria darüber hinaus fragt, wen sie suche, und damit ihr Verharren am Grab und ihr Weinen als einen Versuch wertet, sich mit der Leere des Grabs nicht zufrieden zu geben. Dem entspricht, daß Maria Magdalena ihre schon zweimal ausgedrückte Ansicht auf die neue Situation bezogen umformuliert und tatsächlich den Versuch unternimmt, sich des Leichnams Jesu wieder zu versichern: »Herr, wenn du ihn weggetragen hast, sage mir, wohin du ihn gelegt hast, und ich will ihn holen!« (20,15). Auf die Anrede Jesu: »Maria!« *wendet* sie sich erneut um und erkennt Jesus als »Rabbuni!«. Jesus zu berühren oder festzuhalten wird ihr verwehrt. Schließlich geht sie vom Grab weg, um den Jüngern die Botschaft zu überbringen.

Im Ablauf der Bewegungen ist insbesondere das zweimalige Sichumwenden beachtenswert. Das Sichabwenden vom Grab hat zur Folge, daß sie Jesus sieht, freilich noch als Gärtner. Die erneute Umwendung führt dazu, daß sie Jesus als »Rabbuni« erkennt, ihn mit der vertrauten Anrede von früher anredend, worauf der Autor mit der Angabe, daß die Anrede auf Hebräisch geschah und mit ihrer Übersetzung verweisen möchte, so zugleich seine eigene Zeit und die Zeit seiner Leser von der Zeit des erzählten Augenblicks absetzend. Dem fortschreitenden Erkenntnisprozeß korrespondiert mithin ein zweimaliges Sichumwenden. Der Urtext verwendet in beiden Fällen das gleiche Wort, so daß, übersetzt man wörtlich, das

Geschehen sich nicht leicht vorstellen läßt. Wendet Maria sich nämlich zum zweitenmal um, so dreht sie Jesus eigentlich den Rücken zu. Die Übersetzungen vereinfachen, wenn sie beim erstenmal Maria Magdalena sich umwenden, d.h. vom Grab weg dem vermeintlichen Gärtner zukehren lassen, beim zweitenmal dagegen verdeutlichen wollen: Maria Magdalena wendet sich nicht um, d.h. von Jesus dem vermeintlichen Gärtner weg, sondern kehrt sich Jesus noch mehr zu. Das Bestreben, die Unbestimmtheit der Erzählung zu vereindeutigen, ist darin deutlich zu erkennen. In der Ikonographie führt der Versuch, die doppelte Wendung Maria Magdalenas und das Sichentziehen Jesu darzustellen, bisweilen dazu, daß beide nahezu in der Konfiguration einer Tanzhaltung abgebildet werden. In diesem »Tanz« der doppelten Wendung wird Maria Magdalena schrittweise zur Erkenntnis des Auferstandenen bzw. seines Ortes geführt. Gerade wenn man nicht versucht, die Undeutlichkeit der Erzählung aufzulösen, zeigt sich in dem doppelten Umwenden der Maria Magdalena, daß es dem Autor nicht mehr darauf ankommt, vorstellbar zu erzählen, sondern daß er unter Überspannung der sprachlichen Möglichkeiten den fortschreitenden Lernprozeß der Maria verleiblichen will. Um von ihrer Meinung, der Ort Jesu werde durch seine Gegner bestimmt (»Sie haben meinen Herrn weggenommen«), und von ihrem Versuch, Jesu Leichnam wiederzugewinnen (»Ich will ihn holen!«), bzw. Jesus wie früher als »Rabbuni« im Kreis seiner Anhänger festzuhalten, zur Erkenntnis des wahren Orts Jesu und damit der wahren Gemeinschaft Jesu mit seinen »Brüdern« zu gelangen, muß Maria sich zweimal »umwenden«, einmal, um nicht mehr das Grab, sondern Jesus als den Gärtner, ein andermal, um nicht mehr den Gärtner, sondern Jesus als »Rabbuni« zu gewahren. Aber dieser Jesus als »Rabbuni« steht »hinter« ihr; es ist der Jesus vor seinem Tod, den Maria rückwärts gewandt sucht. Darum bedarf es der distanzierenden Aufforderung Jesu: »Berühre mich nicht!« und seines nachfolgenden Auftrags, um Maria zur Erkenntnis seines wahren Orts zu führen. Erst dann kann erzählt werden, daß Maria Magdalena zu den Jüngern zurückkehrt, sich also endgültig vom Grab löst, um ihnen zu sagen: »Ich habe den Herrn gesehen« und ihnen die aufgetragene Botschaft auszurichten. Daß letzteres in der indirekten Rede, die auf die vorangehende direkte Rede des Auferstandenen zurückverweist, geschieht, lädt den Leser ein, zu dieser noch einmal zurückzukehren.

Maria Magdalena hatte zunächst versucht, die Leere des Grabs rückgängig zu machen und sich des Leichnams Jesu erneut zu versichern. Im vermeintlichen Gärtner Jesus als »Rabbuni« erkennend versucht sie, die Gemeinschaft mit Jesus festzuhalten, als habe es Kreuz und Tod nicht gegeben. Aber die Gemeinschaft mit dem durch den Tod gegangenen

Jesus stellt sich nicht durch seine Rückkehr zu den Jüngern her; sie wird erst möglich auf einer höheren Ebene. Erst durch seinen Aufstieg zum Vater kommt es zu einer neuen Gemeinschaft Jesu mit seinen Brüdern; denn dieser Vater ist zugleich Jesu Vater und Vater der Jünger, sein Gott und ihr Gott. Dieser allein kann die Trennung zwischen dem durch den Tod gegangenen Jesus und seinen in der Welt zurückgebliebenen Brüdern überwinden. Jesu Ort ist weder das Grab, in das ihn seine Anhänger legen, um ihn wenigstens als Leichnam und Reliquie unter sich zu haben, noch das »wir wissen nicht, wohin sie ihn gelegt haben«. Auch ist sein Ort nicht »hinter« Maria Magdalena. Sein endgültiger Ort ist beim Vater, und darum kann er trotz Trennung und Tod bei seinen Brüdern sein. Damit ist das Problem, das sich am Anfang von Sequenz II stellte, gelöst: Das Verschwinden des Leichnams Jesu hat seinen Grund nicht darin, daß »sie ihn weggenommen haben«, sondern darin, daß er im Begriff ist, »zum Vater aufzusteigen«.

Wie Maria Magdalena zuerst die Leere des Grabes verkündete, so muß sie jetzt Botin dessen werden, was Jesus ihr gesagt hat. Den Leser überrascht, daß der Text *nicht* von einer Reaktion der Jünger auf die Botschaft der Maria Magdalena erzählt. Hier mag die Beobachtung weiterführen, daß in beiden Fällen die Botschaft der Maria Magdalena defizient ist. Im ersten Fall hat sie nur den »Stein weggenommen vom Grab« gesehen und, ohne das Innere des Grabs in Augenschein zu nehmen, Simon Petrus und dem anderen Jünger die Botschaft vom leeren Grab überbracht. Im zweiten Fall sah sie Jesus, der im Begriff war, zum Vater aufzusteigen, noch nicht den beim Vater Seienden.

Bedurfte es im ersten Fall der Bestätigung ihrer Botschaft durch Simon Petrus und den geliebten Jünger, die in das Grab hineintraten und dessen Leere konstatierten, so muß jetzt Jesu »beim-Vater-sein« selbst sich den Jüngern zeigen. *An die Stelle einer erwarteten Jüngerreaktion auf die Botschaft der Maria Magdalena tritt darum die Erscheinung des beim Vater seienden Jesus vor dem Kreis der versammelten Jünger.*

B) Segment 2: Der Abend (20,19 – 25)

1. Die Erscheinung des Auferstandenen vor den Jüngern im Saal (20,19 – 23)

> »Wenn man Türen und Fenster gegen diese Welt absperrt, läßt sich doch hie und da der Schein und fast der Anfang einer Wirklichkeit eines schönen Daseins erzeugen.«
> (F. Kafka)[25]

---

[25] *F. Kafka*, Briefe an Felice, Ffm. 1976, 320.

Die fehlende Jüngerreaktion auf die Botschaft der Maria wird dadurch noch hervorgehoben, daß die Jünger die Türen verschlossen hatten »aus Furcht vor den Juden«. Die Botschaft der Maria Magdalena hat sie also nicht verändert. Immer noch werden sie dadurch bestimmt, daß sie den »Juden« eine gewisse Mächtigkeit zutrauen; doch begegnet dieses Thema hier zum letztenmal, denn die Erscheinung des Herrn verwandelt ihre *Furcht* vor denen, die Jesus töteten, in die *Freude* über den auferstandenen Toten, der ihnen die Hände und die Seite mit den Spuren seines Todes zeigt.

Der Bericht über die Erscheinung ist deutlich zweigeteilt, wie vor allem das zweifache »Friede sei mit euch« zeigt. Im zweiten Teil ist es erweitert mit »wie mich der Vater gesandt hat, so sende auch ich euch«. Dann folgt wie beim erstenmal (Zeigen von Händen und Seite) eine Handlung: »und das sagend hauchte er sie an«. Sie wird allerdings anders als im ersten Teil durch die nachfolgende direkte Rede erklärt. Im ersten Teil besteht die Reaktion der Jünger in der Freude, »als sie den Herrn *sahen*«; auf den zweiten Teil folgt eine neue Szene, in der die Jünger dem Thomas zusammenfassend melden können: »Wir haben den Herrn *gesehen*«. Der Wortlaut der Botschaft der Maria Magdalena (20,18) wird wieder aufgenommen, wobei freilich der Singular »ich« in den Plural »wir« verändert ist. Ungleich der Botschaft Mariens aber führt die Botschaft der Jünger zu einer *Reaktion* des Angesprochenen: Thomas macht seinen Glauben davon abhängig, daß er selber den Herrn sieht.

Die Botschaft der Maria Magdalena hatte zwei Teile. Der erste, »*Ich* habe den Herrn gesehen«, berichtete über ihre Begegnung mit dem Auferstandenen, der zweite, »und dies habe er ihr gesagt«, verkündete Jesu neuen Ort beim Vater. Das »*Wir* haben den Herrn gesehen« der Jünger muß beides umfassen, weil es das, was sich im Saal ereignet hat, zusammenfassend zur Sprache bringt. Beide Aspekte sind nämlich in den zwei Teilen der Erscheinung im Saal wirksam. Im *ersten Teil* geht es um das Sehen des Auferstandenen. Derselbe, der gekreuzigt worden ist, steht lebendig vor den Jüngern und kann ihnen seine Seite und die Wunden der Hände zeigen und verwandelt so ihre Furcht vor denen, die ihn töteten, in Freude über sein Lebendigsein. Allerdings ist er anders bei ihnen als früher. Er kommt bei verschlossenen Türen und tritt in ihre Mitte. Als Auferstandenen können die Jünger ihn nicht im Grab festhalten. Das Grab ist offen und leer. Er kann sich frei bewegen und auch geschlossene Türen können es nicht verhindern, daß er zu den Jüngern kommt.

Im *zweiten Teil* des Erscheinungsberichts *handelt* Jesus aus der Einheit mit Gott heraus, in der er sich jetzt befindet, und nimmt in Sendung und Geistverleihung die Jünger in diese Einheit auf. Sie sind seine »Brüder«, weil Jesu Gott ihr Gott und Jesu Vater ihr Vater ist. Darum sind sie in seine Sendung hineingenommen, die eine Sendung zur Krisis ist, d.h. eine Sendung, die diejenigen, die sich dem in Jesus und seiner Jünger Sendung angebotenen Sündennachlaß öffnen von denen scheidet, die sich ihm verschließen. Die Sendung der Jünger ist möglich geworden, weil Jesus beim Vater ist und darum die Jünger senden kann, wie der Vater ihn gesandt hat. Die der Maria vorhergesagte neue Einheit des Ortes Jesu und seiner Brüder ist Wirklichkeit geworden. Jesus ist als der Lebendige, durch den Tod Gegangene wieder bei seinen Jüngern, indem er bei seinem und ihrem Vater ist. Er ist so nicht mehr der »hinter« Maria stehende Jesus (V.16), sondern der in der »Mitte« seiner Jünger befindliche (V.19.26) Erhöhte, der aber, wie seine Wunden zeigen, identisch mit dem gestorbenen Jesus ist.[26]

Was Maria Magdalena verkündigte, ist jetzt durch die Erscheinung des Auferstandenen und beim Vater Seienden vor den Jüngern bestätigt, so wie Petrus und der geliebte Jünger zuvor die Botschaft der Maria vom leeren Grab bestätigen mußten. Dort wurde die auf *ungenaue Beobachtung* sich stützende Behauptung vom leeren Grab durch die *genaue Inaugenscheinnahme* von zwei apostolischen Zeugen abgesichert. Damit aus der Botschaft der Maria Magdalena: »*Ich* habe den Herrn gesehen« das apostolische »*Wir* haben den Herrn gesehen« werden kann, muß ebenfalls von einer apostolischen »Inaugenscheinnahme« die Rede sein. Deshalb erzählt der Text nicht von einer Reaktion der Jünger auf die Botschaft der Maria, sondern läßt auf sie die Erscheinung Jesu vor den versammelten Jüngern folgen.

2. Die Ausrichtung der Osterbotschaft an Thomas (20,24–25)

Dabei betrifft die Erscheinung exklusiv den Kreis der »bei verschlossenen Türen« versammelten Jünger. Die »verschlossenen Türen« trennen die Jünger von allen anderen Menschen. Die Weise, wie diese von dem Geschehen Kenntnis zu nehmen haben, deutet sich im voraus darin schon an, wie die Jünger den Thomas, »der nicht bei ihnen war, als Jesus kam« (20,24), in Kenntnis setzen. Thomas ist nicht mehr dem »*Ich* habe den Herrn gesehen« der Maria Magdalena konfrontiert, sondern dem »*Wir* haben den Herrn gesehen« der Jünger. Und auf dieses Zeugnis muß eine Reaktion folgen, und zwar, so darf man vorgreifend sagen, die Reaktion des Glaubens oder des Unglaubens, oder – ohne Vorgriff – des Sichöffnens gegenüber dem Sündenerlaß oder des Sichverschließens. Auf dieses Zeugnis muß deshalb eine Reaktion folgen, weil, die es ablegen, sich in der Gemeinschaft des lebendigen Jesus und seines und ihres Vaters befin-

---

[26] Vgl. *L. Dupont, C. Lash, G. Levesque*, Recherche sur la structure de Jean 20,492.

den bzw. die Gabe des heiligen Geistes schon empfangen haben. Maria Magdalena blieb diese volle Gemeinschaft mit Jesus noch versagt: Er war erst im Begriff, zum Vater aufzusteigen. Thomas war nicht bei den Jüngern, als Jesus kam, und ist insofern auf ihre Zeugnis angewiesen. Seine Reaktion ist der Unglaube. Doch weil er, obwohl abwesend während der Erscheinung, dennoch »einer der Zwölf« ist, kann die Erzählung weitergehen, die, wäre er es nicht, zu Ende sein müßte.

C) Acht Tage danach (20,21 – 31)

> Rabbi Schimon ben Laqisch hat gesagt: »Teuerer ist ein Proselyt vor Gott als jene Scharen, die am Berge Sinai gestanden haben. Denn wenn alle jene Scharen nicht den Donner und die Flammen und die Blitze und die bebenden Berge und den Posaunenschall gesehen hätten, so würden sie die Herrschaft der Himmel nicht auf sich genommen haben. Und dieser hat keins von alledem gesehen und kommt und übergibt sich Gott und nimmt das Joch der Herrschaft Gottes auf sich. Gibt es einen, der teurer ist als dieser?«
> (Billerbeck II, 586)

1. Die Situation der »verschlossenen Türen« wiederholt sich nach acht Tagen. Es ist der »erste Tag der Woche«, der sich um des Thomas willen, der jetzt bei den Versammelten ist, erneuert. Das Thema »Furcht vor den Juden« ist jetzt von der Erzählung verlassen. Das Problem besteht nicht mehr. Der Ort Jesu wird ja weder von den Juden noch von den Jüngern bestimmt. Sein Grab ist leer und er ist beim Vater.

Die Art, wie Jesus erscheint, wiederholt die erste Erscheinung vor den Jüngern: Jesus kommt »bei verschlossenen Türen«. Seine Erscheinung betrifft also wiederum nur die Jünger. Er tritt wiederum in ihre Mitte und sagt wie beim erstenmal: »Friede sei mit euch!« Dann wendet er sich Thomas zu, der, als die Jünger ihm sagten: »Wir haben den Herren gesehen!«, als Vorbedingung seines Glaubens verlangt hatte, selber den Herrn nicht nur zu sehen, sondern ihn sogar zu berühren. Wie Jesus beim erstenmal den Jüngern Hände und Seite zeigte, so fordert er jetzt Thomas zur Berührung und zum Glauben auf. Die Antwort des Thomas ist Ausdruck des Glaubens an den Auferstandenen und bei dem Vater Seienden, der so auch bei den Jüngern sein kann. Alle »Zwölf« haben jetzt gesehen und glauben. Das Verhalten des Thomas wird von dem Auferweckten »besprochen«: Der Glaube des Thomas hatte seinen Grund im »Sehen«. Aber das Wort Jesu öffnet die Sicht über den erzählten Augenblick hinaus auf diejenigen, »die nicht sehen und glauben«, also auf diejenigen, deren Glauben sich auf das Hören des apostolischen »*Wir* haben den Herrn gesehen« gründet.

2. Thomas hat in der Erzählung eine doppelte Funktion. In der Szene zuvor ist er das negative Vorbild der Menschen, die der apostolischen Botschaft gegenüberstehen, *sodaß in ihm gewissermaßen schon eine spätere Zeit,*

die der apostolischen Verkündigung, in der Zeit der Erzählung zur Anschauung gebracht wird. Aber er ist auch einer der »Zwölf«. Darum geschieht ihm die Erscheinung im Saal, die die erste wiederholt und über das Sehen hinaus ein Berühren anbietet, aber nicht, weil er als einer der »Zwölf« ein Anrecht darauf hätte, sondern um das Geschehen vor den »Zwölf«, das man »sehen« kann, von der Zeit abzusetzen, in der nicht mehr gesehen sondern dem Wort der »Zwölf« geglaubt wird. Die »Zwölf« im Saal bei verschlossenen Türen sind der ausschließliche Empfängerkreis dieses »Sehens«, das im Angebot der Berührung seine Steigerung und Absicherung erhält. So wird Thomas, der zunächst dem apostolischen »*Wir* haben den Herrn gesehen!« gegenüberstand, selbst zu einem Träger dieser Botschaft für die Menschen außerhalb der »verschlossenen Türen«, die nicht sehen aber glauben können und die deshalb selig gepriesen werden. Als »Seligen« sind ihnen durch ihren Glauben an die apostolische Botschaft »die Sünden erlassen«. Die beiden Erscheinungen wollen mithin erzählen, daß der Glaube an den Auferweckten und beim Vater Seienden nicht durch das »*Ich* habe den Herrn gesehen!« der Maria Magdalena entstanden ist. Es bedurfte ja noch der Ergänzung durch das auf das Wort des Auferstandenen über seinen Aufstieg zu seinem Vater weisende »und dies habe er ihr gesagt«. Der Glaube entsteht vielmehr durch das nicht sehende Eingehen auf das apostolische »*Wir* haben den Herrn gesehen!«. Dieses Wort bestätigt, was Maria Magdalena sah und sicherte es ab, so wie das leere Grab, das sie entdeckte, von Simon Petrus und dem geliebten Jünger als leer bestätigt werden mußte.

D) Maria Magdalena und Thomas

1. Die Opposition zwischen Maria Magdalena, die, Jesus »Rabbuni!« nennend, den noch nicht beim Vater Seienden nicht berühren darf, und Thomas der dazu aufgefordert wird, den beim Vater Seienden zu berühren und dann das volle Bekenntnis zu Jesus als »Herr und Gott« ablegt, unterstreicht diese Absicht der Erzählung.

Trotz der eindeutigen Oppositionalität zwischen Maria Magdalena und Thomas sind beide auch in Parallelität aufeinander bezogen: Beide stehen als einzelne der Gemeinschaft der Jünger gegenüber. Beide tragen einen Namen, während die Jünger nicht eigens nominalisiert sind.[27] Bedeutsamer ist jedoch, daß bei beiden der Weg zu ihrer Erkenntnis des Auferweckten erzählt wird, und zwar als ein Weg durch das »Mißverstehen« (Maria Magdalena) bzw. durch den »Zweifel« (Thomas) hindurch. Die Weise, wie ihr Sehen zum Glauben führt, ist damit abgehoben von

---

[27] Vgl. dazu *dies.* aaO. 485.

der Selbstverständlichkeit, mit der die übrigen Jünger »sich freuten, als
sie den Herrn sahen«, und zeigt denen, die nicht sehen und doch glauben,
wie unselbstverständlich das Glauben auch für die »Sehenden« gewesen
sein mußte. Auch die gesehen haben, müssen glauben, damit ihr »Wir
haben den Herrn gesehen« Auskunft über ein »Sehen« sein kann, das in
Jesus nicht nur den »Rabbuni« gesehen hat, sondern den »Herrn und
Gott«, an den Thomas glaubte, weil er gesehen hat. Letzteres wird besonders deutlich durch den Chiasmus, der in der Sukzession des Texts
dadurch entsteht, daß das »Rabbuni« Mariens dem Berührungs*verbot* Jesu
vorangeht, das Bekenntnis des Thomas »Mein Herr und mein Gott!« dem
Berührungs*gebot* folgt:

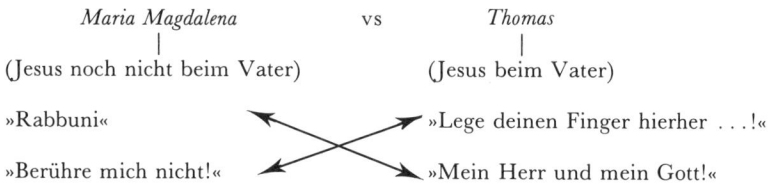

Maria Magdalena   vs   *Thomas*
| |
(Jesus noch nicht beim Vater)   (Jesus beim Vater)

»Rabbuni«   »Lege deinen Finger hierher . . .!«

»Berühre mich nicht!«   »Mein Herr und mein Gott!«

  2. Die Beachtung der Textsukzession läßt eine weitere Beobachtung
zu. Der Prozeß, der Maria Magdalena von ihrem »Ich weiß nicht, wohin
sie ihn gelegt haben« zu ihrem »Ich habe den Herrn gesehen« führt, wird
umfaßt von dem bedeutenderen Geschehen, das von dem anfänglichen
»Wir wissen nicht, wohin sie ihn gelegt haben« zum »Wir haben den
Herrn gesehen« der apostolischen Botschaft gelangt. Sie soll die Nicht-
sehenden zum Glauben führen.

> »*Wir* wissen nicht, wohin sie ihn gelegt haben« (V.2)
> »*Ich* weiß nicht, wohin sie ihn gelegt haben.« (V.13)
> »*Ich* habe den Herrn gesehen!« (V.18)
> »*Wir* haben den Herrn gesehen!« (V.25)

> »Selig, die nicht sehen und glauben!« (V.29)

Die Erzählung ordnet, was der Maria Magdalena geschah, eindeutig dem
»apostolischen« Geschehen unter: Das leere Grab bedarf der Bezeugung
durch Simon Petrus und den geliebten Jünger, die Erscheinung des
Herrn vor ihr im Garten muß durch die Erscheinung vor den Jüngern im
Saal und dann durch die zweite vor den Jüngern und Thomas bestätigt
werden. An die Stelle des die Erscheinung des Auferweckten bezeugenden »Ich« muß das apostolische »Wir« treten, damit es zu einer Reaktion
kommt.
  3. Und doch behält, was Maria Magdalena geschah, eine eigentümliche Valenz. Diese ist in der Lage, sich gegenüber dem »apostolischen«

Kontext zu behaupten. Das Offiziel – Kommunitäre kann das Privat – Intime nicht verdrängen. Daß Maria Magdalena die erste ist, die sich in der Morgenfrühe zum Grab aufmacht und es als leer entdeckte, daß sie weinend am Grab verharrt, während Simon Petrus und der geliebte Jünger nach Haus gehen, daß sie Engel sieht, wo jene Leinenbinden und Schweißtuch gewahrten, daß schließlich ihr zuerst der Auferstandene erscheint und daß die ganze »Geschichte« ihrer Erkenntnis erzählt wird, behält ein deutlich wahrnehmbares Eigengewicht, das zu dem eigentümlichen doppelten Profil von Kapitel 20 beiträgt, das jetzt näher ins Auge gefaßt werden muß.

Mit Jesu Seligpreisung der Nichtsehend-Glaubenden ist der zeitliche Horizont der Erzählung in die Zukunft hinein geöffnet, und zwar in eine Zukunft, in der der jetzt Erschienene offenbar nicht mehr gesehen werden kann. Dies legt die Beobachtung nahe, daß weder im Fall der ersten Erscheinung vor den Jüngern noch bei der zweiten vor den Jüngern und Thomas von einem Unsichtbarwerden des Erschienenen die Rede ist, wie man es etwa bei Lukas findet. Sowohl in der Emmausgeschichte als auch bei der folgenden Erscheinungsgeschichte vor den Jüngern notiert er ausdrücklich das Aufhören der Erscheinung: »Da wurden ihnen die Augen aufgetan, und sie erkannten ihn; und er entschwand ihren Blicken.« (Lk 24,31) oder »Und es begab sich, während er sie segnete, entschwand er ihnen und wurde in dem Himmel emporgehoben.« (Lk 24,51). Nichts davon bei den Erscheinungen des Auferstandenen vor den Jüngern bei Johannes: die erste Erscheinung mündet in die Geistverleihung, die den Auftrag zur Weitergabe des Sündenerlasses impliziert, die zweite in die Seligpreisung der nicht Sehenden, aber dem Wort der apostolischen Botschaft Glaubenden. Von einem Entschwinden des Erschienenen ist nicht die Rede.

Das ist anders im Fall der Erscheinung vor Maria Magdalena. Zwar wird auch dort nicht von einem eigentlichen Verschwinden des Erschienenen erzählt, doch reflektiert Jesu Rede darauf: Noch ist er nicht zum Vater aufgestiegen, sondern erst im Begriff, es zu tun. Maria soll ja den Jüngern melden: »Ich steige auf zu meinem Vater und zu eurem Vater und zu meinem Gott und zu eurem Gott.« D.h. bei der Erscheinung vor Maria am Grab ist der Erscheinende in einem seltsamen *Zwischenzustand*; er erscheint ihr nur, um sich ihr zugleich wieder zu entziehen. Bei den Erscheinungen vor den Jüngern »bei verschlossenen Türen« dagegen ist er schon der zum Vater Aufgestiegene. Auch die Verschiedenheit des Erscheinungsorts »im Garten, am Grab« und »im Saal bei verschlossenen Türen« verweist auf diese Differenz. Sie ermöglicht es, daß Maria Magdalena den Jüngern melden kann, was es um den auf sich hat, der vor ihnen am Abend erscheinen wird: Er ist der zu seinem Vater und ihrem Vater Aufgestiegene.

Nach dem Johannesevangelium vollzieht sich Jesu Aufstieg zum Vater eigentlich in seinem Tod am Kreuz. Wenn unsere Geschichte dennoch erzählt, daß Jesus gewissermaßen in einem Zwischenzustand Maria Magdalena am Grab, dem Endpunkt des Todesgeschehens, erscheint und von seinem jetzt sich vollziehenden Aufstieg zum Vater spricht, wiederholt sich eigentlich, was sich im Tod Jesu am Kreuz schon ereignet hat. Dennoch wird es erzählt, um diesen unsichtbaren Aufstieg am Kreuz im Raum und Rahmen weltlich-irdischen Geschehens zu verhaften, sodaß Maria Magdalena den Jüngern (und den Lesern) den Sinn seines Todes als seine ihn verherrlichende Rückkehr zum Vater, die ihn zugleich in die Gemeinschaft mit den Jüngern versetzt, erschließen kann »Sa mort a été son retour au Père. Mais ce retour doit aussi s'effectuer dans le temps et doit se rendre sensible dans notre monde comme si la mort ne l'avait pas déjà accompli«[28].

4. Damit gerät die Erscheinung Jesu vor Maria Magdalena in eine Oppositionalität zu den Erscheinungen vor den Jüngern und vor den Jüngern und Thomas, die auch von der Textoberfläche her bestätigt wird: Maria Magdalena bedarf, um zur Erkenntnis des Auferstandenen zu kommen, eines *Weges* durch die Mißverständnisse hindurch, während die Furcht der Jünger sich *augenblicklich* in Freude verwandelt, »da sie den Herrn sahen«. Maria Magdalena wird die Berührung verweigert, Thomas wird dazu aufgefordert. Erst als der beim Vater Seiende ist er den Jüngern sichtbar und greifbar, weil sein Ort beim Vater der ist, der ihn mit den Jüngern vereinigt, so daß nun mehr kein wesentlicher Unterschied zwischen denen besteht, die ihn als Angehörige der apostolischen Generation sehen dürfen, um an ihn zu glauben, und denen, die, auf die apostolische Botschaft, in der seine Sendung weitergeht, angewiesen, ihn nicht sehen und doch glauben. Sein Ort ist nämlich beim Vater, so daß er bei den Glaubenden sein kann, sei es bei denen, die »gesehen« haben, sei es bei denen, die nicht sehen. Darum wird auch nicht eigens erzählt, daß der Erschienene unsichtbar wird. Gerade in der Doppelfunktion des Thomas, der einmal als negatives Vorbild der Nicht-sehenden fungiert, um dann als einer der »Zwölf« der Erscheinung des beim Vater Seienden gewürdigt zu werden, ist die Einheit von apostolischer und nachapostolischer Generation abgebildet.

5. Anders, aber ähnlich, verhält es sich mit Maria Magdalena, wo der Auferstandene selbst von seinem sich Entziehen spricht. Auch Maria Magdalena hat eine Doppelfunktion. Einerseits gehört sie zu dem nachösterlichen Jüngerkreis und doch wieder nicht. Wie die Jünger weiß

---

[28] *Dies.* aaO. 492.

sie zunächst nicht um den Ort Jesu. Der Inklusivplural des »Wir wissen nicht, wohin sie ihn gelegt haben« umfaßt Maria Magdalena ebenso wie die Jünger. Andererseits sieht sie den Auferstandenen noch nicht wie die Jünger als den zum Vater Aufgestiegenen, so daß ihr »Ich habe den Herrn gesehen!« noch nicht von der selben Wirklichkeit spricht wie das »Wir haben den Herrn gesehen!« der Jünger. Sie hat den zum Vater Aufsteigenden, den man noch nicht »berühren« darf, gesehen, nicht den Aufgestiegenen, der von den »Zwölf« gesehen und von Thomas berührt wird. *Wie in der Gestalt des Thomas die Situation derer, die auf die apostolische Botschaft angewiesen sind, in der apostolischen Situation vorabgebildet wird, weil er einerseits wie die Nicht-sehenden dem »Wir haben den Herrn gesehen« der Jünger konfrontiert wird und andererseits ihm wie den Jüngern der Herr als der zum Vater Aufgestiegene erscheint, so wirkt in der Gestalt der Maria Magdalena was am Kreuz sich schon ereignet hat, noch in der auf Kreuz und Grab folgenden Zeit nach, so daß es auch hier zur Verschränkung zweier Zeiten in der Zeit der Erzählung kommt*[29].

6. Maria Magdalenas Funktion ist es also, den Aufstieg Jesu am Kreuz zum Vater erzählbar zu machen, um diesen Sinn des Kreuzes zu den Jüngern (und den Lesern) gelangen zu lassen. Der Blick auf außerkanonische Versuche, direkt den Aufstieg Jesu am Kreuz zum Vater als Himmelfahrt vom Kreuz aus zu erzählen, zeigt die besondere Art des Versuchs des Autors unserer Ostergeschichte, von einer Wirklichkeit zu erzählen, die eigentlich nicht erzählbar ist. *Er bedient sich dabei erzählerischer Mittel, die im Gegensatz zu der das Nicht-Irdisch-Sichtbare massiv in die irdische Wirklichkeit ein-*

---

[29] Die Funktion *Maria Magdalenas, die Zeit des Kreuzes (Aufstieg zum Vater) im österlichen Zeitraum präsent zu machen, und die des Thomas, die nachösterliche Zeit im österlichen Zeitraum vorabzubilden*, wird in dem Artikel von L. Dupont, C. Lash, G. Levesque übersehen, weil sie der Sukzessivität des Textes nicht genügend Aufmerksamkeit schenken. Sie gelangen sehr schnell zu einem oppositionellen Schema von vier Termen: »Nous pensons qu'en combinant les 4 termes: Christ sensible/Christ glorieux/vision sensible/vision de foi, nous pouvons jusqu'à un certain point rendre compte de la structure parfaitement cohérente de Jn 20.« (484) dem sie die Personen wie folgt zuweisen: Petrus und der geliebte Jünger haben »une vision de foi sans aucune vision sensible,« ebenso wie die von Jesus Seliggepriesenen (484). Für die Jünger im Saal gilt: »à la fois vision sensible et vision de foi du Christ sensible et glorieux« (484). Schließlich gibt es eine Opposition von Maria Magdalena und Thomas. Maria Magdalena hat »la vision sensible du Christ glorieux« (484), Thomas dagegen »la vision de foi du Christ sensible« (485). Diese Sicht macht es notwendig, Simon Petrus und den »geliebten Jünger« schon am leeren Grab *glauben* zu lassen. Außerdem ist Jesus, Maria Magdalena erscheinend, noch nicht »glorieux« d.h. erhöht, sondern ist im Begriff, zum Vater aufzusteigen; dagegen ist der Jesus, der dem Thomas erscheint, derselbe, der den Jüngern im Saal erscheint, nämlich der schon zum Vater Aufgestiegene. Die kleine Szene, in der die Jünger dem Thomas ihr »Wir haben den Herrn gesehen!« sagen und Thomas nicht glaubt, und deren Beziehung zu der Szene, in der Maria Magdalena ihr: »Ich habe den Herrn gesehen!« den Jüngern sagt, ohne daß diese reagieren, geht in dieser Darstellung völlig unter.

brechen lassenden Erzählung einer Himmelfahrt vom Kreuz aus es versuchen, das Nicht-Irdisch-Sichtbare verhalten als Irdisch-Sichtbares zu versprachlichen. Das geschieht durch die Erzählung von der nicht nachlassenden Suche der Maria Magdalena nach einem geliebten Toten und ihrer stufenweise durch Mißverständnisse hindurch sich vollziehenden Annäherung gegenüber einem Lebendigen, der erscheint, um sich im Erscheinen zu entziehen und als der zum Vater Aufsteigende zu bezeichnen, so daß die Jüngergemeinde um seinem im Tod erlangten Ort weiß, der ihnen Jesus neu und anders zugänglich macht als lebe er noch irdisch mit ihnen oder liege als verehrter Leichnam im Grab. Der Aufstieg zum Vater muß so nicht erzählt werden, sondern kann in die Rede des Erscheinenden selbst aufgenommen werden, so daß die nicht erzählbare Wirklichkeit, von der Maria Magdalena nur in indirekter Rede spricht, zwar nicht verschwiegen aber auch nicht beschrieben werden muß, sondern indirekt bezeichnet werden kann.

VIII. *Sequenz III: »Danach« (21,1–25)*

A) Segment 1: Der wunderbare Fischfang und das Mahl mit dem Auferstandenen (21,1–14)

»Piscis assus Christus est passus« (Augustinus, Tract. in Jo, 123,2)

1. Die Seligpreisung der Nicht-Sehend-Glaubenden hatte den zeitlichen Horizont der Erzählung in die Zukunft eröffnet. Die sich jetzt anschliessende Sequenz kehrt zu der Sukzession der Zeit der Erzählung zurück, indem sie eine weitere Erscheinungsgeschichte mit dem unbestimmten »danach« anschließt. Die die vorangehende Sequenz abschliessenden metanarrativen Sätze (V.30.31) machen es notwendig, die Erzählbewegung wieder in Gang zu setzen. Diesem Zweck dienen die überschriftartigen Sätze von V.1, die zugleich die Erscheinungen Jesu als Offenbarungen werten. Zugleich werden in der Überschrift die »verschlossenen Türen« des Versammlungsorts der Jünger geöffnet. Ein Ortswechsel von Jerusalem nach Galiläa zum See von Tiberias findet statt, und das folgende spielt nicht mehr 'drinnen', sondern 'draußen'.

Für den Aufbau des ersten Segments der Sequenz sind die Orts- und Zeitangaben von Bedeutung. Die Bewegung spielt zwischen See und Ufer. Die Jünger, von denen insbesondere Thomas die Verbindung zum vorhergehenden Abschnitt, Nathanael von Kana in Galiläa und die Söhne des Zebedäus die Verbindung zum Großtext des Johannesevangeliums herstellen sollen, fahren auf die Initiative des Simon Petrus zum Fischen auf den See hinaus, fangen jedoch nichts (V.2.3). Auf die *Nacht* der Erfolgslosigkeit folgt der *Morgen* des Erfolgs (21,4), der den Morgen des Ostertags wieder anklingen läßt. Jesus tritt ans *Ufer*, manifestiert mit seiner Frage nach den Fischen (oder der Zukost) die Erfolgslosigkeit der Jünger (V.5) und fordert sie auf, die Netze erneut auf der rechten, d.h. glückbringenden Seite auszuwerfen (V.6). Nach dem geglückten Fang kann die in sich gestaffelte Bewegung vom See zum Ufer einsetzen. Simon Petrus schwimmt voraus. (V.7) Die Jünger folgen mit Boot und Netz und gehen an Land (V.8.9). Zuletzt wird auch das Netz an Land gezogen (V.22). Am Ufer kommt es dann zum Mahl. (V.12.13.)

2. Innerhalb dieser zeitlichen und vor allen Dingen örtlichen Bewegung wird die Aufmerksamkeit des Lesers von der Erzählstrategie auf verschiedene Relationen und Entwicklungen gelenkt. Daß auf den nächtlichen *Mißerfolg* des eigenen Bemühens der *Erfolg* am Morgen auf Geheiß Jesu folgte, wurde bereits erwähnt. Innerhalb dieses Erzählgangs verdient insbesondere das »Netz« nähere Beachtung. Bei dem erfolglosen nächtlichen Versuch wird es nicht erwähnt. Erst im Befehl Jesu, es zur rechten Seite des Boots auszuwerfen, wird es zum erstenmal genannt. Auf dem *See* können die Jünger es dann nach dem geglückten Fang nicht mehr hochziehen »wegen der Menge der Fische« (V.6), was das überreiche Ausmaß des Erfolgs deutlich machen soll. Sie schleppen es mit dem Boot an das *Ufer*. Schließlich am Ufer zieht Simon Petrus es auf das Geheiß Jesu, von den gefangenen Fischen zu bringen, an Land, und wiederum wird der überreiche Erfolg durch die Angabe, daß es mit »153 großen Fischen« gefüllt war, manifest gemacht, wodurch zugleich die unbestimmtere Angabe von V.6: »Menge der Fische« präzisiert wird. Daß die Manifestation des Erfolgs zweimal erzählt wird, zudem unter Verwendung von Oppositionen – in V.6 wird der Erfolg auf dem See, unter Wasser, manifestiert, in V.11 am Ufer, über Wasser;[30] auf dem See können die Jünger (Plural) das Netz nicht hoch ziehen »wegen der Menge der Fische«, am Ufer zieht Simon Petrus es alleine an Land, ohne daß es wegen der Menge der Fische zerreißt – weist auf eine besondere Bedeutsamkeit des Netzes und seines Inhalts hin. Im Rahmen einer Geschichte von einem Fischfangwunder würde eine einmalige Demonstration des überreichen Fangs genügen.

Es kommt hinzu, daß durch die Frage Jesu »Kinder habt ihr etwas Fisch?« (V.5) die Lesererwartung entstand, der Fang solle zur Bereitung eines Mahls dienen, und darum durch V.9 irritiert sein muß, wonach die Jünger beim Landen schon ein Kohlefeuer mit Fisch und Brot vorfinden. Die irritierte Lesererwartung muß darum im Fortschreiten der Lektüre den Befehl Jesu, von den Fischen zu bringen, die die Jünger soeben gefan-

---

[30] Vgl. *E. Ruckstuhl* aaO. 348.

gen haben (V.10), wodurch er zur zweiten Manifestation des überreichen Erfolgs kommt (V.11), als Befehl verstehen, von den gefangenen Fischen zum Mahl beizutragen, und zwar in der die Unbestimmtheit des Texts vereindeutigenden Annahme, der Fisch, den die Jünger vorfinden, reiche für die Sättigung aller nicht aus. Hat sich diese Lesererwartung eingestellt, wird dem Leser nicht entgehen, daß im folgenden trotz des Befehls Jesu, von den gefangenen Fischen zu bringen, diese nicht zum Bestandteil des Mahls werden: Jesus reicht den Jüngern das Brot und den Fisch, den sie beim Landen schon auf dem Kohlefeuer liegend vorgefunden hatten.

Die neuerliche Irritation der Lesererwartung führt zu einer relecture des Texts, die eine Beobachtung wieder aufgreift, die schon bei der Beschreibung seiner lokalen Struktur gemacht wurde. Der Text erzählt die Bewegung vom See zum Ufer als einen in sich gestaffelten Vorgang. Petrus erreicht als erster das Land. Die übrigen Jünger folgen ihm mit dem Boot. Damit ist aber die Bewegung vom See zum Ufer noch nicht abgeschlossen. Auch das Netz wird an Land gebracht. Damit tritt das Netz in die Reihe der Akteure »Petrus – die übrigen Jünger« ein. So wie der Erzählung daran gelegen ist, Petrus und die übrigen Jünger und zwar in der erzählten Reihenfolge, vom See mit Jesus am Ufer zusammenzubringen, so liegt ihr auch daran, daß das unzerreißbare Netz an Land kommt. Der Gegenstand wird zu einem Akteur. In den darauf folgenden narrativen Ablauf geht das Netz nicht mehr als Gegenstand ein – die Fische werden nicht zum Bestandteil des Mahls. Nur daß sie am Ufer sind, ist der Erzählung wichtig. Läßt sich das »Netz mit den Fischen« als einer der Akteure der Geschichte nehmen, fände der immer wieder gemachte Versuch einer Deutung der Geschichte als eines »Sinnbilds der Kirche«[31] Unterstützung, insbesondere weil auch die Konfiguration der Akteure unzweifelhaft auf ein hinter dem erzählten Geschehen liegendes ekklesiologisches Problem verweist. Der Verfasser möchte es durch die Erzählung lösen, wie auch das unserem Abschnitt folgende Gespräch Jesu mit Simon Petrus beweist. Eine symbolische Deutung des Fischfangwunders auf die in der Missionsarbeit konstituierte Gesamtkirche legt sich nahe. Die im Ostergeschehen gründende Missionsthematik würde dann ekklesiologisch ausgeweitet.

3. Für die Struktur der Konfiguration der Akteure ist insbesondere das Verhältnis von Simon Petrus zu dem »geliebten Jünger« bestimmend. Die übrigen Jünger sind im Grund nur Begleitpersonal. Daß es im Unterschied zu der vorangehenden Erscheinung Jesu vor Thomas und den Jüngern nicht zwölf, sondern sieben sind fällt dem peniblen Leser zwar auf, scheint aber im Blick auf die Struktur des Texts keine Bedeutung zu

---

[31] *Augustinus*, Tract. in Jo., 122.

haben. Mindestens wird die Siebenzahl nicht ausdrücklich erwähnt.[32]
Dagegen scheint die Art, wie sie genannt werden, strukturellen Stellenwert zu haben. Zunächst werden drei Jünger genannt, zu deren Eigenna-
men eine nähere Bestimmung tritt. Sie werden von (2) Jüngern gefolgt,
deren Eigenname nicht mitgeteilt wird, und die nur unter dem Namen
ihres Vaters angeführt werden. Schließlich werden zwei erwähnt, die
nicht nominalisiert sondern nur als »zwei andere von seinen Jüngern« bestimmt werden. Mithin läßt sich eine Linie verfolgen, die von *eindeutiger
Identifizierbarkeit* über eine *vermittelte* bis hin zur Anonymität verläuft. Sie
läßt die Figuren nur noch als »seine Jünger« identifizierbar sein. Damit
aber ist ein Merkmal gegeben, durch das auch der »geliebte Jünger« bestimmt wird. Auch er bleibt anonym. Auch seine Identifizierbarkeit ist
nur durch die Beziehung gegeben, in der er zu Jesus (»Jünger«) und Jesus
zu ihm (»geliebte«) steht.

4. Simon Petrus, der an der Spitze der Liste steht, tritt als Handlungsträger in der Geschichte stark hervor. Er ergreift die Initiative zum Fischfang, der die anderen sich anschließen. Er wirft sich in den See, um als
erster zu Jesus zu kommen. Er zieht auf den Befehl Jesu, der sich an alle
richtet, das Netz mit den Fischen an Land. Was Simon Petrus mit dem
»geliebten Jünger« aber eigentlich konfiguriert, ist der Umstand, daß
dieser nach dem geglückten Fang in dem am Ufer stehenden Jesus den
Herrn erkennt und es dem Petrus sagt. Zunächst wußten ja alle nicht,
daß, der am Morgen ans Ufer trat, Jesus war (V.4). Der geliebte Jünger
erkennt ihn als erster nach dem und darum durch den wunderbaren
Fang. Erst nach der Aufforderung zum Mahl ist davon die Rede, daß alle
»Jünger« wußten, daß es der Herr ist (V.12). Dabei wird zugleich die An-
dersartigkeit dieses Herrn dadurch festgehalten, daß die Bemerkung
vorangeht: »Keiner der Jünger wagte aber ihn zu fragen: 'Wer bist Du?'.
Sie wissen es also und doch zugleich wieder nicht. Der ihnen vertrauten
Jesus ist zugleich auch der ihnen Fremde. Dem entspricht auch die Situation des Mahls. Es ist kein gemeinsames Mahl, wie es das Mahl war, das
in V.20 erwähnt wird. Jesus ist der Handelnde. Seine Tätigkeit wird mit
drei Verben beschrieben: Als der, der »kommt, das Brot nimmt und ihnen
gibt«, ist er nicht Mahlteilnehmer sondern der Austeilende[33], so daß die

---

[32] Die von R. Pesch vermutete symbolische Bedeutung der 7 Jünger als Verweis auf
die Gesamtkirche – 7 ist die Zahl Totalität – ist im Rahmen eines symbolischen Ver-
ständnisses möglich. Aber ist nicht eher die am Ufer sich befindende Gesamtheit »Simon
Petrus«, die übrigen Jünger mit dem »geliebten Jünger« *und* das Netz mit den 153 großen
Fischen«. Zeichen für diese? vgl. *R. Pesch*, Der reiche Fischfang: Lk 5,1–11/Joh 21,1–14.
Wundergeschichte – Berufungsgeschichte – Erscheinungsbericht, Düsseldorf 1969,
146–151. *E. Ruckstuhl*, aaO. 342 spricht darum wohl zutreffender von der »ganzen
Gemeinschaft der apostolischen Missionare«.

[33] *E. Ruckstuhl* aaO. 346.

Jünger von dem Ihren bringend (Netz mit 153 Fischen) dennoch das Seine (Brot und Fisch) erhalten.

Daß der »geliebte Jünger« Jesus als erster erkennt, Simon Petrus hingegen sich in den See wirft, um als erster zu Jesus an das Ufer zu kommen, erinnert den Leser an einen anderen Abschnitt unseres Texts, in dem es ebenfalls um die Reihenfolge der beiden ging. Bezieht man beide Abschnitte aufeinander, läßt sich sagen, daß sich in der Reihenfolge die Frage der Rangfolge löst. In dem rückblendenden Bericht über den Lauf des Simon Petrus und des »geliebten Jüngers« zum leeren Grab erreicht der geliebte Jünger als erster das Grab, tritt aber nicht ein, so daß Petrus es als erster betreten kann. Erst dann tritt als zweiter der »geliebte Jünger« ein. Erfaßt man die Bezogenheit beider Stellen zueinander »tabellarisch«, läßt sich leicht erkennen, daß das Zuwarten des »geliebten Jüngers«, durch das er Simon Petrus den Vortritt gewährt, nicht als Reverenz verstanden werden soll, die er einem etwa ranghöheren Simon Petrus erweist. Aufs ganze gesehen ist nämlich zwischen den beiden das Punktekonto im Hinblick auf das Erster- und Zweitersein ausgeglichen.

	Der geliebte Jünger	*Simon Petrus*
A	gelangt als *erster* zum Grab	gelangt als *erster* zum Ufer
B	geht als *zweiter* in das Grab hinein und sieht es leer	erkennt Jesus als *zweiter*
B^1	erkennt Jesus als *erster*	tritt als *erster* in das Grab hinein und sieht es leer
A_1	kommt als *zweiter* ans Ufer	kommt als *zweiter* zum Grab

Zur Ausgeglichenheit des Punktekontos und zu der Art unserer tabellarischen Erfassung trägt bei, daß es nicht nur um das Erster- und Zweitersein im Hinblick auf das Erreichen des Ziels einer körperlichen Bewegung geht (A,A1), sondern auch um das Erster- und Zweitersein im Hinblick auf eine Erkenntnis (B,B1). Im Fall der österlichen Fischfanggeschichte ist dies leicht zu sehen: Der »geliebte Jünger« erkennt als *erster* den Auferstandenen und sagt es Petrus (V.7), so daß dieser ihn als *zweiter* erkennt. Aber auch das In-das-Grab-hineingehen impliziert ein Erkenntnismoment. Petrus geht als *erster* in das Grab hinein und sieht Leinenbinden und Schweißtuch an verschiedenen Orten, die die Leere markieren, sieht also als erster die völlige Leere des Grabs. Der »geliebte Jünger« zuvor sah, sich hineinbeugend, nur die Leinenbinden. Nach Petrus in das Grab hineingehend, gewahrt er, was auch dieser sah, sieht also als *zweiter* erst die völlige Besiegelung der Leere des Grabs. Durch die Verschränkung ihrer Reihenfolge erreicht die Narration die Gleichstellung der beiden, so daß die Frage nach der Rangfolge unter ihnen hinfällig wird, bzw. beantwortet ist. Daß sie von gleicher Wichtigkeit und gleichem Rang sind, ändert sich auch dadurch nicht, daß Simon Petrus in der Geschichte die Initiative zum erfolglos bleibenden Fischfang ergreift, und nach dem wunderbar gelungenen auf das sich an *alle* richtende Wort Jesu hin »Bringt von den Fischen, die ihr soeben gefangen habt!« *allein* hinaufsteigt und das Netz an Land zieht.

Er ist gewissermaßen Vordergrundfigur, während der »geliebte Jünger« von gleichem Rang ständig im Hintergrund der Geschichte steht, wie er ja auch durch seine Bezeichnung, die ihn in der Anonymität beläßt, von dem nominalisierten Simon Petrus abgesetzt, zugleich aber auch auf ihn bezogen ist.

B) Segment 2: Das Gespräch des Auferstandenen mit Petrus (21,15–25)

1. Daß Simon Petrus Vordergrundfigur ist und der »geliebte Jünger« bei gleichem Rang im Hintergrund verbleibt, bestimmt auch den abschließenden Gesprächsabschnitt. Hatte Simon Petrus im vorhergehenden Abschnitt die Initiative zum Fischfang ergriffen (V.3), hatte er auf den Befehl Jesu, der sich an alle richtete, allein das Netz an Land gezogen (V.10,11), und trat er dadurch in den Vordergrund der Erzählung, so stellt ihn jetzt betont heraus, daß Jesus nach dem Mahl sich Simon Petrus als einzigem Gesprächspartner zuwendet. Seinem Hervorgehobensein aus dem Jüngerkreis dient auch der Komparativ in der ersten Frage Jesu: »Simon, Sohn des Johannes, liebst du mich *mehr* als diese?« (V.15) und die zweimalige Wiederholung des Frage-Antwortgangs. Weil die zwei folgenden Fragen Jesu (VV.16–17) den Komparativ nicht enthalten, als Wiederholung der ersten aber durch Zählung gekennzeichnet werden, kann man davon sprechen, daß sie die Normalform darstellen, gegenüber der die erste Frage durch die Insertion des Komparativs »mehr als diese« die Abweichung ist. Bei der Antwort des Simon Petrus ist ähnliches zu beobachten. Auf die erste und zweite Frage Jesu folgt die Normalform der Antwort: »Ja, Herr, du weißt, daß ich dich liebe« (VV.15–16), auf die letzte Frage Jesu erfolgt die durch Insertion des »du weißt alles« und die Tilgung des »Ja« von der Normalform abweichende Antwort: »Herr, du weißt alles, du weißt, daß ich dich liebe!«, wodurch nicht nur die Frage beantwortet, sondern zugleich ein Bekenntnis zur Allwissenheit Jesu abgelegt wird.

So rahmen die Abweichungsform der Frage Jesu und der Antwort des Simon Petrus den ganzen Gesprächsgang, was dadurch noch unterstützt wird, daß auch der erste Auftrag: »Weide meine Lämmer!« (V.15) gegenüber dem zweimaligen »Weide meine Schafe!« eine Abweichung darstellt und die Einleitung der letzten Antwort sich von dem vorher zweimal verwandten »er sagt zu ihm« (VV.15–16) unterscheidet, weil die emotionale Reaktion des Petrus und deren Ursache mitgeteilt werden: »Da wurde Petrus betrübt, weil er ihm zum drittenmal sagte: »Liebst du mich« (V.17). All dies darf als Mittel verstanden werden, das die Person des Petrus und seine Funktion betont in den Vordergrund rückt. Dennoch ist die Hintergrundfigur des »geliebten Jüngers« anwesend, auch wenn er nicht genannt wird. Er ist anwesend wie alle Jünger, die das Mahl gehalten hatten, aber auch noch in besonderer Weise. Die bejahende Antwort des Petrus auf die dreimalige Frage Jesu läßt nämlich erkennen, daß Petrus zu Jesus in der Relation der Liebe steht. Dies führt aber dazu, daß eine zwischen Petrus und dem »geliebten Jünger« bestehende Oppositionalität freigelegt wird: *Petrus liebt Jesus*, während der *»geliebte Jünger« von Jesus geliebt* wird. Diese Oppositionalität läßt den »geliebten Jünger«, wenn auch im Hintergrund der anderen Jünger verbleibend, gleichwertig neben Petrus anwesend sein.

2. Das Verhältnis zwischen Simon Petrus und dem »geliebten Jünger« bestimmt auch den folgenden Abschnitt. Er wird eingeleitet durch ein Wort, das in die Zukunft des Simon Petrus verweist, und das gefolgt wird von einem metanarrativen Satz, der aus der Perspektive des Eingetretenseins dieser Zukunft das Wort an Petrus interpretiert: im Wort Jesu geht es um den Tod des Petrus. Es folgt die durch die erneute Redeeinleitung etwas abgesetzte Nachfolgeaufforderung an Petrus. Sie schafft eine neue Oppositionalität zwischen Petrus und dem »geliebten Jünger«. Die Vordergrundfigur, Petrus, sieht sich umwendend und dadurch die unmittelbare Nachfolge aufschiebend, den »geliebten Jünger« »nachfolgen«. Warum der »geliebte Jünger« hier zusätzlich durch den Rückverweis »der sich auch beim Mahl an seine Brust zurückgelehnt und gesagt hatte: »Herr, wer ist es, der dich verrät?« gekennzeichnet wird, ist aus dem Zusammenhang unseres Textausschnitts nicht zu ersehen, sondern wird nur verständlich aus dem Großtext des Johannesevangeliums. Bezieht man diesen ein, so erweitert sich die Konfiguration um einen Akteur. Zu Petrus und dem »geliebten Jünger« tritt Judas. Wenn man bedenkt, daß Judas Jesus verrät, die Nachfolge also aufgibt, erhellt sich die Oppositionalität, die unser Text zwischen Petrus, der zur Nachfolge aufgefordert wird, und dem »geliebten Jünger«, der ohne Aufforderung nachfolgt, errichtet. Auch Petrus hatte ja die Nachfolge durch die Verleugnung aufgegeben und bedarf darum einer erneuten Aufforderung. Der »geliebte Jünger« hingegen bedarf dieser Aufforderung nicht, weil ihn seine Nachfolge unter das Kreuz Jesu führt.[34] Jetzt läßt sich auch die schon häufig

---

[34] Vgl. hierzu auch den Hinweis von *E. Ruckstuhl*, aaO. 375 auf eine mündliche Äußerung von R. Brown, nach der das »nachfolgen« »in Joh 21,20 wie in den VV.19.22 im

gemachte Vermutung, die dreimalige Frage Jesu, ob Petrus ihn liebe, solle auf die dreimalige Verleugnung anspielen, im Rahmen einer konsistenten Struktur als zu Recht bestehend absichern. So gleicht die vorangehende Betrauung des Petrus mit der Hirtengewalt seine Verleugnung aus. Doch erstreckt sich die »Hirtengewalt« nicht über den »geliebten Jünger« der Jesus ohne erneute Aufforderung, derer Petrus bedarf, nachfolgte. Die Frage des Petrus: »Herr, was wird aus diesem?« wird dem Petrus mit einem Wort Jesu über den »geliebten Jünger« verwiesen. Das Geschick des »geliebten Jüngers« soll nicht von Petrus in Sorge genommen werden, sondern ist im Willen Jesu aufgehoben. Die Wiederholung der Nachfolgeaufforderung schließt sich an. Die Wiederholung wird deshalb notwendig, weil das Sichumwenden des Petrus zu dem »geliebten Jünger« die unmittelbare Erfüllung der ersten Nachfolgeaufforderung aufschob. Das Wort Jesu über den »geliebten Jünger« betrifft wie das vorherige Wort Jesu über Simon Petrus (V.18) die Zukunft des Jüngers und darf darum in struktureller Beziehung zu jenem gelesen werden. Wie auf das Wort über Simon Petrus in einem metanarrativen Satz die Interpretation folgte, so schließt sich auch hier metanarrativ die Interpretation an, die ebenso wie dort das Wort über die Zukunft des Jüngers aus der Perspektive der eingetretenen Zukunft zu deuten versucht. Allerdings ist diese Zukunft eine zweifache. In der ersten war eine Interpretation dieses Wortes Jesu wirksam, derzufolge die Gemeinde des »geliebten Jüngers« das Wort als Ansage verstand, der »geliebte Jünger« werde nicht sterben, so daß es zu einer Opposition käme, in der Petrus der Tod verheißen würde und dem »geliebten Jünger« sein Ausgenommensein vom Tod bis zur Parusie des Herrn. Vom Standpunkt einer zweiten Zukunft aus, in der der »geliebte Jünger« wie Petrus schon gestorben ist, wird diese Interpretation jedoch zurückgewiesen und der Wortlaut des Wortes Jesu über ihn nochmals zitiert. Weil in den metanarrativen Sätzen, die die Nachfolgeaufforderung an Petrus und den Bericht über die ohne Aufforderung erfolgende Nachfolge des »geliebten Jüngers« rahmen, aus einer Perspektive gesprochen wird, die um den eingetretenen Tod beider Jünger weiß, legt es sich nahe, die von beiden Jüngern zu leistende Nachfolge als Nachfolge in den Tod zu verstehen, die aber als Nachfolge des Auferstandenen zugleich in sein Leben führt.

Wie aber ist, wenn der »geliebte Jünger« gestorben ist, das Wort Jesu, das seine Zukunft betrifft: »Wenn ich will, daß er bleibt, bis ich komme,

---

strengen Sinn der Jesus-Nachfolge zu verstehen sei«. »Während Petrus nach seiner Verleugnung neu in die Nachfolge gerufen werden mußte, galt vom Vorzugsjünger, daß er Jesus auch in den Ereignissen seines Leidens und Todes unentwegt »nachgefolgt« war und an Ostern nicht neu gerufen wurde« (Ebd.).

was geht dich das an?« zu verstehen? Soll die Wiederholung des Worts in dem metanarrativen Satz nur seinen rein konditionalen Charakter betonen? Oder ist es doch so zu verstehen, daß Jesus will, daß der »geliebte Jünger« *bleibe*? Wie aber »bleibt« er, wenn er doch gestorben ist? Der »Wir«-Autor des metanarrativen Satzes in V.24 identifiziert den »geliebten Jünger« mit dem, der »für diese Dinge Zeugnis abgelegt und dieses geschrieben hat«. Obwohl der »geliebte Jünger« gestorben ist, hat er Bleibendes hinterlassen. Er ist gewissermaßen in sein Buch eingegangen. So kann er – obwohl gestorben – bleiben, bis der Herr kommt.

3. Von hier aus läßt sich das Problem, das die Zeit des »Wir-« Autors bestimmt, und das er, sich an die Sukzession der Zeit der Erzählung von Kapitel 20 anschließend, in Kapitel 21 erzählt, in den Blick nehmen. Es geht um die Geltung und das »Bleiben« des Buchs des »geliebten Jüngers«. Er selbst hatte es schon geschrieben, damit sein glaubenschaffendes apostolisches Zeugnis in schriftlicher Form weiterlebe (20,31). Jetzt soll es über den Kreis der »Brüder« hinaus zur Geltung gebracht werden, und zwar in einem gesamtkirchlichen Rahmen. Wie das »Amt«[35], das es als Barriere zu überwinden hat (Simon Petrus), behauptet es für sich apostolischen Ursprung. Der »geliebte Jünger« war, so erzählt Kapitel 21, Mitglied des Kreises der sieben Jünger, deren Wirken auf das Wort des Herrn hin die Gesamtkirche konstituierte. Auf sein Wort hin erkennt Simon Petrus erst den am Ufer stehenden Herrn, obwohl er im Handeln die Vordergrundfigur ist. Das Buch, d.h. das Johannesevangelium ist also wie das Amt, von dessen Zulassung offenbar seine Verbreitung über den Kreis der Brüder hinaus abhängt, apostolischen Ursprungs und daher unabhängig von der Frage des Petrus »Herr, was wird aus diesem?« Der »Wir«-Autor weiß, daß es auf das Wort des Auferstandenen hin »bleiben« wird, bis der Herr kommt.

Neben den Dingen, die in diesem Buche niedergeschrieben sind, verweist der »Wir«-Autor im letzten metanarrativen Satz auf Nichtaufgeschriebenes aber Aufschreibbares, dessen Menge die Welt nicht fassen kann. So wie auch am Ende des Gesprächs mit Simon Petrus vom Entschwinden des Auferstandenen nicht die Rede ist, so soll dadurch auf die Möglichkeit verwiesen werden, in der Weise des »danach« auf den »ersten Tag der Woche« und seiner Installierung »nach acht Tagen« von den Dingen zu reden, die Jesus getan hat bzw. tut.

---

[35] Es ist durchaus nicht notwendig, »Amt« im Sinne eines petrinischen Primats zu verstehen. Simon Petrus steht für das kirchliche Amt überhaupt, so wie der Paulus der Pastoralbriefe, die bekanntlich neben Paulus keinen anderen Apostel kennen, Prototyp des kirchlichen Amtsträgers ist bzw. im Wirken des Amts als gegenwärtig gedacht wird. Hierzu s. *W. Stenger*, Timotheus und Titus als literarische Gestalten, Beobachtungen zur Form und Funktion der Pastoralbriefe, in: Kairos 16 (1974) 252–267.

XII

BEOBACHTUNGEN ZUR ARGUMENTATIONSSTRUKTUR VON 1 KOR 15

1. *Vorbemerkung*

1.1. Die strukturale Beschreibung biblischer Texte hat sich bisher vor allem narrativen Textsorten zugewandt, weil dabei die mittlerweile schon beachtlichen Ergebnisse der Erzählforschung eingesetzt werden konnten. Es legt sich deshalb der Versuch nahe, auch einen argumentativen Text hinsichtlich seiner Redestrategien und den Strukturen seiner Argumentation zu beschreiben. 1 Kor 15 scheint dafür besonders geeignet, weil es eine »in sich geschlossene Abhandlung über die Auferstehung der Toten«[1] darstellt, also eine durchdachte Struktur erwarten läßt, die Paulus im kommunikativen, also rhetorisch argumentativen Rahmen seines Briefs entfaltet.

1.2. Auf erste *Kriterien* einer solchen Beschreibung verweist der Text selbst: Das erste Wort des Kapitels »γνωρίζω« (»ich tue kund« V.1) bezeichnet als Intention eines redenden/schreibenden Ichs die Kundgabe einer Botschaft gegenüber einem Kreis von mehreren Adressaten. Der Text hebt also selbst auf seinen kommunikativen Charakter ab, so daß es sich nahelegt, insbesondere darauf zu achten, wie sich die Kommunikation zwischen Adressant und Adressaten vollzieht. Neben den verwendeten Formen und Textsignalen, die die Art der intendierten Sprechakte (beweisen, behaupten, argumentieren, bitten, befehlen, usw.), bzw. die Textfunktion der Teiltexte erkennen lassen, steht somit vor allem der *Personencode* im Dienst der Kommunikation. D.h. makrostrukturell muß insbesondere beachtet werden, wie Paulus von sich selbst spricht, wie er die Korinther anredet, und wie er sein Verhältnis zu ihnen in den verschiedenen Schritten des Redegangs charakterisiert. Daneben wird makro- und mikrostrukturell zu erheben sein, in welcher Weise die Textelemente angeordnet sind, sei es, daß diese Anordnungen klassische rhetorische Muster aufnehmen, oder sei es, daß sie sich als unabhängig von diesen rhetorischen Mustern bewußt gebildete oder unbewußt gewählte Strukturen identifizieren lassen. Dazu wird es nötig sein, die Texttrenner zu beachten, so daß die Segmentierung des Texts erkennbar

---

[1] *H. Conzelmann*, Der erste Brief an die Korinther (KEK 5), Göttingen 1969, 293.

wird. Ebenso sind Oppositionen und Äquivalenzen (Parellelismen, Wiederholungen) auf der lexematischen, syntaktischen und semantischen Ebene aufzusuchen. Die dadurch hervortretende Oberflächenstruktur des Texts soll in seiner Druckanordnung sichtbar werden.

2. Die Basis der Argumentation (VV. 1–11)

2.1. Makrostrukturelle Übersicht

2.1.1. Der Adressant, Paulus, redet die Adressaten, die Christen von Korinth, mit »Brüder« an, weiß sich also mit den Adressaten verbunden. »Unter Brüdern« redet man anders als zu Fremden. Eine Rede »ad intra« geht von der Vorgabe aus, beide Gesprächspartner seien an der verhandelten Sache mindestens interessiert.

2.1.2. Doch besteht in der aktuellen Situation die Gefahr, daß das Kommunikationsverhältnis dauernd gestört bleibt. Dem will die Redestrategie von Kap 15 entgegenwirken. Zu diesem Zweck schließt Paulus sich im Lauf der VV. 1–11 als einzelner Redner in eine Schar von Autoritäten ein, mit denen zusammen er in einem »Wir« der Gemeinde der Korinther gegenübertreten kann. Oder anders: Paulus macht deutlich, daß sein »Ich«, mit dem er die Korinther zu Anfang adressiert, in Wahrheit seit seiner Bestellung zum Apostel teilhat an der Autorität eines verkündigenden »Wir«-Kreises, so daß die Korinther, dem Evangelium des Paulus Glauben schenkend, in Wirklichkeit der Verkündigung dieses »Wir«-Kreises gegenüber zum Glauben kamen. Durch den Übergang vom »Ich« (V.1) in die Gemeinschaft des verkündigenden »Wir«-Kreises (V.11) schafft Paulus sich für die folgende Argumentation eine Basis. Er steht als Redner nicht mehr vereinzelt mehreren gegenüber, sondern ist seinerseits Vertreter einer Gruppe. Sie argumentiert jetzt im Brief des Paulus mit den Korinthern, hatte aber auch schon vormals den Korinthern durch Paulus etwas mitzuteilen gehabt, was diese sich nicht selbst hatten sagen können: das »Evangelium«. An seine Erstausrichtung nämlich erinnert Paulus die Brüder in Korinth in dem neuerlichen Kundgabevorgang seines Schreibens. Die Redestrategie des Paulus zielt also zunächst darauf, sich als einzelnen in einen Kreis privilegierter Träger rednerischer Autorität und verbürgter Tradition einzubeziehen. Damit ist die Grobstruktur des kommunikativen Verhältnisses zwischen Paulus und den Korinthern, das die VV. 1–11 bestimmt, fürs erste beschrieben. Die genauere Beobachtung muß zeigen, wie es Paulus gelingt, sich als Mitglied eines »Wir«-Kreises aufzuweisen, dem sich die Korinther auch jetzt noch zum Zeitpunkt des schriftlichen Kommunikationsakts gegenübersehen sollen.

2.2. Das Evangelium und der Apostel

2.2.1. V. 1

Im schriftlichen *Kundgabevorgang* der Gegenwart erinnert Paulus an einen ersten, mündlichen, in der Vergangenheit. Gegenstand der Kundgabe ist heute wie damals derselbe, das Evangelium:

x »Ich tue euch kund, Brüder, das Evangelium, (Gegenwart)
x' das ich euch verkündet habe.« (Vergangenheit)

Der kommunikative Akt war damals offensichtlich geglückt. Das damals Gesagte bestimmt noch die *Gegenwart* der Korinther: »in dem ihr auch steht«. Es hatte eine über den Tag hinausgehende Bedeutung gezeigt. Noch zum Zeitpunkt der schriftlichen Erinnerung unterwerfen sich die Adressaten der damals verkündeten Norm. Sie hat nach Meinung des Paulus auch für ihre Zukunft noch ausschlaggebende Bedeutung: »durch das ihr auch gerettet werdet.« *Gegenwart und Zukunft* der Korinther hängen wie die ineinandergehängten Glieder einer Kette an dem Verkündigungsakt des Paulus in der Vergangenheit. Der vierfach gereihte Relativsatz gibt dies in der Oberflächenstruktur des Texts zu erkennen.

2.2.2. VV. 1–2

2.2.2.1. Obwohl sie jetzt noch im Evangelium stehen, deutet sich (Konditionalsatz) an, daß sie sich ihm teilweise *entziehen* könnten: »wenn ihr daran festhaltet, mit welchem Wortlaut ich euch gepredigt habe«. Teilweise Aufgabe wäre völliges Verlassen des Evangeliums. Die Korinther würden aus ihrer Gegenwart in ihre eigene Vergangenheit zurückfallen, d.h. eigentlich in ihre Vor-vergangenheit, in den Stand vor der Erstverkündigung und -annahme des Evangeliums. Damit würden sie sich von ihrer möglichen Zukunft ausschließen: »es sei denn, ihr wäret umsonst gläubig geworden« (V.2). Die *Reihenfolge der Verben*, deren Subjekt die Adressaten sind, verdeutlicht die mögliche Rückläufigkeit der Bewegung:

a			»das ihr auch angenommen habt« (Vergangenheit)
	b		»in dem ihr auch steht« (Gegenwart)
		c	»durch das ihr auch gerettet werdet« (Zukunft)
	b'		»wenn ihr daran festhaltet ...« (Gegenwart)
a'			»es sei denn ihr wäret umsonst gläubig geworden.« (Vergangenheit)

2.2.2.2. Ähnlich wie Paulus in dem gegenwärtigen Sprechakt an seinen

vergangenen erinnernd aus der Gegenwart in die Vergangenheit zurückkehrt, deutet sich hier in der Anordnung der Textelemente eine mögliche
Rückkehr der Korinther aus ihrer Gegenwart (»stehen«/»festhalten«) in
ihre Vergangenheit an (»angenommen habt«/»gläubig geworden«). Dies
würde sie allerdings in den Stand vor ihrer Erstbegegnung mit Paulus
zurückversetzen und ihrer möglichen Zukunft verlustig gehen lassen.
(»gerettet werdet«).

2.2.2.3. Die Rückläufigkeit und Spiegelung der semantisch einander
paarig entsprechenden Verben (annehmen/gläubigwerden, ste-
hen/festhalten) läßt den Relativsatz »durch das ihr auch gerettet werden«
(c) mit seinem nichtpaarigen Verb in eine betonte Mittelstellung geraten,
die textsemantisch bedeutsam ist: Hier schon deutet sich an, was die
schriftliche Kundgabe des Evangeliums über das bloße Erinnern hinaus
Neues bringen wird. Mit der Betonung des eschatologisch rettenden
Charakter des Evangeliums wird nämlich intoniert, worum sich die Argumentation des Abschnitts von 1 Kor 15 bemüht, der auf die die Argumentationsbasis herausstellenden VV. 1–11 folgt: die Auferstehung
der Toten.[2]

2.2.3. V.3a

x Denn vor allen Dingen habe ich euch überliefert, (Vergangenheit)
y was ich auch übernommen habe. (Vorvergangenheit)

Das Textsignal »denn« läßt ein neues Textsegment einsetzen. Noch
einmal bezieht Paulus sich auf seine Verkündigungstätigkeit in der *Vergangenheit* vor den Korinthern. Daß er sein Tun als einen Überlieferungs-
vorgang bezeichnet und in dem darauffolgenden Relativsatz den Korre-
spondenzterminus der Traditionsterminologie »übernommen« benutzt,
bedeutet, daß er auf seine eigene *Vorvergangenheit* verweist und außer
den Angeredeten und sich selber weitere Aktanten ins Spiel bringt.
Paulus nämlich ist nicht selbst Ausgangspunkt des Evangeliums, das er
den Korinthern verkündet hat, und auch nicht des Neuen, das er ihnen

---

[2] Diese Beobachtung verdankt sich der Lektüre von *W. Schenk*, Textlinguistische
Aspekte der Strukturanalyse, dargestellt am Beispiel von 1 Kor 15, 1–11; NTS 23 (1977)
469–477. Allerdings möchte W. Schenk (472) in diese Rückläufigkeit auch die Verben
einbeziehen, die von der Tätigkeit des Paulus sprechen. Um das zu erreichen, ist er
gezwungen, das »Denn vor allen Dingen habe ich euch überliefert« des folgenden V.3 hin-
zuzuziehen. So gelangt er zu der Struktur a b c d c' b' a'. Dies scheitert jedoch daran,
daß das »denn« (γάρ) in V.3 ein starker Trenner ist. Er leitet eine neues Textsegment ein.
Außerdem kommt, wie schon bemerkt, Paulus von der Gegenwart seiner Tätigkeit (»ich
tue euch kund« V.1) durch das »das ich euch verkündet habe« V.1b) schon auf seine vergangene Tätigkeit zurück, der als Reaktion die vergangene Tätigkeit der Korinther (»das
ihr auch angenommen habt«) folgt. D.h.: die Rückläufigkeitsstruktur der Verben läßt sich
formal eher durch die Anordnung x x' | a b c b' a' erfassen.

jetzt erinnernd kundtun möchte. Auch er war einmal Adressat in einem Kundgabevorgang. Das aber setzt die Existenz eines oder mehrerer Adressanten voraus. Er oder sie haben auch Paulus das Evangelium mitgeteilt. Wer diese Adressanten waren, sagt Paulus noch nicht. Er zitiert zunächst nur das Evangelium, an das er erinnern möchte, geht darin aber zugleich auf seine eigene Vor-vergangenheit zu.

2.2.4. VV. 3b–5

Über die in den VV. 3–5 von Paulus zitierte christologische Bekenntnisformel 1 Kor 15, 3–5 und ihre Struktur gibt es eine ganze Bibliothek[3]. Es genügt an die wichtigsten Strukturelemente zu erinnern:

A	a *daß* Christus gestorben ist für unsere Sünden *gemäß den Schriften*,	(Todes-
	b *und daß* er begraben wurde,	bereich)
B	a' *und daß* er auferweckt wurde am dritten Tag *gemäß den Schriften*	(Lebens-
	b' *und daß* er erschien dem Kephas	bereich)

Die Formel besteht aus vier Sätzen, die alle mit »daß« (ὅτι) eröffnet werden und mit einem dreimaligen »und« (καί) aneinandergereiht sind. Eine Zweiteilung ergibt sich dadurch, daß (a) und (a') und (b) und (b') einander syntaktisch jeweils parallel gebaut sind. Vom Subjekt = Christus, das nur in (a) genannt wird, machen (a) und (a') Aussagen, die beide von zwei adverbialen Bestimmungen, von denen jeweils die letzte gleichlautend ist (»gemäß den Schriften«), näher spezifiziert werden. In (b) und (b') wird das Verb im Passiv bzw. Medium nicht durch adverbiale Bestimmungen ergänzt, auch wenn zu (b') ein Dativobjekt tritt. Dadurch kommt es textsyntaktisch zu einer Zweiteilung, die sich auch textsemantisch bestätigt: (a) und (b) sprechen vom »Todesbereich« (A)[4], d.h. vom Tod und vom Begrabenwerden des Christus, (a') und (b') vom »Lebensbereich« (B)[5], näherhin von seiner Auferweckung und seinem Erscheinen vor Kephas. (b) und (b') stehen, was ihre Funktion anlangt, in vergleichbarer Weise zu (a) bzw. zu (a'): das Begrabenwerden läßt den Tod des Christus, sein

---

[3] Vgl. zuletzt *F. Mußner*, Zur stilistischen und semantischen Struktur der Formel von 1 Kor 15, 3–5; in: Die Kirche des Anfangs (FS H. Schürmann), hrsg. v. *R. Schnackenburg, J. Ernst, J. Wanke*, Leipzig/Freiburg i.B. 1978, 405–415.

[4] *Ders*, aaO. 406.

[5] Ebd.

Erscheinen vor Kephas, sein Auferwecktsein sichtbar werden. »Todesbereich« und »Lebensbereich« sind aber nicht unvermittelte Oppositio-
nalitäten, sondern Terme einer narrativen Entwicklung. In einem sukzessiven Geschehen nämlich gelangt der Christus aus dem »Todesbereich«
des Gestorbenseins und des darauf folgenden Begrabenwerdens in den
»Lebensbereich« des Auferwecktwerdens und des darauf folgenden Er-
scheinens vor Kephas. Dabei wird vor allem durch das aneinanderreihen-
de »und« sowie durch das jedes einzelne Glied der Formel herausstellende
»daß« in »enumerativer Redeweise«[6] die Sukzessivität der Etappen des
Geschehens betont.

2.2.5. VV. 5b–7

Doch ist die »heilsgeschichtliche Erzählung in konzentrierter Weise«[7] mit
der Zitation der christologischen Bekenntnisformel keineswegs schon zu
ihrem Ende gelangt. Die Sukzessivität setzt sich bis V.8 fort, wie allein
schon die temporalen Bestimmungen »dann«, »darauf«, »zuletzt« beweisen. Doch handelt es sich nicht um eine rein sukzessive Struktur, die auf
Paulus als ihren Endpunkt zuläuft; sondern in der Erzählung der Vorvergangenheit des Paulus kommt es schon zu einem Durchblick auf die
Gegenwart des schreibenden Paulus und seiner Adressaten.

a	»*dann* den Zwölfen,
	b *darauf erschien* er 500 Brüder aufeinmal
	c von denen die meisten noch jetzt leben, c′ einige aber sind entschlafen. (Gegenwart)
	b′ *darauf erschien* er dem Jakobus
a′	*dann* allen Aposteln.«

Die Textstruktur will es nämlich, daß die vier Erscheinungen des Auferweckten zwischen der Erscheinung vor Kephas und der abschließenden
vor Paulus selbst in einer Weise angeordnet sind, daß sie in der Art
einer Ringkomposition eine Aussage umrahmen, die die Gegenwart des
schriftlichen Kundgabevorgangs betrifft. Die Aussage über die Erscheinung des Auferweckten vor den Zwölf (a) entspricht nämlich
dadurch der Aussage über die Erscheinung vor allen Aposteln (a′), daß

---

6 *Ders*, aaO. 407.
7 *J. Blank*, Paulus und Jesus. Eine theologische Grundlegung, (STANT 18), München
1968, 134.

die gleiche Konjunktion »dann« (εἶτα) verwendet wird und in beiden Fällen das Verb »er erschien« fehlt. Hingegen wird in der Aussage über die Erscheinung vor den fünfhundert Brüdern (b) und in der über die Erscheinung vor Jakobus (b') die Konjunktion »darauf« (ἔπειτα) verwendet und – wie in der Kephas – und Paulusaussage – das Verb »er erschien« (ὤφθη) gebraucht. Die Aussage über die Erscheinung vor den fünfhundert Brüdern unterscheidet sich jedoch von der Aussage über Jakobus durch den angehängten Relativsatz. In ihm wird die Zeit der Erzählung verlassen und in die Gegenwart des Paulus und der Korinther ausgegriffen. Weil die folgende Jakobusaussage aber wieder zur Zeit der Erzählung zurückfindet, gerät der Relativsatz (c,c') in eine Mittelstellung. Sie stellt ihn betont heraus. Ähnlich wie oben schon bei dem ebenfalls ringförmig gefaßten Relativsatz »durch das ihr auch gerettet werdet« (V.2) klingt wieder die Sache an, die im Anschluß an V.11 zur Verhandlung stehen wird[8]; denn vorgreifend läßt sich fragen: 'Wenn es keine Auferstehung der Toten gibt, was geschieht dann mit den verstorbenen Angehörigen der apostolischen Generation? Sind sogar sie »verloren«?'

2.2.6. VV.5a und 8

2.2.6.1. Die Sukzessivität des »dann«, »darauf«, »darauf«, »dann« endet in dem abschließenden »zuletzt« (ἔσχατον) von Vers 8:

a	Zuletzt von allen	
	c	gleichsam als der Fehlgeburt
b	erschien er auch mir.	

Der die »Erzählung« abschließende Charakter von V.8 darf jedoch nicht übersehen lassen, daß die einzelnen Erscheinungen von der Erscheinung vor Kephas bis hin zu der vor Paulus nicht in derselben Weise auseinander- und aufeinanderfolgende Etappen eines übergreifenden Geschehenszusammenhangs in ihrer Sukzessivität bezeichnen wollen, wie dies durch die »enumerative Redeweise« der Formel von 1 Kor 15, 3 – 5 für die einzelnen Etappen des Geschehens in »Todesbereich« und »Lebensbereich« geschieht. Die chiastische Anordnung der Zeitangaben »dann«, »darauf«, »darauf«, »dann«, (a b b' a'), gibt nämlich zu erkennen, daß die Wiedergabe einer streng chronologischen Reihenfolge nicht intendiert wird, sondern die Ereignisse untereinander eine gewisse Auswechselbar-

---

8 Vgl. *W. Schenk*, aaO. 472.

keit besitzen. Die Sukzessivität, die die Reihe der Erscheinungen beherrscht, ist nicht so sehr eine der Einzelereignisse untereinander als die Sukzessivität aller Erscheinungen – inklusive der vor Paulus – zusammengenommen im Hinblick auf das Auferwecktsein des Christus von den Toten[9]. Nicht ihre Reihenfolge untereinander, sondern daß sie alle zu dem »Danach« seiner Auferweckung gehören, steht im Vordergrund. Darum kann Paulus die Erscheinung, die ihm widerfuhr, als eine ihn gleichsam als die »Fehlgeburt«[10] einstufende, »zuletzt« erfolgte verstehen und sie doch zugleich dadurch aufwerten, daß sie, als letzte auf die erste vor Kephas bezogen, mit dieser zusammen alle anderen umspannt – sowohl bei der vor Kephas als auch der vor Paulus begegnet der Erscheinungsterminus »er erschien« – und so die Vollzahl derer erfüllt und abschließt, die in dem »zuletzt von allen« gemeint sind.

2.2.6.2. Mit der Erscheinung vor Paulus kommen die Erscheinungen des Auferweckten zum Abschluß. Zugleich wird die Zahl der apostolischen Zeugen für den Auferweckten darin vollendet. Die von Paulus hervorgehobene Defizienz seiner eigenen Person – »gleichsam als der Fehlgeburt« – ist darum eigentlich keine Defizienz. Wie es den Kephas auszeichnet, daß er als der erste genannt wird, dem die Erscheinung des Auferweckten widerfuhr, so soll Paulus auszeichnen, daß er sich als den letzten anführt. Er grenzt mit sich selber den Erscheinungszeitraum (Vorvergangenheit) vom Zeitraum der Verkündigung des Evangeliums (Vergangenheit, Gegenwart) endgültig ab. Als letzter ist er auf den ersten bezogen; erster und letzter umschließen die ein-für-allemal abgeschlossene und begrenzte Vollzahl der Erscheinungszeugen. Zugleich bezieht Paulus sich dadurch selbst in das Evangelium ein. Wie der erste, Kephas, Bestandteil der überlieferten Formel, so ist der letzte, wie auch die anderen, Teil des Evangeliums, an dessen Erstverkündigung er die Korinther erinnern möchte.

2.2.6.3. Damit löst sich auch die bisher unbeantwortete Frage, wer der Adressant des Kundgabevorgangs in der Vor-vergangenheit des Paulus, in dem Paulus als Adressat das empfing, was er den Korinthern in der

---

[9] Ähnlich erkennt *W. Schenk*, aaO. 474, »daß die wechselnden Zeitadverbien hier primär eine makrosyntaktische Funktion haben, die sich von ihrer lexematischen Grundfunktion, primär temporale Aussagen zu machen, unterscheidet«. Er verschließt sich aber die volle Auswertung dieser Einsicht, weil er V.8 zum folgenden zieht, wogegen schon das als Texttrenner wirksame »denn« (γάρ) und das ebenfalls trennende, betonte »ich« (ἐγώ) von V.9 sprechen. Die Zusammenfassung der VV. 8 – 10 zu einen Teiltext hat zudem zur Folge, daß die Strukturanalyse dieser Verse in Verwirrung gerät.

[10] Vgl. *Blass, Debrunner, Rehkopf*, Grammatik des neutestamentlichen Griechisch, Göttingen[14] 1976, § 453,6: »Die Stellung der Apposition (»wie der Fehlgeburt«) vor dem »auch mir« betont den Vergleich.« S. dazu: *P. v.d. Osten-Sacken*, Die Apologie des paulinischen Apostolats in 1 Kor 15, 1 – 11; ZNW 64 (1973) 250ff.

Vergangenheit der Erstverkündigung überliefert hat, gewesen sei. Obwohl Paulus das Evangelium in sprachlich vorformulierter und geprägter Form zitiert und damit kundtut, daß er es von denen empfangen hat, die vor ihm sich zu dem Christus bekannten, sind es dennoch nicht die »Altapostel«, die ihm das Evangelium übergeben hatten. Als Erscheinungszeuge gehört Paulus vielmehr selbst zu dem Evangelium[11], so daß, was er den Korinthern überliefert hat, er vom Herrn hatte selbst empfangen dürfen. Was sich wie Bescheidenheit liest, ist in Wirklichkeit höchster Anspruch, freilich ein Anspruch, der den Vorzug nicht als eigene Leistung versteht, wie es die folgenden Verse 9–10, die mit dem in V.8 zwischen a und b stehenden Textelement c »gleichsam als der Fehlgeburt« angekündigt werden, unmißverständlich offenlegen.

2.2.7. VV. 9–10

2.2.7.1. Paulus ist auf seine Vor-vergangenheit zu sprechen gekommen. Er wollte aufzeigen, daß das, was er in der Vergangenheit den Korinthern verkündet hat, und das, was er in der Gegenwart des Briefs ihnen in die Erinnerung zurückruft, sich nicht dem Einfall eines einzelnen verdankte und verdankt. Vielmehr soll herausgestellt sein, daß es von einem gesagt wurde und geschrieben wird, dessen »Ich« einbezogen ist in das »Wir« eines Kreises, der vom auferweckten Herrn selbst zur Verkündigung des Evangeliums bestellt worden ist. Damit hätte der Apostel eigentlich ein Ziel seiner Ausführungen erreicht. Er hätte sich als einzelnen Sprecher/Schreiber, der sich Mehreren, den Christen von Korinth, gegenübersieht, in einen Plural von Zeugen einbezogen, so daß in seiner Person die Korinther diesem Kreis von Mehreren und zudem besonders Qualifizierten konfrontiert wären. Was in der Vor-vergangenheit des Paulus sich ereignet hatte, würde seine besondere Autorität gegenüber den Korinthern in der Vergangenheit der Erstverkündigung und in der Gegenwart des Briefs begründen.

2.2.7.2. Doch sieht Paulus diese Vor-vergangenheit darüber hinaus noch bestimmt von dem Zeitraum, der vor seiner Berufung durch den Auferweckten zum Apostel lag. Die Erscheinung widerfährt ihm ja doch »gleichsam wie der Fehlgeburt« (c). Um alle Einwände, die seine Angehörigkeit zum Kreis der Erscheinungszeugen unter Hinweis auf den Zeitraum, der vor seiner Bestellung zum Erscheinungszeugen lag, be-

---

[11] Vgl. a. W. *Schenk*, aaO. 476: »Evangelium und Apostolat sind als unmittelbare Ergebnisse von Ostern miteinander der Grund der Kirche und alles Christseins. In dieser Basis-Funktion hängen sie miteinander zusammen und entsprechen sich reziprok: ohne Evangelium gibt es keinen Apostolat und ohne Apostolat kein Evangelium. Sie bilden urchristlich mit der Auferweckung Jesu zusammen ein gemeinsames semantiches Feld«.

streiten könnten, vorwegzunehmen und dadurch zu entkräften, wertet sich Paulus mit der Hyperbel[12] »gleichsam wie der Fehlgeburt« ab, um sich, als betont am Schluß stehend und auf Petrus beziehend, aufzuwerten. Zusätzlich kommt er selbst auf diese Vergangenheit, die vor der Vorvergangenheit seiner Berufung lag, zu sprechen:

a	*Ich* nämlich **bin** der geringste der Apostel, der ich nicht wert **bin** Apostel zu heißen,

	b	weil ich die Kirche Gottes verfolgt habe.

| | | c | Durch *Gottes Gnade* aber **bin** ich, was ich **bin**, |
| | | c′ | und seine *Gnade gegen mich* ist nicht vergeblich gewesen, |

	b′	sondern ich habe mehr gearbeitet als sie alle,

a′		doch nicht *Ich* sondern die *Gnade Gottes mit mir*.

2.2.7.3. Die Anordnung des Texts im Druck hebt wieder die gliedernden Strukturelemente hervor: Textteil (a) entspricht dadurch Textteil (a′), daß hier wie dort ein betontes »Ich« (ἐγώ) verwendet wird. In Textteil (c) und (c′) ist von der »Gnade (Gottes)« und ihrem Wirken in Hinblick auf Paulus die Rede. Das doppelte »bin« des Haupt- und Relativsatzes von (a) begegnet, wieder auf Haupt- und Relativsatz verteilt, auch in Textteil (c). Die Verbindung von »Gnade« mit einer Präposition und einem Personalpronomen in (c′): »Gnade gegen mich« verweist auf Beziehungen zu der ähnlichen Wortfolge »Gnade Gottes mit mir« (wiederum »Gnade« mit Präposition und Personalpronomen) in (a′). Schließlich ist sowohl in Textteil (b) als auch in (b′) von einem Tun des Paulus die Rede. Daß diese textverschränkenden Elemente im Dienst des Bedeutens stehen, läßt sich leicht erkennen, wenn man den Text in einer durch Tilgungen vereinfachten Form liest:

(a) Ich nämlich bin der geringste der Apostel,
    der ich nicht wert bin, Apostel zu heißen,
(b) weil ich die Kirche Gottes verfolgt habe.
(b′) (Aber) ich habe mehr gearbeitet als sie alle.

2.2.7.4. In dieser Textform ließe sich Textteil (a) nur als nicht ganz ernstgemeinte Demutsfloskel verstehen; würde doch Textteil (b′) behaupten, daß Paulus nachher mit seiner alle anderen Apostel übertreffenden Mühe das kompensiert und wettgemacht habe, was ihn vorher von

---

[12] *Blass, Debrunner, Rehkopf*, § 495,5.

den anderen negativ unterschied; nämlich, daß er zunächst die Kirche Gottes verfolgt hatte (b), so daß sein Ihnen-Gleichwertig-Werden in seinem eigenen Tun und in seiner eigenen Leistung begründet wäre. Oder anders gesagt: die Begegnung mit dem Auferstandenen hätte ihn nicht wirklich zum Apostel gemacht, sondern ihn nur auf den Weg gesetzt, das Apostelsein durch eigene Leistung zu erreichen. Dem »weil ich die Kirche Gottes verfolgt habe« wäre so der eigentliche Ernst genommen, weil es als etwas erschiene, was durch Wiedergutmachung wettzumachen gewesen wäre.

2.2.7.5. Im Gegensatz dazu stellt die Struktur der vollständigen Textform – (wiederum in der Art einer Ringkomposition (Vgl. VV. 1 – 2 und 5b – 7) mit einem zusätzlichen Chiasmus (c × c′)) – das Tun Gottes, seine »Gnade«, betont in das Zentrum des Textsegments:

Ich des Paulus	Tun des Paulus	Gnade Gottes	Gnade Gottes	Tun des Paulus	Ich des Paulus
(a)	(b)	(c)	(c′)	(b′)	(a′)

Beachtet man die Beziehung, die sich durch das doppelte »bin« zwischen (c) und (a), und durch die Parallelität der Wortverbindungen »seine Gnade gegen mich« und »die Gnade Gottes mit mir« zwischen (c′) und (a′) andeuten, läßt sich sagen, daß die »Gnade Gottes« in zweifacher Hinsicht im Hinblick auf Paulus wirksam gewesen war und es noch ist.

1. Sie allein begründete für Paulus in seiner Begegnung mit dem Auferweckten sein Sein als Apostel, und zwar obwohl er die Kirche Gottes verfolgt hat, so daß er sich zurecht als »geringster der Apostel« versteht. Dem »weil ich die Kirche Gottes verfolgt habe« bleibt damit sein voller Ernst erhalten. Es wird nichts »wiedergutgemacht«.

2. Die »Gnade Gottes« wirkte und wirkt auf eine solche Weise in der apostolischen Arbeit des Paulus, daß nicht er es ist, sondern »die Gnade Gottes mit ihm«, die »mehr gearbeitet hat als alle anderen Apostel«, so daß er, obwohl er der »geringste der Apostel« ist und nicht bloß sagt, daß er es sei, durch die Gnade Gottes ihnen gleichwertig gemacht wird, ohne daß etwas von seiner Verantwortlichkeit für die Tat der Kirchenverfolgung abgestrichen, aber auch ohne daß etwas von dem »mehr arbeiten als alle anderen« als sein Verdienst angerechnet werden müßte.

2.2.8. *V.11*

2.2.8.1. Die 'Gleichwertigkeit' des Paulus mit den übrigen Erscheinungszeugen ist gegen die möglichen Einwürfe abgesichert. Das Fazit kann gezogen werden:

a		»Ob nun ich, ob jene,
	c (a′ b′)	so verkündigen wir, (Vergangenheit u. Gegenwart)
b		und so seid ihr gläubig geworden.« (Vergangenheit)

Die Unterschiedlichkeit von Paulus (a) und den anderen Aposteln – noch einmal hervorgehoben durch die Wiederholung des »ob« (εἴτε) – mündet in das »Wir« der Verkündiger. Ihnen stehen die Korinther gegenüber, wie das doppelte »so« (οὕτως) deutlich macht. Daß das »wir verkündigen« im zeitlosen Präsens steht, also Vergangenheit und Gegenwart umfaßt, während das »ihr seid gläubig geworden« (Aorist) auf die Vergangenheit der ersten Predigt des Paulus bzw. auf die Reaktion der Korinther dieser Predigt gegenüber zurückweist, deutet einmal darauf hin, daß der Paulus, der ihnen damals verkündete, es mit den anderen heute noch in der gleichen Weise tut, so daß das »Ich« seiner Verkündigung damals schon einbezogen war in das »Wir« mit den anderen. Zum anderen läßt sich der Tempuswechsel oppositionell verstehen: Paulus verkündigte damals wie heute das apostolische Evangelium. Die Korinther sind damals gläubig geworden. Glauben sie heute noch? In V.1 und 2 hatte Paulus diese Frage positiv beantwortet, doch deutete sich dort in dem Konditionalsatz (V.2) wie hier im Gebrauch der Vergangenheitsform im Gegensatz zu der Gegenwartsform der Verkündigungsaussage die Möglichkeit an, daß sie das »rettende Evangelium« verlassen, ihre Zukunft aufs Spiel setzen und in ihre Vor-vergangenheit zurückfallen, in der das Evangelium noch nicht bei ihnen verkündet worden war. Warum sonst bedürfte es der Erinnerung (V.1)?

2.2.8.2.   Die apostolische Verkündigung ist demnach dem zum Glaubenkommen der Korinther vorgeordnet. Die Verkündigung ist nämlich (zeitloses Präsens) damals dieselbe wie heute. Ob dem zum Glaubenkommen der Korinther in der Vergangenheit auch ihr heutiger Glaube noch entspricht, wird offen gelassen. Der Aorist bewirkt eine textliche Leerstelle. Diesen Vorrang der Verkündigung läßt die Textstruktur auch ringkompositorisch erscheinen: Das »Ob nun ich ob jene« (a) mündet in das »wir« (a′) von »so verkündigen wir« (c) und das »gläubig geworden sein« der Korinther (b) ist Folge des »verkündigen« (b′) und das »so« des zum Glaubenkommens entspricht dem »so« der Verkündigung (c), so daß die durch die Leerstelle implizierte Frage nach dem heutigen Glauben der Korinther nicht dessen Existenz überhaupt bestreiten möchte, sondern seine Art und Weise, d.h. seine Identität mit der apostolischen Verkündigung von damals und heute in Frage stellen will.

3. Die »Argumentation«

3.1. Makrostrukturelle Übersicht

3.1.1. Paulus hat den Korinthern gegenüber eine 'Front' aufgebaut, indem er sich als Einzelsprecher/schreiber in das »Wir« der apostolischen Erscheinungszeugen und in das Evangelium selbst einbezogen hat. Damit hat er sich eine Basis für den folgenden Argumentationsgang geschaffen. Im folgenden löst er die 'Einheitsfront' der Korinther, die er bisher angeredet hat, auf.

3.1.2. Zunächst gliedert er aus den Korinthern, die er auch weiterhin anredet, »einige« (τινες) aus (V.12), deren Meinung er dem apostolischen Kerygma konfrontiert, um ihnen schließlich »Unkenntnis Gottes« (V.34) zu bescheinigen und die übrigen Korinther aufzufordern, den verderblichen Umgang mit diesen »einigen« aufzugeben (V.33). Im Zitat der gegnerischen Meinung wie in der paränetischen Aufforderung an die Korinther dissoziiert Paulus die Front der Adressaten. Dabei werden die »einigen« zum Objekt seiner Rede. Aus der Adressatenrolle werden sie ausgeklammert. Adressaten bleiben hingegen die übrigen Korinther.

3.1.3. Schließlich treibt Paulus die Aufsplitterung der gegnerischen 'Front' noch dadurch weiter, daß er sich einen »jemand« (τις) (V.35) herausgreift, den er gleich zu Anfang, bevor er noch dessen Meinung belehrend zurückweist, als »Tor« (V.36) einstuft. Am Ende des Kapitels werden so aus den korinthischen »Brüdern« der Anrede (VV.1. (31), 50) »meine geliebten Brüder«, die Paulus auffordert, das zu werden, was zu sein er ihnen zu Anfang schon bescheinigte, aber gefährdet sah (VV.1.2), nämlich »fest und unerschütterlich« (V.58) im Bezug auf das »Stehen im« und das »Festhalten am« (VV.1.2) Evangelium. Weil dies zu Anfang und Ende des Kapitels herausgestellt wird, darf die »Unerschütterlichkeit« der Korinther im Hinblick auf die Beschaffenheit des bei der Gemeindebegründung verkündigten Evangeliums als das eigentliche persuasive Ziel verstanden werden, das Paulus mit der Argumentation von 1 Kor 15 erreichen will.

3.1.4. Die Beobachtungen legen es nahe, die VV. 12–58 in zwei größere Abschnitte einzuteilen: im ersten befaßt sich Paulus mit dem, was »einige« der Korinther sagen (VV. 12–34). Im zweiten geht er auf die Einwürfe des »jemand« ein. (VV. 35–58)

3.2. »Einige«: 'Eine Totenauferstehung gibt es nicht.' (VV. 12–34)

3.2.1. VV. 12–19

3.2.1.1. Die Argumentationsbasis, die sich Paulus dadurch geschaffen hat, daß er sich in den »Wir«-Kreis der Erscheinungszeugen und apostolischen Verkünder des Evangeliums einbezogen hat, findet ihre Anwendung. Sie wird nämlich in dem 'objektiv' geltenden Passiv »es wird verkündet«, das den Abschnitt eröffnet, dem gegenübergestellt, was »einige« der Korinther »sagen«. So kommt es zu einer doppelten Opposition: Dem »Verkündigen« steht ein bloßes »Sagen«, dem »Wir«-Kreis, der sich in dem Passiv ausdrückt, befinden sich »einige« aus den Korinthern gegenüber. So wird von vornherein der Vorrang des apostolischen Kerygmas: »Christus ist von den Toten auferweckt worden« gegenüber der gegnerischen Parole: »Eine Totenauferstehung gibt es nicht« hervorgehoben. Das eine ist die offizielle, apostolische, gültige Lehre, das Evangelium, zu dem die Angeredeten sich als zu ihrer Verhaltensnorm bekennen, wie Paulus ihnen zu Anfang bescheinigen konnte, das andere nur das Gerede »einiger« abseitsstehender Neuerer, d.h. »jenseits von Apostolizität und Allgemeingültigkeit der Botschaft«[13] befindlicher. Zugleich werden so zwei Aussagen, die vorher in der Gemeinde von Korinth ohne Beziehung zueinander im Gebrauch waren, miteinander konfrontiert und als gegensätzliche, d.h. einander ausschließende Aussagen vorgestellt:

	x	Wenn aber verkündet wird: »Christus ist von den Toten auferweckt worden«,
	y	Wie sagen unter euch einige: »Eine Totenauferstehung gibt es nicht.«
A	y′	Wenn es eine Totenauferstehung nicht gibt,
	x′	ist auch Christus nicht auferweckt worden.
	x″	Wenn aber Christus nicht auferweckt worden ist,
	a	ist folglich leer sowohl unsere Verkündigung
	b	als auch leer euer Glaube
B	a′	Wir werden auch als falsche Zeugen Gottes erfunden, weil wir gegen Gott bezeugten, daß er Christus auferweckt hat, den er nicht auferweckt hat,
	y″	wenn nämlich die Toten nicht auferweckt werden,
	y‴	denn wenn die Toten nicht auferweckt werden,
	x‴	ist auch Christus nicht auferweckt worden.
	x‴	Wenn Christus nicht auferweckt worden ist,
	b′	ist euer Glaube eitel, seid ihr noch in euren Sünden.
C	c	Folglich sind auch die in Christus Entschlafenen verloren.
	c′	Wenn wir nur in diesem Leben Hoffnung auf Christus haben, sind wir bemitleidenswerter als alle Menschen.

---

[13] *J. Becker*, Auferstehung der Toten im Urchristentum, (SBS 82), Stuttgart 1976, 77.

3.2.1.2. Daß beide Aussagen sich ausschließen, zeigt der auf die Konfrontation der beiden Sätze folgende erste Teil eines Kettenschluß (V.13:y', x'). Gilt der allgemeinere Satz: 'Eine Totenauferstehung gibt es nicht', muß notwendigerweise die einen Einzelfall meinende Aussage: 'Christus ist von den Toten auferweckt worden' falsch sein. Es ist zu beachten, daß die Normalform des Kerygmas: »Christus ist von den Toten auferweckt worden« durch die Insertion des »von den Toten« erweitert ist[14]. Man darf darin einen Einfluß der gegnerischen Meinung sehen. In der Anwendung des Kerygmas auf die neue Situation »verändert« sich auch das Kerygma. Auf die Situation anwendbar ist es nur, wenn es auf diese eingeht. Seine bloße Wiederholung würde nicht genügen.

3.2.1.3. Der zweite Teil des Kettenschlusses (V.14) zeigt die fatalen Konsequenzen für die Apostel wie die Korinther auf: die Verkündigung wäre leer (V.14b (a)), daher auch der sich auf die Verkündigung richtende Glaube der Korinther (V.14c (b)). Paulus deckt die Beziehungen auf, die zwischen dem verkündeten Evangelium und der unter den Korinthern verbreiteten Ansicht bestehen.

3.2.1.4. Diese Beziehung des sich einander Ausschließens beider Sätze hatten die Korinther noch nicht wahrgenommen. Für sie war beides möglich, an das Kerygma zu glauben und zugleich auch die Ansicht der »einigen« zu teilen. Paulus enthüllt die Unmöglichkeit eines 'Sowohl – als auch' und stellt die Korinther vor die Entscheidung des 'Entweder-oder'.

3.2.1.5. Textteil B geht wiederholend noch einmal auf die Konsequenzen ein, die sich für Verkündiger wie Glaubende ergäben, träfe der Satz der »einigen« zu. Rhetorisch gesehen handelt es sich in diesem Textteil um eine »amplificatio«, deren »Hauptfunktion ... die Steigerung« ist, und die hier zugleich zu einer »Verbreiterung des Ausdrucks« führt[15]. Wiederum finden sich Elemente einer Ringkomposition[16]. In der zentralen Position der textlichen Anordnung wird der erste Teil des Kettenschlusses von Textteil A noch einmal wiederholt (y''', x'''). Die Aussage der »einigen«: 'Eine Totenauferstehung gibt es nicht' hat sich jetzt in der Formulierung dem Kerygma schon angeglichen, ein Anzeichen nicht nur dafür, daß für Paulus »Auferstehung« und »Auferweckung« für dieselbe Sache stehen können, sondern auch dafür, daß in der Konfrontation der

---

[14] Vgl. *E. Güttgemanns*, Der leidende Apostel und sein Herr, (FRLANT 90) Göttingen 1966, 67ff.

[15] *H. Lausberg*, Elemente der literarischen Rhetorik, München³ 1967, 35ff.

[16] Diese Ringkomposition wird in der kurzen rhetorischen Analyse von K. Berger übersehen. Er will »zwei Kettenschlüsse in V. 13–15. 16–18, aufgebaut nach dem Prinzip der Steigerung« erkennen. *K. Berger*, Exegese des Neuen Testaments, Heidelberg 1977, 58.

beiden Aussagen das Kerygma sich zwar noch nicht syntaktisch – es bleibt noch verneint! –, aber doch lexematisch durchzusetzen beginnt. Die unmittelbare Rahmung des Schlußverfahrens von der Unmöglichkeit der Totenauferstehung auf die Unmöglichkeit der Auferweckung Christi (y''', x''') wird wiederum durch die beiden gegensätzlichen Aussagen gebildet: »wenn nämlich die Toten nicht auferweckt werden« (y'') bzw. »wenn Christus nicht auferweckt worden ist.« (x'''') Beide Aussagen sind allerdings konditional mit einer vorangehenden Aussage über die Verkünder (a') bzw. mit einer nachfolgenden Aussage über den Glauben der Korinther (b') verbunden, und zwar so, daß der »Verkünderaussage« die gegnerische Lehre (a', y''), der »Glaubensaussage« das verneinte Kerygma (b', x'''') korrespondiert. In »Verkünderaussage« wie in »Glaubensaussage« wird intensiviert und gesteigert, was in Textteil A durch die Erwähnung der »leeren« Verkündigung und des »leeren« Glaubens angedeutet wurde: Die Verkündigung der apostolischen Zeugen wäre, wenn die Gegneraussage zutreffend wäre, nicht einfachhin nur inhaltsleer. Vielmehr wäre ihr Zeugnis insofern theologisch qualifiziert, als es sich gegen Gott richten würde. Auch wenn es keine Auferstehung der Toten gäbe, auch wenn Christus nicht auferweckt worden wäre, gäbe es für Paulus ja ungefragt Gott, und gäbe es – ebenso selbstverständlich – Sünde, nur daß man dann dem Zorn Gottes nicht entrinnen könnte. Die Verkünder würden sich mit ihrer »leeren« Verkündigung lügnerisch gegen Gottes Wahrheit richten, und die dieser lügnerischen Verkündigung Glaubenden blieben in der ganzen Unentschuldbarkeit ihrer Sünden verhaftet.

3.2.1.6. Die »amplificatio« des Textteils B läßt erkennen, daß es Paulus um mehr geht als um den puren Nachweis einer bloß logischen Unverträglichkeit des Kerygmas von der Auferweckung des Christus mit der in Korinth umgehenden Rede von der nicht möglichen Auferstehung der Toten. Die kurze Aussage über die »leere« Verkündigung und den »leeren« Glauben wird vertieft, indem die theologischen und existentiellen Konsequenzen beleuchtet werden. Die Verkündigung des auferweckten Christus wäre gottwidriges, die Wahrheit Gottes und die Wahrheit über Gott verstellendes Tun; der Glaube an diese »leere« Botschaft würde nichts bewirken, ließe den Glaubenden in seinen Sünden und in seiner Unentschuldbarkeit, wäre das, was »einige« sagen, wahr. Insofern Paulus dicsc Konsequenzen herausstellt, appelliert er rhetorisch nicht mehr nur an den Intellekt der Korinther, sondern wirbt, sich affektischer Mittel bedienend, um die affektische Zustimmung seiner Leser[17]. Besonders die

---

[17] Vgl. *H. Lausberg*, aaO. 34. S. auch *B. Spörlein*, Die Leugnung der Auferstehung

in Textteil C genannten abschließenden (»folglich«, ἄρα) Konsequenzen
für Tote und Lebende zeigen dies auf: die in Christus Entschlafenen wären verloren (c); die Lebendigen, d.h. Korinther, Apostel und Paulus,
wären beklagenswert, weil sie einer Illusion aufgesessen sind (c'). Die
»deductio ad absurdum« ist zu ihrem Ziel gekommen[18].

3.2.2. VV. 20–28

3.2.2.1. In V.12 hatte Paulus sich auf die Formulierung des Kerygmas
von V.3 zurückbezogen und hatte es mit der in Korinth verbreiteten
Meinung konfrontiert, um die Unvereinbarkeit beider Aussagen aufzuzeigen. Dabei zeigt die Erweiterung des Kerygmas um das »aus Toten«, daß er es nicht als eine der Situation enthobene Größe wiederholte,
sondern daß er es in der Konfrontation auf die Situation hin auslegte.
Nachdem er hypothetisch das Kerygma außer Kraft gesetzt und die fatalen Folgen aufgezeigt hat, die eine Übernahme der bekämpften Ansicht
für Verkünder und Glaubende, Tote und Lebende mit sich brächte, stellt
er es in der Form einer Behauptung erneut als geltend hin (x), wie schon
der Gebrauch des Adverbs »nun aber« (νυνὶ δέ), das »oft den Gegensatz
der Wirklichkeit zu einem bloß angenommen Falle einleitet«[19], zeigt.
Der Behauptungssatz bezieht seine assertorische Kraft daraus, daß er, wie
Paulus in 1 Kor 15, 1–11 aufgewiesen hat, Bestandteil des gemeinur-
kirchlichen Evangeliums ist. Sein Widerspruch zu der Meinung der »einigen« zeigt sich jetzt noch stärker, weil positiv entfaltet wird, was die Auferweckung Christi von den Toten bedeutet: Christus ist »Erstling der
Entschlafenen« (y).

3.2.2.2. Damit interpretiert Paulus das gegebene Kerygma noch stärker
auf die Situation hin; denn die Auferweckung Jesu wird so zum Anfang
und zum Grund der Totenauferstehung. Der Ausdruck »Erstling der
Entschlafenen« umfaßt ein temporales und ein kausales Moment;
Christus ist erster einer Reihe und als solcher konstitutiv für die
anderen[20]. Im Doppelparallelismus der zwei antithetischen Parallelismen
der VV. 21–22 wird das begründet. Dabei geht V.21 in der Form eines

---

(BU 7) Regensburg 1971, 69: »Diese Gedankengänge legen nun keine Argumente logi-
scher Natur vor, mit deren Hilfe etwa die Auferweckung des Christus oder die allgemeine
Totenauferstehung – oder gar der Glaube daran – bewiesen werden könnte oder sollte.
Es sind vielmehr argumenta ad hominem, Hinweise auf alle die Folgen, welche sich un-
weigerlich einstellen mit der Leugnung der Auferweckung Toter.«

[18] *K. Berger,* aaO. 58.

[19] *R. Kühner, B. Gerth,* Grammatik der griechischen Sprache, II, 2, Hannover/Leipzig
1904, 117.

[20] *H. Conzelmann,* aaO. 317.

x	Nun aber ist Christus auferweckt worden aus den Toten
y	Erstling der Entschlafenen

	a	Denn da durch einen Menschen der Tod
	b	auch durch einen Menschen die Totenauferstehung
	a'	Denn wie in Adam alle sterben
	b'	So werden auch in Christus alle lebendig gemacht werden
	c	Jeder aber in seiner eigenen Ordnung

c'	Als Erstling Christus
c''	Darauf die Christus gehören bei seiner Ankunft
c'''	Dann das Ende

	d	Wenn er übergibt die Herrschaft dem Gott und Vater
	e	Wenn er vernichtet hat *alle* Herrschaft und *alle* Macht und Gewalt,
	f	Denn er muß herrschen, bis er (Gott) ihm *alle* Feinde unter seine Füße gelegt hat,
	e'	Als letzter Feind wird der Tod vernichtet.
	f'	*Alles* nämlich hat er ihm unter die Füße gelegt.
	f''	Wenn es aber heißt: *alles* ist unterworfen worden, so ist klar: *alles* außer dem,
	g	der ihm *alles* unterworfen hat.
	e''	Wenn ihm aber *alles* unterworfen ist,
	d'	dann wird sich auch der Sohn selbst dem unterwerfen,
	g'	der ihm *alles* unterworfen hat,

c''''	damit Gott sei *alles* in *allem*.

für Paulus »bekannte(n) und anerkannte(n) Sachverhalt(s)«[21] (ἐπειδὴ γάρ) begründend zunächst auf das kausale Moment ein, wobei die ungefragte Geltung des Satzes durch die Anapher[22] »durch einen Menschen« unterstützt wird: »Ein Mensch war es, durch den der Tod möglich und notwendig wurde (a); ein Mensch ist es, durch den Auferweckung

---

[21] B. *Spörlein*, aaO. 72. H. *Conzelmann*, ebd.: »in der Form eines Prinzips«.
[22] Vgl. H. *Lausberg*, aaO. 86f.; H. *Plett*, Einführung in die rhetorische Textanalyse, Hamburg[3] 1975, 35.

möglich und wirklich wurde« (b)[23]. V.22 spezifiziert das in V.21 allgemein Formulierte[24] dadurch, daß parallel für das doppelte »durch
einen Menschen« jetzt Adam und Christus eintreten: Der »Mensch«,
durch den der Tod kam, ist Adam, in dem alle sterben (a'), der »Mensch«
durch den die Totenauferstehung kommt, ist Christus, in dem alle lebendig gemacht werden (b').

3.2.2.3. Die Spezifizierung des allgemeinen Prinzips bringt es mit
sich, daß jetzt das temporale Moment stärker hervortritt: Was durch
Adam in die Welt gekommen ist, bestimmt die Gegenwart (ἀποθνῄσ-
κουσιν), was in Christus begonnen hat, wird alle in Zukunft erfassen
(ζωοποιηθήσονται). Das temporale Moment wird in den VV. 23–24a
präzisiert: Das Geschehen, das mit der Auferweckung Jesu beginnt, wird
in drei zeitlich aufeinanderfolgende Etappen aufgeteilt. In ihrer Dreizahl
betonen sie die »lückenlose Vollständigkeit«[25] eines zeitlichen Ganzen.
Der Hinweis, daß die sukzessiven Etappen (»Erstling« (c') – »Darauf«
(c'') – »Dann« (c''')) dieses zeitlichen Ganzen gemäß einer »Ordnung«
(c) verlaufen, unterstreicht noch den Totalitätscharakter. Die erste Etappe (c') verweist auf das, was in der Auferweckung des Christus schon
geschehen ist: er ist schon lebendig gemacht worden. Die zweite verlegt
die Lebendigmachung derer, »die Christus gehören« (c''), deren Erstling
er also im kausalen Sinn ist, auf die Parusie. Die das Ganze abschließende
Etappe überschreitet die Grenzen des bisher behandelten Themas, insofern von etwas die Rede ist, was sich nach der Auferweckung des
Christus und nach der Lebendigmachung aller, die »Christus gehören«,
bei der Parusie ereignen wird: dem »Ende« (c''').

3.2.2.4. Damit werden die Auferweckung des Christus und die
Totenauferstehung integrale Bestandteile eines umfassenderen Zusam-
menhangs. Sie werden eingeordnet in die »Ordnung« des Heilsplans
Gottes, der in der Auferweckung Christi beginnend über die Totenauferstehung bei der Parusie zum »Ende« führen wird. Die folgenden Verse
(24b–28) führen aus, was es um das »Ende« auf sich hat, und wirken
zunächst wie eine »Digression«, d.h. eine »Durchbrechung eines
thematisch geschlossenen Texts durch eine selbständige Texteinheit,
deren Thema komplementär . . . zum Hauptthema«[26] ist.

3.2.2.5. Zur Gliederung dieses Teiltexts trägt als Gliederungssignal
vor allem die dreimalige Aufnahme eines Schriftzitats bei (f, f', f'').
Dieses wird zweimal zur Begründung eingesetzt (f, f') und einmal zitiert,

---

[23] *B. Spörlein*, aaO. 72.
[24] Ebd.
[25] *H. Lausberg*, aaO. 29
[26] *H. Plett*, aaO. 54.

um näher erläutert zu werden (f''). Die doppelte Aufnahme des Zitats in
V.27 (f', f'') läßt eine Zäsur erkennen, so daß sich die Verse 24b – 27a und
27b – 28 als die beiden Segmente der Texteinheit verstehen lassen. Das
erste Segment wird durch zwei »wenn«-Sätze eingeleitet, deren zweiter
dem ersten untergeordnet ist: Am »Ende« wird Christus dem Gott und
Vater die Herrschaft übergeben (d), nachdem er vor dem »Ende« alle
Mächte vernichtet hat (e). Der erste »wenn«-Satz spricht mithin von
einem Ereignis unmittelbar nach der Parusie, der zweite von Vorgängen
in dem Zeitraum zwischen der Auferweckung Christi und seiner
Wiederkunft.

3.2.2.6. Das auf die beiden »wenn«-Sätze folgende Schriftzitat (f)
begründet aber genaugenommen nur die Vernichtung aller Mächte
durch den auferweckten Christus, noch nicht die Übergabe der Herrschaft durch Christus an Gott. Das wird Thema des zweiten Segments
sein. Doch zuvor wird die Vernichtung der Mächte in Textelement (e)
präzisiert und auf das Thema von Kapitel 15 bezogen. Am Ende der Vernichtung der Mächte steht die Vernichtung des Todes (e'). (Die Beziehung zwischen Textelement (e) und Textelement (e') wird durch die
Wiederholung des Worts »vernichten« unterstrichen). Darauf, daß von
allen »Mächten« zuletzt auch der Tod vernichtet wird, liegt im Hinblick
auf das Thema von Kapitel 15 der Akzent. Die Textgestalt bringt dies
dadurch zum Ausdruck, daß dieser Aussage die Wiederaufnahme des
Schriftzitats folgt (f''), so daß Textelement (e') von den beiden Schriftzitaten gerahmt wird (f – e' – f').

3.2.2.7. Noch einmal wird das Schriftzitat – jetzt zum Zweck seiner
näheren Erläuterung – aufgegriffen (f'') und so der Einsatz des zweiten
Textsegments markiert. Zur Einheit dieses Textsegments trägt die fünf-
malige Wiederholung des Worts »unterwerfen« bei, das im Schriftzitat sogar an die Stelle des in den beiden Schriftzitaten des ersten Segments
zweimal verwendeten »unter die Füße legen« tritt. Die Erläuterung des
Schriftzitats soll der Begründung der bisher noch nicht abgesicherten
Aussage über die am »Ende« erfolgende Übergabe der Herrschaft durch
Christus an Gott dienen. Weil das Schriftzitat in die partizipiale Prädika-
tion Gottes als dessen, »der ihm alles unterworfen hat« (g), mündet, diese
aber sich in V.28 noch einmal wiederholt (g'), sind die beiden »wenn« –
»dann« Sätze, die von der Unterwerfung von allem unter den auferweckten Christus (e'') und seiner eigenen Unterwerfung unter Gott (d')
sprechen, eingerahmt.

3.2.2.8. Durch diese Rahmung wird der Blick des Lesers auf Gott
gelenkt. Dadurch soll hervorgehoben werden, daß im Unterschied zum
ersten Segment jetzt der Akzent auf die Übergabe der Herrschaft durch
Christus an Gott gelegt werden soll. Besonders deutlich wird dies noch

dadurch, daß jetzt in Umkehrung der Reihenfolge der beiden Aussagen im ersten Segment die Aussage über die Unterwerfung aller Mächte unter den Auferweckten (e'') der Aussage über die Unterwerfung des Sohns unter den Vater (d') vorangeht. Die nahezu chiastische Spiegelung (d, e – e'', d') der beiden Aussagen in den zwei Segmenten schließt diese wieder stark zu einer Einheit zusammen, was durch die achtmalige Wiederholung des Stichworts »alle(s)« unterstrichen wird. Durch diese Geschlossenheit sondert sich der finale »daß«-Satz in V.28 c: »damit Gott sei alles in allem« (c''''), dem vor allem durch seine Schlußstellung besonderes Gewicht zukommt, von der Texteinheit etwas ab, obwohl er durch die zweimalige Wiederaufnahme des Stichworts »alles« auf sie bezogen bleibt. Das nämlich ist das »Ende« (c'''), daß »Gott alles in allem« ist (c''''). Auf dieses letzte Ziel hin ist sowohl die Auferweckung des Christus als des Erstlings (c') als auch die Vernichtung des Todes als des letzten Feinds in der Auferweckung derer: »die Christus gehören bei seiner Ankunft« (c''), ausgerichtet, und das ist die gesamte Heilsordnung Gottes (c).

3.2.2.9. Paulus hat durch die »Digression« sein Argumentationsziel keineswegs aus den Augen verloren, um einen theologischen »Exkurs« einzuschieben; er hat vielmehr seine Argumentation in einen weiteren Rahmen einbezogen. Im Hinblick auf sein Argumentationsziel erreicht Paulus nämlich folgendes: Die Auferweckung des Christus und die Totenauferstehung sind nicht mehr vereinzelbare theologische Daten. Sie stehen jetzt in einem unlösbaren kausalen und temporalen Zusammenhang untereinander und sind darüberhinaus eingebunden in das Ganze dessen, was Gott mit der Welt vorhat. Ja sie sind im Hinblick auf die Vollendung der Welt in Gott die einzigen erwähnenswerten Ereignisse vor der Übergabe der Königsherrschaft an Gott. Wer an die Totenauferstehung rührt, widerspricht daher nicht nur dem Kerygma von der Auferweckung des Christus, sondern rührt an den universaleschatologischen Rahmen des göttlichen Heilsplans.

3.2.3. *VV. 29–32*

3.2.3.1. Paulus hat die Realität der künftigen Totenauferstehung durch den Hinweis auf die erfolgte Auferweckung des Christus und auf den göttlichen Heilsplan abgesichert. Noch einmal appelliert er in »einer eher zu 15, 12–19 passenden Argumentationskette«[27] an den Affekt seiner Leser, indem er auf die Sinnlosigkeit hinweist, der ihr Tun und sein Handeln unterworfen wären, gäbe es wirklich keine Auferstehung der Toten.

---

[27] *J. Becker*, aaO. 86. *B. Spörlein*, aaO. 76 sieht in den Versen einen »kurzen Exkurs«.

Er bedient sich dabei des auf die Affekte zielenden Mittels der rhetorischen Frage[28].
Denn:

	a	Was werden tun, die sich für die (dh. ihre) Toten taufen lassen?	Korinther
	b	Wenn Tote überhaupt nicht auferweckt werden,	
	a′	was lassen sie sich denn für sie taufen?	
A	c	Was sind endlich wir jede Stunde in Gefahr?	Paulus
	d	Täglich sterbe ich, wahrhaftig bei meinem Ruhm, den ich mir an euch erworben habe, Brüder, den ich habe in Christus Jesus unserem Herrn.	
	d′	Wenn ich, wie man so sagt, mit Tieren gekämpft habe in Ephesus,	
	c′	Was nützt es mir?	
B	b′	Wenn Tote nicht auferweckt werden,	Korinther und Paulus
	e	Laßt uns essen und trinken,	
	e′	denn morgen sind wir tot.	

3.2.3.2. Von den insgesamt vier rhetorischen Fragen, die wiederum wie der Argumentationsgang der VV. 12–19 »auf deductio ad absurdum«[29] bezogen sind, betreffen zwei (a, a′), die in Korinth geübte Vikariatstaufe für die Verstorbenen. Sie beziehen sich also nicht mehr wie oben nur auf den Glauben der Adressaten, sondern auf eine daraus resultierende Lebenspraxis: im Glauben an die Auferweckung Jesu und an seine Wiederkunft lassen sich die Korinther in Hoffnung auf das Heil ihrer verstorbenen heidnischen Angehörigen stellvertretend für sie taufen. Die beiden Fragen umrahmen die noch einmal aufgenommene, von Paulus als irreal erwiesene Bedingung: »wenn Tote nicht auferweckt werden« (b). Träfe sie zu, wäre die Praxis der Korinther sinnlos.
3.2.3.3. Die beiden übrigen rhetorischen Fragen beziehen sich auf das Tun des Paulus (c, c′). Auch hier ist nicht mehr wie oben nur an seine Verkündigungstätigkeit als solche gedacht, die leer und widergöttlich wäre. Die Fragen beziehen sich vielmehr auf die Lebenspraxis des

---

[28] *H. Lausberg*, aaO. 145.
[29] *K. Berger*, aaO. 58.

Paulus, die seine Verkündigungstätigkeit begleitet: auf die Mühsal, ja das Sterben (d, d') des Apostels, das er in der Verkündigung auf sich nimmt. Es wäre sinnlos und bliebe ohne Nutzen für ihn. Die Fragen rahmen die emphatische Beteuerung, daß seine Mühe ein tägliches Sterben sei. Als verbürgende Instanz für diese Behauptung wird der apostolische »Ruhm in Christus Jesus« angerufen, den Paulus sich an der Gemeinde von Korinth erworben hat. Dadurch appelliert der Apostel, ebenso wie durch die Anrede »Brüder«, die sich hier gegen Ende des zweiten Großabschnitts zum erstenmal seit V.1 wiederholt, an den Stolz der Gemeinde und an ihre Verbundenheit mit dem Apostel.

3.2.3.4. Wie in V.18 und 19 der Hinweis auf die Verlorenheit der Verstorbenen und die Erbarmungswürdigkeit der Christen den Höhepunkt des Aufweis der Absurdität bildete, werden die rhetorischen Fragen noch einmal gefolgt von der irrealen Bedingung: »wenn die Toten nicht auferweckt werden« (b') und der dieser Bedingung unterstellten Aufforderung: »Laßt uns essen und trinken, denn morgen sind wir tot« (e, e'). Wie in den VV. 18–19 die »Erbarmungswürdigkeit« der Christen im Vergleich zu »allen anderen Menschen« in den Blick geriet, so werden sie hier aufgefordert, sich in ihrem Verhalten allen anderen Menschen anzugleichen, die heute essen und trinken und morgen tot sein werden.

3.2.3.5. Hatte Paulus sich schon in den rhetorischen Fragen (interrogatio[30]), in der emphatischen Beteuerung »bei meinem Ruhm …« und der werbenden Anrede »Brüder« wieder stärker seinem Publikum zugewandt, so gebraucht er auch hier wieder eine Appellfigur, nämlich die der »permissio«, die »oft als Ausdruck von Ärger und Unwillen«[31] gebraucht, als »Ironie des falschen Rates: scheinbare Aufforderung zu allen möglichen (auch für den Angeredeten schädlichen) Handlungen, obgleich diese dem Willen des Sprechers entscheidend wiedersprechen«[32], beschrieben wird.

3.2.4. *VV. 33–34*

3.2.4.1. Die VV. 1–11 hatte Paulus inklusionsartig eingeschlossen, indem er am Anfang und am Ende des Abschnitts die apostolische Verkündigung und das zum Glaubenkommen der Korinther erwähnte[33]. Ähnliche inklusionsartige Elemente bestimmen auch den zweiten Abschnitt (VV. 12–34). Der zentrale Textteil dieses Abschnitts (VV. 20–28), der »statt weitere Konsequenzen aus der gegnerischen Parole zu ziehen …

---

[30] *H. Plett*, aaO. 63.
[31] *Ders.*, aaO. 65.
[32] ebd., vgl. *H. Lausberg*, aaO. 141f.
[33] Vgl. *J. Becker*, aaO. 76.

von der paulinischen These: Christus ist auferweckt von den Toten, ausgeht«[34], wird nämlich durch zwei Textteile gerahmt, die in einer »deductio ad absurdum« die Sinnlosigkeit der apostolischen Verkündigung und
des korinthischen Glaubens (VV. 15 – 17), folglich die Verlorenheit der
Verstorbenen und die Erbarmungswürdigkeit der nur für ihr irdisches
Leben hoffenden Christen (VV. 18 – 19), sowie – in variierender Wiederaufnahme dieser Gedanken – die Vergeblichkeit des sakramentalen Handelns der Korinther für die Verstorbenen und die Nutzlosigkeit des
täglichen Todes in der apostolischen Mühe des Paulus (VV. 19 – 32a) herausstellen. Beide Rahmentexte enden in der Hoffnungslosigkeit, die herrschen müßte, wäre die Parole der Gegner, die ebenfalls inklusionsartig in
den beiden rahmenden Abschnitten mehrfach begegnet, gültig: Einerseits
wären die Toten verloren, die Lebendigen im Vergleich zur übrigen
Menschheit bedauernswert, andererseits wäre die stellvertretende Taufe
für die eigenen Toten, auch der tägliche Tod des Apostels, völlig ohne
Sinn, und der Anschluß an das realistische »Carpe diem!« des zum Tode
verurteilten Menschen die einzig verbleibende Konsequenz.

3.2.4.2. Geradezu in Opposition zu der Hoffnungslosigkeit, in die
beide Rahmentexte münden, will der zentrale Textteil (VV. 20 – 28) »die
christliche Hoffnung abermals begründen als Hoffnung, die auf dem die
Toten auferweckenden Gott beruht und dazu führt, daß dieser Gott 'alles
in allem' sein wird«[35]. Dem Herausgehobensein des Abschnitts entspricht es, daß in ihm die persönlichen Fürwörter »ich«, »ihr«, »wir« nicht
begegnen, so daß er sich auch in seiner 'objektiven', lehrhaften Art von
den appellativ rahmenden Teiltexten unterscheidet, in denen die persönlichen Fürwörter wegen des appellativen Charakters eine wichtige Rolle
spielen. Konnte man so zunächst noch der Meinung sein, die VV. 20 – 28
seien eine Art Exkurs, der vor allem in der Erwähnung der endzeitlichen
Übergabe der Herrschaft durch den Christus an Gott, damit dieser »alles
in allem« sei, das eigentliche Thema verließe, zeigt jetzt die zentrale Stellung der Verse, daß sie, auch was ihre theologische Bedeutsamkeit angeht, nicht ein Seitenthema verfolgen. Im Gegenteil, sie sind Paulus besonders wichtig, weil sich in ihnen über Christi Auferweckung und die
endzeitliche Totenauferstehung hinaus der Blick auf Gott selbst richtet.
Die gegnerische Parole: 'Totenauferstehung gibt es nicht' richtet sich
somit nicht nur gegen das verbindliche Kerygma von der Auferweckung
des Christus, sondern gegen Gott selbst; in Wahrheit ist sie »Unkenntnis
Gottes« (V.34b), wie denn auch das apostolische Kerygma widergött-
liches Zeugnis wäre, träfe die Parole der Gegner zu (V.15).

---

[34] *Ders.*, aaO. 79.
[35] *Ders.*, aaO. 79f.

3.2.4.3. Auch die den zweiten größeren Abschnitt von Kap. 15 abschließenden VV. 33–34 haben – wiederum inklusionsartig – ihr Pendant im Eröffnungsvers des Abschnitts (V.12). Die »schlechten Reden« (V.33), die die »Unkenntnis Gottes« von »einigen« (V.34) dokumentieren, entsprechen nämlich dem, was »einige unter euch sagen« (V.12). Es kommt hinzu, daß Paulus, der in V.12 die Korinther schon in die »einigen« und die weiter Angeredeten geschieden hatte, jetzt endgültig die Korinther auffordert (VV. 33–34), sich von den Reden und der Unkenntnis Gottes der »einigen« zu trennen.

	a	Laßt euch nicht verführen:
	b	»Schlechte Reden verderben gute Sitten.«
A	a′	Werdet wirklich nüchtern und sündigt nicht,
	b′	denn Unkenntnis Gottes haben einige.
B	c	Euch zur Beschämung sage ich dies.

3.2.4.4. Paulus tut dies mit zwei imperativischen Sätzen (a, a′), die jeweils mit einem Hinweis auf die Auferstehungsleugner begründet werden (b, b′). Dabei erfolgt die erste Begründung durch das Zitat eines Verses von Menander[36]. Paulus bedient sich dieses Verses als eines »locus communis«, »der mit dem Anspruch auftritt, als anerkannte Norm der für Lebensführung relevanten Weltkenntnis oder der Lebensführung selbst zu gelten«[37], rhetorisch also als »sententia« bzw. als »Sprichwort« zu bezeichnen ist. Weniger allgemein ist die Begründung des zweiten imperativischen Satzes. Sie bezieht sich nicht zurück auf eine allgemein geltende Sentenz, sondern wirft ganz konkret den in V.12 genannten »einigen« »Unkenntnis Gottes« vor. Damit ist nicht nur eine theoretische Ignoranz gemeint: wer auf sie eingeht, »sündigt«. Mit dem Hinweis, daß die Imperative an die Korinther ihnen »zur Beschämung« gesagt seien (c), d.h. eigentlich nicht nötig sein müßten, schließt der Abschnitt ab.

3.3. *»Jemand«: »Wie werden auferweckt die Toten? Mit welchem Leib kommen sie?« der Tor (VV. 35–57)*

3.3.1. *Makrostrukturelle Übersicht*

3.3.1.1. Mit V.35 setzt ein neuer Abschnitt ein, der sich schon dadurch zu erkennen gibt, daß Paulus im Diatribenstil[38] sich einen fiktiven Geg-

---

[36] Metrisch ist es ein jambischer Trimeter. Vgl. *Blass, Debrunner, Rehkopf*, § 487,1.
[37] *H. Lausberg*, aaO. 131.
[38] *H. Conzelmann*, aaO. 332.

ner herausgreift. Auch wenn der Großabschnitt bis V.58 geht, sondern sich doch die VV. 35 – 49 makrostrukturell von den VV. 50 – 58: In den VV. 35 – 49 begegnen außer der Anrede des fiktiven Gesprächspartners – des »jemand« – an den Paulus sich, dem Diatribenstil folgend, in der Form einer »Apostrophe« – d.h. einer »Überraschende(n) 'Abwendung' des Sprechers von seinem primären Publikum (d.h. hier den Korinthern. A. d. V.) . . . und gleichzeitige(n) Hinwendung zu einem 'Zweitpublikum' (d.h. hier dem »jemand«. A. d. V.)[39] – wendet, weder Anreden noch anredende Pronomina. Die Verba stehen – außer in dem Übergangsvers 49 – in der dritten Person. Dagegen wird in den Versen 50 – 58 »die persönliche Anrede . . . betont gesucht«[40]. Dies gibt sich insbesondere dadurch zu erkennen, daß – neben den Pronomina »euch« (V.51), »euer« (V.58), »wir« (V.52), »uns« (V.57), »meine« (V.58) und den Verben in der ersten Person Singular (V.50.51), der ersten Person Plural (V.51a.b; 52) und der zweiten Person Plural (V.58) – , die Anrede »Brüder« von V.50 – , den Abschnitt inklusionsartig rahmend – , in dem »meine geliebten Brüder« von V.58 wieder aufgenommen wird.

3.3.1.2. Eine Gliederung des ersten Teiltexts (VV. 35 – 49) ergibt sich durch das »so« (οὕτως) in V.42. Es leitet die Anwendung eines Gleichnisses ein, dessen sich Paulus in den VV. 36 – 41 bedient. »Gleichnis« (VV. 36 – 41) und Anwendung (VV. 42 – 49) geben Antwort auf eine doppelte Frage, die Paulus in einer »subiectio« als Fragen eines fiktiven »jemand« (V.35) (»fictus interlocutor«) einführt, so daß der Teiltext als »Prokatalepse«, als »vorwegnehmende Widerlegung möglicher Einwände des Gegners, häufig gekleidet in die Form einer Antwort auf eine Frage (subjectio)«[41], verstanden werden kann. Daß gewöhnlich der »Prokatalepse . . . ein argumentativer Charakter eignet«[42], bestätigt die zum Charakter des Teiltexts schon angeführten Beobachtungen.

3.3.2. VV. 35 – 41

	x	Aber da mag jemand fragen:
A	a	Wie werden auferweckt die Toten?
	b	Mit welchem Leib kommen sie?
	x'	Der Tor.

---

[39] H. Plett, aaO. 66; s.a. J. Martin, Antike Rhetorik, Technik und Methode, Handbuch der Altertumswissenschaft II, 3, München 1974, 282f.
[40] J. Becker, aaO. 96.
[41] H. Plett, aaO. 64.
[42] Ebd.

	a′	Du: was du säst, wird nicht lebendig gemacht, wenn es nicht stirbt.	
	b′	Und was das angeht, was du säst: nicht den künftigen Leib säst du, sondern ein nacktes Korn	
B		c	zum Beispiel von Weizen oder einem der übrigen.
	b″	Gott aber gibt ihm einen Leib,	
d	wie er es beschlossen hat,		
		c′	und zwar jedem der Samen einen besonderen Leib.

		c″	Nicht alles Fleisch dasselbe Fleisch sondern anders das der Menschen anders das Fleisch der Tiere (irdische Unter- anders das Fleisch der Vögel schiede) anders das der Fische.
C	d′	e	Und himmlische Leiber (Unterschied: und irdische Leiber. »irdisch« vs Aber ein verschiedener ist »himmlisch«) der Glanz der Himmlischen ein verschiedener der der Irdischen.
		c‴	Anders der Glanz der Sonne und anders der Glanz des Mondes (himmlische Unter- und anders der Glanz der Sterne. schiede) Stern nämlich von Stern unterscheidet sich im Glanz.

3.3.2.1. Gerade bei diesem Abschnitt ist die möglichst nur beschreibende Erhebung des Textgefüges von Wichtigkeit für die Interpretation. Umso mehr ist darauf zu achten, daß die Beschreibung nicht schon von der Interpretation gesteuert wird.

3.3.2.2. Paulus führt in V.35 einen fiktiven Fragesteller ein. Aus der Beobachtung, daß das Textelement »Tor« (ἄφρων) von V.36 im Nominativ und nicht im Vokativ steht, darf man schließen, daß es nicht als Anrede auf das, was folgt, zu beziehen ist, sondern in Korrespondenz zu dem fiktiven Fragesteller von V.35 aufgefaßt werden muß (x, x′). Die Einführung des fiktiven Fragestellers und seine Abqualifikation als »Tor« rahmen so zwei Fragen, die durch die Verwendung der miteinander verwandten Fragepronomina »wie« und »welcher« in Beziehung zueinander stehen (a, b). Dies zeigt sich auch dadurch, daß das Prädikat des zweiten Fragesatzes das Subjekt enthält und anaphorisch auf das Subjekt des ersten Fragesatzes »die Toten« zurückverweist.

3.3.2.3. Das strukturale Gefüge der folgenden Verse 36–38 wird vor allem dadurch bestimmt, daß es in V.36 (a′) und in V.37 (b′) jeweils zu einer Antizipation kommt. In V.36 ist das betonte »Du« vor das Relativum antizipiert[43]. Es führt das Objekt des Satzes in der Gestalt eines Relativsatzes ein. Das gleiche Objekt ist in V.37 in der Antizipation des gleichen Relativsatzes dem Hauptsatz vorangestellt. Er hat das gleiche Subjekt »du« wie V.36[44]. Auch durch die Verneinung »nicht lebendig gemacht« (V.36) und »nicht den künftigen Leib« (V.37) sind beide Verse aufeinanderbezogen, ebenso wie durch die semantische Äquivalenz der Textelemente »wenn es nicht stirbt« (V.36) und »sondern ein nacktes Korn« (V.37).

3.3.2.4. Durch den Subjektswechsel von »du« zu »Gott« in V.38 (b''), unterstützt durch die adversative Partikel »aber«, sondert sich V.38 von den VV. 36–37. Er bleibt aber durch das anaphorische Dativobjekt »ihm« eng auf Vers 37 bezogen. Unter der Vorraussetzung dieser Beziehung läßt sich sehen, daß V.37 mit dem Textelement »nicht den künftigen Leib« das Akkusativ-Objekt von V.38 negativ antizipiert, was die Verbindung der beiden Verse verstärkt. Sie zeigt sich auch in dem oppositionellen Verhältnis der beiden Subjekte und ihrer Tätigkeiten zu verschiedenen Zeiten:

»du säst (jetzt)«   vs   »Gott aber gibt (danach)«.
(V.37)   (V.38)

3.3.2.5. Das zeitliche Verhältnis der beiden Textelemente, das sich aus der Formulierung »nicht den künftigen Leib« erschließen läßt, bestimmt auch das Abfolgeverhältnis in V.36:

»was du säst (stirbt jetzt)« → »wird lebendig gemacht (danach)«

Schaut man von V.38 her auf V.36 zurück, verdeutlich sich auch die Oppositionalität der dortigen Subjekte:

»Du« (betont)   vs   »wird lebendig gemacht«
(Mensch)   (unpersönliches Passiv)
                                 (Gott)

Besonders wichtig für die Beziehungen von V.37 zu V.38 ist die Oppositionalität der Akkusativobjekte.

»nacktes Korn«   vs   (»künftiger«) Leib
(V.37)   (V.38)

---

[43] *Blass, Debrunner, Rehkopf* § 475,2.
[44] Im Druck des übersetzten Texts sollen die Doppelpunkte hinter »Du« (V.36) und hinter »... was du säst« (V.37) die syntaktische Äquivalenz der doppelten Antizipation hervorheben.

An ihrer Unterschiedlichkeit ist der Text besonders interessiert. Daß es in V.37 zu einer Differenzierung des Akkusativobjekts »nacktes Korn« in der Formulierung »zum Beispiel von Weizen oder einem der übrigen« (c) kommt, führt auch in V.36 zu einer Differenzierung des Akkusativobjekts: »und zwar jedem der Samen einen besonderen Leib« (c). Die Grundopposition »nacktes Korn« vs »(künftiger) Leib« bleibt erhalten, sie wird nur aufgefächert.

»zum Beispeil von Weizen		»und zwar jedem
	vs	der Samen
oder einem der übrigen«		einen besonderen Leib«
(V.37)		(V.38)

Das Textelement »wie er es beschlossen hat« von V.38 (d) läßt sich auf kein Textelement von V.37 beziehen. Es ragt auch dadurch aus dem Textgefüge hervor, daß es von einer Tätigkeit Gottes in einem anderen Zeitraum, der Vergangenheit (Aorist), spricht.

3.3.2.6. Bei den Versen 39 – 41 (c) fällt zunächst auf, daß bis auf V.41b die Verben völlig fehlen. Im Griechischen wird das Hilfszeitverb »sein« (εἶναι) als Kopula häufig weggelassen. Am häufigsten begegnet diese Ellipse »in allgemeinen Sätzen, Sentenzen, Sprichwörtern«[45], und die Verse haben auch durchaus sentenzenartigen Charakter.

3.3.2.7. Die sprachliche Form legt eine Gliederung der Verse in drei Textteile nahe: Der erste Textteil V.39 (c′′) beginnt – überschriftartig – mit einem durch die Wortwiederholung »Fleisch – Fleisch« gekennzeichneten verneinten Aussagesatz. Er ist als Überschrift den folgenden vier adversativ (»sondern«) von ihm abgegliederten, kurzen Sätzen übergeordnet. Diese sind untereinander durch die in Form einer Anapher viermal erfolgende Wiederholung des Wortes »anders« und durch die abwärtsführende Reihung »Menschen → Tiere → Vögel → Fische« verbunden. Die beiden mittleren dieser vier Sätze sind enger aufeinander bezogen: in ihnen wird das Wort »Fleisch«, das im ersten und vierten Satz der Viererreihe fehlt, wiederholt. Im Griechischen kommt es außerdem zu einer »Parechese«[46], dh. zu einem lautlichen Anklang der Wörter für »Tiere« und »Vögel«: κτηνῶν / πτηνῶν. Der Textteil will eine reihende Auflistung von Unterschieden vorführen.

3.3.2.8. Der folgende zweite Textteil V.40 (e) beabsichtigt keine Reihung *mehrerer*, sondern die Gegenüberstellung *zweier* Größen im Hinblick auf ihre Verschiedenheit. Dem dient die Opposition »himmlische Leiber« vs »irdische Leiber«, die im zweiten Glied des Textteils in der

---

[45] *Kühner – Gerth* II, 1, 40.
[46] *Blass, Debrunner, Rehkopf*, § 488,2.

Opposition der »Himmlischen« vs »Irdischen« wiederaufgenommen wird. Zur Kennzeichnung der Unterschiede der beiden Größen ist hier nicht mehr das Wort »anders« (ἄλλος) gewählt, das im Griechischen die Verschiedenartigkeit beliebig vieler Größen bezeichnen kann, sondern das Wort »verschiedener« (ἕτερος), das im Griechischen »Verschiedenheit oder Gegensatz«[47] zweier Größen angibt.

3.3.2.9. Dagegen listet der dritte Textteil (V.41) (c''') wieder mehrere verschiedene Größen auf, wie die dreimalige, in Form einer Anapher erfolgende Wiederholung der Formulierung »anders der Glanz« erkennen läßt. Die Reihung ist wieder (wie in c'') abwärtsführend, vom Bedeutenderen zum Unbedeutenderen (im Unterschied zu c''): »Sonne« → »Mond« → »Sterne«. Das letzte Glied des Textteils fällt durch den Gebrauch eines Verbs aus der parallelen Fügung der übrigen Glieder heraus. Es greift den Plural »Sterne« des dritten Glieds auf, um ihn seinerseits noch einmal zu differenzieren, so daß auch der abschließende Textteil V.41 wie V.39 jeweils vier verschiedene Größen voneinander differenzieren und auflisten kann.

3.3.2.10. Dabei nennt V.39 (c'') Unterschiede irdischer Elemente und V.41 (c''') Unterschiede himmlischer Elemente, so daß beide Listen den in V.40 (e) herausgestellten Gegensatz von »irdisch« vs »himmlisch« umrahmen und ihn zugleich interpretieren. In V.39 ist vom »Fleisch« der aufgelisteten irdischen Elemente, in V.41 vom »Glanz« der himmlischen die Rede. Die Opposition von V.40 »irdische Leiber« vs »himmlische Leiber« wird so von der Opposition »irdisches Fleisch« vs »himmlischer Glanz« zugleich aufgenommen und interpretiert; denn die Opposition »Fleisch« (σάρξ) vs »Glanz« (δόξα) bedeutet auch eine Wertung der oppositionellen Terme. Dieses deutet sich darin schon an, daß in V.40 (e) die Reihenfolge der beiden Terme »himmlisch«, »irdisch« umgekehrt zu der ist, wie sie sich durch die rahmenden Verse 39 und 42 ergibt (c'', c''').

3.3.2.11. Die bisherige Beschreibung hat schon wichtige Relationen erfaßt, und so die Erkenntnis des Beziehungsverhältnisses, in dem die einzelnen Textteile und Textelemente untereinander stehen, vorbereitet.

3.3.2.12. Insbesondere wurde das Verhältnisgefüge der VV. 39–41 schon recht deutlich: ein mittlerer Textteil (e), der einen Gegensatz zwischen himmlischen und irdischen Elementen herausstellt, wird gerahmt von zwei Textteilen (c'', c'''), die einander darin entsprechen, daß sie die Unterschiede von mehreren irdischen bzw. himmlischen Elementen auffächern, und die Textteil (e) dadurch aufgreifen, daß sie, als ganze genommen, in ihrer rahmenden Funktion noch einmal die den Textteil

---

[47] *Kühner – Gerth* II, 1, 635.

(e) bestimmende Opposition »irdisch« vs »himmlisch« zum Ausdruck bringen. D.h. die auffächernde Differenzierung in irdische und himmlische Unterschiede dient der betonten Herausstellung des lokalen Gegensatzpaars: »irdische Leiber« vs »himmlische Leiber« und gibt es durch die interpretierende Rahmung zugleich als ein qualitatives Gegensatzpaar zu erkennen: »irdisches Fleisch« vs »himmlischer Glanz«[48].

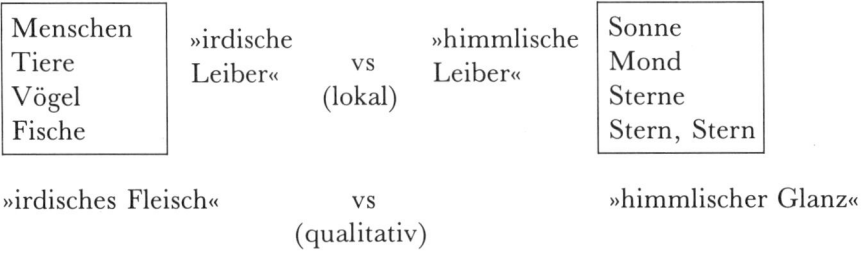

Menschen Tiere Vögel Fische	»irdische Leiber« (lokal)	vs	»himmlische Leiber«	Sonne Mond Sterne Stern, Stern

»irdisches Fleisch«   vs   »himmlischer Glanz«
                                  (qualitativ)

3.3.2.13. Eine ähnliche Beobachtung ließ sich für die VV.37 und 38 machen (B). Auch dort werden die aufeinander oppositionell zu beziehenden Terme »nacktes Korn« (V.37) (b') und »(künftiger) Leib« (V.38) (b'') jeweils noch einmal in mehrere Elemente differenziert, nämlich durch das Textelement »zum Beispiel von Weizen oder einem der übrigen« (V.37) (c) und, ihm entsprechend, durch das Textelement »und zwar jedem der Samen einen besonderen Leib« (V.38) (c').

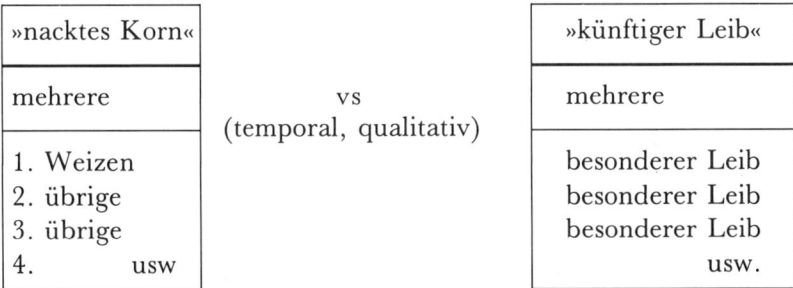

»nacktes Korn«		»künftiger Leib«
mehrere	vs (temporal, qualitativ)	mehrere
1. Weizen 2. übrige 3. übrige 4. usw		besonderer Leib besonderer Leib besonderer Leib usw.

Dennoch entsprechen sich die Textteil nicht völlig. So läßt sich zwar die Auffächerung des Terms »nacktes Korn« in »zum Beispiel von Weizen oder einem der übrigen« (c) als Gruppe der verschiedenen Pflanzenarten

---

[48] Vgl. das Antonymenpaar σάρξ / δόξα, das sich ergibt, liest man den Einleitungs- und Schlußvers des Christushymnus in 1 Tim 3,16 als Rahmung der Einheit. Näheres s. in: W. Stenger, Der Christushymnus 1 Tim 3,16. Eine strukturanalytische Untersuchung (Regensburger Studien zur Theologie 6). Frankfurt a.M./Bern 1977, 37–70.207–228.

verstehen, so daß sich eine Reihung der drei Gruppen: »verschiedene Pflanzen« (b', c) --- »verschiedene Lebewesen« (c'') --- »verschiedene Gestirne« (c''') sehen ließe. Die Auffächerung des Terms »(künftiger) Leib« (b') in »und zwar jedem Samen einen besonderen Leib« (c') läßt sich jedoch nicht in diese Reihung der Gruppen integrieren. Dies hat darin seinen Grund, daß die Terme »nacktes Korn« vs »(künftiger) Leib« als oppositionelle Terme auf einer temporalen, sukzessiven Achse angeordnet sind, die Terme »irdische Leiber« vs »himmlische Leiber« hingegen auf einer lokalen. Fächert man hier in »Menschen, Tiere, Vögel, Fische« einerseits und »Sonne, Mond, Sterne, Stern-Stern« andererseits auf, teilen diese Gruppe das lokale Merkmal der grundlegenden Opposition, ebenso wie die »verschiedenen Samenarten« und die »je besonderen Leiber« von der Sukzessivität erfaßt werden, die das fundamentale oppositionelle Paar »nacktes Korn« vs »(künftiger) Leib« bestimmt.

3.3.2.14. Die VV. 37 – 38 (B) einerseits und die Verse 39 – 40 (C) andererseits entsprechen sich jedoch darin, daß die fundamentalen oppositionellen Paare jeweils durch einen qualitativen Unterschied gekennzeichnet sind. Die lokalen Terme sind als »irdisches Fleisch« vs »himmlischer Glanz« qualitativ unterschieden; zwischen σάρξ und δόξα gibt es kein verbindendes Drittes, zwischen »Himmel« und »Erde« keine Brücke. Ebensowenig gibt es eine Kontinuität zwischen dem »nackten Korn«, das von Menschen gesät wird, und dem »(künftigen) Leib«, der von Gott gegeben wird.

3.3.2.15 Der Unterschied der VV. 37 – 38 zu den VV. 39 – 41 läßt sich noch genauer erfassen, wenn man die Textfunktionen beachtet: Die Sukzessivität gehört zu den Merkmalen der narrativen Formen, Anordnung nach lokalen Kriterien findet sich in verschiedenen Textsorten, u.a. auch in beschreibenden. Mit anderen Worten: das »Gleichnis«, das Paulus verwendet (narrative Textsorte), geht nur bis einschließlich V.38; die VV. 39 – 41 »erzählen« nicht mehr, sondern listen auf und unterscheiden, bzw. befestigen, gewissermaßen auf der Stelle tretend, etwas, was der narrative Gang erreicht hat, nämlich die Herausstellung des qualitativen Unterschieds zwischen dem von Menschen gesäten »nackten Korn« und dem von Gott gegebenen »künftigen Leib« bzw. die Diskontinuität zwischen zwei Zuständen auf der Linie der Sukzessivität. Die VV. 39 – 41 tun dies, indem sie die temporale Opposition »nacktes Korn« vs »künftiger Leib« in eine lokale Opposition »irdische Leiber« vs »himmlische Leiber« transponieren. Ist die temporale Opposition zugleich auch schon eine qualitative, so ist es die lokale Opposition »irdische Leiber« vs »himmlischer Leiber« für sich genommen noch nicht. Aber auch die Auffächerung der temporalen Opposition »nacktes Korn« vs »künftiger Leib« in der ebenfalls temporalen Opposition »zum Beispiel von Weizen oder einem der

übrigen« vs »und zwar jedem der Samen einen besonderen Leib« wird in
der Auffächerung, welche die lokale Opposition »himmlische Leiber« vs
»irdische Leiber« (e) einrahmt, in eine lokale transponiert und macht in
dieser Rahmung die lokale Opposition zu einer qualitativen: »irdisches
Fleisch« vs »himmlischer Glanz« (c'', c'''). Weil bei der Transposition der
temporalen Opposition in eine lokale das qualitative Moment nicht ver-
lorengeht, sondern sich durchhält, darf man annehmen, daß gerade dieses
qualitative Moment durch seine Erhaltung in der Transposition als besonders wichtig herausgestellt werden soll: so wie es zwischen dem »nackten Korn«, das vom Menschen gesät wird, und dem »künftigen Leib«, den
Gott gibt, einen qualitativen Unterschied, ja eine Diskontinuität wegen
der verschiedenen Subjekte gibt, so gibt es einen qualitativen Unterschied
in der Dissoziation von »irdischem Fleisch« und »himmlischem Glanz«.

3.3.2.16. Narrativer (Gleichnis) (B) und auflistender (C) Textteil sind
aber nicht nur durch die Transposition temporaler Oppositionen in lokale
unter Bewahrung und Akzentuierung der qualitativen Oppositionen
miteinander verbunden. Sie werden darüberhinaus ausdrücklich aufeinander bezogen: Wir haben schon bemerkt, daß das Textelement (d)
»wie er es beschlossen hat« durch die andere Zeit (Vergangenheit) sich aus
dem narrativen Gang des Gleichnisses aussondert. Das im Gleichnis
beschriebene »Naturgeschehen« des Sterbens des Samens und des Leben-
diggemachtwerdens der Frucht, der Aussaat des nackten Weizenkorns
und der verschiedenen anderen Samenkörner durch den Menschen und
der darauffolgenden Verleihung der »künftigen Leiber«, d.h. der Früchte
»je nach ihrer Art« durch Gott, wird auf einen von Gott einmal gefaßten
Beschluß (Aorist!) zurückgeführt. Es ist hinlänglich deutlich, daß mit
dieser Bemerkung auf Gen 1, 11 angespielt wird, und auch nicht zu
übersehen, daß die Auflistung in den Textteilen (c'', e, c''') Bezug auf
den Schöpfungsbericht in Gen 1 nimmt[49]. Paulus liest Gen 1 zunächst
von hinten, indem er bei dem ihm Wichtigsten, dem Menschen, beginnt
und umgekehrt zur Reihenfolge des Schöpfungsberichts über die Tiere
und Vögel zu den Fischen kommt. Nach der vertikalen Unterscheidung
von »himmlisch« und »irdisch« nennt er Sonne, Mond und Sterne in der
Reihenfolge des Schöpfungsberichts. Dem Schöpfungsbericht entnimmt
er auch die Unterscheidung der Arten, allerdings, um über den Schöpfungsbericht hinausgehend in der beschriebenen Weise die qualitative
Unterscheidung zwischen »nacktem Korn« und »künftigem Leib« und »irdischem Fleisch« und »himmlischem Glanz« zu befestigen. Durch den
Verweis auf Gen 1, 11 und durch das listenartig zusammenfassende Zitat

---

[49] *J. Becker*, aaO. 90.

des Schöpfungsberichts charakterisiert Paulus mithin das im Gleichnis geschilderte »Naturgeschehen« als ein Geschehen, in dem sich die Schöpfungsordnung vollzieht; Aussaat und Frucht bezeichnen darum eigentlich nicht die Terme eines Naturgeschehens, sondern die Pole des Schöpfungsereignisses als einer *creatio continua*, in der der Mensch sät, das Samenkorn abstirbt und Gott es als Frucht lebendig macht, bzw. als immer wieder geschehenden Schöpfungsakt, für den der Mensch »verschiedene Arten« von »nackten« Samenkörner aussät, und in dem Gott »je nach ihrer Art« den »künftigen Leib« d.h. die Frucht gibt.

3.3.2.17. Das Gleichnis des Paulus ist also nicht einfachhin ein Verweis auf eine Analogie aus der Natur, in der die ihr immanenten Gesetze von Stirb und Werde, Aussaat und Ernte am Werk sind, sondern Hinweis auf die Welt als Schöpfung. In ihr ist der Schöpfergott darin wirksam, daß er »das Nicht-Seiende in Dasein ruft« (Röm 4, 1). Dieses Geschehen vollzieht sich für Paulus also nicht in immer wiederkehrenden Rhythmen der Natur, sondern in der Unzahl qualitativer Sprünge aus dem Nicht-sein in das Dasein. Nur die Welt als Schöpfung ist für Paulus gleichnisfähig. Wenn er darum im Gleichnis von »sterben« und »lebendigmachen« spricht (a′), so sind dies keine Metaphern zweiten, weil als Metaphern im Gleichnis gebraucht, Grades, durch die die gemeinte Sache (die Auferstehung der Toten) schon im Bild des Gleichnisses durchbricht, sonder nicht-metaphorische Beschreibung dessen, was sich in der Schöpfung vollzieht. Die Samenkörner sterben wirklich und Gott macht sie als die Früchte lebendig.

3.3.2.18. Unsere Schwierigkeiten mit der »Überzeugungskraft« des paulinischen Gleichnisses rühren von unserem anderen Welt- und Naturverständnis her. In ihm befangen, mutet uns, was für Paulus Gleichnischarakter für die Totenauferstehung hat, »allegorisch« an. Für Paulus ist diese Welt ohne das immerwährende, ins Dasein rufende Handeln des Schöpfergottes gar nicht denkbar. Daher kann die erste Schöpfung bzw. die *creatio continua* in ihr für ihn ohne weiteres Anschauungsmaterial für das sein, was sich in der zweiten Schöpfung, die in der Auferweckung Jesu von den Toten beginnt, ereignet. Dabei ist der Ort der Wirksamkeit Gottes im Geschehen der ersten Schöpfung gerade der qualitative Bruch zwischen »nacktem Korn« und »künftigem Leib« zwischen »Gestorbenen« und »Lebendiggemachtem«.

3.3.2.19. Mit dem Gleichnis beginnt Paulus seine Antwort auf die Fragen des »jemand«. Gegen die Meinung, die beiden Fragen seien als »terminologisch nicht zu scharf formulierte Einführung zu den nachstehenden Erörterungen«[50], d.h. im Grunde als austauschbar und plerophorisch zu nehmen, scheinen gewisse Beobachtungen zu sprechen.

---

[50] *Ders.*, aaO. 88f.

3.3.2.20. Besonders wichtig scheint der Hinweis darauf, daß das antwortende Gleichnis schon syntaktisch durch die Antizipation des Subjekts in dem betonten »Du« in V.36 und durch die entsprechende Antizipation des Akkusativobjekts in der Form des vorangestellten Relativsatzes: »und was das angeht, was du säst« in V.37 in zwei Teile aufgeteilt ist. V.37f läßt sich auch semantisch ohne weiteres als direkte Beantwortung der zweiten Frage: »Mit welchem Leib kommen sie?« durch ein Gleichnis verstehen: 'Schau auf die Schöpfung: du säst ein nacktes Korn, Gott gibt ihm den künftigen Leib'. Wie das Stichwort »Leib« der zweiten Frage im zweiten Teil des Gleichnisses aufgenommen wird, so scheint nun auch auf das Stichwort »die Toten« der ersten Frage in der Formulierung »wenn es nicht stirbt« im ersten Teil des Gleichnisses Bezug genommen zu sein, wie denn auch das Verb »auferweckt« der ersten Frage in das »nicht lebendig gemacht« des ersten Teils des Gleichnisses umformuliert zu sein scheint.

3.3.2.21. Die Beobachtung der bloßen Zeichenebene scheint einen Bezug der ersten Frage auf den ersten Teil des Gleichnisses nahezulegen. Doch macht die semantische Verträglichkeit der beiden Textelemente Schwierigkeiten. Darum sollen einige Überlegungen folgen, die sich zwar um Beachtung der operationalen Regel der Textimmanenz bemühen, jedoch stärker als bisher Interpretationsfragen berühren.

3.3.2.22. Geht es dem zweiten Teil des Gleichnisses um die Differenz zwischen dem »nackten« Saatkorn und dem »künftigen Leib« der Frucht und um die Opposition der handelnden Subjekte Mensch und Gott, so will der erste Teil des Gleichnisses vor allem die Unumkehrbarkeit eines zeitlichen Ablaufs herausstellen: erst das Saatkorn, das gestorben ist, kann lebendiggemacht werden. Diese Unumkehrbarkeit teilt sich dann auch der Opposition »nacktes« Korn vs »künftigen Leib« mit. Die erste Frage scheint aber nicht nach den Stadien der sukzessiven Abfolge eines Vorgangs, sondern nach seinem »Wie« zu fragen. Doch ist zu beachten, daß der fragende »jemand« nicht ein neutral Fragender ist. Durch die Qualifikation »Tor« wird er zu denen gerechnet, denen Paulus in V.34 »Unkenntnis Gottes« vorgeworfen hat, also zu den korinthischen Auferstehungsleugnern. Die Frage richtet sich also nicht nach dem »Wie« des Vorgangs, sondern insinuiert seine Unmöglichkeit. Darauf scheint die Stellung des Ausdrucks »die Toten« am betonten Satzende vor allem aber die Verwendung des bestimmten Artikels »die« Toten hinzuweisen.

3.3.2.23. Der bestimmte Artikel vor »Tote« findet sich in 1 Kor 15 nur noch in den VV.29.42.52. In V.29 wird die Taufpraxis der Korinther »für die Toten« erwähnt, d.h. es sind nicht die Toten allgemein angesprochen, sondern die verstorbenen, heidnischen Verwandten der Täuflinge[51]. In

---

[51] Anders M. *Raeder*, »Vikariatstaufe in I Cor 15, 29«; ZNW 45 (1955) 258–260 und

V.52 wird der bestimmte Artikel wegen seiner demonstrativen Kraft notwendig, um den Gegensatz zu den lebenden (»wir«, ἡμεῖς) herauszustellen. In V.42 setzt die nichtgleichnishafte Antwort auf die Fragen von V.35 ein, so daß der Artikel von V.35a wieder aufgenommen wird. Auch in V.35a scheint der Artikel seiner demonstrativen Kraft wegen gebraucht zu sein. Er soll den Ton auf den Ausdruck »die Toten« legen: »Wie werden auferweckt die Toten?«

3.3.2.24. Wie soll man nun diese Frage verstehen und wie den ersten Teil des Gleichnisses als Antwort darauf? Als Funktion der Frage haben wir vermutet, sie solle die Unmöglichkeit der »Auferweckung« gerade der Toten insinuieren. Die Antwort legt den Akzent auf die Notwendigkeit des Sterbens als Vorbedingung für das darauffolgende Lebendiggemachtwerden, wie es sich in der Schöpfung erkennen läßt. Die korintischen Gegner scheinen das Kerygma von der »Auferweckung des Christus« zu teilen; Paulus kann es als allgemein anerkannte Ausgangsbasis verwenden. Wenn sie andererseits behaupten: »Eine Totenauferstehung gibt es nicht«, so kann man, um beides miteinander verträglich zu machen, zunächst meinen, die korintischen Gegner hielten die Auferweckung des Christus für eine Ausnahme von der allgemeinen Geltung des Satzes von der nicht existierenden Totenauferstehung: Zwar sei Christus auferweckt worden, aber als Ausnahme; ansonsten würden Tote nicht auferstehen.

3.3.2.25. Dem steht entgegen, daß Paulus in der argumentativen Wiederverwendung des Kerygmas die Auferweckung Christi zusätzlich als eine »von den Toten« erfolgte kennzeichnet, so daß man annehmen darf, für die Gegner sei auch die Auferweckung des Christus keine Ausnahme von dem allgemeinen Gesetz: »Eine Totenauferstehung gibt es nicht«. Wenn sie dennoch zugleich die Auferweckung Christi bekennen, so ist das nur möglich, wenn sie »Auferweckung« nicht im metaphorischen Sinn wie Paulus, sondern in einem buchstäblichen Sinn nehmen, wie auch immer man sich das näher vorzustellen hat[52]. Zwar gibt es nach

---

J. Jeremias, »Flesh and Blood cannot inherit the Kingdom«, in: *ders.,* Abba, Studien zur neutestamentlichen Theologie und Zeitgeschichte, Göttingen 1966, 298–307. Nach J. Jeremias meint der Ausdruck »Tote« mit bestimmten Artikel nicht die Toten im allgemeinen Sinn, sondern verstorbene Christen, so daß die Vikariatstaufe von 1 Kor 15, 29 die Taufe von Heiden für verstorbene Christen meine (303). »V.29 is speaking of pagans, who take baptism upon themselves hypér tón nekrón with the purpose of becoming united with their deceased Christian relatives at the resurrection.« (304). Weniger kompliziert ist die Lösung, die *J. Becker,* aaO. 87 vorträgt: »Im Ausnahmefall eines vor der Taufe gestorbenen Gläubigen wird von der Taufe, die ein Gemeindemitglied stellvertretend für diesen auf sich nimmt, erwartet, daß sie dem Verstorbenen im Zustand des Todes doch noch Leben verschafft.« Zur Vikariatstaufe vgl. außerdem den Überblick bei *B. Spörlein,* aaO. 78–88.

[52] Vgl. etwa, was *J. Becker,* aaO. 74 als dritte Möglichkeit zur Charakterisierung der

Auffassung der korintischen Gegner »Auferweckung« zB. des Christus. Sie ist aber keine (methaphorisch) Auferweckung von Toten, sondern (buchstäblich) vom Schlaf, dh. aber die Auferweckung eines Lebenden: »Wie können also auferweckt werden die Toten?«

3.3.2.26. Mit seiner Antwort betont Paulus, daß, wie die Schöpfung es zeigt, gerade Tote erweckt und ausschließlich Gestorbenes lebendig gemacht wird. Darin, daß Paulus den Ausdruck der Gegnerfrage »auferwecken« in »lebendigmachen« verändert, vermeidet er die Schwierigkeit, die sich daraus ergibt, daß man die Formulierung des Kerygmas »auferwecken« metaphorisch (Paulus) oder buchstäblich (Gegner) verwenden und verstehen kann:

Gegner: Paulus:
Auferweckung   Auferweckung
des Christus   des Christus
       ↓   ↓

buchstäblich: metaphorisch:
dh. vom Schlaf   dh. vom Tod

Für Paulus läßt sich »lebendigmachen« nur im buchstäblichen Sinn gebrauchen. Der Schöpfergott macht das Saatkorn, das abstirbt, buchstäblich lebendig. Er macht aber auch den gestorbenen Jesus buchstäblich lebendig. Als Schöpfergott »kann« er gar nicht anders, als das Nichtseiende ins Dasein zu rufen und das Tote lebendig zu machen, ob es sich nun um die erste oder die zweite Schöpfung handelt.

»Lebendigmachen«
buchstäblich:
       ↙   ↘

in der ersten   (verweist   in der zweiten
Schöpfung   zeichenhaft   Schöpfung:
Saat + Frucht   auf)   Tod und Auferweckung Christi

Das heißt aber auch, daß »sterben« in der Schöpfung und im Kerygma

---

korintischen Gegner vorschlägt: »Es gibt keine Auferstehung Toter, sondern nur eine Auferstehung im jetzigen Leben, so daß dann der Tod keine endgültige vernichtende Macht ausüben kann. Man muß vor dem Tod schon auferstanden sein, um im Tod nicht ganz zu vergehen.« Die Gegner können dann, »in jedem Fall das Bekenntnis der Gesamtgemeinde aus 15, 3b–5 mitsprechen, setzen nur stillschweigend interpretatorisch hinzu: Daß Christus auferweckt wurde, liegt daran, daß er vor seinem Tode schon in der Taufe primär auferweckt wurde, also den Geist als unvergängliches Ich bekam, so daß der Tod keine volle Macht mehr über ihn hatte.«

buchstäblich zu nehmen ist und nicht metaphorisch, wie es die Gegner unter ihren Voraussetzungen tun mußten.

3.3.2.27. Die Analyse konnte das Verhältnis der Textteile untereinander klären: Mit zwei Teilen eines Gleichnisses gibt Paulus Antwort auf eine doppelte Frage. Gegenüber dem Hinweis, nur Lebende, nicht aber Tote könnten auferweckt werden, verweist Paulus auf das Geschehen von Aussaat und Ernte: Nur das Korn, das stirbt, wird lebendig gemacht. Damit es zur Frucht kommt, muß das Samenkorn sterben; denn bei Samenkörnern, die nicht sterben, sondern Samenkörner bleiben, kommt es zu keiner Frucht. Das Samenkorn geht als Samenkorn unter und ist nicht mehr, damit das Nicht-mehr-Seiende lebendiggemacht, als Frucht geschaffen werden kann.

3.3.2.28. Auf die Frage nach der Art des Auferweckungsleibs, die die Vorstellung einer Auferweckung Toter ebenfalls als unmöglich hinstellen soll, weil doch Leiber von Toten unvorstellbar sind und es ihrer für die Annahme eines nichtsterbenden, sich durchhaltenden und einzig auferweckbaren pneumatischen Geist-Selbst nicht bedarf, genügt ein Blick auf eine andere Seite des gleichen Geschehens von Aussaat und Ernte. Was da gesät wird und was herauskommt, sind zwei verschiedene Dinge. Der Mensch sät ein nacktes Korn, dieses stirbt, und Gott erschafft es aus dem Nicht-Sein neu in der vom Samenkorn verschiedenen Frucht, dem künftigen Leib. Und zwar betrifft dies alle Arten von Pflanzen, wie es der Schöpfergott bei der Schöpfung beschlossen hat, und wie er es in der fortdauernden Schöpfung des Naturgeschehens immer wieder ins Werk setzt. Weil Paulus sein Gleichnis schöpfungstheologisch unterbaut, kann er an das Gleichnis, auflistend und unterscheidend, ein Referat des Schöpfungsberichts anschließen. In ihm werden die Unterschiede der einzelnen Arten aufgegriffen und der Unterschied zwischen dem nackten Saatkorn und dem künftigen Leib in der Gestalt einer lokalen Opposition von »irdischem Fleisch« vs »himmlischen Glanz« befestigt. Zugleich schafft sich Paulus damit ein Begriffspaar, auf das er in der folgenden Anwendung des Gleichnisses zurückkommen wird und zwar wieder in schöpfungstheoligischem Zusammenhang.

3.3.3. VV. 42–49

	Z		So auch die Auferstehung der Toten:
		a	Es wird gesät in Vergänglichkeit,
		b	es wird auferweckt in Unvergänglichkeit.
A	I	a	Es wird gesät in Schande,

		b	es wird auferweckt in Ehre.
		a	Es wird gesät in Schwäche,
		b	es wird auferweckt in Kraft.
	II	a'	Gesät wird ein psychischer Leib,
		b'	auferweckt wird ein pneumatischer Leib.
	I	a'	Wenn es gibt einen psychischen Leib,
		b'	gibt es auch einen pneumatischen.
		c	So steht auch geschrieben:
B	II	a'	Es ward der erste Mensch, Adam, zur lebendigen Seele,
		b'	der letzte Adam zum lebenspendenden Geist.
		b'	Aber nicht ist zuerst das Pneumatische,
	III	a'	sondern das Psychische,
		b'	darauf das Pneumatische.
	I	x	Der erste Mensch ist aus der Erde, irdisch,
		y	der zweite Mensch ist aus dem Himmel.
		x'	Wie beschaffen der Irdische,
C	II	x''	so beschaffen auch die Irdischen,
		y'	und wie beschaffen der Himmlische,
		y''	so beschaffen auch die Himmlischen,
	III	x'''	und wie wir getragen haben das Bild des Irdischen,
		y'''	so werden wir auch tragen das Bild des Himmlischen.

3.3.3.1. Das Textsignal »so« (οὕτως) leitet die auf das Gleichnis folgende Anwendung ein: »So auch die Auferstehung der Toten«. Es folgt ein Textteil (A), in dem vier antithetische Parallelismen hintereinandergereiht sind. Die Substantive bilden antonyme Paare, bei denen ein negativer Begriff einem positiven vorangeht. Die beiden viermal wiederholten Verben sprechen von zwei aufeinanderfolgenden Vorgängen: »säen« »auferweckt werden«, so daß die Antithetik der Substantive in einen temporalen Rahmen gefaßt wird. Das erste Verb nimmt das schon im Gleichnis verwendete Wort »säen« wieder auf, während an die Stelle des im Gleichnis verwendeten »lebendigmachen« das Wort »auferwecken« tritt, so daß beide Verben hier metaphorischen Charakter haben. Der vierte antithetische Parallelismus ist, wie es den Regeln antiker Rhetorik entspricht[53], als letztes Glied das längste (A II) und schert auch dadurch aus der parallelen Bildung aus, daß die antonymen Substantive diesmal nicht wie in den drei vorangehenden antithetischen Parallelismen (A I) Abstrakta sind, sondern zwei Konkreta. Außerdem werden sie nicht adverbial eingesetzt, sondern als grammatische Subjekte der passiven Verbformen, während in den drei Parallelismen vorher das unpersönliche Passiv verwendet wird. Die Sonderstellung des letzten antithetischen Parallelismus verweist auf ihn als auf den Textteil, auf dem der Ton liegt.

3.3.3.2. Dies zeigt sich auch darin, daß Paulus die Substantive »psychischer Leib« und »pneumatischer Leib« im Anschluß an die Antithesenreihe in einem schlußfolgernden Satz wieder aufgreift, den er als These hinstellt (B I). »Wenn es gibt einen psychischen Leib, gibt es auch einen pneumatischen!« Die These wird nachfolgend durch ein von Paulus ergänztes Schriftzitat begründet, in dem an die Stelle der Begriffe »psychischer Leib« und »pneumatischer Leib« die Begriffe »lebendige Seele« und »lebenspendender Geist« treten (B II). Die schlußfolgernde These hatte den Akzent auf die Antithetik der Substantive verlagert und die temporale Sukzessivität der beiden Größen zurücktreten lassen; deshalb folgt auf das Schriftzitat unter Wiederaufnahme der Begriff »psychisch« und »pneumatisch« eine erneute Einschärfung des temporalen Nacheinanders, in das die Antonyme eingespannt sind (B III).

3.3.3.3. Erst dann folgt die Erklärung des Schriftzitats (C), wie die erneute Verwendung der Begriffe »der erste Mensch« und »der zweite Mensch« erkennen läßt (C I). Die Erklärung greift auf das bereits in V. 40 eingeführte Antonymenpaar »irdisch« vs »himmlisch« (unter der geringfügigen Veränderung von ἐπίγειος in χοϊκός zurück und setzt es so mit den Antonymen »lebendige Seele« vs »lebenspendender Geist« (B II) und »psychischer Leib« vs »pneumatischer Leib« (A II) gleich. Weil das Antonymenpaar »psychischer Leib« vs »irdischer Leib« aber die qualitative Wertung der vorangehenden Antonymenpaare »Vergänglichkeit« vs »Unvergänglichkeit«, »Schande« vs »Ehre« und »Schwäche« vs »Kraft« (A I) teilt, sind auch die Paare »lebendige Seele« vs »lebenspendender Geist« (B II) und »irdisch« vs »himmlisch« (C I) qualitativ besetzt: »irdisch« ist der negative, »himmlisch« der positive Term der Opposition, so daß der temporalen Reihenfolge »zuerst das Psychische darauf das Pneumatische« auch die qualitative Rangfolge entspricht: der erste Mensch ist nur psychisch – irdisch, der letzte Mensch aber pneumatisch – himmlisch. Wiederum thetisch werden dem einen »irdischen« (Singular) mehrere »irdische« (Plural), dem einen »himmlischen« mehrere »himmlische«

---

[53] *Blass, Debrunner, Rehkopf*, § 490; *Cicero*, de orat. III, 48, 186.

gegenübergestellt, wobei Singular und Plural jeweils als qualitativ einander entsprechend gekennzeichnet werden (C II). Die beiden Plurale, die zunächst als zwei verschiedene Gruppen aufgefaßt werden könnten, werden in dem »wir« des den Textteil abschließenden Satzes vereinigt (C III), so daß die Terme der lokalen Opposition »die irdischen« vs »himmlischen« zu Termen einer temporalen Aufeinanderfolge werden, von denen der eine in der Vergangenheit: »und wie wir getragen haben das Bild des Irdischen« (C III, x'''), der andere in der Zukunft liegt: »werden wir auch tragen das Bild des Himmlischen« (C III, y'''). Der Standort derer, die das »wir« umfaßt, in der Gegenwart kann darum mit »nicht mehr irdisch« vs »noch nicht himmlisch« beschrieben werden.

3.3.3.4. Die Beschreibung läßt folgende Gliederung des Textteils erkennen: Der Textteil beginnt mit einem Signal, das ihn als Anwendung des im Gleichnis Gesagten zu erkennen gibt: Was in der nichtmenschlichen Schöpfung gilt, gilt auch in der menschlichen: Der Gott, der die Welt geschaffen hat, wirkt in seiner Schöpfung weiter als Schöpfer. Der Textteil bildet darum zusammen mit dem vorhergehenden Gleichnis nahezu einen Schluß a minore ad majus: Wenn das, was im Gleichnis aufgezeigt wurde, schon für den Bereich des Säens und Erntens, also für den nicht-menschlichen Bereich der Schöpfung Geltung hat, dann gilt es umso mehr für den menschlichen Bereich der Schöpfung. Auch hier wird gestorben und lebendiggemacht. Auch hier ist, was gesät wird, nicht zu vergleichen, mit dem, was auferweckt wird.

3.3.3.5. Die Sukzessivität der beiden Ereignisse von »Säen« und »Auferwecken« und die Unterschiedlichkeit von »Saat«-Zustand und »Auferweckung«-Zustand wird von der auf das Textsignal (Z) folgenden Antithesenreihe (A) rhetorisch wirkungsvoll eingehämmert. Die letzte Antithese (A II), auf der als der längsten der Ton liegt, führt die Begriffe »psychischer Leib« und »pneumatischer Leib« ein, deren sich die nachfolgende These (B I) bedient. Sie nimmt wieder wie das »Gleichnis« der VV. 36–41 Bezug auf den Schöpfungsbericht, allerdings nicht auf das in seine Arten gegliederte Ganze der Schöpfung, sondern auf die Erschaffung des Menschen im besonderem. Auch für diesen Bereich der Schöpfung, ja für ihn noch mehr, gilt, daß der Schöpfergott, der die ganze Welt und den Menschen darin einmal erschaffen hat, in dieser seiner Schöpfung weiter als Schöpfer wirksam ist und das Nichtseiende ins Dasein ruft. Er hat den ersten Adam aus dem Nichtsein ins Dasein gerufen und den letzten Adam, Jesus Christus, in seiner Schöpfereigenschaft von den Toten auferweckt. Er hat den ersten als »lebendige Seele« geschaffen, deren »psychisches« Leben, der erste Adam an die Seinen weitergibt, und den zweiten als »lebenspendenden Geist«, der dieses pneumatische Leben denen gibt, die zu ihm gehören.

3.3.3.6. Der Schriftbeweis nimmt so das Antonymenpaar der These (B I) wieder auf und bereitet zugleich durch die Qualifizierung des »psychischen« als »lebendig« und des »pneumatischen« als »lebensspendend« vor, was im Textteil (C) durchgeführt werden wird. Doch wird zuvor nocheinmal die Sukzessivität unterstrichen (B III), wobei Paulus sich wieder der Begriffe »psychisch« und »pneumatisch« bedient, so daß der auf das Schöpfungsgeschehen verweisende Schriftbeweis gerahmt wird von der These, welche die Antithetik des Paars »psychischer Leib« vs »pneumatischer Leib« ohne Berücksichtigung der temporalen Sukzessivität der Antonyme herausstellt und von einer Aussage, die den Ton gerade auf diese temporale Sukzessivität von »psychischem« und »pneumatischem« legt.

3.3.3.7. Erst jetzt folgt die Erklärung des Schriftzitats im Hinblick auf die in ihm enthaltene Aussage über die Weitergabe des »psychischen« Lebens durch den ersten und des »pneumatischen« durch den zweiten Adam, wobei die Begriffe »pneumatisch« und »psychisch« durch die Herkunftsbezeichnungen »aus der Erde« vs »aus dem Himmel«, die zugleich die Qualifikationen »irdisch« vs »himmlisch« bedeuten, ersetzt werden (C I). Diese eher lokalen Qualifikationen betreffen nun auch die »Irdischen« und die »Himmlischen« (C II), die sich so zunächst in einer lokalen Opposition, die den Unterschied betont, gegenüberstehen. Doch vermittelt Textteil (C III) zwischen den Termen dieser Opposition dadurch, daß er sie in dem Subjekt »wir« verbindet und zugleich als Vergangenheitszustand und Zukunftszustand auf einer sukzessiven Linie einträgt. Die Aussagen über die »irdische« Natur des ersten und über die »himmlische« des zweiten Menschen (C I) und die Aussage über die von diesen zu unterscheidenden »wir« (C III) rahmen als Opposition (Singular vs Plural) den Textteil, der die »irdischen« an der Natur des »irdischen« und die »himmlischen« an der Natur des »himmlischen« (C II) Anteil nehmen läßt.

C I	C	C III
Der erste Mensch, aus der Erde	die Irdischen wie der Irdische	»wir« (Vergangenheit)
↑	↑	↑
vs	vs	vs
↓	↓	↓
Der zweite Mensch, aus dem Himmel	die Himmlischen wie der Himmlische	»wir« (Zukunft)

Erster und letzter Adam (Singular)	← vs →	»wir« (Plural)

Weil der zeitliche Ort der »wir« dadurch in dem Zwischenzustand zwischen Vergangenheit und Zukunft angesiedelt ist, befinden sich die Christen in dem Zustand der Aussaat, in der das Samenkorn in seiner Gestalt als nacktes Korn untergehen muß, um lebendiggemacht zu werden und den künftigen Leib von Gott zu erhalten; denn Gott erschafft immer nur das Nicht-seiende, so wie er als Schöpfergott den toten Jesus auferweckt hat, damit dieser als der neue Adam lebenspendendes Pneuma sein kann. So wie das Geschehen, das über den Tod des Samenkorns zur Frucht führt, immer schon erneutes Schöpfungsgeschehen ist, so ist Christus endgültig der Beginn der zweiten Erschaffung der Menschen.

3.3.3.8. Die Verse 42–49 nehmen die Adam-Christus-Parallele von VV. 21–22 wieder auf und vertiefen sie schöpfungstheologisch. In Adam sterben deshalb alle (V.22), weil sie wie er vom Schöpfergott ihre »irdische« Verfaßtheit und nur »psychische Leiber« erhalten haben. In Christus werden deshalb alle lebendig gemacht werden (V.22), weil sie als ihm angehörige einmal in der Zukunft durch den Schöpfergott in »himmlische« mit »pneumatischen Leibern« verwandelt werden. Wie Paulus dort (VV. 23–28) in apokalyptischer Narrativität auf dieses zukünftige Leben zugeht, so folgt auch hier der schöpfungstheologisch vertieften Adam – Christusparallele die Mitteilung eines apokalyptischen »Geheimnisses«.

3.3.4. VV. 50–57

A	x	Dies aber sage ich, Brüder: Fleisch und Blut kann das Reich Gottes nicht erben,	
	y	noch erbt die Vergänglichkeit die Unvergänglichkeit.	
B	a	Siehe, ich sage euch ein Geheimnis: Wir werden nicht alle entschlafen, (*Trennung: Lebende/Tote*)	
	b	wir werden aber alle verwandelt werden (*Vereinigung: Lebende/Tote*)	
C		in einem Nu in einem Augenblick bei der letzten Trompete; denn es wird blasen,	Zukunft
B'	c	und die Toten werden als Unvergängliche auferweckt werden, (*Tote*)	
	d	und wir werden verwandelt werden. (*Lebende*)	
A'	y'	Denn es muß nämlich dieses Vergängliche anziehen Unvergänglichkeit	

	x′	und dieses Sterbliche anziehen Unsterblichkeit.	
D	y″	Wenn aber dieses Vergängliche anziehen wird Unvergänglich-keit	Zukunft
	x″	und dieses Sterbliche anziehen wird Unsterblichkeit,	
	z	dann wird erfüllt werden das Wort das geschrieben steht:	
E	e	»Verschlungen ist der Tod in den Sieg.	
	f	Wo, Tod, dein Sieg?	
	f′	Wo, Tod, dein Stachel?«	
F	f″	Der Stachel aber des Todes die Sünde, die Kraft aber der Sünde das Gesetz.	Gegen-wart
G	f‴	Gott aber sei Dank, der uns den Sieg gibt durch unsern Herrn Jesus Christus.	

3.3.4.1. Mit der Redeeinführungswendung »dies aber sage ich« und der Anrede »Brüder« (V.50a) beginnt der Schlußteil des dritten Großabschnitts. Die Redeeinführungswendung hat hier den Sinn, das in V.50b (A: x, y) Gesagte als etwas auszuweisen, was objektive Geltung hat, und auch von den Angeredeten (und wohl auch den Gegnern des Paulus[54]) anerkannt wird. Als etwas, was objektiv gilt, zitiert Paulus in V.50b zunächst »einen eschatologischen Lehrsatz, der eine Negativklausel für den Eintritt in die Gottesherrschaft festhält«[55]: »Fleisch und Blut kann das Reich Gottes nicht erben.« Unter Ersetzung des relativ konkreten Begriffspaars »Fleisch und Blut« vs »Gottesreich« durch das aus Abstrakta gebildete, und schon in der ersten Antithese von V.42 eingeführte Antonymenpaar »Vergänglichkeit« vs »Unvergänglichkeit« formuliert Paulus den Satz in einen zweiten parallelen um: »noch erbt die Vergänglichkeit die Unvergänglichkeit«. Wie die Ersetzung der konkreten Antonyme durch die abstrakten, so intensiviert auch der Austausch der Verbalverbindung »kann nicht erben« des Lehrsatzes durch das finite Verb in der dritten Person Singular Präsens »erbt« die objektive Geltung des Satzes: Die Vergänglichkeit kann nicht nur nicht die Unvergänglichkeit erben, sondern sie erbt sie nicht.

3.3.4.2. So kommt es zu einem synonymen Parallelismus, in dem der erste Satz sich hebräischer, der zweite griechischer Begrifflichkeit bedient. Gemeint ist, daß der sterbliche Mensch als Fleisch und Blut, d.h.

---

[54] *J. Becker*, aaO. 97.
[55] *Ders.*, aaO. 96.

als vergänglicher von der göttlichen Unsterblichkeit bzw. von der Teilnahme am Heil der Gottesherrschaft ausgeschlossen bleibt.

3.3.4.3. In V.51 verursacht eine erneute Redeeinführungsformel, die
einen neuen Textteil einleitet, eine erste Zäsur: »Siehe ich sage euch ein
Geheimnis.« »Diese Einführung ist durch den Begriff des Mysteriums eindeutig von der Einführung in V.50 unterschieden«[56]. Auch wenn Paulus
diese bzw. eine ähnliche Redeeinführung nicht auch an anderen Stellen
verwenden würde, die erkennen lassen, daß man nach dieser Redeeinführung »mit einer prophetischen Offenbarung zu rechnen«[57] hat, würde
dies durch die Beobachtung abgesichert, daß in den folgenden Aussagen
(VV.51b,52) das Futur verwendet wird. Dies erlaubt zugleich anzugeben, wie weit die die Textfunktion (»prophetische Offenbarung« oder
besser: apokalyptische Rede) bestimmende Kraft der Redeeinführung
reicht.

3.3.4.4. Zwar gebraucht V.53 (A': y', x') das Präsens, doch findet sich
auch in V.54b eine futurische Verbform »dann wird erfüllt werden«
(γενήσεται). Auch die Konjunktion »wenn« (ὅταν) (V.54a) (Dy'', x''), die
sich auf das »Dann« (τότε) dieser zukünftigen Schrifterfüllung bezieht
(V.54b), steht im Griechischen mit dem Konjunktiv Aorist (ἐνδύσηται),
hat also futurische Bedeutung. Darf man also die Redeeinführung »siehe,
ich sage euch ein Geheimnis« (V.51a) bis hin zu einschließlich V.55 als
wirksam ansehen? Dem scheint V.53 (A': y', x') durch das Präsens im
Weg zu stehen; der Vers markiert also sicher eine Zäsur. Seine Funktion
gibt sich ebenfalls durch Textsignale zu erkennen. Einmal bezieht er sich
durch die Konjunktion »denn« (γάρ) auf das zurück, was vorhergeht. Er
hat also begründende Funktion für das, was auf die Redeeinführung
»siehe ich sage euch ein Geheimnis« (V.51a) folgt. Zum anderen wird er
eingeleitet durch das objektive »es muß« (δεῖ). Es zeigt das, was in V.53
folgt, als einen Vorgang von objektiver Notwendigkeit auf. Möglicherweise ist er sogar durch dieses »Muß« (»göttliches o. apokalyptisches δεῖ«)
als von Gott her als notwendig bestimmt gekennzeichnet.

3.3.4.5. V.53 hat somit eine ähnliche Funktion wie V.50b (A: x, y),
der von einem objektiv gültigen Sachverhalt sprach. Doch ist die Ähnlichkeit nicht nur auf die Funktion beschränkt: beide Verse sind außerdem
synonyme Parallelismen. Das Antonymenpaar »Vergänglichkeit« vs
»Unvergänglichkeit wird leicht abgewandelt in« »dieses Vergängliche« vs
»Unvergänglichkeit« auch in V.53 aufgenommen; an die Stelle der Antonyme »Fleisch und Blut« vs »Reich Gottes« tritt in V.53 das Paar »dieses
Sterbliche« vs »Unsterblichkeit«: »Er muß nämlich dieses Vergängliche

---

[56] *Ders.*, aaO. 100.
[57] Ebd.

anziehen Unvergänglichkeit und dieses Sterbliche anziehen Unsterblichkeit.«

3.3.4.6. Die Anordnung der Textelemente will es also, daß ein Textteil, als dessen Funktion durch das Textsignal: »Siehe, ich sage euch ein Geheimnis« die prophetisch-apokalyptische Rede angegeben wird und der zukünftiges Geschehen narrativ anspricht (B C B'), eingerahmt wird von zwei Doppelparallelismen (A: x, y; A': y', x'), die Aussagen von objektiver Gültigkeit machen[58]. Auch der mittlere 'prophetische' Textteil (B C B') weist in sich selbst Elemente einer gewissen Konzentrik auf: Textelement (B a) trennt zunächst Lebende und Tote im Hinblick auf Leben und Tod: »Wir werden nicht alle entschlafen«, d.h. einige werden bei der Parusie noch leben. Textelement (B b) vereinigt Lebende und Tote wieder im Hinblick darauf, daß »alle« verwandelt werden müssen. Beide Textelemente gehören eng zusammen, wie die Wiederholung des »alle« in Form einer Anapher zeigt. Beide werden darum in den Textelementen (B' c) und (B' d) wieder aufgenommen. Diese sprechen vom Schicksal der Toten (B' c) und der Lebenden (B' d), nehmen also die in (B a) durchgeführte Unterscheidung von Lebenden und Toten wieder auf. Andererseits vereinen die beiden Aussagen Tote und Lebende wieder darin, daß die »Toten als Unvergängliche auferweckt werden« (B' c) und die noch Lebenden »verwandelt werden« (B' d), so daß Lebende wie Tote eine Verwandlung erfahren werden. Der Termin für die Verwandlung der Lebenden und Toten ist zwischen die aufeinanderbezogenen Textelemente (B, a, b) und (B', c, d) gestellt, so daß durch die Konzentrik der Textanordnung die Zukünftigkeit des Lebende und Tote betreffenden Verwandlungsgeschehens herausgestellt wird, was sich auch durch die apokalyptische Charakterisierung der Zeitangabe durch das Requisit der »letzten Trompete«, auf die das Textelement »denn es wird blasen« durch seine Parenthese besonders aufmerksam macht, bestätigt. Die Verwandlung der Toten und Lebendigen wird in der Zukunft erfolgen, d.h. bei der Parusie des Herrn.

3.3.4.7. Dadurch aber, daß die Aussage über diese zukünftige Verwandlung von Lebenden und Toten zwischen die beiden Doppelparallelismen mit ihren Aussagen von objektiver Gültigkeit zu stehen kommt, wird zusätzlich zur Zukünftigkeit der Verwandlung auch ihre Notwendigkeit unterstrichen. So ist es also durchaus gültig, daß »Fleisch und Blut das Reich Gottes nicht erben kann.« Eben als Vergänglichem und Sterblichem ist ihm das unmöglich. Doch wird es verwandelt werden, weil nur dadurch das Vergängliche und Sterbliche Unvergänglichkeit und

---

[58] Ebd.

Unsterblichkeit »anziehen« kann. Die Bekleidungsmetapher »Anziehen« weist zurück auf das Gleichnis der VV. 36–38. Dem »nackten Korn«, das gesät wird, gibt Gott den »künftigen Leib«. So ist es bei der Auferstehung der Toten. Sie werden »bei der letzten Trompete« als Unvergängliche auferweckt und darum wie die dann noch Lebenden »verwandelt« werden.

3.3.4.8. Die Doppelaussage: »Es muß dieses Vergängliche anziehen Unvergänglichkeit und dieses Sterbliche anziehen Unsterblichkeit«, wird von dem folgenden temporal zu verstehenden »Wenn-satz (D) wieder aufgegriffen und unter der Verwendung des gleichen Wortlauts aus ihrer objektiven Gültigkeit in das zukünftige Ereignis transponiert (D: y'', x''), dh. der Text findet zu der Zukünftigkeit und apokalyptischen Narrativität seiner Aussagen zurück, so daß auch die VV. 54–55 noch der gleichen Textfunktion unterstehen, welche die Redeeinführung »siehe ich sage euch ein Geheimnis« in V.51 festgelegt hat. In prophetisch-apokalyptischer Rede wird nämlich nur die andere Seite des zukünftigen Ereignisses der Verwandlung der Lebenden und Toten angesprochen: Für den zukünftigen Augenblick der Verwandlung gilt nämlich, daß sich darin das Wort der Schrift erfüllen wird (E: z), so daß die Verwandlung der Lebenden und Toten zugleich der endgültige Sieg über den Tod sein wird (E: e). Dieser wird mit den Worten der Schrift in einer Doppelfrage mythologisch personifiziert angeredet (E: f, f'): »Wo, Tod, dein Sieg? Wo, Tod, dein Stachel?«.

3.3.4.9. Der Doppelfrage des »jemand« zu Beginn des Abschnitts (V.35), durch die gerade die Unüberwindbarkeit und Endgültigkeit des Todes herausgestellt sein sollte, entspricht somit geradezu triumphierend die Doppelfrage der Schrift am Ende des Abschnitts, die den endgültigen Sieg über den Tod feiert. Allerdings ist dieser endgültige Triumph der Zukunft vorbehalten.

3.3.4.10. Das folgende Textelement (F) kehrt dagegen zur Gegenwart zurück, indem es die Elemente »Tod« und »Stachel« aufgreift. Häufig will man V.56: »Der Stachel aber des Todes die Sünde, die Kraft aber der Sünde das Gesetz« als Glosse eines späteren Bearbeiters eliminieren, weil man sich fragt, wieso der Text hier plötzlich, nahezu formelhaft zusammenfassend, auf die paulinische Thematik von Sünde und Gesetz zu sprechen komme, ohne daß hiervon im ganzen Kapitel 15 die Rede gewesen sei. Wäre der Satz eine spätere Glosse, müßte das zeitlich an sich unbestimmte Partizip »der uns den Sieg gibt« (διδόντι) in der abschließenden Danksagung gegenüber Gott (V.57) kontextgemäß futurisch verstanden werden: »Gott aber sei Dank, der uns den Sieg geben wird durch unseren Herrn Jesus Christus«, so daß das Stichwort »Sieg« den zukünftigen Sieg, in den hinein der Tod verschlungen wird (V.54b), wieder aufnehmen würde. Indessen begegnet das Stichwort »Sieg« auch in der ersten

Frage an den Tod (V.55a). Es kommt hinzu, daß in der angeblichen Glosse auch das Stichwort »Stachel« der zweiten Frage wiederaufgegriffen wird, so daß sich in den VV. 55–57 die Reihenfolge; »Sieg« – »Stachel« – »Stachel« – »Sieg« ergibt, in der ein zweifaches oppositionelles Verhältnis wirksam ist.

3.3.4.11. Die erste Opposition ist leicht erkennbar: sie besteht im (nicht-erfolgenden) »Sieg« des Todes vs den (durch Gott gegebenen) »Sieg« der Christen. Die zweite Opposition erschließt sich erst deutlicher, wenn man unter »Stachel« des Todes das versteht, was den Tod verursacht und ihn siegen läßt. Die beiden Fragen stellen als zukünftige Wirklichkeit hin, daß es den Sieg des Todes und das, was den Tod verursacht, seinen »Stachel«, nicht mehr geben wird, da der Tod ja in den Sieg Christi über ihn verschlungen sein wird (vgl. V.26: »als letzter Feind wird vernichtet der Tod« und zwar durch Christus!). Wenn aber nach V.56 die Sünde »der Stachel des Todes«, d.h. das, was den Tod verursacht, ist, bedeutet das, daß sie einerseits im Sieg Christi über den Tod mitverschlungen wird, andererseits in der Gegenwart als das, was den Tod verursacht, noch am Werke ist. So ließe sich als zweite Opposition formulieren:

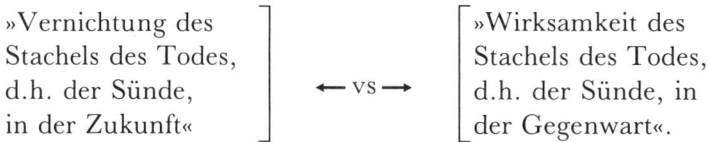

»Vernichtung des
Stachels des Todes,
d.h. der Sünde,   ← vs →
in der Zukunft«

»Wirksamkeit des
Stachels des Todes,
d.h. der Sünde, in
der Gegenwart«.

3.3.4.12. Is die Sünde als der Stachel des Todes in der Gegenwart noch wirksam, so ist sie auch eine Möglichkeit, der die Korinther verfallen könnten. Davor hatte Paulus sie schon am Ende des zweiten Großabschnitts von Kapitel 15 in V.35 gewarnt: »Sündigt nicht!« Ihre Sünde würde darin bestehen, daß sie sich der Meinung der korintischen Auferstehungsgegner anschließen würden. Als Sünder aber würden sie sich der »Macht der Sünde«, d.h. dem Gesetz unterstellen, d.h. sich vom Heil ausschliessen bzw. den Glauben an das rettende Evangelium aufgeben. Sie wären wieder in ihrer Vorvergangenheit, paulinisch: in der Unheilsvergangenheit des Gesetzes. So gesehen ist auch der den Christen von Gott gegebene »Sieg durch unseren Herrn Jesus Christus« nicht erst eine Größe der Zukunft. Es ist hier nicht der endgültige Sieg Christi über den Tod in dessen Vernichtung am Ende, sondern es ist der schon jetzt als Möglichkeit durch den Glauben an den auferweckten Jesus Christus ergreifbare Sieg über die Macht der Sünde, das Gesetz und den Stachel, der den Tod bewirkt, die Sünde. Denn in Jesus Christus hat das Gesetz schon sein Ende gefunden, so daß diejenigen, die sich dem Auferweckten als Herrn unterstellen, von der »Macht der Sünde« dem Gesetz befreit sind.

3.4. »Daher, meine geliebten Brüder ...!« (V.58)

	Daher,
	meine geliebten Brüder,
a	werdet fest,
a'	unbeweglich,
b	überfließend im Werk des Herrn allezeit,
b'	wissend, daß eure Mühe nicht leer ist im Herrn.

3.4.1. Die Schlußmahnung, in der Paulus sich mit den Korinthern als mit seinen geliebten Brüdern zusammenschließt, läßt sich schlußfolgernd auf das unmittelbar Vorhergehende, aber auch zusammenfassend auf das ganze Kapitel 15 beziehen. Noch einmal nennt Paulus nämlich in einem Imperativ das persuasive Ziel des ganzen Kapitels. Schon im ersten Vers wurde das »Feststehen im Evangelium« herausgestellt. Diese »Festigkeit« und »Unverrückbarkeit« ist es, die hier als Ziel des Imperativs genannt wird. Sie sah Paulus gefährdet. Um sie wiederherzustellen, schrieb er Kapitel 15 als erinnernde Kundgabe des Evangeliums (V.1). Er hofft, daß die erinnernde Kundgabe ihr Ziel in einem »Wissen« der Korinther gefunden hat. Freilich wollte Paulus bei den Korinthern kein intellektuelles Wissen hervorrufen. Er wollte ihre aus dem Glauben an das Evangelium gewonnene Gewißheit beleben, daß die »Mühe« des christlichen Glaubens- und Existenzvollzugs, in der die Korinther wie der Apostel im Vollzug seiner Verkündigungsexistenz den täglichen Tod (vgl. VV.31f.) übernehmen, nicht in die Absurdität des Leeren, Eitlen, Sinnlosen sondern im Herrn mündet, so daß die Korinther an die existentielle Realisierung ihres Glaubens, an das »Werk des Herrn« »überfließend und allezeit«, d.h. ganz und geduldig herangehen können.

3.4.2. Um dieses »Wissens« willen erinnert Paulus in erneuter Kundgabe das zu Anfang verkündete Evangelium in Auseinandersetzung mit der gegenwärtigen, angefochtenen Situation seiner Glaubensbrüder.

BIOGRAPHISCHES UND IDEALBIOGRAPHISCHES IN GAL 1,11 – 2,14

Autobiographische Absichten liegen Paulus fern. Nur wo Gegner ihn zwingen, führt Paulus sein Leben ins Spiel. Wenn nach Gal 1,11ff. seine judaisierenden Gegner in Galatien vorbrachten, »Paulus gehöre nicht zu den Primärempfängern des Evangeliums und sei deshalb überhaupt in Sachen, 'Evangelium' kein zuständiger Mann, sieht sich der Apostel veranlaßt, . . . die 'Biographie' 'seines' Evangeliums vorzulegen, die aber von seiner Selbstbiographie unablösbar ist«[1] Im folgenden soll diesem Hinweis des verehrten Jubilars im Hinblick auf Gal 1,11 – 2,14 nachgegangen werden. Dabei soll zwischen »Biographischem« und »Idealbiographischem« unterschieden werden. Daß sich, wo Paulus von seinem Leben redet, das Problem der Kontinuität einstellt, versteht sich von selbst.

I. Die Begriffe »Biographie« und »Idealbiographie«

1. Die Begriffe »Biographie« und »Idealbiographie« verdanken sich einer Unterscheidung, die der Ägyptologe E. Otto getroffen hat: »In den biographischen Inschriften . . . lassen sich zwei formale und inhaltliche Bestandteile unterscheiden, einmal die sogenannte 'Idealbiographie', sodann die eigentliche biographische Erzählung, die die Ereignisse des jeweiligen Lebenslaufes enthält.«[2]

Damit werden bestimmte, feststehende, in verschiedenen Biographien wiederkehrende biographische Gerüstelemente von dem Referat individueller Ereignisse unterschieden, die das 'Gerüst' biographisch auffüllen. Doch auch für letztere gilt, daß antike Biographie »vor allem das *öffentliche* Leben eines Menschen«, sein Amt und seine öffentliche Funktion darstellen will[3]. Sie nimmt wenig Interesse an seinem persönlichen und privaten Leben, sondern behandelt den unverwechselbaren Bios des bio-

---

[1] *F. Mußner*, Der Galaterbrief (HThKNT IX) (Freiburg 1974) 70. Dies ist nicht verwunderlich, da bei Paulus »zwischen Evangelium und Apostolat ein Korrelationsverhältnis herrsch(t)«. *E. Käsemann*, Die Legitimität des Apostels, in: *K.H. Rengstorff* (Hrsg.), Das Paulusbild in der neueren Deutschen Forschung (Darmstadt 1969) 494.

[2] *E. Otto*, »Biographien«, in: Handbuch der Orientalistik I: »Ägyptologie«, Abs. II. Literatur (1970) 181f.

[3] *K. Baltzer*, Die Biographie der Propheten (Neukirchen 1975) 20.

graphisch Beschriebenen, soweit dieser Bios öffentlichkeitsrelevant ist. Die idealbiographischen Elemente haben dabei insbesondere Öffentlichkeitscharakter. Sie berichten von unterschiedlichen Lebensläufen gemeinsamen Stationen, die ein öffentlicher Lebensgang notwendig durchlaufen muß. K. Baltzer hat die Unterscheidung E. Ottos im Hinblick auf biographisches Material des Alten Testaments, insbesondere der prophetischen Literatur, ausgewertet. Dabei hat er verschiedene feststehende, idealbiographische Elemente mit zum Teil ägyptischen Parallelen und Vorgängern[4] isoliert.

Als eines der am deutlichsten zu identifizierenden und besonders wichtigen idealbiographischen Elemente hat K. Baltzer den sogenannten »Einsetzungsbericht« über die Einsetzung eines Menschen in ein die Öffentlichkeit betreffendes Amt herausgestellt: »Die Einsetzungsberichte sind im Bereich des Alten Testaments das am klarsten zu bestimmende Element der Idealbiographie.«[5] Sie stehen »oftmals am Anfang der Biographien und bieten häufig eine Zusammenfassung der einzelnen Topoi der biographischen Darstellung . . . Sachlich hat der Einsetzungsbericht die Aufgabe der Legitimation des in der Biographie Dargestellten in seiner öffentlichen Funktion. Er bietet damit einen Schlüssel zum Verständnis der jeweiligen Ämter.«[6]

2. In Gal 1,15f. greift *Paulus* unter Verwendung von Jes 49,1 und Jer 1,5 auf die Gattung des idealbiographischen, prophetischen Einsetzungsberichts zurück, und dies offenbar in der Absicht, sich der von K. Baltzer erwähnten *legitimierenden* Funktion der Gattung zu bedienen. Paulus macht nämlich mit dieser Form den Inhalt seines die Öffentlichkeit betreffenden Evangeliums (τὸν υἱὸν αὐτοῦ) und sein eigenes die Öffentlichkeit betreffendes Amt gottunmittelbar.

Der Einsetzungsbericht ist in weiteres biographisches Material im oben definierten Sinn eingebettet, d.h. in die Darstellung verschiedener individueller Ereignisse der Vita Pauli. Auch sie sind öffentlichkeitsrelevant und unterstützen die legitimatorische Funktion, die Gal 1,15f. idealbiographisch gegenüber dem οὐκ κατὰ ἄνθρωπον und dem οὐδὲ παρὰ ἀνθρώπου von Gal 1,11f. übernimmt, als narrativ-biographische Belege: Die 'Biographie' des Paulus in Gal 1,13 – 2,14 belegt mit ausgewählten, der Öffentlichkeit bekannten (ἠκούσατε γάρ 1,13; μόνον δὲ ἀκούοντες 1,23) und für sie relevanten (ἵνα ἡ ἀλήθεια τοῦ εὐαγγελίου διαμείνῃ πρὸς

---

[4] Vgl. auch K. *Baltzer*, Zur formgeschichtlichen Bestimmung der Texte vom Gottesknecht im Deuterojesaja-Buch, in: *H.W. Wolff* (Hrsg.), Probleme Biblischer Theologie, FS f. G. v. Rad (München 1971) 27 – 43.
[5] K. *Baltzer*, Die Biographie der Propheten, 134. Dort zahlreiche Literatur zur form- und traditionsgeschichtlichen Bestimmung der Einsetzungsberichte.
[6] *Ders.*, aaO. 23.

ὑμᾶς 2,5) biographischen Ereignissen aus dem Bios des Paulus die Haltlosigkeit der gegnerischen Vorwürfe gegen sein Apostolat und damit gegen sein Evangelium.

II. *Zur makrosyntaktischen Struktur*

Die Art, wie der idealbiographische Einsetzungsbericht in die biographischen Elemente eingebettet ist, soll zunächst beachtet werden. Die *Überschrift* des biographischen Abschnitts bilden die VV. 11 und 12: »Ich erkläre euch aber, Brüder: das Evangelium, das von mir verkündigt worden ist, ist nicht nach Menschenart; denn auch ich habe es nicht von einem Menschen empfangen, noch bin ich unterrichtet worden, vielmehr (empfing ich es) durch eine Offenbarung Jesu Christi.«[7] Darauf wird in den VV. 1,13ff. zunächst das ποτε des paulinischen Wandels ἐν τῷ Ἰουδαϊσμῷ als den Hörern schon bekannte Tatsache in zweierlei Hinsicht (Verfolgung der Kirche, Eifer im Judentum) und unter der Verwendung von vier hyperbelartigen Ausdrücken (καθ᾽ ὑπερβολὴν, ἐπόρθουν 1,13; προέκοπτον ... ὑπὲρ πολλοὺς ... περισσοτέρως 1,14) erzählt. Dies schließt die VV. 13 und 14 stark zusammen.

Das ποτε seiner ἀναστροφὴ ἐν τῷ Ἰουδαϊσμῷ wird nicht durch Zeitsignale gegliedert wie die Zeit nach seiner Einsetzung zum Apostel. Gliederungsprinzip ist eine die ganze Zeit dieses ποτε betreffende Unterscheidung qualitativer, nicht temporaler Art zwischen dem »Kirchenverfolger« Paulus einerseits und dem ζηλωτὴς τῶν πατρικῶν παραδόσεων (1,14), wobei beide Charakteristika des vorchristlichen Paulus dadurch zusammengehalten werden, daß er beides »Verfolger« und »Eiferer« im Übermaß gewesen ist. Die eigentliche Zeit, die der biographischen Erzählung wert ist, ist die, die mit ὅτε δὲ εὐδόκησεν (1,15) beginnt. Sie erst kann in zeitliche Etappen eingeteilt werden. In ihr erst sieht Paulus seine eigentliche »Geschichte«.

Mit V. 15 tritt Gott als neuer Handlungsträger auf, so daß sich eine Zäsur zu dem, was vorangeht, ergibt. Syntaktisch ist der in V. 15 beginnende idealbiographische Einsetzungsbericht ein Nebensatz. Der Hauptsatz beginnt erst in V. 16b. Doch darf man aus der syntaktischen Unterordnung von V. 15 und 16a under V. 16b kaum eine sachliche erschließen. Schon daß der Handlungsträger wechselt (1,15.16a; Gott, 1,16b: Paulus), verbietet diese Annahme. Zudem erhält das V. 16b eröffnende εὐθέως »durch die Voranstellung vor die negative Aussage«[8] οὐ

---

[7] Zur näheren Begründung vgl. G. *Lüdemann*, Paulus der Heidenapostel I: Studien zur Chronologie (FRLANT 125) (Göttingen 1980) 73f.
[8] H. *Schlier*, Der Brief an die Galater (KEK 7) (Göttingen 1962) 57.

προσανεθέμην … οὐδὲ ἀνῆλθον … eine gewisse Selbständigkeit, die es als Trenner wirksam sein läßt. Außerdem gehört V. 16b, formkritisch besehen, nicht mehr zu dem idealbiographischen Einsetzungsbericht, sondern leitet das erste von mehreren folgenden 'biographischen' Elementen ein, die zusammengenommen das νῦν der paulinischen Existenz als Apostel ausmachen, die dem ποτε seiner ἀναστροφὴ ἐν τῷ Ἰουδαϊσμῷ (VV. 13 und 14) gegenüberstehen.

Der idealbiographische Einsetzungsbericht von V. 15f. endet also nahezu als Anakoluth. Freilich ist die Zäsur zwischen Einsetzungsbericht und dem folgenden νῦν-Zeitraum nicht so stark wie zu dem des vorhergehenden ποτε. Daß der Einsetzungsbericht eine neue Periode in der Existenz des Paulus einsetzen läßt, ist stärker markiert, als daß er eine vorherige beendet. Die syntaktische Makrostruktur des mit εὐθέως (1,16) einsetzenden Textabschnitts läßt sich vor allem in der Stellung der temporalen Konjunktionen bzw. an den Zeitadverbien ablesen. εὐθέως leitet Abschnitt I (1,16b–17) ein. Die Abschnitte II und III werden jeweils durch ἔπειτα mit einer folgenden Jahresangabe (μετὰ τρία ἔτη 1,18; διὰ δεκατεσσάρων ἐτῶν 2,1) abgegrenzt bzw. eröffnet[9]. Der letzte biographische Abschnitt IV wird dann in 2,11 durch ὅτε δὲ ebenso eingeleitet wie der idealbiographische Textteil in 1,15. Zu der sich durch die Zeitmerkmale bemerkbar machenden Makrostruktur tragen Merkmale auf der lokalen und der Ebene der Personen bei. Absatz I erwähnt einen *Nicht-Besuch Jerusalems* und der *Alt-Apostel*, Absatz II und III jeweils einen *Besuch* von *Jerusalem* und *Alt-Aposteln* bzw. »Säulen«. *Kephas* und *Jakobus* begegnen in Absatz II und III, *Kephas* nach *Ortswechsel* auch in Abschnitt IV. Die beiden Jerusalembesuche in II und III werden zudem jeweils *begründet* (ἱστορῆσαι Κηφᾶν 1,18; κατὰ ἀποκάλυψιν 2,2). Damit läßt sich die Makrostruktur des biographischen Abschnitts 1,13–2,14 mit der folgenden Gliederung erfassen:

A) Überschrift und Themenangabe (1,11–12)
B) Biographische Ausführungen (1,13–2,14) (narratio)
   1. Das ποτε ἐν Ἰουδαϊσμῷ (1,13–14)
      a) Verfolger der Kirche (V. 13)
      b) Eiferer für das Judentum (V. 14)
   2. Das νῦν des Paulus (1,15–2,14)
      a) Idealbiographischer Einsetzungsbericht (VV. 15–16a)

---

[9] Das ἔπειτα von V. 21 hingegen eröffnet keinen neuen selbständigen Abschnitt, gehört also nicht zu den beiden makrosyntaktischen Signalen von 1,18 und 2,1, die sich als solche durch die Jahresangaben zu erkennen geben. V. 21 gehört zu Abschnitt I. Durch das ἔπειτα wird lediglich die Rückreise von dem ersten Jerusalembesuch abgesetzt. Zur Diskussion der chronologischen Lösungsversuche vgl. G. Lüdemann, aaO. 58–110.

b) Biographische   Einzelereignisse   nach   der   Einsetzung
(1,16b – 2,14):
I Der Nicht-Besuch Jerusalems (1,16b – 17)
II Der erste Jerusalembesuch (1,18 – 24)
III Der zweite Jerusalembesuch (2,1 – 10)
IV Der antiochenische Zwischenfall (2,11 – 14)

III. *Zur textsemantischen Verbindung zwischen »idealbiographischem Einsetzungsbericht« und »biographischen« Abschnitten*

1. Im Anschluß an die These von H.D. Betz, den Galaterbrief müsse
man als apologetischen Brief verstehen, der in seinem Aufbau dem
rhetorischen Muster der antiken Verteidigungsrede folge[10], hat G. Lüdemann den biographischen Abschnitt 1,13 – 2,14 als »*narratio*« verstanden, die im Muster einer apologetischen Rede nach der *Einleitung* (exor-
dium) zu folgen hat. Normalerweise folgen ihr die *Ankündigung des
Beweisziels* (propositio), die *Beweisführung* (probatio) und schließlich die *Er-
mahnung* (paraenesis) und der *Schluß* (peroratio)[11]. G. Lüdemanns Überlegungen haben nicht nur beachtenswerte Gründe für die Abstützung der
These von H.D. Betz beigesteuert, sondern eine Charakterisierung des
biographischen Abschnitts als »narratio« einer apologetischen Rede läßt
die semantische Einheitlichkeit und die pragmatische Funktion des biographischen Textabschnitts deutlicher ans Licht treten. Die apologetische
Funktion des Abschnitts erklärt z.B., warum die biographischen
Elemente nur Einzelaufnahmen aus der Vita Pauli sind. Sie sind zwar
aufeinander bezogen und überdies in das umfassende Schema von »Einst«
und »Jetzt« eingefügt[12], doch machen sie nicht eigentlich eine zusammenhängende Biographie aus. Dies ist für die Zwecke einer apologetischen »narratio« auch nicht nötig. Die Rhetorik fordert nämlich von der
»narratio« drei Eigenschaften: Kürze, Klarheit und Wahrscheinlichkeit.
»Die Kürze wird dadurch erreicht, daß alles den Streitfall nicht betreffende Material fortgelassen wird, die Klarheit und Wahrscheinlichkeit,
daß ein nach Fakten, Personen, Zeiten, Orten und Gründen geordneter

---

[10] *H.D. Betz*, The Literary Composition and Function of Paul's Letter to the Gala-
tians, in: NTS 21 (1975) 353 – 379; *ders.*, In Defense of the Spirit: Paul's Letter to the Gala-
tians as a Document of Early Christian Apologetics, in: *E. Schüssler Fiorenza* (ed.), Aspects
of Religious Propaganda in Judaism and Early Christianity, University of Notre Dame
Center for the Study of Judaism and Christianity in Antiquity 2 (Notre Dame, London
1976) 99 – 114.
[11] *G. Lüdemann*, aaO. 58ff.
[12] Vgl. *P. Tachau*, »Einst« und »Jetzt« im Neuen Testament (FRLANT 105) (Göttingen 1972).

Bericht gegeben wird.«[13] All dies trifft für Gal 1,11 – 2,14 zu. Alle biographischen Elemente des Abschnitts werden von der apologetischen Funktion erfaßt und dienen als erzählende Argumentation für die Behauptung der VV. 1,11 – 12. »Die Aussage, das Evangelium Pauli sei nicht κατὰ ἄνθρωπον (V. 11), wird in V. 13ff. expliziert durch den Gegensatz zwischen der vorchristlichen und christlichen Zeit Pauli. Der Sprung vom blindwütigen, die Kirche verfolgenden Paulus zum Evangeliumsverkündiger kann nicht das Ergebnis einer religiösen Entwicklung sein – sonst wäre das Evangelium in der Tat κατὰ ἄνθρωπον –, sondern ist nur zurückzuführen auf eine Offenbarung Jesu Christi: das Evangelium ist eben οὐ κατὰ ἄνθρωπον.«[14] Dem wiederum *negativen* Aufweis, daß Paulus das Evangelium nicht παρὰ ἀνθρώπου (V. 12) empfangen hat oder darin belehrt worden ist, dienen die biographischen Abschnitte I, II, III und IV. Der idealbiographische Einsetzungsbericht der VV. 15 – 16a schließlich behauptet *beides* zugleich, und zwar *positiv*: Apostolat und Evangelium des Paulus sind κατὰ θεόν durch Aussonderung und Berufung sowie Offenbarung und Sendung, und Paulus hat sein Evangelium empfangen παρὰ θεοῦ, weil Gott ihm seinen Sohn geoffenbart hat. Biographische Elemente und idealbiographischer Einsetzungsbericht werden also durch die apologetische Funktion der biographischen narratio zusammengehalten.

2. Neben dieser sich eher textpragmatisch einstellenden Einheitlichkeit des Textes finden sich aber auch textsemantische Verbindungselemente zwischen den biographischen Abschnitten und dem idealbiographischen Einsetzungsbericht. Weil dieser, dem Schema von »Einst« und »Jetzt« entsprechend, als Anfang des »Jetzt« stärker auf dieses bezogen ist als auf den »Einst«-Abschnitt, sollen zunächst die textsemantischen Beziehungen zwischen dem Einsetzungsbericht und den nachfolgenden biographischen Abschnitten I, II, III und IV betrachtet werden.

a) Die Formulierung σαρκὶ καὶ αἵματι von Abschnitt I scheint in bewußter Antithetik zu Gott gewählt zu sein, der dem Paulus seinen Sohn geoffenbart hat. Unmittelbar nach der Tat Gottes an ihm hat Paulus sich nicht an »Fleisch und Blut«, d.h. an sterbliche Menschen – auch die vor Paulus schon Apostel waren, sind dies –, gewandt. Vielmehr begibt er sich – wieder ein Einsetzungsbericht und Abschnitt I verbindendes Element – seinem Sendungsauftrag entsprechend (ἵνα εὐαγγελίζωμαι αὐτὸν ἐν τοῖς ἔθνεσιν 1,16 a) in *heidnisches* Gebiet (εἰς Ἀραβίαν 1,17) und kehrt in ebensolches zurück (εἰς Δαμασκόν 1,17)[15].

---

[13] G. *Lüdemann*, aaO. 75.

[14] *Ders.*, aaO. 74.

[15] Daß der Weggang des Paulus nach Arabien Gehorsam gegenüber dem Sendungsauftrag ist, obwohl nicht eigens gesagt wird, daß Paulus dort missioniert, erhellt sich von daher, daß auch bei der Erwähnung Syriens und Kilikiens nicht von der Missionstätigkeit des Paulus gesprochen wird, obwohl er sie doch ausübt, wie man der Meinung der judäischen Kirchen entnehmen kann.

b) Auch die Rückkehr vom ersten Jerusalembesuch in Abschnitt II führt in *heidnisches* Gebiet (εἰς τὰ κλίματα τῆς Συρίας καὶ τῆς Κιλικίας 1,21). Die Verse 23 und 24 des Abschnitts II scheinen ebenfalls Bezug auf den Einsetzungsbericht zu nehmen. Wie von den Galatern in V. 13 gesagt wurde, daß sie vom Wandel des Paulus im Judaismus *gehört* hätten, so behauptet V. 22f., daß den Gemeinden in Judäa Paulus persönlich nicht bekannt sei. Sie hätten *gehört*, daß der, der sie einst verfolgte, jetzt den Glauben verkünde. Wie die ganze narratio wird diese Personaltradition von dem »Einst«-»Jetzt«-Schema erfaßt. Dabei rahmt die zweimalige τοτε-Aussage unter Aufnahme von Ausdrücken des ποτε-Berichts der VV. 13 – 14 (διώκων, ἐπόρθει) die νῦν-Aussage, wodurch diese hervorgehoben wird. In ihr wird das Wort verwendet, das im Einsetzungsbericht den Sendungsauftrag an Paulus beschrieb: εὐαγγελίζεται. Dabei fällt auf, daß nicht nur, wie es dem »Einst«-»Jetzt«-Schema entspricht, von einer *Bekehrung*, sondern von einem *Funktionswechsel* gesprochen wird: aus dem *Verfolger* ist ein *Apostel* geworden, nicht nur aus dem einstigen Juden ein Christ. Im Vergleich zu dem in das »Einst«-»Jetzt«-Schema eingebundenen Großtext der narratio fehlt in der Personaltradition allerdings der das »Jetzt« anhebenlassende Einsetzungsbericht. Die Gemeinden Judäas haben nur die jetzige Tätigkeit des Paulus vor sich, sein εὐαγγελίζεσθαι. Nicht jedoch kennen sie dessen Ursprung, wie die Galater, denen Paulus diesen in der narratio mitgeteilt hat. Dennoch wird ihnen der vom Verfolger zum Apostel gewordene Paulus Anlaß zum Lob Gottes, d.h. aber doch, daß sie seine jetzige Verkündigungstätigkeit ganz allgemein als Gnadengabe Gottes werten bzw. den Apostolat des Paulus im Hinblick auf seinen Ursprung nicht zum Problem werden lassen wie die Gegner des Paulus und die Galater. Dadurch steht am Schluß des Abschnitts über die erste Jerusalemreise die Akzeptation des Apostolats des Paulus in den judenchristlichen Gemeinden Judäas.

c) Auch der biographische Abschnitt III, die zweite Jerusalemreise, mündet in eine Akzeptation des paulinischen Apostolats. Aber ebenso wie der *Grund* für die zweite Reise (κατὰ ἀποκάλυψιν 2,2) bedeutsamer ist als der Grund der ersten (ἱστορῆσαι Κηφᾶν 1,18), so ist, daß Jakobus, Kephas und Johannes, die Säulen, dem Paulus die Hand der Gemeinschaft reichen (2,9), bedeutsamer als die Akzeptation seines Apostolats durch die Christengemeinden Judäas. Wie die Christengemeinden Judäas ein *schon bestehendes Faktum* = νῦν εὐαγγελίζεται τὴν πίστιν (1,23), das ihnen nur vom *Hörensagen* bekannt ist, übernehmen, so akzeptieren die Jerusalemer Säulen einen Tatbestand, allerdings »sehend« (ἰδόντες 2,7), denn Paulus führt als lebendigen Beweis seines »Evangeliums der Unbeschnittenheit« (2,7) den unbeschnittenen und unbeschnitten bleibenden Titus mit sich (2,3). So begründet das »Sehen« und »Erkennen« (καὶ γνόντες 2,9) der Säulen nicht etwa einen neuen Tatbestand, sondern sie übernehmen darin einen schon bestehenden als gegeben. Sie akzeptieren, daß Paulus von Gott das »Evangelium der Unbeschnittenheit« anvertraut worden ist[16], und darin zugleich den ihm von Gott gegebenen *Apostolat* (2,9). Daß die Reise κατὰ ἀποκάλυψιν erfolgt, erhebt sie beinahe in den Rang der für den Apostolat des Paulus grundlegenden ἀποκάλυψις, aber eben nur *beinahe*; denn die Reise begründet in ihrem Ertrag nichts, was nicht schon vorher für Paulus in Geltung gesetzt worden wäre, es sei denn die in seiner Sendung »zu den Heiden« noch nicht erkannte, aber grundsätzlich schon enthaltene Sendung des Petrus zur περιτομή, die sich für Paulus in Reflexion auf die eigene Sendung und auf die in Jerusalem von ihm vorgefundene Wirklichkeit als Erkenntnisgewinn erschließt.

In der Akzeptation des Paulus durch die judäischen Christengemeinden (1,22–24) hatten wir einen Bezug zu der idealbiographisch geschilderten Einsetzung des Paulus zum Apostel der Heiden gesehen (1,15–16a). Auch in der Akzeptation des Paulus durch die Säulen ist der Einsetzungsbericht wirksam. Was die Säulen nämlich »sehen« und »erkennen«, ist in sachlicher und terminologischer Anspielung auf den Einsetzungsbericht formuliert: Dem πεπίστευμαι τὸ εὐαγγέλιον τῆς ἀκροβυστίας (2,7) und dem ἐνήργησεν καὶ ἐμοὶ εἰς τὰ ἔθνη (2,8) entspricht das ἵνα εὐαγγελίζωμαι αὐτὸν ἐν τοῖς ἔθνεσιν von 1,16. τὴν χάριν τὴν δοθεῖσάν μοι (2,9) nimmt Bezug auf καὶ καλέσας διὰ τῆς χάριτος αὐτοῦ von 1,15. Endlich werden die partizipialen Prädikationen Gottes ohne Namensnennung ῾ο ἀφορίσας με καὶ καλέσας von 1,15 in ῾ο ... ἐνεργήσας Πέτρῳ von 2,8 wieder aufgenommen. Was Paulus in seiner Einsetzung widerfahren ist, wird von den Säulen akzeptiert, nämlich seine Einsetzung zum Apostel der Heiden und die des Kephas und der anderen zu Aposteln der Juden.

d) Daß idealbiographischer Einsetzungsbericht und biographischer Abschnitt IV beide mit ὅτε δέ eingeleitet werden[17], und der eine den νῦν-Teil der biographischen narratio *eröffnet*, der andere diese *beschließt*, genügt für sich genommen noch nicht, eine textsemantische Beziehung der beiden Teiltexte abzusichern. Hierzu bedarf es weiterer Beobachtungen.

---

[16] Vgl. das Passivum divinum πεπίστευμαι (2,7), das im nachfolgenden Vers aktivisch kommentiert wird: ὁ γὰρ ἐνεργήσας (2,8).

[17] *G. Lüdemann*, aaO. 77f., wertet die Ablösung des ἔπειτα durch das ὅτε δέ in 2,11 als Anzeichen dafür, daß Paulus in seiner narratio hier den ordo naturalis der temporalen Sukzession verlasse, was die Rhetorik für den Fall erlaubt, daß die 'utilitas' es verlangt. Diese Beobachtung ist ein Mosaikstein in der Begründung seiner diskussionswürdigen These, der antiochenische Zwischenfall sei zeitlich *vor* dem Apostelkonvent anzusetzen (s. dazu *ders.*, aaO. 101–105).

Neben Paulus ist *Kephas* im Abschlußteil Haupthandlungsträger. Als Πέτρος war er in den VV. 2,7 – 8 dem Paulus ebenfalls parallelisiert, d.h. unmittelbar dort, wo in der Aussage über Paulus der Einsetzungsbericht anklang. Achtet man dort auf die Reihenfolge der Handlungsträger, ergibt sich, daß Paulus und Petrus *und* Petrus und Paulus chiastisch miteinander verschränkt sind; beiden hat Gott das Evangelium anvertraut, beide hat er zu Aposteln gemacht, den einen für die Juden, den anderen für die Heiden. Am Ende des Abschnitts ist dies aber auch das Ergebnis des Handschlags der κοινωνία zwischen den Säulen und Paulus. Der Handschlag begründet die κοινωνία nicht. Er macht sie nur sichtbar. Sie besteht schon vorher: Paulus und Petrus sind schon Apostel. Also muß auch ihre κοινωνία schon vor dem Handschlag bestehen, sie wären denn keine Apostel. Darum auch wird die κοινωνία in der chiastischen Verschränkung von Petrus und Paulus sprachlich schon vor dem Handschlag vorabgebildet.

Auch die verschiedenen Zuständigkeitsbereiche ἡμεῖς εἰς τὰ ἔθνη, αὐτοὶ δὲ εἰς τὴν περιτομήν (2,9) sind nicht erst das Ergebnis einer Abmachung des Paulus mit den »Säulen« – sie werden vorher ja schon von den Säulen »gesehen« (2,7). Für Paulus resultiert sein Zuständigkeitsbereich aus dem Sendungsauftrag des Einsetzungsberichts, durch den er sich exklusiv zu den »Heiden« gesandt weiß, wenn *er* »zu den Heiden«, dann aber *Petrus* zu den Juden.

Diese Gleichheit *und* Verschiedenheit im Apostolat ist die Grundlange dafür, daß Paulus dann in *Antiochien* ἔμπροσθεν πάντων (2,14) Petrus kritisch widerstehen kann, ohne daß die Frage nach der Legitimität seines Apostolats in diesem Abschlußteil noch einmal gestellt werden müßte. Die κοινωνία verpflichtet den Paulus geradezu zu dieser Kritik. Das *Recht* zum Widerstand gegen Petrus hat er um so mehr, als dieser sich in Antiochien nicht nur in dem von Gott angewiesenen Zuständigkeitsbereich des Paulus aufhält, sondern dort auch – judaisierend – seinen von Gott gegebenen *eigenen* Zuständigkeitsbereich zu sehen versucht ist[18].

e) Hinsichtlich der textsemantischen Verbindung des idealbiographischen Einsetzungsberichts zu dem ποτε-Bericht, der ihm vorausgeht, haben wir mit G. Lüdemann oben schon bemerkt, der ποτε-Bericht habe zusammen mit dem Einsetzungsbericht die Aufgabe aufzuweisen, daß das Evangelium des Paulus nicht κατὰ ἄνθρωπον sei. Des Paulus Vorleben als Verfolger der Kirche Gottes und als Eiferer im Judentum

---

[18] Makrosyntaktisch scheint die Ablösung des ἔπειτα durch das ὅτε δε in 2,11 den Ortswechsel von Jerusalem nach *Antiochien* zu unterstützen. So besehen, kann man dies also kaum als Anzeichen dafür werten, daß Paulus hier den ordo naturalis der temporalen Sukzession verlasse, wie G. *Lüdemann* (s. Anm. 17) meint.

zeige, daß seine Wendung zum Apostel keinesfalls Endergebnis eines religiösen Entwicklungsprozesses gewesen sei, sondern ein qualitativer Sprung, der von Paulus auf eine Offenbarungstat Gottes an ihm zurückgeführt wird. Dies gilt es durch einen form- und gattungskritischen Blick auf den idealbiographischen Einsetzungsbericht deutlicher aufzuzeigen.

IV. Der idealbiographische Einsetzungsbericht (1,15–16a)

1. »Der mich vom Mutterschoß an ausgesondert hat und der mich berufen hat durch seine Gnade«

a) Wir gehen dabei von den zwei einander parallelen Partizipialaussagen des Einsetzungsberichts aus:

ὁ ἀφορίσας με ἐκ κοιλίας μητρός μου καὶ καλέσας διὰ τῆς χάριτος αὐτοῦ (1,15).

Die syntaktische Parallelität der beiden Aussagen scheint für sich schon darauf hinzuweisen, daß sich beide Aussagen auf dasselbe Ereignis beziehen, nämlich auf die schon im Mutterleib erfolgte »heilige Beanspruchung und Vorherbestimmung«[19] des Paulus zum Apostel durch Gott. Gattungskritisch abgesichert wird diese Ansicht dadurch, daß man mit K. Baltzer streng zwischen *Berufung* und *Einsetzung* zu unterscheiden hat: »Die Berufung geht der Einsetzung voraus, sie wird in der Einsetzung faktisch vollzogen.«[20] Die *Berufung* zum Apostel erfolgt also nicht erst vor Damaskus, sondern schon im Mutterleib. Bei Damaskus oder besser: ὅτε δὲ εὐδόκησεν, ereignet sich die *Einsetzung*, wobei freilich dem Eingesetzten erst kundgetan wird, daß er schon im Mutterleib ausgesondert und berufen worden ist, und zwar durch die χάρις Gottes, also durch dessen »Heilsmacht, die sich in bestimmten Gaben, Taten und Bereichen objektiviert und in den Charismen geradezu individualisiert«[21].

Das Motiv, daß der Eingesetzte bei seiner Einsetzung von seiner schon im Mutterleib erfolgten Aussonderung und Berufung in Kenntnis gesetzt wird, begegnet an beiden alttestamentlichen Stellen, auf die Paulus sich hier bezieht. Was K. Baltzer im Hinblick auf den jeremianischen Einsetzungsbericht formuliert, trifft darum auch für Gal 1,15 zu und erschließt zudem die textsemantische Beziehung der Verse zu dem vorangehenden ποτε-Bericht ganz genau: »Die Mitteilung von der göttlichen Erwählung zu diesem Amt schon 'im Mutterleib' ist dann von Interesse, wenn diese

---

[19] *H. Schlier*, aaO. 53.
[20] *K. Baltzer*, aaO. 115 unter Bezugnahme auf den jeremianischen Einsetzungsbericht, der neben Jes 49,1 Gal 1,15–16a zugrunde liegt. Auch in Jes 49,1 erfolgt die Berufung schon im Mutterleib, vgl. auch *ders.*, aaO. 84.
[21] E. Käsemann, An die Römer (HNT 8a) (Tübingen 1973) 12.

Tatsache in den äußeren Umständen des bisherigen Lebens verborgen war.« Bei Jeremia steht sie »in Kontrast zu den biographischen Angaben 'Sohn des Hilkia, von den Priestern in Anathoth'«[22]. Bei Paulus steht die Aussonderung und Berufung im Mutterleib ebenfalls in Kontrast zu seinem Vorleben, und zwar in einem zweifachen Sinn:

1) Daß Gott ihn im Mutterleib »ausgesondert« hat, steht im Kontrast zu dem Paulus des ποτε-Berichts, der sich brennend vor Eifer darum müht, sich in »die von den Vätern (!) ererbten Überlieferungen«, in sein γένος (1,14), zu integrieren.

2) Daß Gott durch seine Gnade ihn im Mutterleib schon zum *Apostel* »rief«, steht in Kontrast zu dem einstigen Kirchenverfolger.

So besehen, lassen sich »Aussonderung« und »Berufung« in einem prägnanten Sinn bestimmten. Die »Aussonderung« des Paulus ist seine von Gott schon von dem Beginn seiner Existenz an verfügte »Aussonderung« aus dem *Judentum*, seine vorgängige »Berufung« Berufung zum Apostel.

b) Die »Aussonderung« des Paulus vom Mutterleib an, die im Augenblick seiner Einsetzung in Kraft tritt, ist somit eine schärfere, als sie je einen der Propheten traf. Jeremia bleibt auch nach seiner Einsetzung »Sohn Hilkias, eines der Priester, die zu Anathoth im Lande Benjamin wohnten« (Jer 1,1), auch wenn Jahwe ihn für den prophetischen Dienst beschlagnahmt hat. Bei aller Diskontinuität der Propheten zu den Meinungen ihrer jeweiligen Gegenwart und der sich daraus ergebenden Legitimationsproblematik, die sich u.a. in der literarischen Form des Einsetzungsberichts niedergeschlagen hat, gilt doch: »Kein Prophet hat je außerhalb der Überlieferungen seines Volkes Stellung bezogen.«[23] Auch Paulus hätte den Vorwurf, solches getan zu haben, sicherlich weit von sich gewiesen. Dennoch ist kaum zu leugnen, daß sich für das individuelle Leben des Paulus mit seiner »Einsetzung« zum Apostel ein krasser Kontinuitätsbruch ergibt[24]. Mindestens vom Standpunkt seiner ehemaligen

---

[22] *K. Baltzer*, aaO. 115. Dort auch der Hinweis auf den »Maulbeerfeigenzüchter« Amos. Dieser Beruf steht ebenfalls in Kontrast zu seiner prophetischen Aufgabe. Vgl. auch den für Flavius Josephus bezeichnenden Unterschied. Auch er versteht sich als »Prophet«, doch sieht er seine priesterliche Herkunft keineswegs im Kontrast dazu. Ihr verdankt er die Kenntnis der Schriften, und dies ist eine für die Ausübung seiner »prophetischen« Tätigkeit notwendige Voraussetzung. Bell. Jud. III, 350–354, 399–408. Auf die Vergleichbarkeit von Einsetzung und Bekehrung des Paulus mit der »Berufung« und »Bekehrung« des Flavius Josephus verweist *O. Betz*, Die Vision des Paulus im Tempel von Jerusalem, Apg 22,17–21 als Beitrag zur Deutung des Damaskuserlebnisses, in: *O. Böcher – K. Haacker* (Hrsg.), Verborum Veritas, FS f. G. Stählin (Wuppertal 1970) 122. Zum »Jotopata«-Erlebnis des Josephus vgl. vor allem *H. Lindner*, Die Geschichtsauffassung des Flavius Josephus im Bellum Judaicum (AGJU, Vol. XII) (Leiden 1972) 49–77.

[23] *H. Wildberger*, Jesaja (BK X 1) (Neukirchen 1972) 238.

[24] Vgl. *G. Eichholz*, Die Theologie des Paulus im Umriß (Neukirchen, Vluyn 1972)

pharisäischen Genossen aus mußte man ihn als Apostaten[25] sehen bzw. umgekehrt vom Standpunkt der ἐκκλησὶα τοῦ θεοῦ aus als Bekehrten. Daß Paulus sich dessen bewußt ist, zeigt sich einerseits darin, daß er die Verteidigung seines unabgeleiteten Apostolats in die Struktur des Bekehrungsschemas von »Einst« und »Jetzt« einspannt. Er sieht seine *Einsetzung zum Apostel* also *auch* als *Bekehrung.* Seine Vergangenheit als gesetzestreuer Jude ist zu dem ποτε geworden, das er ein für allemal hinter sich gelassen hat, um jetzt einen neuen Heilsweg zu beschreiten. Andererseits zeigt sein »Aussonderungsbewußtsein«, daß er weiß: er kann nicht zurück. Die Schiffe sind verbrannt. Darum schreitet er auf dem neuen Weg radikaler voran als andere. In dieser Lage des Kontinuitätsbruchs ermöglicht ihm der Rückgriff auf die Form des prophetischen Einsetzungsberichts mitsamt dem Moment der Erwählung vom Mutterleib an, bei aller Diskontinuität seines Lebens dennoch eine Kontinuität seiner Existenz zu sehen und sie sprachlich zu setzen. Mit der Aussage über die Aussonderung und Berufung durch Gott schon im Mutterleib kann Paulus sich über die Vergangenheit seiner ἀναστροφὴ ἐν τῷ Ἰουδαϊσμῷ hinweg auf den die Kontinuität seiner Existenz im voraus sichernden Gott beziehen, der in Aussonderung und Berufung und in der Einsetzung dem Paulus seine eigentliche Identität verleiht. In seinem Amt als gottunmittelbarer Apostel der Heiden hat Paulus nicht zu sich selbst *gefunden*, sondern Gott hat ihn – durch die Einsetzung – zu sich selbst, d.h. zu seiner Identität mit dem von Gott schon im Mutterleib Ausgesonderten und Berufenen *versetzt.* Paulus wäre nicht Theologe, wenn dieser Weg der Kontinuitätsbegründung nicht über seine individuelle Existenz hinaus theologisch ausgedehnt würde. So begegnet man einer homologen Argumentationsstruktur da, wo Paulus die Zeit der πίστις, d.h. des gesetzesfreien Evangeliums für die Heiden (Gal 3,9), über die Zeit des zwischenhineingekommenen Gesetzes hinweg auf den Gott zurückbezieht, der sie dem Abraham in der ἐπαγγελία schon *im voraus* verkündet hat. Wie die individuelle Kontinuität durch den Paulus im Mutterleib aussondernden und berufenden Gott begründet wird, so steht die heilsgeschichtliche Gegenwart in einer die Vergangenheit des Gesetzes übergreifenden Kontinuität zu der Vorvergangenheit der Verheißung durch den im vorhinein handelnden Gott[26].

---

18. »Die Vergangenheit des Paulus (als vorbildlicher Jude [Gal 1,13–14]) kann nur ein Kontrastbild zu seiner Existenz als Apostel abgeben. Eine Kontinuität ist für Paulus nicht erkennbar.«

25 Vgl. *M. Barth – J. Blank – J. Bloch – F. Mußner – R.J. Zwi Werblowsky*, Paulus – Apostat oder Apostel? Jüdische und christliche Antworten (Regensburg 1977).

26 Vgl. auch *J. Blank*, Paulus und Jesus, Eine theologische Grundlegung (StANT XVIII) (München 1968) 224: »Vielleicht darf man sagen, daß, wie die Erwählungsaus-

2. »Als es aber dem gefiel . . . , zu offenbaren seinen Sohn in mir . . . «

a) Die Partizipialaussagen über »Aussonderung« und »Berufung« des Paulus schon im Mutterleib sind syntaktisch der Aussage ὅτε δὲ εὐδόκησεν . . . ἀποκαλύψαι τὸν υἱὸν αὐτοῦ ἐν ἐμοί (1,15 – 16a) untergeordnet. Wenn jetzt auf diese Hauptaussage des idealbiographischen Einsetzungsberichts eingegangen werden soll, so soll dies zugleich unter Erörterung der Frage erfolgen, warum Paulus sich im Galaterbrief der Gattung des prophetischen Einsetzungsberichts bedient, während er anderswo von demselben Ereignis doch auch anders sprechen kann[27]. In 1 Kor 15,8 charakterisiert er im Anschluß an ein schon traditionelles Glaubensbekenntnis[28] seine Ostererfahrung als »Widerfahrnis« des Sehens *Christi* bzw. als dessen »Erscheinung«. In 1 Kor 9,1 spricht er von ihr, sie sich stärker zu eigen machend, als von einem »*Jesua den Herrn* gesehen haben«[29]. Pauschal läßt sich zu dem Problem hier schon bemerken, daß die Gattung des Einsetzungsberichts mit der ihr von Haus aus eigenen Legitimationsfunktion (s. o.) im Galaterbrief besonders geeignet ist, die Eigenständigkeit und Unableitbarkeit des paulinischen Apostolats aufzuweisen. Während es Paulus hier darauf ankommt, seinen Apostolat als *sui generis* neben dem der Alt-Apostel zu kennzeichnen, er sich also von ihnen absetzen möchte, verfolgt er im Argumentationszusammenhang von 1 Kor 15,1 – 11 eine nahezu gegensätzliche Absicht, will er doch sich und seine Botschaft von der Auferstehung der Toten in den allgemein-kirchlichen, allgemein-apostolischen Glauben *einbeziehen* und so die Korinther, mindestens aber die τινες von 1 Kor 15,12 bzw. den τις von 1 Kor 15,35 mit ihrer Meinung bezüglich der Totenauferstehung als Abweichler vom gemein-urkirchlichen Glauben kennzeichnen[30]. Zudem hat das ὤφθη dort nicht ausschließlich legitimatorische Funktion, sondern ist ein wichtiges Argument in der Sachauseinandersetzung.

Im Zusammenhang von 1 Kor 9,1 erfolgt die Verteidigung des paulinischen Apostolats schwerpunktmäßig nicht so sehr unter Verweis

---

sage bei Paulus selbst hinter seine gesetzliche Vergangenheit zurückgreift, Paulus dann auch in einer analogen Form 'hinter das Gesetz!' zurückgeht (Gal 3; Röm 4).«

[27] Vlg. *F. Mußner*, Galaterbrief 85f.: »Der Apostel hat dabei sehr wahrscheinlich die Christophanie von Damaskus im Auge, wenn auch die Formulierung dieses Erlebnisses auffällig ist: ἀποκαλύψαι τὸν υἱὸν αὐτοῦ ἐν ἐμοί. *Warum formuliert Paulus so?*«

[28] Zur Struktur dieses Glaubensbekenntnisses vgl. zuletzt *F. Mußner*, Zur stilistischen und semantischen Struktur der Formel von 1 Kor 15,3 – 5, in: *R. Schnackenburg – J. Ernst – J. Wanke* (Hrsg.), Die Kirche des Anfangs, FS f. H. Schürmann (Leipzig-Freiburg 1978) 405 – 415. Zum ganzen Abschnitt vgl. *W. Stenger*, Beobachtungen zur Argumentationsstruktur von 1 Kor 15, in: Linguistica Biblica 45 (1979) 71 – 128.

[29] Diese Frage wird auch diskutiert bei *F. Mußner*, Die Auferstehung Jesu (München 1969) 63 – 74.

[30] *S. W. Stenger*, aaO. 71 – 86.

auf die Auferstehungsvision des Paulus, sondern mehr mit Blick auf das besondere Verhältnis, das Paulus als Gemeindebegründer zu den korinthischen Christen hat.

Vor allen Dingen aber hat der Rückgriff auf den idealbiographischen Einsetzungsbericht zur Folge, daß es unmittelbar *Gott selbst* ist, der an Paulus aussondernd und berufend sowie offenbarend und sendend handeln kann, während es in 1 Kor 15,8 »Christus« ist, der dem Paulus erscheint, bzw. 1 Kor 9,1 Paulus »Jesus den Herrn« sieht. Hier scheint sich nun insbesondere die Geeignetheit gerade *dieser* Form der Rede für den Zusammenhang des Galaterbriefs zu zeigen.

b) Nach K. Baltzer ist schon in ägyptischen Einsetzungsberichten z.B. von Vezieren durch den Pharao die »Unmittelbarkeit zum König konstitutiv für diese Ämter«[31] und findet u.a. in der Schilderung des Thronsaals oder der Audienz beim Pharao ihren sprachlichen Ausdruck. In prophetischen und apokalyptischen Einsetzungsberichten des Alten Testaments und des zwischentestamentlichen Schrifttums nimmt dieses Moment in der Gestalt der »Thronsaalvision« einen breiten Raum ein. Wie dem Einsetzungsbericht als ganzen eignet der »Thronsaalvision« Legitimationsfunktion. Wer in den himmlischen Thronsaal Gottes Einblick nehmen durfte bzw. Zeuge der himmlischen Ratsversammlung geworden war, mußte wirklich legitimierter Sprecher Jahwes sein. An die Stelle der »Thronsaalvision« des prophetischen Einsetzungsberichts ist im Text von Gal 1,15 das εὐδόκησεν ... ἀποκαλύψαι getreten, das man als apokalyptische Kurzformel für die »Thronsaalvision« ansehen darf. Darin ist mit εὐδόκησεν auf den »souveränen göttlichen Ratschluß«[32] verwiesen, der in der Apokalyptik »die Erwählung zum Offenbarungsempfang begründet«[33]. In unserem Zusammenhang bezieht sich der »souveräne göttliche Ratschluß« weniger auf die *Person* des Paulus – er ist ja bereits vom Mutterleib an durch Gottes Erwählungswillen ausgesondert und berufen und damit zum Offenbarungsempfänger prädisponiert –, sondern kontextgemäß (ὅτε δέ) auf den *Zeitpunkt* der Offenbarung an Paulus: Gott hat es zu einem bestimmten Zeitpunkt gefallen, den Wandel des Paulus im Judentum abzuschließen und dem vom Mutterleib an Ausgesonderten und Berufenen seinen »Sohn« zu offenbaren.

Daß aber *Gott* es ist, der ihm die Offenbarung zuteil werden läßt, legitimiert den Apostolat des Paulus als gottunmittelbaren und nicht von Menschen vermittelten. Die Gottunmittelbarkeit seines Apostolats aber

---

[31] *K. Baltzer*, aaO. 147.

[32] *G. Schrenk*, Art. εὐδοκέω, εὐδοκία, in: ThWNT II, 745.

[33] *P. Hoffmann*, Studien zur Theologie der Logienquelle (NTA, NF 8) (Münster 1972) 111 unter Verweis auf äth. Hen. 37,4; 1QS 11,6–8.17.20; 4 Esr 10,38f.

läßt sich mit dem Mittel des prophetischen Einsetzungsberichts deutlicher kennzeichnen als mit dem Verweis auf eine Christophanie wie in 1 Kor 15,8 oder 1 Kor 9,1. Die Gottunmittelbarkeit wird man Paulus ja auch seitens der Gegner mit der Behauptung abgestritten haben, er sei von Menschen gesandt und daher nicht Abgesandter Gottes[34], bzw. er sei den Aposteln unterstellt.

c) Diese *theologische* Komponente des paulinischen Apostolats verdrängt die *christologische* keineswegs. Es kommt sogar zu einer für den Zusammenhang des Galaterbriefs bedeutsamen Anreicherung der christologischen Komponente durch die theologische, wie sich aus den folgenden Überlegungen ergibt.

Wenn in apokalyptischen Zusammenhängen als Objekt der von Gott gewährten Offenbarung die an sich dem Menschen verschlossenen Geheimnisse von Schöpfung und Geschichte, insbesondere die eschatologischen Geheimnisse genannt werden, so ist Gegenstand der Offenbarung in Gal 1,16 τὸν υἱὸν αὐτοῦ. Sicherlich ist der, der dem Paulus vor Damaskus offenbart wird, der auferstandene Kyrios; doch als υἱός ist er für Paulus zugleich auch der Präexistente (vgl. Röm 1,3–4)[35]. Bedenkt man die Nähe der Präexistenzvorstellung zum Universalismusgedanken, liegt die Vermutung nahe, Paulus habe hier von seiner Ostererfahrung als »Offenbarung des Sohnes durch Gott« gesprochen, um die in der gegnerischen Praxis implizierte, vom paulinischen Blickpunkt aus gerade *durch* diese Praxis defizient werdende palästinisch-judenchristliche Christologie (etwa im Stil von: »Er ist nur zu den verlorenen Schafen des Hauses Israel gesandt!«) seiner Gegner, die sie zum μεταστρέψαι τὸ εὐαγγέλιον τοῦ Χριστοῦ (1,7) durch die Beschneidungsforderung führte, zurückweisen zu können[36]. Ist dies richtig gesehen,

---

[34] Vgl. *P. Hoffmann*, aaO. 140: »Die Betonung der Apokalypsis (Gal 1,12) zeigt zudem, daß man ihm von seiten der Gegner gerade sie abgesprochen hat. Die Apokalypsis gilt also als das entscheidende Legitimationszeichen für den Apostel.«

[35] Vgl. hierzu *F. Mußner*, Galaterbrief 86: »Es steht auf jeden Fall fest, daß 'der Sohn' von V. 16 mit dem 'Jesus Christus' von V. 12 identisch ist. In Gal 2,20 sieht der Apostel den Sohn Gottes in seiner soteriologischen Funktion, in 4,4 als den von Gott gesandten Sohn, 'geworden aus einem Weib, gestellt unter das Gesetz'. Daraus ergibt sich, daß im Gal das Würdeprädikat 'Sohn' für Jesus Christus in einem umfassenden Sinn verstanden ist: der Sohn ist nicht bloß der in der Fülle der Zeit in die Welt Gesandte, er ist nicht bloß der sich für uns Dahingegebene, und er ist nicht bloß der Auferweckte und jetzt bei Gott Lebende. Das Prädikat 'Sohn' faßt vielmehr alle diese Aspekte zusammen. 'Sohn' ist das die himmlische und irdische Existenz Jesu Christi umfassende Prädikat, worin der 'messianische' Aspekt nur ein Teilaspekt ist.« Zum Folgenden vgl. auch die Ausführungen von *J. Blank*, aaO. 266f., zum »Sitz im Leben« der Präexistenzaussagen.

[36] *F. Mußner*, Galaterbrief 85, betont stärker die Kontinuität des Paulus zur vorpaulinischen Christologie, wenn er meint, daß Paulus gerade darin »auch den Anschluß an den christologischen Glauben der christlochen Gemeinden finden« und »jetzt bejahen und weiterausbauen konnte«. Es ist nicht zu leugnen, »daß die Sohngotteschristologie

wäre der Rückgriff des Paulus über die scheinbar zu Selbstaussagen Jesu in engerer Kontinuität stehende Redeweise palästinisch-judenchristlicher Christologie hinweg auf den präexistenten Sohn ein ähnlicher Versuch der Kontinuitätsbegründung, wie wir ihn für die individuelle Existenz des Apostels im Rückgriff auf das idealbiographische Moment der »Aussonderung schon im Mutterleib« erkennen und ihn für die paulinische Sicht der Heilsgeschichte durch den Verweis auf den paulinischen Rückgriff auf die Verheißung an Abraham wahrscheinlich machen konnten.

Die *Kontinuität der individuellen Existenz* des Paulus begründet der Gott, der Paulus – ihm seinen Sohn offenbarend und ihn zu den Völkern sendend – in sein Apostolat einsetzt und der ihn im vorhinein schon im Mutterleib ausgesondert und berufen hat, so daß die Zeit seiner ἀναστροφὴ ἐν τῷ Ἰουδαϊσμῷ überbrückt ist. Die *heilsgeschichtliche Kontinuität* wird begründet im Rückgriff vom Evangelium für die Heiden auf den Gott der Verheißung an Abraham. Ein judaisierendes Christentum, das den Christus katachronistisch, in *scheinbarer Kontinuität*, zu Jesus auf Juden beschränkt, wird aufgebrochen durch den christologisch-theologischen, in seiner sprachlichen Formulierung *scheinbar zu Jesus diskontinuierlichen Rückgriff* auf den präexistenten Sohn, der vor der Schöpfung die Universalität des Heils begründet. Daß dadurch Paulus in sachlicher Kontinuität zu dem Zöllner- und Sünderfreund Jesus steht und ihn zugleich weiterführt, liegt auf der Hand.

d) Wir waren bei der Besprechung der zentralen Aussage des idealbiographischen Einsetzungsberichts zugleich von der Frage ausgegangen, warum Paulus die Form des Einsetzungsberichts hier anstelle einer Christophanie gewählt habe. Die bisher versuchte Antwort läßt sich nun weiter ergänzen. Im Schema des Einsetzungsberichts ist es für Paulus leichter, den Auferstandenen als »Sohn« zu bezeichnen, der als Präexistenter auf die universale Erschließung des Heils für Gottes ganze Schöpfung bezogen ist. Daß der »Sohn« der Inhalt der Paulus unmittelbar von Gott gegebenen Offenbarung ist, spannt zugleich die Aussagemöglichkeiten des Schemas enorm an; denn die vom Schema geforderte Unmittelbarkeit zu Gott, die sich für gewöhnlich u.a. in dem Moment der »Thronsaalszene« versprachlicht, ist hier eine »nur« über den Sohn gegebene, bzw. Paulus ist zwar Apostel οὐκ ἀπ᾽ ἀνθρώπων οὐδὲ δι᾽ ἀνθρώπου, son-

---

schon vorpaulinisch« (ebd.) ist, wie allein schon die Übernahme des christologischen Sendungsschemas in Gal 4,4 beweist (vgl. hierzu *E. Schweizer*, Herkunft der Präexistenzvorstellung bei Paulus, in: *ders.*, Neotestamentica [Zürich – Stuttgart 1963] 105–109). Doch ist kaum anzunehmen, daß die galatischen Gegner des Paulus eine universalistische (!) Sohngotteschristologie vertreten haben, zudem sie kaum Vertreter des hellenistisch-jüdischen Traditionsmilieus gewesen sein dürften, aus dem Paulus die christologische Präexistenzvorstellung übernommen hatte.

dern διὰ θεοῦ, aber doch so, daß er es διὰ θεοῦ πατρὸς τοῦ ἐγείραντος αὐτὸν ἐκ νεκρῶν und also auch διὰ ᾽Ιησοῦ Χριστοῦ (vgl. Gal 1,1) ist, oder
um es einfacher zu sagen: An die Stelle der Thronsaalszene tritt bei Paulus der Auferstandene selbst, der als »Sohn« für *Paulus die Gottunmittelbar-*
keit selber ist. Im Auferstandenen »*sieht*« Paulus *Gott den Schöpfer unmittelbar.*
    Hält man als instruktive Vergleichstexte Dan 7 und Apk 1,9 – 20 neben
Gal 1,15 – 16a, läßt sich – in Abhebung – die theologische Kraft und Dis-
kretion des Paulus erkennen. Der Seher von Dan 7 sieht die Einsetzung
des Menschensohns durch Gott, also den Menschensohn *neben* Gott bzw.
vor dem Gottesthron. Der Seher von Apk 1,9 – 20ff. sieht bei seiner Einsetzung zum »Schrift«-propheten Christus *in* der Gestalt Gottes. Im Vergleich dazu gelingt es Paulus in Aufnahme und Modifikation des
prophetischen Einsetzungsberichts unter Verzicht auf visionäre Aus-
malung und in aller Kürze und Beiläufigkeit (Nebensatz!) das *Nebenein-*
ander und *Ineinander* von Gott und Sohn sprachlich zu erfassen. In dieser
spezifischen Aufnahme und Modifikation gelingt es Paulus aber zugleich
das Ungeheure des prophetischen Selbstbewußtseins der Gottunmittelbarkeit, das das eines Boten Gottes übersteigt und, wie K. Baltzer gezeigt
hat, nur im Blick auf den Vezier des ägyptischen Pharaos als das eines
»Veziers Jahwes« zu fassen ist[37], zu wahren und sich (und in der Folge
auch Petrus) doch zugleich *nicht* als den Stellvertreter Gottes auf Erden,
sondern als Χριστοῦ δοῦλος (1,10; vgl. Röm 1,1) zu verstehen.

3. »Damit ich ihn verkündete unter den Heiden«

Die Eigenart des paulinischen Selbstverständnisses führt auch im letzten
und abschließenden *Sendungsteil* zu einer Modifikation des übernommenen Schemas, und zwar in dem final angeschlossenen Nebensatz ἵνα εὐαγγελίζωμαι αὐτὸν ἐν τοῖς ἔθνεσιν (1,16a). Dem Schema des prophetischen
Einsetzungsberichts gemäß werden darin die Sendung und der Zuständigkeitsbereich des Paulus genannt. Auch daß das Schema das Moment
des »Zuständigkeitsbereichs« kennt, macht es für die Aussageabsicht des
Galaterbriefs besonders geeignet. Paulus wird gesandt zur Verkündigung
des »Sohns«, also zur Predigt des gesetzesfreien Evangeliums von der
Rechtfertigung durch den Glauben an Christus. Dabei ist der *Zuständig-*
keitsbereich des Paulus die Welt der *Heidenvölker.*
    Wiederum führt uns im Verständnis dieser Aussage ein Blick auf die
Gattung weiter. Wie K. Baltzer nachgewiesen hat, ist schon der Zuständigkeitsbereich des Veziers des Pharaos ein zweifacher: Er hat im Auftrag

---

[37] *K. Baltzer*, aaO. 134 – 169.

des Pharaos »die beiden Länder (d.h. Unter- und Oberägypten A.d.V.) zu regieren und die beiden Lande zu verwalten«; aber auch das »Empfangen der Tribute 'der' und 'der' Fremdländer«[38] gehört zu seinem Auftrag. Sein Zuständigkeitsbereich umfaßt demnach den Bereich der *Innenpolitik*. Aber offensichtlich ist es auch »eine wichtige Funktion des Veziers, daß er den Pharao *außenpolitisch* gegenüber den 'Fremdländern' vertritt«[39]. Analog dazu repräsentieren die »klassischen« Propheten Jesaja, Jeremia, Ezechiel – aber auch schon Elija und später Deutero-jesaja – *Jahwe*, der auf Grund der Schöpfung über die ganze Welt herrscht, in *allgemeiner* und *spezieller* Sendung[40] in dessen ganzem Herrschaftsbereich, d.h. gegenüber der *Völkerwelt* und *Israel*[41].

Wenn Paulus nun im Aufgreifen der Gattung des idealbiographischen Einsetzungsberichts sich exklusiv zu den »Völkern« gesandt weiß und daraus erschließt, daß Petrus und die anderen εἰς τὴν περιτομήν (2,7.8.9) gesandt sind, verläßt er der Sache nach die prophetischen Kategorien. Er teilt nämlich die bei den Propheten geeinten Zuständigkeitsbereiche von »Israel« und »Völkerwelt« auf verschiedene Boten auf. Darin wirkt sich aus, daß für Paulus der einzige für »Israel« *und* die »Völkerwelt« zuständige »Knecht Gottes« der »Sohn« ist, den die apostolischen Boten nur in der κοινωνία τῶν ἀποστόλων, deren »Pole« Paulus und Petrus sind[42], gegenüber Israel und den Heiden verkünden.

---

[38] Zitiert bei *K. Baltzer*, aaO. 142 nach *K. Sethe*, Die Einsetzung des Veziers unter der 18. Dynastie (1909) 54.

[39] *K. Baltzer*, ebd., Hervorhebung im Kursivdruck d.d. Verfasser.

[40] *Ders.*, aaO. 112.

[41] Näheres s. bei *K. Baltzer*, aaO. 96.107–134.153–169.

[42] Vgl. *F. Mußner*, Petrus und Paulus – Pole der Einheit (QD 76) (Freiburg 1976).

AUTORENREGISTER

NEUTESTAMENTLICHES STELLENREGISTER

Joh

11,30	186
11,32	190
11,37	185
11,39	187, 196
11,40	187, 196, 198
11,41f.	190
11,41–42	187
11,45	186, 189
11,46	185, 197
11,46ff.	184
11,46–54	198
12,42	139, 140
12,48	139
13,1	184
16,2	139
17,4	198, 199
19,31	204, 211
19,31–21,25	202ff., 206
19,31–37	213, 214
19,31–42	213, 214ff.
19,35–37	205, 207, 211
19,38	211
19,38–42	213, 217ff.
19,42	211
20,1	202, 211
20,1–10	213, 219
20,1–18	213, 219ff.
20,1–31	213
20,2	223, 230
20,2ff.	206
20,2–9	213
20,3	220
20,3–10	80
20,4a	220
20,9	205, 211
20,10	211
20,11a	222
20,11b	222
20,11–17	213, 221ff.
20,12	222
20,13	222, 230
20,13a	222
20,13b	222, 223
20,15	222, 223
20,15b	222, 223
20,16	205, 227
20,17	202
20,18	211, 226, 230
20,19	211, 212, 219, 227
20,19–23	213, 225ff.
20,19–25	212, 213, 225ff.
20,20	89
20,21–31	228ff.
20,24	212, 227
20,24–25	213, 227ff.

Joh

20,25	212, 230
20,26	212, 227
20,26–29	212
20,26–31	213
20,29	230
20,30	205, 234
20,30f.	181, 199, 217
20,30–31	204, 207, 212
20,31	205, 234, 242
21,1	204, 212, 234
21,1a	207, 212
21,1b	207, 212
21,1–14	213, 214, 234ff., 237
21,1–25	213, 234ff.
21,2	213, 234
21,3	234, 239
21,4	235, 237
21,5	235
21,6	235
21,7	235, 238
21,8	235
21,9	235
21,10	236, 239
21,11	235, 236, 239
21,12	235, 237
21,13	235
21,14	207, 213
21,15	213, 239
21,15–16	239, 240
21,15–19a	214
21,15–25	214, 239ff.
21,16–17	239
21,17	240
21,18	241
21,19	207
21,19b–25	214
21,20	213, 237, 240
21,23	205, 207
21,23f.	204
21,23–25	207
21,24	242
21,24f.	217
21,25	204
21,27	206

Apg

1,1	79
1,3	80
1,4	80
1,8	79
1,10	79, 81
2,1–4	95
2,1–13	96
2,5	95, 101
2,7	95, 96

NEW TESTAMENT TOOLS AND STUDIES

EDITED BY

Bruce M. Metzger, Ph.D., D.D., L.H.D., D.Theol., D.Litt.